U0094388

重新发现荀子
——荀学对当代中国的深刻启示

李　晔　郑汉根　著

华龄出版社

图书在版编目（CIP）数据

重新发现荀子 ： 荀学对当代中国的深刻启示 / 李晔，
郑汉根著 . -- 北京 : 华龄出版社，2022.10

ISBN 978-7-5169-2385-6

Ⅰ. ①重… Ⅱ. ①李… ②郑… Ⅲ. ①荀况（前 313–
前 238）—哲学思想—思想研究 Ⅳ. ① B222.65

中国版本图书馆 CIP 数据核字（2022）第 165562 号

策划编辑	李润玙		责任印制	李末圻	
责任编辑	郑 雍		装帧设计	刘世瑜	

书 名	**重新发现荀子：荀学对当代中国的深刻启示**		作 者	李 晔 郑汉根	
出 版	华龄出版社 HUALING PRESS				
发 行					
社 址	北京市东城区安定门外大街甲 57 号		邮 编	100011	
发 行	（010）58122255		传 真	（010）84049572	
承 印	运河（唐山）印务有限公司				
版 次	2023 年 3 月第 1 版		印 次	2023 年 3 月第 1 次印刷	
规 格	710mm×1000mm		开 本	1/16	
印 张	26.5		字 数	412 千字	
书 号	ISBN 978-7-5169-2385-6				
定 价	80.00 元				

感谢北京建侬体育用品有限公司董事长王玉明先生的真诚支持!

荀子——内圣外王之学：超越孔子的第一人

王绍璠

《荀子·尧问》篇有言："为说者曰：孙卿不及孔子，是不然。……今之学者，得孙卿之遗言余教，足以为天下法式表仪，所存者神，所过者化。观其善行，孔子弗过，世不详察，云非圣人，奈何。天下不治，孙卿不遇时也。德若尧、舜、禹，世少知之，方术不用，为人所疑。其知至明，循道正行，足以为纪纲。呜呼，贤哉，宜为帝王。"

《尧问》当是荀子之弟子或后人所编，观其为说者云云，再印证以刘向校对《孙卿书录》之序言："孙卿善为诗、书、礼、易、春秋；至齐襄王时，孙卿最为老师；齐尚修列大夫之缺，而孙卿三为祭酒焉。

"李斯尝为弟子，已而相秦。及韩非，又浮丘伯，皆受业，为名儒。""至汉兴，江都相董仲舒亦大儒，作书美孙卿。

"如人君能用孙卿，庶几乎王；然世终莫能用，而六国之君残灭，秦国大乱卒以亡。观孙卿之书，其陈王道甚易行，疾世莫能用；其言凄怆，甚可痛也。呜乎！使斯人卒终闾巷而功业不得见于世。哀哉！可为零涕。其书比于传记，可以为法。"

刘向在序言中，尽情倾泻了对于荀子的推崇和赞许，毫无掩饰毫无保留地流露出对于荀子的感叹和遗憾，同时也给后世留下了整理完好的、闪烁着智慧光芒的《荀子》。

七百年后，唐代杨倞改《孙卿书》为《荀卿子》，其序言中说：

"仲尼定礼乐，作春秋；然后三代遗风弛而复张；而无时无位，功烈不得被于天下，但门人传述而已。

"陵夷至于战国，则孔氏之道几乎息矣；有志之士所为痛心疾首也。故孟轲阐于前，荀卿振其后。但其立言指事，根极理要，敷陈往古，掎挈当世，拔乱兴理，易于反掌；真名世之士，王者之师。

"又其书亦所以羽翼六经，增光孔氏，非徒诸子之言也。盖周公制作之，仲尼祖述之，荀孟赞成之。所以胶固王道，至深至备，虽春秋之四夷交侵，战国三纲驰绝，斯道竟不坠矣。"

我们从近代谭嗣同倡言"二千年之政，秦政也，二千年之学，荀学也。"之语更可证知综上所言，综上诸人对于荀子的认可绝非虚言。也正如郭沫若在其《十批判书·荀子的批判》中所言：

"荀子是先秦诸子的最后一位大师，他不仅集了儒家的大成，而且可以说是集了百家的大成的。……他是把百家的学说差不多都融会贯通了。先秦诸子几乎没有一家没有经过他的批判。……这些固然表示他对于百家都采取了超越的态度，而在他的学说思想里面，我们很明显地可以看得出百家的影响。或者是正面的接受与发展，或者是反面的攻击与对立，或者是综合的统一衍变。"

由此，体现出荀子思想之博大精深，不止发扬了孔子思想的精华并且更超越了孔子的传承。另外，历代对于董仲舒《天人三策》中的"独尊儒术"误认为"独尊儒家"，由而产生的谬误长达千年，都认为汉武帝是独尊以孔子为主的"纯任德教"的儒家而罢斥百家，事实上，汉宣帝更挑明了"汉家制度"乃是《荀子·富国》中所谓的"儒术诚行，则天下大而富"的"霸王道杂之"的儒术，而非儒家。殊不知正是后人抬错棺材哭错祖宗，居然以讹传讹把所谓"虚拟儒家"当正统主流以至到今。

从这两点历史公案为历史上的荀子"必也正名乎"。至少让我们知道，中国文化传承是江山代有才人出的，是后来者必超越前代者，不能以"一人尊""一言堂"来论定文化精华。正如禅学大家所谓：见过于师方堪传授。

我更企望，中华民族的后人代代超越前人，正如荀子超越孔子，庄子超越老子，孙子超越"儿子"……

主要例证，我们可从荀子在当时对中国的历史文化中所起到的承先启后的作用和影响而引申。

在荀子的时代，人们已经清晰地感受到了结束列国纷争、实现统一的时代脚步声，即将到来的统一大帝国究竟应该如何来治理？这是时代向思想家们提出的重大理论课题。显然，在深厚悠久的历史文化传统中寻找思想资源并进行整合和创新，是思想家们唯一可以选择的解决之道。对此，荀子提出的礼法互补、王霸并用的治国模式，实现了治国理念的优势互补，较好地完成了这一重大课题。历史证明，荀子的这一构想，为未来的统一大帝国提供了切实可行的治国方案，为汉代以降历代王朝所实际奉行。

礼治与法治的联手，形成优势互补的治国模式理论，直到统一大帝国出现的前夜，才由荀子最终完成。（取自：白奚《先秦哲学沉思录》）

荀子能在孔子"道之以政，齐之以刑，民免而无耻；道之以德，齐之以礼，有耻且格"的理论基础上，更为发展与完善，形成了适合大一统王权政治的需要，因而便成为中国古代社会长期采用的指导思想，更说明荀子与时俱进的智慧与思想，确然具有超迈孔子与前贤的风范与品质。

还可以这么说，发扬孔子、光大孔子思想的真正传承人应该是荀子而非孟子，没有荀子的传承就没有儒学的确立，孔子与后世成立的儒家并无直接关系，对于孔子的推崇，也只是因汉代某些学派的门户之见而形成。当荀子在唐代之后被二程、朱熹等人刻意曲解、贬损后，孟子才取替了荀子，孟子的地位被抬高，才有所谓的孔孟之道。

同时，从孟、荀对待当时显学——杨朱墨子的心态和批判，明显可分出优劣。

孟子对于杨墨，只以市井野夫的俚语来批判：无父无君是禽兽也。余岂好辩哉；余不得已也。与此不同的是，荀子在其《富国》中有理有序地指出杨墨的优劣成败之处，给后人对于杨墨有了一个真实了然的轮廓。

综合以上几个主要历史公案，这就是为什么我要写荀子的主要原因——为荀子正名——一个青出于蓝而胜于蓝的荀子！一个超越孔子的中国第一人！

其次，正如河北大学的高春花女士在其《荀子礼学思想及其现代价值》所说："荀子所处的战国时代，正是一个文化上'礼坏乐崩'的时代，荀子在诸子百家特别是孔子礼学思想的基础上，构建了独具特色并长期影响中国文化和文明发展的体系。对于缓解现代社会人们的心理压力，减少物质追求和精神气质的二元张力有着重要的借鉴价值。"

在中国文化发展史上，荀子以后的许多思想流派，无论是两汉经学、宋明理学还是乾嘉汉学，都带有荀子礼学的思想痕迹。

立足于春秋战国时期广阔的思想文化背景，着眼于传统文化的现代转换的价值期待，结合现代人生实践和社会治理，重新解读《荀子》这部传世经典，挖掘和展示它的现代价值。高春花又说："在对《荀子》文本的重要范畴进行诠释的过程中开启新的思维空间，通过与历史精神和传统文化的对话，挖掘荀子的精神文化价值，为今天的思想道德的建设提供丰富的思想素材"。

也正是基于高春花对于荀子礼学的着重和阐释，正好把荀子重要思想精华之一的"礼学"重点发挥出来，通过对荀子礼学思想体系的进一步认知，正如她所说的："荀子礼学思想体系中的道德教育思想对于今天的精神文明建设具有重要的启发意义。从道德层面上讲，市场经济是一种以欲望和利益为驱动机制的生活方式，它虽然可以创造出巨大的物质财富来满足人们日益增长的物质需要，但是它也具有腐蚀人的理性、淡化人的思想信念的消极作用。随着经济领域的市场化和全球化进程的加快，在思想道德领域，物质利益与精神追求的二元张力正以前所未有的态势显现出来。人们日益重视眼前利益，忽视长远利益；重视工具理性，轻视价值理性；重视物质享受，忽视精神追求。荀子礼学在人生层面的意义在于：它既承认人的物质追求的天然合理性，又张扬人的道德精神的无限超越性；它重视礼的道德规范意义，倡导道德主体的个体修养和社会的道德教化相结合。成为抑制工具理性无限膨胀的有力工具和提升社会道德水平的重要文化资源。"

因此，通过对于荀子礼学思想体系的进一步了解，我们更可以对荀子博大精深的文化思想精神有更深远、更广泛的全面深入的认识。这是为何要写荀子的第二种原因。

同时，许启贤先生在《荀子礼学思想及其现代价值》一书的序中更对荀子礼学精神和思想都作出了精辟的阐释，兹重点引述于下以为学习参考："西周时期，周公'制礼作乐'，开创了中国历史上的礼乐文明时代。作为礼乐文明的核心内容，礼的应用范围很广。礼成为调整人类行为的重要准则和维持社会秩序的基本道德规范。

春秋战国时期是一个'礼坏乐崩'的时期。整饬被破坏的社会秩序，重现西周以来的'礼乐盛世'，孔子主张'克己复礼'。他说：'不学礼，无以立'（《论语·季氏》）、'不知礼，无以立也'（《论语·尧曰》）。在这里，礼不仅是人们安身立命的重要根据，而且也是国家治理的基本准则。

在《荀子》一书中，礼字出现的频率非常高，达309次，其中'礼义'连用94次，'隆礼义''隆礼贵义'等提法22次。礼是人之为人应该遵循的社会生活准则，失去礼，则会造成社会混乱。他说：'礼者，人之所履也。失所履，必颠蹶陷溺。所失微而其为乱大者，礼也。'（《荀子·大略》）荀子把'礼'抬到极高的地位，认为礼是'人道之极'（《荀子·礼论》）。

礼是维护社会秩序的基本手段。是治国理政的基本纲领。

'国无礼则不正'（《荀子·王霸》）、'人无礼不生，事无礼不成，国家无礼不守'。（《荀子·大略》）荀子从成汤、文武之所以得天下，而夏桀、商纣之所以失天下的正反历史对比中总结说：'隆礼贵义者其国治，简礼贱义者其国乱。'（《荀子·议兵》）。只有隆礼贵义、爱民勤政，才可以治理好国家。'礼者，政之挽也。为政不以礼，政不行矣。'（《荀子·大略》）

礼是加强道德修养的主要内容。荀子认为，无论是维护社会秩序，还是进行国家治理，都要求生命个体具有一定的道德修养。而礼则是个人修养的价值目标，也是衡量个人修养的重要标准。荀子以'性恶论'为前提预设，论述了加强个人道德修养的重要性。'人之性恶，其善者伪也。'（《荀子·性恶》）所有人的本性都是恶的，只不过圣人和君子能够化性起伪，而化性起伪的重要途径便是加强道德修养。他认为，要加强道德修养，一是要学礼、知礼。'学恶乎始？恶乎终？'曰：'其数则始乎诵经，终乎读礼；其义则始乎为士，终乎为圣人。'要通过学习而行礼从善。二是要知礼而'行之'，即'学至于行之而止矣'。三是要持之以恒、反省存善，'见善，修然必以自存也；见不善，愀然必以自省也。'

在荀子看来，道德并不是万能的，单纯依靠道德并不足以教化百姓。所以，他提出了'隆礼重法'、德法并举的治国理念。'法者，治之端也''隆礼至法则国有常'，法律是治理国家的重要手段，也并非赞同不加区别的严刑峻法，而是主张首先对百姓加强教化，教化不成再进行刑罚处罚。'不教其民而听其狱，杀不辜也。'他对那些不知教化百姓而乱施刑罚的做法提出了批评：'乱其教，繁其刑，其民迷惑而堕焉，则从而制之，是以刑弥繁而邪不胜。'

礼是治理国家的总纲领，是制定法律的根据。他说：'礼者，法之大分，类之纲纪也。''礼义生而制法度。'法令制度的制定，必须以符合'礼义'为标准，否则，就会'害事乱国'。在荀子的'隆礼重法'思想中，礼处于主导的地位，法只不过是服从于礼的一种工具而已。'隆礼重法'思想的精神实质，也是荀子礼学思想的精神内核。

荀子礼学之礼，并不仅仅属于道德的范畴，它有时带有道德和法律双重性质的规定。荀子强调以德治国，并不像孔子和孟子那样过分注重道德自律（其主要表现是强调'仁义'），而是把更重的砝码放在道德他律一边（其主要表现是竭力提倡'礼'）。礼不仅包括外在的道德规范和礼节仪式，而且包括具有法律性质的制度安排。荀子并不像孔子和孟子那样重义轻利，而是认为追求利益或人欲乃是人的本性所致，但放纵人欲又会造成国乱民贫的局面。因此，他提出用'礼义'道德节制人欲，从而达到养民富民的最终目的。'故人莫贵乎生，莫乐乎安。所以养生乐者，莫大乎礼义'。而这种'礼义'正是一种制度上的刚性规定。

荀子礼学之礼，包括内在形态和外在形态两种方式，作为内在形态，'礼是一切人类文化准则的集合，而这种准则同时也是永恒存在于天地宇宙之间的自然法则'。作为外在形态，礼表现出的是一种礼仪制度规定。这正是我们认为荀子礼学之礼带有道德和法律双重性质的重要原因。

荀子礼学所倡导的隆礼重法的治国思想，在依法治国和以德治国并举的今天，具有重要的现代价值。"

以上之所以要引录高春花女士和许启贤先生的大文，是因为两位对荀子礼学思想都能言之有物、要言不繁，择其精旨，足供读者参考。更因为礼学思想是《荀子》大书中的主要精神和光芒，它不仅超越了孔孟仁义之道，而且补实了孔孟仁义之道的"虚华不实"之处，使孔子的精神和思想得以在现世社会展现出真理之光、恩被四表，这应该完全归功于荀子礼学思想的实效性、超越性和可操作性。

因此，深入荀子的心脉和思想必先于其礼学思想精神的融会贯通后才足以登堂入室。

2008 年 8 月

王绍璠（1943—2012），著名旅美台湾学者，现代禅文化倡导者，零项修炼的创始人。国学明师，深蕴中西方文化和思想。王先生师从南怀瑾先生四十余年，深得先生的心传。

自二十世纪八十年代回国后即举办传统"禅七"及禅文化讲座，2002 年起，开始在北大、清华等高校主讲"中国企业家内圣外王之道"、"中国企业心的管理"、"打造未来中国企业家"、"走进中国文化心灵深处"、"禅解中西文化"等系列讲座。先生在传承千百年中国禅文化的基础上，发扬创新，独辟蹊径，开创了"零项修炼"课程，使现代学人能够多快好省地引爆激情，顿开智慧，令学人从此打开自己的心灵之眼，充实自性之美，成为主动传承中国优秀传统文化精蕴、具足内圣外王素质的引领性人才。几十年中，参加讲座及禅修者上万人次，先生出言吐语，嬉笑怒骂，雷霆风雨，皆旨在应社会、人心之机，施圆融活泼之教，多人有心灵深处的超越体验，在国内文化界、企业界影响至巨。

已出版著作：《归零的智慧》《禅门论语》《心的解放》《零项修炼》《呼唤企业家心的回归》《禅与企业管理》《从野兽到成佛》《只为辜恩始报恩》《禅林宝训心解》等。

重新发现中国文化的这位"幕后英雄"

荀子是一位对中华民族和中国文化的贡献远远大于其名声的人。

战国末期，荀子目睹战争造成的生灵涂炭，以悲天悯人之心，寻求安定世间、救济苍生之路。他发现人们痛苦的根源，来自内心的欲望没有限度而导致的相互争夺倾轧，来自社会秩序的紊乱而导致的民不聊生。

荀子所处的动乱时代，其实也已经酝酿着回归社会稳定、实现天下安定一统的契机。荀子深入研究了周礼和孔子思想，对先秦诸子之学进行了整理、扬弃，入乎其内，出乎其外，并结合当时的时代特点与发展趋势，创新性地提出了完整的实现天下大治的思想体系——荀学。

荀子是"王者之师"，他的思想体系，为天下大同的王道治理提供了蓝图。两千多年来，在中国文化的历史长河中，倡导内圣外王、礼法并治、积极进取的荀学，实质上成为中国政治和社会治理最重要的思想底色。这一点，恐怕当代许多国人并不太了解。

在荀子身上，有一种鲜明的敢于开拓创新的特质。他一方面广博地向先贤和同时代的智者们学习吸收，同时他并不人云亦云，而是在他人基础上提出独到的创见。

他超越孔子就是对这一特质最有力的证明。他不是如孔孟那样过于强调道德自律，而是倡导以兼顾道德自律和制度规范的"礼"来节制疏导人欲，从而在国家治理上达到更加中道可行的效果。在孔子的基础上，荀子系统性提出了"礼"的思想，认为"礼"是治乱安邦的不二路径。

荀子认为，礼是人之为人的根本，礼浸润于社会的方方面面，也是人与自然相统一的基础方式。根据荀子的礼治思想，人人各守其位、各尽其责，同时相互以关爱体谅的方式和谐互动，"达爱敬之文，成行义之美"；人在遵循天地规律的基础上，可以"制天命而用之"，创造利益人间的福祉。荀子指出"礼以顺人心为本"，国家制定制度，社会制定规则，乃至人际关系的处理，等等，其核心要义在于顺应人心，能创造社会的和谐顺畅。由此可见，我们今天提到的"全心全意为人民服务"，无疑就是"礼"的精神的最佳表现。

经过荀子对"礼"的反复阐扬和在国家治理体系中的设计，使得"礼"这一修身立命、安民定国的教化体系，成为中国文化的核心理念之一，构成中华民族所独有的"礼治"精神，创造了"礼义之邦"的文化积淀，其影响延续至今。

荀子还提出礼法互补的治国模式，实际成为两千多年来中国主要的治理原则，如今还在发挥指导性的作用。荀子在隆"礼"的同时重"法"，既是建立在对人性深刻的洞察基础上的，也是最符合教育精神的理念。

对于主动修身的士人君子，以"礼"来引导和提升，顺理成章。但是对于一部分的确冥顽不灵的人，用修身自制的忠言来劝告，无疑就显得太迂腐而且实际上毫无功用。在一些时候，用刑罚的霹雳手段，更能警醒顽劣者改过从善。这正是荀子在隆礼同时又重法的根本原因。

然而荀子的"法"，究其根本，还是一种教育的手段，是在"礼"之下的补充，他不是单纯为惩罚而惩罚，而是"化性起伪"的一部分。"今人之性恶，必将待师法然后正，得礼义然后治"，"起礼义，制法度，以矫饰人之性情而正之，以扰化人之性情而导之"。（《荀子·性恶》）所以荀子的法，显然跟他的学生韩非这种从根子上就认为人性恶、必须一味诉诸法律控制的思维，还是不同的。荀子是相信"涂之人可以为禹"的，通过礼法的引导，可以"正之"，使其走上向善之路。这也是荀子的思想更为圆融和深邃的根本原因。

荀子提出的"一天下"思想，成为中华民族特有的精神理念，成为凝聚华夏民族民心的重要精神纽带，为历朝历代的国家统一安定做出重要思想贡献。荀子主张"一天下"，我们今天更多是从政治上、地理上理解为国家的统一，而实际上，作为伟大思想家的荀子，他提出"一天下"，如同当年的周公与孔子，更多是为了建立起普覆天下的礼义文化精神和制度，从而实现"天下一家"的富足大同，实现生民的安乐幸福。

从文化的角度来理解"一天下"（或者说"大一统"），比只从政治上的"统一"来理解荀子，更能体现荀子的广博和深远，也更能对"四海一家""和谐万邦"的中国文化精神的力量，有着更为深刻的认识。

荀子推崇"大儒"，强调"大儒之效"。大儒是内在的修养与外在的起用并重，相得益彰。"大儒"有着深厚的德行修养，同时能够创造利民利国乃至功在千秋的事业。"用大儒则百里之地，久而后三年，天下为一"。（《荀子·儒效》）大儒要像周公那样，既能帮助周文王、周武王安定和一统天下，还能制礼作乐以奠定民族文化的千年根基。这样的大儒，在今天的工商业社会中，如果治理企业，那就是能带领广大员工团结一心打造优秀企业、创造出引领时代乃至能流传久远的优秀企业文化的企业家。

如何成为"大儒"？荀子提供了系统的修养方法。荀子倡导"学不可以已"，可谓当代终身教育的先驱。做学问修养"其数则始乎诵经，终乎读礼；其义则始乎为士，终乎为圣人"，（《荀子·劝学》）从诵读诗经培养起开阔的心胸、积极正气的人生观，通晓礼义的内涵；同时注重实践，从一个士君子不断砥砺精进，终至成为大儒、圣贤。

荀子的"治气养生之术"，为不同性情品格的人提供了扬长避短、升华气质的路径。作为成就圣贤大儒的方法，荀子提出了"直指人心"的智慧开发之道，通过解蔽、"虚壹而静"而体悟"大清明"，达到止于至善的境界，具备了洞察世界、善治天下的智慧修养，能够"疏观万物而知其情，参稽治乱而通其度，经纬天地而材官万物，制割大理而宇宙理矣"。（《荀子·解蔽》）他主张将这种内蕴用到社会治理的实践当中，所谓"体用一如"、内圣外王之道，正是后世中华民族屹立于世界之林并长时间引领世界的制胜"法宝"。

正如现代禅文化倡导者王绍璠先生所倡导的企业家的四个标准，可以作为内圣外王的"大人之学"或曰"大儒"的"试金石"，而为当今及未来时代精英的成就提供清晰的锻造路径：第一，是能独立思考的思想家，哲学之王；第二，要有回归社会的愿景和行动；第三，具备中西文化修养和现代管理知识；第四，要拥有全方位的健康（包括生理和心理的健康）及高尚的道德情操。

荀子提出"信"的重要。"益地不如益信之务""强胜，非众之力也，隆在信中。"增加土地不如增强国家的诚信，国家强盛不在于人口众多，而在于取信于民，取信于天下。

荀子提出"义胜利者为治世，利克义者为乱世"。一个社会必须要让"崇义"之行胜过"逐利"之风，才能实现人心向善、天下安治。唯利是图、只顾自我的风气如果盛行，只能让人心紊乱、争斗不止。这对于"拜金主义""精致利己主义"尚有不小影响力的今天中国社会，无疑也有巨大的警示意义。

《荀子》中体现外王之功用的论述，成为中国社会经世济民的重要思想资源。他提出"儒术诚行，天下大富"的治理体系，这一思想体系从汉代开始被应用于经济发展和社会治理，创造出强大的综合国力。汉代开始的落实在治国实践中的"儒家"，实为荀子开创的"儒术"，不仅是道德的修养，更是礼法并治、富国安邦的治理体系。这在《荀子·富国》篇中有详尽阐述。

具体治国方略方面，他提出"下富则上富"，要让百姓富裕起来，国家才能富强；提出"开源节流"，发展生产消费同时节约用度。他更是创造性地提出"明于天人之分""制天命而用之"。这是我国古代思想史上第一次提出的尊重利用大自然，减控大自然的破坏的伟大号召，也是人类第一次对天人关系所作的科学的说明。

值得注意的是，唐宋以降，荀子之学开始与中国禅文化相互印证激荡，体现出中国文化更加智慧精蕴的本来面目。荀子的内圣外王之道，也正体现了禅文化之终极目标，"变大地为黄金，搅长河为酥酪"之精旨。

禅文化不是宗教，而是一种实证智慧、砥砺德行的方法，被中外精英所实践而一再得到有力证明。以禅文化开发内在的自性光芒，能达成一个人心性的成就、事功上的圆满，达至如同荀子所倡导的内圣外王的"大儒之效"。唐宋时期，中国文化在荀学所赋予的文化底蕴之上，更有了禅文化这把"刀子"，相得益彰，因而造就了中华文明史上的巅峰。

荀子致力于"为往圣继绝学"，用心整理、创新性地传承祖先流传下来的《诗》《书》《礼》《易》等经典，其福泽绵延至今以至未来。

正如《荀子·劝学》中所说的"青出于蓝而胜于蓝"，荀子传承孔子而超越孔子，为后人作出了超越师承的表率。我们今天谈及中国传统文化，言必称"孔子",然而如果没有荀子的"力挺"和创新性传承,孔子和所谓儒家便不会有后世到如今所享有的光辉。

实际上,如唐代杨倞所说,孔子之学到了战国时期,几乎湮没无闻,后来因为荀子和孟子的继承和宣扬,才让孔子之学再次获得影响力,并流传后世,其中尤以荀子阐扬孔子的功劳最大。

因此,在相当大程度上可以说,在中国文化史上,荀子是一个功劳卓著的"幕后英雄",是一个在很大程度上被误解和轻视的文化巨人。

进入当今时代,古老的华夏中国,又迎来一个文化复兴的契机。物质文明日渐丰富,然而精神道德的欠缺,文明底蕴的不足,都在呼唤真正的文化精神的再兴。同时,"仓廪实而知礼节"的必要性也在召唤着,强调为学修身、成就君子修养的荀子思想,到了一个重新展现光芒的时代,并且已经时不我待。擘画出荀学现代化的人文蓝图,必将为实现中华民族伟大复兴的中国梦注入强大的思想动力。

我们倡导荀子,正是因为其能定国安邦、实现国泰民安的强大思想力量,正是因为其能在兼收并蓄基础上推陈出新的开拓精神,正是因为其能为往圣继绝学、为万世开太平的深厚智慧底蕴。

本书中,我们还借荀子正名的精神,对影响当代国人正确认识中国传统文化、不利于文化自信建立的诸多偏颇乃至错误观念进行了澄清,提出了新的"中国文化观",比如所谓的儒家并非中国文化的主导思想;中国传统文化绝非所谓专制独裁文化,而是有着独特的礼义底蕴和王道精神的自成体系的中国文化;中国传统文化的本质并非消极静态而是积极进取的;等等。

现代禅文化倡导者、企业文化大家王绍璠先生一直对荀子十分推崇,并多次表示要写关于荀子的书。本书的代序,即是王绍璠先生的一篇介绍荀子思想的文章,其中的许多观点是发人所未发,体现着他对荀子以及中国历史文化深邃的洞察力。

由于先生于2012年仙逝,写书之事成为他未竟的遗愿。我们曾跟随先生学习,也为他对荀子的推崇所感染。这部小书,正是我们对《荀子》一书的浅薄心得。一方面是尽自己所能,为完成先生未竟的遗愿尽一点心。所以,绝不敢说本书能充分体现先生推崇荀子的真意,只是以我们对先生思想以及对先贤荀子的感悟，尽力如实呈现我们的所思所悟而已。另一方面，也希望此书，能为传播荀子及我们所深为认同的中国文化精神，为重建中国文化自信，起到一些积极推动的作用。

中国文化了不起，根源是创造和传承这些文化的历代圣贤的伟大，是参天地而化育的中华民族的伟大。本书也是向所有为传承民族优秀文化而呕心沥血的先辈们致敬。

需要跟读者朋友们说明的是，本书不着重于学术考证，也不着重于对原文逐字逐句的翻译，而是力求从思想的层面尽力与荀子进行"沟通"，尽可能将荀子的思想精华阐释出来，以为当代社会文化建设提供镜鉴，因此我们对荀子的解读，主要目的在于"得其意"而非"记其言"。因此，在多数的章节，对荀子的思想采取的是对原文进行意译和扼要概括的方法。出于篇幅的考虑，对《荀子》原文中的一些在思想呈现上有重复及不影响理解荀子主要思想的段落，甚至进行了省略。

本书对荀子思想的阐释，只能说是代表作者的意见，如果读者对阐释有疑问，还请仔细研读《荀子》一书原文，以得出更加确切的理解。

荀子云：非我而当者，是吾师也。书中内容有任何不足之处，还恳请读者诸君不吝赐教为盼。至谢！

作者谨识
2021 年 8 月

目　录

上　篇

下 篇

荀学对当代中国的深刻启示

上篇

第一章

穿越时空的兰陵之歌

荀子的一生，其精神思想、治国方略兴发于赵国，总结提高于齐国，实施践行于楚国兰陵。

荀子两任兰陵令。前后为政十八年，全心为民，呕心沥血。他曾头顶草帽，脚踩草鞋，带领弟子奔走于兰陵的山村旷野。荀子通过切身实践，提出了一系列行之有效的治理思想，包括"礼乐教化"、"隆礼重法"的治理思想，"平政爱民""轻徭薄赋"的施政理念等。

荀子认为"不富无以养民情，不教无以理民性"。在屈原拟名"兰陵"的这块富有理想色彩的土地上，经过荀子用心治理，十几年的时间，呈现出一片欣欣向荣、歌舞升平之象。荀子所实践运用的一系列组织管理、发展经济、促进社会和谐的治理原则，为直到如今的中国社会治理提供了宝贵的借鉴。

荀子九十多高龄时于兰陵写下的《成相》一篇，可谓是其治国安邦的智慧与学术成果的高度总结和集中体现。

让百姓世代传唱

蓝天白云下，楚国兰陵的大地上，阳光和煦，微风轻拂，空气像明镜般的流动着。此情此景下，《成相》的歌声回荡着，时而在山村里、时而在旷野上，时而在闲暇时、时而在劳作中。兰陵的百姓在传唱着荀子创作的这首文学作品。不只大人们，小孩们也一学就会，也都喜欢唱。

《成相》是一种可以歌唱的叙事韵文。"相"即鼓形的"拊"，"成相"也就是"击拊"，后来演变成曲调的一种。当时中国最古老的民间曲艺形态，经荀子的再创新，成为有叙事与抒情的最早的说唱文学作品。

荀子为什么会选择《成相》这样的体裁来写作？

《成相》基本是以"三三七四七"的句式为一个单元，继而勾连成长篇。三言与七言一起诵读时，七言又可分为四言和三言两部分，这样就会形成"三三四三四四三"这样的节拍，在音韵上非常自然地形成一种音节流畅跌宕、声情婉转、错落有致的艺术效果。其特有的响亮明快的特点，使得这种句式格外铿锵悦耳、谐美动听，使作品增加了清新活泼的韵味，中国文化之声韵与意蕴之完美结合得到淋漓尽致的表达。

荀子为了让百姓方便学习记诵、喜欢歌咏传唱，便于长久流传，创造性地发挥，写出了意蕴深远又朗朗上口的《成相》。

九十多岁的荀子，白天教授弟子们功课，包括《诗》《书》《礼》《易》《春秋》及先秦以来几乎所有能够看到的经典，夜晚依然不知疲倦，精神矍铄，静心抚琴，旋律悠扬舒畅，犹如在诉说着动听的故事一般。

荀子弹的是《成相》的曲子。他饶有兴致地一边弹琴，一边哼着小调。时不时将琴放下，俯身于几案，疾速地写下一段又一段《成相》的歌词，并跟身边的弟子们说："华夏很快就要一统了，未来大一统的国家应当怎样治理？我把多年来思考的治国方略写成歌词，让百姓们传唱。"

荀子创造性地使七言这种一直在民间发展的诗体形式提升为文人创作。丰富了七言的内容和表现领域，极大地提高了七言的品味，使得在民间发展的诗体形式，一跃而成为文人笔下的创作，为后世创作七言开创了先河。

《荀子》共三十二篇，这也是很好的一部散文集著，后世学者将之分为散文、赋、辞等文体形式。在先秦诸子散文中，荀子以淳厚风格著称，其内容是"尊经""明道"。

所以，荀子不但是综合了以前学术精华的思想家，还是善于运用民间文学的极富创作力的文学家。荀子《成相》艺术成就高，为人喜闻乐见，能深植于民间，具有长久的生命力，成为长盛不衰的歌谣形式，很大程度上助力了宣传荀子王道政治主张。

好的思想也要有让受众喜闻乐见的表现形式，这也早已是现代文艺创作中所普遍认定的原则。两千多年前的荀子，在写作手法与诗体的选择上独具慧眼，以卓识远见，选择具有广泛群众基础、易为人所接受的文学形式，开创中国说唱文学先河，以宣传其思想主张，其影响力至今不息。《荀子》一书高度思想理论性与文学艺术性的有机结合，也集中体现在《成相》一篇。

荀子一生研讨治世之道，追求天下安宁，生民富裕安乐。《成相》顺沿《荀子》三十二篇的一贯主题，论述为君治国之道。有论有述，既讲述深刻的治国道理，又叙述曲折的历史故事。它赞美了夏商周三代的王道治世理念，道明了当朝的混乱根源，指出了拨乱反正的方针，提出了自己的王道政治理想："国家既治四海平。"

延展阅读： 清人卢文弨说荀子的《成相》即"后世弹词之祖"，确为弹词之类说唱艺术的源头。《成相》对汉乐府民歌、唐变文、宋话本及部分唐宋词与说唱文学等影响深远。

如汉乐府民歌《战城南》《平陵东》：

战城南，死郭北，野死不葬乌可食。

平陵东，松柏桐，不知何人劫义公。

此外《鼓吹曲辞》中的《汉铙歌十八曲》中《思悲翁》《艾如张》《上之回》；《相和歌辞》中《薤露》《蒿里》等也都带有《成相》的体式特点。

再如晋代陆机《百年歌》：

一十时，颜如华晔有晖，体如飘风行如飞，终朝出游薄暮归，六情逸豫心无违，清酒将炙奈乐何，清酒将炙奈乐何。

唐宋文人们较多地使用这种形式来进行诗歌创作。如唐代李白的《将进酒》：

五花马，千金裘，呼儿将出换美酒，与尔同销万古愁。

杜甫的《兵车行》：

车辚辚，马萧萧，行人弓箭各在腰。

爷娘妻子走相送，尘埃不见咸阳桥。

白居易的五十首《新乐府》中，有二十首都是采用这样的形式来开头的，足以看出这种诗体影响的深远；而正是通过这些创作使得"三三七"句式成为后世七言歌行常用的句式。

在宋词中也可发现荀子《成相》行文风格的痕迹。如陆游的《钗头凤》：

红酥手，黄滕酒，满城春色宫墙柳。

君子谨修身　百姓方得安宁

《荀子·成相》

请成相，世之殃，愚暗愚暗堕贤良！人主无贤，如瞽无相，何伥伥！

请布基，慎圣人，愚而自专事不治。主忌苟胜，群臣莫谏，必逢灾。

论臣过，反其施，尊主安国尚贤义。拒谏饰非，愚而上同，国必祸。

曷谓罢？国多私，比周还主党与施。远贤近谗，忠臣蔽塞主势移。

曷谓贤？明君臣，上能尊主下爱民。主诚听之，天下为一海内宾。

主之孽，谗人达，贤能遁逃国乃蹶。愚以重愚，暗以重暗，成为桀。

世之灾，妒贤能，飞廉知政任恶来。卑其志意，大其园囿高其台。

武王怒，师牧野，纣卒易乡启乃下。武王善之，封之于宋立其祖。

世之衰，谗人归，比干见刳箕子累。武王诛之，吕尚招麾殷民怀。

世之祸，恶贤士，子胥见杀百里徙。穆公任之，强配五伯六卿施。

世之愚，恶大儒，逆斥不通孔子拘。展禽三绌，春申道缀，基毕输。

请牧基，贤者思，尧在万世如见之。谗人罔极，险陂倾侧此之疑。

基必施，辨贤罢，文武之道同伏戏。由之者治，不由者乱，何疑为？

凡成相，辨法方，至治之极复后王。慎墨季惠，百家之说诚不详。

治复一，修之吉，君子执之心如结。众人贰之，谗夫弃之，形是诘。

水至平，端不倾，心术如此象圣人。人而有势，直而用抴必参天。

世无王，穷贤良，暴人刍豢，仁人糟糠；礼乐息灭，圣人隐伏，墨术行。

治之经，礼与刑，君子以修百姓宁。明德慎罚，国家既治四海平。

治之志，后势富，君子诚之好以待。处之敦固，有深藏之，能远思。

思乃精，志之荣，好而壹之神以成。精神相反，一而不贰，为圣人。

治之道，美不老，君子由之佼以好。下以教诲子弟，上以事祖考。

成相竭，辞不蹇，君子道之顺以达。宗其贤良，辨其殃孽。

请成相，道圣王，尧舜尚贤身辞让。许由善卷，重义轻利行显明。

尧让贤，以为民，泛利兼爱德施均。辨治上下，贵贱有等明君臣。

尧授能，舜遇时，尚贤推德天下治。虽有圣贤，适不遇世，孰知之？

尧不德，舜不辞，妻以二女任以事。大人哉舜，南面而立万物备。

舜授禹，以天下，尚得推贤不失序。外不避仇，内不阿亲，贤者予。

禹劳心力，尧有德，干戈不用三苗服。举舜圳亩，任之天下，身休息。

得后稷，五谷殖，夔为乐正鸟兽服；契为司徒，民知孝弟尊有德。

禹有功，抑下鸿，辟除民害逐共工。北决九河，通十二渚，疏三江。

禹傅土，平天下，躬亲为民行劳苦。得益、皋陶、横革、直成为辅。

契玄王，生昭明，居于砥石迁于商。十有四世，乃有天乙是成汤。

天乙汤，论举当，身让卞随举牟光。道古贤圣基必张。

愿陈辞，世乱恶善不此治。隐过疾贤，长由奸诈鲜无灾。

患难哉！阪为先，圣知不用愚者谋。前车已覆，后未知更，何觉时？

不觉悟，不知苦，迷惑失指易上下。中不上达，蒙掩耳目塞门户。

门户塞，大迷惑，悖乱昏莫不终极；是非反易，比周欺上恶正直。

正直恶，心无度，邪枉辟回失道途。己无邮人，我独自美，岂独无故？

不知戒，后必有，恨后遂过不肯悔。谗夫多进，反复言语生诈态。

人之态，不如备，争宠嫉贤利恶忌；妒功毁贤，下敛党与上蔽匿。

上壅蔽，失辅势，任用谗夫不能制。郭公长父之难，厉王流于彘。

周幽厉，所以败，不听规谏忠是害。嗟我何人，独不遇时当乱世！

欲衷对，言不从，恐为子胥身离凶；进谏不听，到而独鹿弃之江。

观往事，以自戒，治乱是非亦可识。托于成相以喻意。

请成相，言治方，君论有五约以明。君谨守之，下皆平正，国乃昌。

臣下职，莫游食，务本节用财无极。事业听上，莫得相使，一民力。

守其职，足衣食，厚薄有等明爵服。利往印上，莫得擅与，孰私得？

君法明，论有常，表仪既设民知方。进退有律，莫得贵贱，孰私王？

君法仪，禁不为，莫不说教名不移。修之者荣，离之者辱，孰它师？

刑称陈，守其银，下不得用轻私门。罪祸有律，莫得轻重威不分。

请牧基，明有祺，主好论议必善谋。五听修领，莫不理续主执持。

　　听之经，明其请，参伍明谨施赏刑。显者必得，隐者复显，民反诚。

　　言有节，稽其实，信诞以分赏刑必。下不欺上，皆以情言，明若日。

　　上通利，隐远至，观法不法见不视。耳目既显，吏敬法令莫敢恣。

　　君教出，行有律，吏谨将之无铍滑。下不私请，各以宜，舍巧拙。

　　臣谨修，君制变，公察善思论不乱。以治天下，后世法之成律贯。

　　《成相》唱的是治国之方，讲述了人君要有贤人辅佐、善于辨别贤不肖者，强调"明德慎罚""后势富""好而壹之神以成"等理念。讲明人君对臣下应遵循的原则和人臣应遵守的原则，君主对臣下既要严格要求，认真听取意见，又要考察实情，赏罚分明，要从纲纪法制上保证贤人得到奖励，奸邪不得隐蔽；臣下则严谨执行君令，不循私情。

　　《成相》篇中体现了"民主集中制"的雏形。权力集中于君，但又反对君主"愚而自专"，也反对臣子"愚而上同"，君主要"好论议"，要"参伍明谨"，要在广泛听取各种不同的意见上加以反复深入比较研究、讨论协商之后，再做决策。

　　倡导贤人政治。深刻道明了实现善治需要善用贤良，这是国势盛衰的关键。他警告"远贤近谗，忠臣蔽塞，主势移"，"上壅蔽，失辅势"；反之，人主如信任重用贤臣，则"天下为一，海内宾"。荀子认为"治之志，后势富"，即威势和财富并不是第一位的，一旦得到贤人君子为辅，能使"礼与刑"等都得到实施，"势富"自然就跟着来了。

　　道明了人治与法治相结合而以人治为核心。荀子在《君道》中说："有治人，无治法。"又说："故明主急得其人，而暗主急得其势。"这是尚贤思想的重要依据；同时荀子又重法，人君"隆礼尊贤而王，重法爱民而霸"。"君法明，论有常，表仪既设民知方""君法仪，禁不为，莫不说教名不移"。荀子认为制法守法的关键都在人，强调先人后法，君不明，臣不贤，纵有好法也不得其治。然而事实上当时是暗主多明主少，荀子对暗君与谗臣蔽主之祸反复沉痛言之，发出"嗟我何人，独不遇时，当乱世"的慨叹。

千年文化传承：兰陵多善为学

荀子带动了兰陵善学之风。

荀子思想的影响力深入人心。在他去世一百五十多年后，刘向在《孙卿新书叙录》中说："兰陵多善为学，盖以孙卿也。长老至今称之曰：兰陵人喜字为卿，盖以法孙卿也。"

"稷下扇其清风，兰陵郁其茂俗"。刘勰在《文心雕龙·时序》中如此称誉荀子在兰陵开创的育学之风。

荀学开启了秦汉之际以兰陵为中心，连绵不断的传播文化、培养治国安邦人才的基地，在兰陵乃至中国文化发展史上占有举足轻重的地位。

兰陵县城西部有一座文峰山，人文自然景观俱佳，素有"鲁南小泰山"之称。画家王心鉴游历后有《登文峰山》一诗：

访寻兰山芷，采撷泇河莲。
三杯醉客酒，一纸劝学篇。
松风萦虬龙，明月照玉泉。
再思寻季孙，积雪满峰峦。

文峰山原名神峰山，山上有"季文子墓""季文子庙"等遗址。春秋时，兰陵私学风气已经较浓，当时在这座神峰山，孔子的学生季文子在此讲学授徒。季文子是鲁国的正卿，在鲁国执掌国政三十三年，经历了鲁宣公、鲁成公、鲁襄公三代君主，掌管着鲁国的朝政和财富，可以说是大权在握。但他高风亮节，自己毫无积蓄，他的妻妾不穿丝绸，只穿布衣；他的马不用粮食做饲料，只吃青草。他克勤克俭，数十年如一日。他被称为中国历史上勤政廉政的早期楷模。鲁国百姓爱戴他，为了纪念他，将神峰山改为文峰山。

荀子就是在文峰山讲学论道，著书立说，广授门徒。《荀子》三十二篇大多成篇于文峰山。汉时兰陵籍人才涌现，主要是传承自荀子以来形成的"善为学"的文化教育传统。在荀学的影响下，两汉时期在这里也发展出相当发达的私学，使许多人才脱颖而出，在学术界、政界颇有影响。

以传授荀子的六经为主业，兰陵在两汉时期形成了一个庞大的经师群。到了清末，荀子遗风依然涵养着兰陵地区学人品性与心性。淳朴豪放的民风、传统儒学的滋养，造就了兰陵人朴实仁厚、学识通达、襟怀坦荡、坚韧不拔、勤于奉献、勇于创新的优秀性格。此品格涵养，我们从清末兰陵人王意和的一首诗中可略窥一二：

> 倒把金鞭下酒楼，知心以外更无求。
> 浪游落似长安少，豪放疑猜轵里尤。
> 菩萨心肠侠士胆，霸王魄力屈子愁。
> 生平未解作么解，万劫千年忆赵州。

"菩萨心肠侠士胆，霸王魄力屈子愁"，"菩萨心肠"，仁爱之心，"侠士胆"，风骨气节。"霸王"当指力拔山兮气盖世的西楚霸王，屈子是指忧国忧民的屈原。

内圣的人格修炼与外王的务实践行紧密结合，几千年来兰陵人一直体现出刚健自强和务实作风。出仕为官者多重内养，无论是生逢乱世还是治世都能够积极入世，关心民族命运，具有洞察人生、透视社会的胆识和才智。此正是荀学思想的优秀特征，兰陵以荀子思想文化为核心的文化命脉，绵延相承，有史记载诸如恭俭治国的萧道成；蔑视权贵、追求真理的何承天；人微才秀抗争命运同情下层人民疾苦的鲍照；孤洁自守、潜心诗赋的何逊，等等。到清末民国初年，兰陵王氏等兰陵望族重视私学的传承，其源头正是荀学。

王道治理的实践基地：兰陵

我们学习研究荀学，一是学习并承继其优秀的文化学术思想；二是学习其务实的实践精神，包括教育培养学生及当政治理经历。

在如今兰陵县兰陵镇的东南隅，有一处占地七十亩、受省级重点文物保护的庙堂，这就是荀子之墓。在墓前荀子庙的正中，悬挂着题有"最为老师"四字的匾额。这是当初荀子在齐国"修列大夫之缺，三为祭酒"之时，齐襄王对荀子的评价。

荀子的一生，其精神思想、治国方略兴发于赵国，总结提高于齐国，实施践行于楚国兰陵。来兰陵之前其思想及治国方略基本形成，在兰陵得到实践，理论跟实践相结合，更加丰富了荀子思想的深度和厚度。

"兰陵"，这个充满诗意的名字，是两千三百多年前由时任楚国左徒的屈原命名。屈原出使齐国途中，路过当时的"次室邑"，见宽阔的平原中间，凸起的一片高岭上，兰花遍野，这位浪漫主义诗人将这片飘着兰香的"次室邑"改名兰陵。

楚考烈王八年（公元前 255 年），即"兰陵"诞生六十四年之后，楚国为了巩固北部边防，设置了兰陵县。兰陵这时也迎来了千载难逢的历史机遇，开始走向辉煌，因为赵国思想家荀子到来了。在时任楚相春申君的推举下，荀子做了兰陵的首任县令。

春申君问荀子："请问荀先生，何为富国之道？"

荀子说："节用裕民，罕兴力役，无夺农时，开源节流。轻田野之税，平关市之征，省商贾之数，如是则国富矣。"

春申君问："富国需要先富民吗？"

荀子说："富国必先富民，只有国民富裕，才有充足税收，才有旺盛需求，进而国力强劲。下贫，则上贫；下富，则上富。上下俱富，事成功立，百姓皆爱其上，人归之如流水，亲之如父母。"

春申君问："当今天下大乱，楚国能否大治？"

荀子说："人皆乱，我独治；人皆危，我独安。只要仁人治国，隆礼爱民，上下一心，三军同力。国家自然安如磐石，寿如星辰。"

春申君听后十分钦佩，非常赞许地对荀子说，"我来支持你，就在兰陵实践您的理想宏愿吧！"

改革的道路从来就不是一帆风顺的，历经种种挫折、误会、谗言等，几次春申君都亲自赶赴兰陵，弄清事实真相，对荀子鼎力相助，为其铺平改革与治理的道路，为荀子团队施政兰陵创造良好的条件。

综合治理。荀子本着"平政爱民"的指导思想，提出"强本而节用""轻徭薄赋"等主张。提出"不富无以养民情"，减轻农民负担，增加农民收入。重视商业及流通，发展经济。兴修水利，提出"水库"的设想，修建堤坝桥梁，疏通水沟河道。主张保护山林鱼泽的生态环境，促进可持续发展。

廉洁自律。荀子根据实际，制定廉洁自律制度，要求官吏勤政廉洁，守法自律，尤其对官员要求较普通民众更为严格。要求民众守法，商人不欺不诈，农民尽力耕作。

尚贤任能。荀子注重用"贤"，只有"贤德"的人才可用，才能发挥他的"能"。荀子重用了一批贤能之人，成为自己的得力助手。

富教同治。《荀子·大略》言："不富无以养民情，不教无以理民性。故家五亩宅，百亩田，务其业而勿夺其时，所以富之也。立太学，设庠序，修六礼，明十教，所以导之也。"充分理解民众对物质生活充裕的需求，尽力提升民众的物质生活水平，实现"富之"的目的。再在此基础上"导之"，对民众施以文化教育，提高全民的文明素质。

一个物质和精神建设齐头并进的社会，才是一个真正文明的社会。荀子在此道出了国家长治久安、实现王道治世的总方略。

第二章

『王者之师』是如何炼成的

《史记·孟荀列传》记载："齐襄王时，而荀卿最为老师。齐尚修列大夫之缺，而荀卿三为祭酒焉。"荀子在人生的黄金年龄段经历了齐国稷下学宫昌盛发展的黄金时期。

作为稷下学宫领军人物，荀子非常熟悉稷下的各种学说及主张，有条件对百家之学进行系统的总结、整合、批判和提升。他深刻地批判百家学说之短，同时又虚心地汲取百家之长，将周公、孔子等往圣先贤及诸子百家思想整合到他包容博大又主旨明确的荀学中。

《荀子》一书通篇都在围绕一个中心——构建一统于以王道理念为中心的治国思想，为天下一统的尽快实现绘出了清晰有力的蓝图。

荀子承担起的是一个影响中华民族福祉至今以至于到久远未来的伟大使命：承前启后，在华夏大地上建立起王道治理文化，从而使天下能持久地安定，华夏儿女能始终拥有优秀中华文化的福荫。秦汉以后文化之所以能统一，正是因为荀子奠定了文化一统的理论根基。

荀学成为具有独到见解、超越前人、积极影响后世的优秀思想，其思想理论创生和实践的过程，荀子如何吸取精华和剔除糟粕，都是当代的我们应当着重关注的。追踪先贤成长奋斗的足迹、感悟他们艰辛传承文化的过程，有助于新时代的中国人继承好优秀的传统文化。

稷下学宫的学术掌门人

这是一个春天的早晨，阳光洒在大地上，透明、清亮。青青绿草，一望无垠，生机盎然，似乎掩盖了多年战乱的悲凉，给人以清新、舒畅和希望。

应齐王建的邀请，荀子乘坐齐王建派出的豪华高轮车，由精锐卫士一路护卫，缓缓前行。这是荀子第二次入齐国了。齐国的稷下学宫，需要这位思想精锐而博大的思想家。

人文灿烂的稷下学宫

"稷下学宫"位于今天山东省淄博市临淄区西南的稷山。"稷"是齐国国都临淄城一处城门的名称。"稷下"即齐都临淄城的稷门附近，齐国君主在此设立学宫，学宫因地处稷门附近而得名为"稷下学宫"。

"稷下学宫"是世界上最早的官办高等学府，相当于我国最早的社会科学院、政府智库。它比古希腊哲人柏拉图在雅典创建的阿卡德米学园还要早二三十年。这里是"百家争鸣"的诞生地，是当时列国学术活动中心，自齐桓公开始至秦灭齐止，历时一百五十余年，鼎盛于齐宣王时期。

回想当年荀子初到齐国游学之际，正是稷下学宫最为兴盛之时。当时在位的齐宣王是位开明包容的君主，在稷下学宫出台了许多有利于文化及学术发展的优惠政策。齐宣王尊崇贤士，为他们提供优厚的物质礼遇。诸子参与国事，可以以各种形式匡正国君及官吏的过失。

在齐宣王的支持鼓励下，稷下先生们著书立说，展开学术争鸣，各家各派思想火花迸发，各显风流。诸子思想交流激荡，极大地推动了当时的文化学术发展，创造了灿烂的"先秦文化"。在此文化、学术碰撞与交流的黄金时代，有着无数振聋发聩的奏鸣，回响至今。稷下学宫的文化学术氛围，是中国文化开放包容、中华民族善于慎思明辨的最好见证，至今依然是人类文明发展史上的佳话。

如此盛况，一千四百年后，北宋政治家、历史学家司马光在《稷下赋》中欣然咏道："齐王乐五帝之遐风，嘉三王之茂烈；致千里之奇士，总百家之伟说。"并感慨"美矣哉！"

齐国为何能成为文化兴盛之地？这与齐国当时的经济发达分不开。作为东方大国齐国，当时工商业兴盛，海产富饶，富裕程度为七国之最。《史记》中但凡有评价齐国的描写，首先提到的就是齐国的经济发达及富饶状态。经济的发达促进文化的兴盛。在这种强盛国力的情况下，学识渊博的稷下先生们乘着豪华的马车，在临淄都城中来来往往，想必也是蔚为壮观的齐都盛景之一吧。

稷下学宫的学术掌门人

《史记·孟荀列传》记载："齐襄王时，而荀卿最为老师。齐尚修列大夫之缺，而荀卿三为祭酒焉。"祭酒本是祭祀活动中的一个环节，由于古代飨宴酹酒祭祀必由尊长或老者一人举酒祭地，这位尊长或老者便沿袭为祭酒。到汉代进一步演变为官名，汉平帝时置六经祭酒，位上卿，后又置博士祭酒，为五经博士之首。"三为祭酒"即言荀子三次担当学宫领袖的重任。

荀子除了致力于学术研究，他还为齐国建言献策。中国历史上的杰出学者，必然是学术研究和创造经世济民事功为一体的人物，并不只是研究书斋里的学问，遇到实际问题则毫无主张。荀子针对国家治理提出的超前性主张，往往在事后被应验。

公元前286年，齐国灭了宋国。但齐闵王灭宋之后，骄傲自大，准备四处征战，自立天子，不听谏言。荀子看到齐闵王虽以"好士"自居，却不听学士的谏言，热心于对外扩张，利令智昏，使得民乏兵疲。荀子于是向齐国的丞相田文中肯地指出，齐王不崇尚礼义，不讲求忠诚信用，方圆数百里的国家，还要用欺诈、侵犯去争夺土地，图谋有商汤和周武王的功名，而不知自己处在危险之中。他指出，我们有任何动静，楚、燕、卫三国必然乘机进犯，齐国必然四分五裂，被天下人耻笑。

荀子论之曰："国者，天下之利势也。得道以持之，则大安也，大荣也，积美之源也。不得道以持之，则大危也，大累也，有之不如无之。及其綦也，索为匹夫，不可得也。故用国者义立而王，信立而霸，权谋立而亡。"

荀子的忠告未被齐闵王采纳。乱邦不居，荀子因此离开齐国。不久，齐国的命运不幸被荀子所言中。燕上将军乐毅率燕、赵、韩、魏、秦五国之兵，攻下齐国七十余城。临淄陷落，齐闵王逃亡，被其丞相淖齿所杀。公元前283年，齐襄王即位，齐将田单率兵击败乐毅，才使齐国得以复国。

荀子这段未被采纳的谏言，在齐国王室中被认为是非常深刻的教训，他们悔不当初。同时，也从内心对荀子佩服得五体投地，奉之若圣人。荀子于是再次被隆重邀请到齐国。

荀子成长轨迹和时代背景

"最为老师"的荀子是怎样"炼"成的？

荀子出生在赵国都城邯郸，少年启蒙于赵文化的核心地区，深刻受着赵文化精神的熏陶和感染。

荀子少年时代，正是赵武灵王振兴赵国的辉煌时代。当时战国诸雄的争锋白热化，赵国虽勉强跻身七雄之列，但为七雄中的弱国，要在严酷的竞争中立足谈何容易？赵武灵王要实现图强，必须打破旧传统，学习胡人，组建骑射之兵，这是强盛赵国的唯一出路。他敕命赵国的官员和百姓改穿胡人的窄袖短袄，练习骑射技术。这时荀子是十几岁的风华少年。

赵武灵王的"胡服骑射"改革持续了十年之久。赵武灵王展现了有为君王的胸襟、胆识、谋略，对赵国的政治、军事、经济、文化领域都进行了大改革。赵国一跃成为当时的强国，成为战国末期唯一能够与强秦相抗衡的军事大国，成为战国后期争霸的主角。

处于全面鼎盛的赵国，日益呈现出强烈的开放创新精神和开拓进取的恢弘豪情，荀子目睹和经历了赵国的这场巨变及其带来的胜利果实，这对荀子的影响强烈而深远。少年时代的经历，在其人生历程中留下很深的烙印，以后无论在何处游学或施政，无不带着赵文化启蒙思想的根基。

赵武灵王的"胡服骑射"改革影响至为深远，为古赵大地注入了激昂悲壮的精神气质。实际上，"胡服骑射"不只是一场服饰变革，也不只是一场军事变革，更是一场移风易俗的社会变革。在赵国文化里面，内地文化与边地文化并存，华夏文化与胡族文化并存，农业文化与畜牧文化并存。"开放、进取、包容"的精神内涵，崇礼尚贤、崇法尚武、刚柔并济、海纳百川等文化精神，都体现在赵文化之中，也塑造、铸就了荀子的文化性格丰富多元、兼容并包的特色。

在具有稳健务实严谨的君子性格的同时，荀子还兼具激昂、外向、豪放、热情，可谓"侠士"型的文化性格，在他身上洋溢着一种英雄主义情怀。在诸子横议、百家争鸣的战国时代，从荀子身上明显可以感受到赵文化变法图强的传统与改革进取的人文精神，比如他面对诸子百家各门各派的争鸣乱象，为实现"一天下"的王道政治理想，荀子以惊人的胆略写下《非十二子》，对当时著名的它嚣、魏牟、陈仲、史鰌、墨翟、宋钘、慎到、田骈、惠施、邓析、子思、孟轲等十二人作了学术上的批判。

荀子不仅在学术上敢于争鸣，在游说列国的过程中，面对燕王哙敢于直指让位之乱；面对秦国丞相范雎，敢于预言秦国无儒的后果；面对赵孝成王，敢于论述议兵富强、义立而王的道理。与那些趋炎附势、毫无政见的碌碌之辈不同的是，荀子面对权贵敢于说真话、谏真言，直指弊端，体现出了他"敢为天下言"的侠士品格。

"君子"之风、"侠士"品格，以及从小养成的海纳百川的胸怀与勤学进取的精神，最终成就了集先秦时代诸子百家之大成的思想巨子。

荀子的思想形成，当然也受到家族先贤的深刻影响。《左传》记载，荀氏是晋国的名门望族。荀氏中行氏曾经五代做晋国的中行，是中军元帅。但经过一场赵氏、荀氏、范氏三个家族的多年混战，荀氏中行氏家族在邯郸一带败亡，失去了昔日充足的富裕生活，后代只能艰难地维持生计。值得注意的是，少年荀子即受到先祖荀欣的影响。赵烈侯改革时期，荀欣就加入到了改革振兴赵国的核心之中，他的"选练举贤"和"任官使能"思想对赵国人才战略的改进做出重要贡献。荀欣的历史功绩可圈可点，这对少年荀子的思想启蒙有着深远的意义。(参考杨金廷、范文华《荀子史话》)

所以，荀子自幼家庭的变化，既经历过荀氏家族的败亡而流离失所的艰难生活，同时又受到了家族投身改革的图强精神激励。坎坷而又图强的经历，不但造就了荀子胸怀博大、不屈不挠、自强不息的个性气质，还将一个更大的使命，一个关乎华夏民族前途的命题——如何改变诸侯分裂、实现华夏一统、使中华民族获得安定发展这一宏大命题，注入了荀子的心灵。

荀子为"一天下"揭开序幕

百家争鸣中孕育着融合

战国时期（公元前 475 年—公元前 221 年），是中国历史上继春秋时期之后的大变革时期。荀子目睹的战国乱世历史场景：

> 道德大废，上下失序。捐礼让而贵战争，弃仁义而用诈谲。夫篡盗之人，列为侯王；诈谲之国，兴立为强。是以转相放效，后生师之，遂相吞灭，并大兼小，暴师经岁，流血满野；父子不相亲，兄弟不相亲，夫妇离散，莫保其命，湣然道德绝矣。晚世益甚，万乘之国七，千乘之国五，敌侔争权，盖为战国。贪饕无耻，竞进无厌；国异政教，各自制断；上无天子，下无方伯；力功争强，胜者为右；兵革不休，诈伪并起。（刘向《战国策叙录》）

礼崩乐坏，弱肉强食，邦无定交，士无定主。但同时，乱世又常常是思想异常活跃的时代。动荡的战国时代，同时也是诸子百家争鸣、百花齐放而日益趋向于汇集思想大成的时代。

连绵的争战导致民不聊生，战国诸子开始了探索安定天下的道路。诸子学说纷呈，但主旨大都是为了让天下安定、生民安乐。一方面他们激烈争鸣，另一方面又在争鸣辩驳中互相影响、吸取、融合。

在今天看来，先秦时期影响最大、思想建树最多的是儒、墨、道、法四家。然而实际上，"诸家"不过是后人在名相上的分别，其实并没有严格意义上的分"家"，因此相比分"家"，谈论各家的思想主旨更为有实质意义。正如现代禅文化倡导者王绍璠先生在《中国文化三关论》中所言："论诸子百家，原始要终乃'全体现'之大学问，其传承渊源不二，焕然贯通，殊途而同归，非一家一言可立宗旨，后人不察，遂分百家，割裂道术，遂使天下纷纷，不知归止。"因此本书所言诸"家"只就约定俗成的说法而言。

从中国历史发展的进程来看，当时的百家"争鸣"恰恰只是后来百家"融合"的序曲，充分的争鸣帮助实现了更高一级的"文化大融合"，让文化精华得以提炼，中国文化得以再一次高度升华，为止息战乱、实现社会安定、缔造"千年之固"打下了坚实的文化根基。

应时而生的荀子

战国时的诸子百家一面争鸣，一面也开始相互融合。貌似差异巨大的诸子百家，有一个"共同的追求"，即建立"统一秩序"，这也成为战国晚期的时代精神。诚如潘岳先生在《战国与希腊》一文中所言："不是争要不要统一，而是争由谁来统一。"

在《战国与希腊》序中潘岳说到，"战国成为思想制度的熔炉。秦国的法家贡献了大一统的基层政权；鲁国的儒家贡献了大一统的道德秩序；楚国的道家贡献了自由精神；齐国将道家与法家结合，产生了无为而治的'黄老之术'和以市场调节财富的'管子之学'；魏韩贡献了纵横外交的战略学；赵燕贡献了骑兵步兵合体的军事制度，如此等等。最后的结果，就是汉朝。"

恰恰是荀子自觉担当起了时代使命，承当起这个融合诸家为一炉的时代课题。荀子为了构建"一天下"的理论体系，选定走一条集合了前人的智慧、又不同于任何人的适合于当时形势的道路，以达到天下大治，实现"一天下，财万物""儒术诚行，天下大而富"的治理理想。

也就是说，荀子承当起的是一个影响中华民族福祉至今以至于到久远未来的伟大使命：承前启后，在华夏大地上建立起王道治理文化，从而使天下能持久地安定，华夏儿女能始终拥有优秀中华文化的福荫。

文化是一个民族的灵魂。纵观人类历史的长河，一个民族或国家的消亡，根本原因是文化的消亡。只要文化的根基存在，这个民族就将永远屹立，世世代代的人民就有过上安宁幸福生活的基础。这也是我们认为，孔子荀子这些古圣先贤总结和传承优秀文化的伟大功绩，是任何语言都无法赞叹的。

有人曾经问南怀瑾先生，为何中国历史上经常被外族入侵，但是最终却不仅没有亡国，国土也没有分裂，甚至更加广大？南怀瑾的回答令人恍然大悟："这是文化的原因。自从秦汉以后，中国的文化、文字统一了，之后是政治的统一，君王帝制的统一体制。君王政治的好与坏，那是另一个可以研究的问题，但是因为配合了文化、文字的统一，使我们这个国家绵延了几千年，将来也永远不会断绝的。"

秦汉以后文化之所以能统一，正是因为荀子奠定了文化一统的理论根基。

荀子集大成的理论造诣特别是王道政治智慧，影响中国深远，以至于今。作为先秦"最后的儒家"、稷下学宫学术领袖，作为中国社会治理杰出的体系化设计者、预言者，影响了中国社会文化发展进程。

超越先圣的思想体系

荀子在孔子"礼"的思想基础上更加升华，建立起完善的礼治思想与便于实践的理论体系，以期实现社会的长治久安。并指出：治之根本是礼义，合乎礼义的是治世，不合乎礼义的是乱世。

荀子"礼"的思想体系具体内涵包括：

第一，"礼者，养也"。礼是满足人类物质生活需要而对物资财富进行分配的标准，按照职位等级制度进行财富的分配，以达到"养人之欲，给人以求"的目的。

第二，"礼者，节之准也"。人在社会中要遵守一定的行事分寸，以达到有序和和谐，这就是礼的目标。礼是制定法度的准则，有了礼才有法，礼是高于法的，所以他说："礼义生而制法度。"

第三，"礼者，人道之极也"。即礼是为人治国的最高原则，一切都应按照"礼"的要求去做，则天下安定和谐。"礼"既是人们行为的准则，也是治国的原则，"人无礼则不生，事无礼则不成，国无礼则不宁。"

第四，"礼者，贵贱有等，长幼有差，贫富轻重皆有称者也"。即"礼"是规定人们职位分工差别的标准，"少事长，贱事贵，不肖事贤，是天下之通义也"，因此有序的社会应该有"等"、有"差"，"礼"则是规定这些"等""差"的依据。

需要强调的是，荀子所主张的等差、贵贱，并非是人格上的高低，而是实现有序治理的一种内在要求，社会必须有分工，有领导与被领导的关系，修养低的"小人"接受修养高的"君子"的领导，在上位者必须有更大的权力以进行组织和治理。

正因为"礼"经过了荀子的改造与发展，形成了完善的礼治体系。"礼治"的理论体系和其所体现出来的制度伦理观念，也使得礼治在国家治理方面发挥了更为深远的作用，对历朝历代的政治理念和制度结构产生深远的影响。

是真名士　王者之师

荀子去世之后，后世对他的评价日益高涨。"为说者曰：'孙卿不及孔子。'是不然。……今之学者，得孙卿之遗言余教，足以为天下法式表仪。所存者神，所过者化。观其善行，孔子弗过。世不详察，云非圣人，奈何！天下不治，孙卿不遇时也。德若尧禹，世少知之；方术不用，为人所疑；其知至明，循道正行，足以为纪纲。呜呼！贤哉！宜为帝王。"（《荀子·尧问》）

《尧问》当是荀子之弟子或后人所编。评论者认为观察荀子的言行，即使孔子也不能超过。他的贤明可以做帝王，推崇荀子为当代的圣人。

汉代刘向对荀子赞叹倍加。他在校对《孙卿书录》之序言中说："孙卿善为诗、书、礼、易、春秋；至齐襄王时，孙卿最为老师；齐尚修列大夫之缺，而孙卿三为祭酒焉。"

"李斯尝为弟子，已而相秦。及韩非，又浮丘伯，皆受业，为名儒。""至汉兴，江都相董仲舒亦大儒，作书美孙卿。"

"如人君能用孙卿，庶几乎王；然世终莫能用，而六国之君残灭，秦国大乱卒以亡。观孙卿之书，其陈王道甚易行，疾世莫能用；其言凄怆，甚可痛也。呜乎！使斯人卒终闾巷而功业不得见于世。哀哉！可为零涕。其书比于传记，可以为法"。

刘向在序言中还说，"如人君能用孙卿，庶几乎王！"君王如果用了荀子的思想，就可以实现以王道治理天下，然而荀子王道思想长期一直未得到真正运用。刘向尽情倾泻了对于荀子的推崇和赞许，毫无掩饰和保留地流露出对于荀子的感怀和遗憾，同时也给后世留下了整理完好的闪烁着智慧光芒的

《荀子》。

秦国统一天下之后，荀子的学生李斯将荀子的部分学说在国家制度中付诸实践。到了汉代，荀学开始真正得以贯彻，汉武帝采用今文经学大师董仲舒的意见，推崇"儒术"，而"儒术"主要就是荀子的思想。司马迁的《史记》，将孟子和荀子并列写在一篇传记里，足以证明荀子在汉代的地位。

七百年后，到唐代，虽然佛教盛行，儒学稍处边缘，但对荀子的评价仍然很高。唐代中叶的经学家杨倞，把汉代刘向编定的《孙卿新书》改名为《荀子》，在社会上刊印流传。他在书的前面写了一篇序，评价荀子是"真名世之士，王者之师"。杨倞在序言中说：

仲尼定礼乐，作春秋；然后三代遗风弛而复张；而无时无位，功烈不得被于天下，但门人传述而已。

陵夷至于战国，则孔氏之道几乎息矣；有志之士所为痛心疾首也。故孟轲阐于前，荀卿振其后。但其立言指事，根极理要，敷陈往古，掎挈当世，拔乱兴理，易于反掌；真名世之士，王者之师。

又其书亦所以羽翼六经，增光孔氏，非徒诸子之言也。盖周公制作之，仲尼祖述之，荀孟赞成之。所以胶固王道，至深至备，虽春秋之四夷交侵，战国三纲驰绝，斯道竟不坠矣……荀、孟有功于时政，尤所耽慕……荀氏之书，千载而未光焉。（杨倞《荀子序》，见王先谦《荀子集解》）

杨倞乃真知荀子者，真得荀子精旨者。尤有甚者，他敢于挑明孔子在唐以前所处的历史文化中的地位和所起的作用："无时无位，但门人传述而已。"以及"陵夷至战国，则孔氏之道几乎息矣"。完全道出了孔子之学败落与萧条的景象。这是一般尊崇孔子者无法接受的真实情况，他们何曾想过孔子的智慧事业也曾有如此不济和无奈之时。

在这种前提之下，杨倞对于荀子的认同和肯定，毋宁说他是中兴孔门心传智慧的圣者，因而才称荀子为名世之士、王者之师。后人忽略此序言，更蔽于所知，昧于道统，苟从世论，犹以孔孟之学为中国文化薪传之道统，遂使荀子之名千百年落寞至今，也无怪乎有识前贤嗟叹不已。

现代学者朱维铮先生说：真正的荀卿之学，出于孔氏，而尤有功于诸经。真正的秦汉儒生所学习的五经及其解说，大多出自荀子，是为经学史家们共同承认。战国时期的儒家学说，发展到荀子而作了一次大的综合。后人尤其是宋明理学把他摒于道统之外，遂使荀子在儒学的地位不及孟子显赫，并因此引起后人对荀子学说的种种误解。可是，他实为孔子以后儒家的传经大师，实为战国末期的儒家学说的集大成者，实为秦汉时期为中央集权的一统政权准备了理论基础的儒家先驱人物，则是无法否定的。

博极六经的荀子学说，通过董仲舒等人的创造性阐释及"天人三策"的政策性转化，成为两千年来的中国古代社会统治的思想基础。因此，对于什么是真正的儒家，我们应以批判的精神审视。孟子讲王道，但四处碰壁，终不可行。"时君咸谓之迂阔于事，终莫能听纳其说。"（赵岐《孟子题辞》）孟子的王道陈义太高，难以推行。儒学式微，若欲进一步发展，就必须从迂阔中走出来，与时俱进对自身进行修补与改良，加强实践性。于是，荀子适时出现了。

孟子先荀子五十多年。他们一前一后都来到稷下学宫从事学术活动。荀子的观察更透彻，发现问题更深刻。他以一个严谨的批评者形象出现了，他是超越孟子的，他于批判中重建儒学思想新体系。荀子思想是更加圆融、更加有益于世道的王道，荀子之学是王者之师。

流芳千古的教育传经事业

几千年来中华民族生生不息，一个重要因素就在于重视教育，使文明薪火相传。教育作为中国通向文明的最佳路径，自古发挥着重大作用。

没有教育则不能有后学，则无法发扬光大先辈精神。《礼记·学记》云："古之王者建国君民，教学为先。"确是掷地有声，人类虽历百千万年，其不朽的思想光辉将永远熠熠闪耀。

自古以来，中国圣贤志士都以经时济世、匡扶天下为己任，对后来者"诲人不倦"，在文化的传承上，始终抱持着一种"舍我其谁"的担当精神。在孔荀孟墨老庄等大家的精论中，在在处处都显现着教育的智慧和人性的光芒，引导着中华民族为人类作出伟大的成就与贡献。

孔子为教育改革的先驱。"孔子以诗、书、礼、乐教，弟子盖三千焉"（《史记·孔子世家》）。尤以"孔门四科"（德行科、政事科、文学科、言语科）最为精要。并且"有教无类"，使广大民众获得了学习受教育的机会。

到了荀子的时代，荀子一方面针对时代课题，周游列国，游说诸侯，申扬主张，施展人生及社会理想。另一方面，除了亲身在兰陵实践王道政治之外，他更主要从事教育，聚徒讲学，虽年高力衰，犹不知老之将至，汗洒竹简，立说著书，企盼后人能承中国文化之命脉。

荀子的教材主要取自于六经。《荀子·劝学》："《礼》之敬文也，《乐》之中和也，《诗》《书》之博也，《春秋》之微也，在天地之间者毕矣。"荀子认为群经是天下最为完美的典籍，是一个整体，互为补充。他提出："隆礼义而杀《诗》《书》。"荀子主张人们要学习掌握群经的精神实质——遵行礼义大道，而不是生搬硬套其词句而忘其本，不要只是成为书虫。要凭借《诗》《书》《礼》《乐》的根本原则去践行。

荀子的教育理念明确，方法次第井然，有奉劝"不积跬步，无以至千里；不积小流，无以成江海"的聚沙成塔；有鼓励"锲而舍之，朽木不折；锲而不舍，金石可镂"的坚持为贵；更有诱导"吾尝终日而思矣，不如须臾之所学"的百思不如一做。

在他的教导和影响之下，当朝门徒李斯、韩非子、张苍、毛亨、浮丘伯，后世的西汉萧望之、匡衡等人才辈出。

荀子创造性传承诸经

荀子是一位重要的经学宗师。就群经的流传来说，荀子是孔门的最大功臣。荀子在孔子的基础上，以时代的精神对经典重新进行修订完善。汉代儒生尊奉、研习的经典大多是由荀子传授下来的。

清儒汪中著《荀卿子通论》认为"荀卿之学，出于孔氏，而尤有功于诸经。""自七十二子之徒既殁，汉诸儒未兴，中更战国、暴秦之乱，六艺之传赖以不绝者，荀卿也。"

荀子作为一位传经大师，其地位大大超过了孟子。荀子不仅传经，重要的是对经典做过许多创新性的阐释发挥。有的论著认为，汉代的学者一直把荀子和孟子并列，是"荀孟并尊"时期。其实，当时的思想家们对荀子的尊奉大大超过了孟子。

荀子提出"经"说。将儒家的一些原始性重要著作称为"经"，应起于荀子。在荀子之前，孔子、孟子对于《诗》《书》《礼》《乐》《易》《春秋》虽然极为重视，屡屡引据，但都是直呼其名，谓之"《诗》云""《康诰》曰"等。从《荀子·劝学》开始，才将儒家"六艺"统称为"经"。

荀子深入六经以及前贤对六经的阐释，结合时代的要求，提出了新的见解，传承经典却又能高于经典。

善《诗》不说，践行礼义为根本

中华民族是诗的民族。荀子的教育从《诗经》入手，终于礼，落实于实践。因此对于经学的教授，具有开创性的教育与实践的意义和价值。荀子深契从诗思到开慧的法门，这当为荀子称引《诗经》的入手处。

诗能够叩动人的心弦，振奋人的精神，培养人对生命和自然的热爱。诗也能教会我们用最美的语言表达情感，诗包含天地自然的一切知识。这是诗这种形式从先贤开始一直为中国人所重视的根本原因。当2022年北京冬奥会开幕式倒计时，用唯美的诗句配上风景图展现二十四节气的转换的时候，人们感受到的是中国人的诗意浪漫，一种文化自豪感油然而生。这就是诗的感染力量。孔子曾对儿子孔鲤说，"不学诗，无以言"，不学习诗经，就没有文化和知识的底蕴，语言无味。

荀子倡导的为学之方法，以讽诵《诗经》等经文为始事，以研读礼法为终事。为学之意义，以有志于践行礼义大道之士为开始，成于圣人为终事。

荀子认为学《诗》最重要的是掌握其"分"，即"先王之道，仁义之统"，也就是"礼义"。他主张"善为《诗》者不说"，精通《诗》义不在于单纯称引词句，主要在见之于行动，知行合一。他强调突出实践《诗》的礼义精神。

治国理政 《书》之智慧可汲取

《尚书》是记述先圣治世历程和经验的一部历史书。荀子对《尚书》热诚有加。如果说荀子学《诗》，极大的提升个人的立志与修养，那么，学《书》则更多的积累了自己日后治世能力与为政之道。

《尚书》是夏商周三代中华民族高度的政治智慧结晶，是国家政经管理、礼乐刑政的真实记录。而"仁义"为《尚书》之总纲。荀子认为先王之道、仁义之统都是《诗》《书》《礼》《乐》的根本原则，可以说《尚书》的灵魂就是仁义。《尚书》中"敬德保民"思想深刻影响后世，告诫领导者要"修身立德、内圣外王"。《尚书》"疏通知远"的精神，则告诉领导者，要处理好治国理政大事，就要懂得人生，智慧通达，格局远大，懂得过去而领导未来。

荀子热衷引征《尚书》，通过采用称赞"先王"文治武功和显赫业绩的手法，表述先王们系统的治国理政经验，申述自己的"隆礼重法"之主张。荀子对《尚书》的讲述、传授及引征，既准确地传达原义，又体现了荀子独到的见地及活用的能力，尊古但不泥古。

养生送死，"礼"之真义不可忽

"荀卿所学，本长于礼。"（汪中《荀卿子通论》）荀子有论礼专著《礼论》《大略》。

《仪礼·既夕·记》云："属纩，以俟绝气。"（"属"即安放，"纩"是新丝棉，拿新丝棉放在临死的人的鼻孔前面，观察其是否最后气绝，也暗暗期待还有挽回机会。可见，古代把人的一生从生至死都一一顾及。《荀子·礼论》则说："纩纩听息之时，则忠臣孝子亦知其闵已。"目睹亲人最后的离去，生死离别之际，反观自己是否尽到臣道孝道，礼的内涵就在其中。

《仪礼·聘礼·记》云："多财则伤于德，币美则没礼。"礼的实质是体现一种纯真、和谐的人际关系，这也是荀子倡导礼的目的。反观当代社会一些地方婚姻要天价聘礼，一些人逢年过节以贵重的礼物偷送上级以获取利禄，这是违背"礼"的实质精神的。

以上仅举数例以说明"礼"之本质。但实际上，关于"礼"的论述，遍布《荀子》一书的各篇，并非仅仅只在《礼论》篇中，因为"礼"正是荀子思想的重要核心。

善《易》不占　义理治《易》为正宗

刘向称荀子"善为《易》"。荀子对《周易》的态度同于孔子，认为"善为《易》者不占"，(《荀子·大略》)以义理治《易》为易学主旨。其说本于孔子的"不占""观其德义"之教。

荀子引证《易》，来证明自己的论点。如："故君子之于言无厌，鄙夫反是，好其实不恤其文，是以终身不免埤污庸俗。故《易》曰：'括囊，无咎无誉。'腐儒之谓也。"对国事或社会弊端毫无主张，一味明哲保身，是酸腐无用之人。

又如："《易》曰：'复自道，何其咎？'《春秋》贤穆公，以为能变也。"以《春秋》称赞秦穆公为例来说明《周易》小畜卦初九爻辞的爻义是讲悔过自新的。

《易传》提出的"天地之大德曰生"的论断，是《荀子》中"天地者，生之本也""天地者，生之始也""天地合则万物生，阴阳接则变化起"这些命题的综合、浓缩和引伸。"易"到荀子这个时代，已经由占卜转为生命智慧。《荀子》中有言："善言古者必有节于今，善言天者必有征于人……故坐而言之，起而可设，张而可施行。"

王道信义　《春秋》大义用于今

荀子认为《春秋》"约而不速"，又屡言《春秋》之"微"。荀子对《春秋》看重的不是它所记述的史实本身，而是其"笔法"所体现出的"微言大义"。荀子重视"《春秋》之微"，不是将《春秋》看作一部史书，而是将它看作一部政治哲学书，是《春秋》类著作素来就列在经部而非列在史部的原因，也是荀子《春秋》学的特点。孔子作《春秋》的宗旨，是"责备贤者"，要求领导者正心诚意，以仁义之心，行王道政治。

荀子传承《春秋》精神实质。《春秋》的核心精神是传递、伸张"大一统"的王道思想。"《春秋》大一统者，天地之常经，古今之通谊也。"(《汉书·董仲舒传》)实际上，荀子构建礼义思想体系，以一统天下的文化精神和治理秩序，正是实现王道的"大一统"。

荀子结合时代主题，对各家《春秋》思想加以高度概括与总结。《公羊传·桓公三年》："胥命者何？相命也。何言乎相命？近正也。此其为近正奈何？古者不盟，结言而退。"其含义是对齐、卫二国在外交活动中遵守诚信原则的肯定。荀子针对这一史实进一步发挥，教导大家从君主到社会大众都要讲诚信。

《荀子·大略》云："《春秋》善胥命。"荀子所生活的战国末年、"礼崩乐坏"的社会失序状态已经持续了几百年了，社会秩序的重建迫在眉睫，"诚信"是一个重要的核心价值观。荀子结合时代主题对此事件进行理论提升并加以应用，实现了对传统的《春秋》的超越。《春秋》之微言大义，单就"诚信"于社会之重要，其价值自不必多言。

荀子结合时代特点，传经讲学，发展丰富并完善提高，《春秋》思想得以广泛传播的同时，具有实践中的可操作性。也为汉代以后"《春秋》三传"先后成为经典奠定了基础。

美善相乐 致乐治心人向善

华夏民族的文明灿烂辉煌，乐和礼相伴而生、相随而成。中华民族贡献于世界的伟大智慧文明之一即是礼乐文明。

礼乐文明为社会大治之根本。"礼"与"乐"是周朝政治的核心，所谓"礼、乐、刑、政其极一也"（《礼记·乐记》）。当周朝衰亡的时候，首先反映的是"礼崩乐坏"。

《礼记·乐记》："致乐以治心。"好的音乐是教人为善的，是社会大治之重要基础之一。健康的乐可以优化社会风气、净化人心，而不健康的音乐、靡靡之音能败坏社会风气。孔子言："兴于诗，立于礼，成于乐。"从治理国家的角度看，乐有安邦治国的作用。积极向上的社会，也一定有令人向上的音乐。孔子强调一个人的修养最终是"成于乐"，其更深层次含义，是说一个人人格修养的完善，最终是要进入一种如同美好的音乐那种至善至美的，永远乐观通达的境界，如孔子所说，"乐而忘忧，不知老之将至。"

礼与乐，从不同的侧面维持人际和社会的和睦和谐。《礼记》上说，"乐者为同，礼者为异。同则相亲，异则相敬。乐胜则流，礼胜则离。"只有乐的欢乐散发而没有相互的礼敬，或者只有相互行礼的拘谨而不能一起共同地享受音乐带来的欢乐亲近，都是容易发生偏颇的。如果说礼侧重的是道德层面，那么乐侧重的是情感层面；礼关乎善，乐关乎美；礼的主旨是培养德行，乐的主旨是陶冶情操。

荀子继承和发展了孔子关于乐的思想，其《乐论》篇是非常重要的文献，对后世的礼乐文明起到了积极的促进作用。荀子在文章里表现出的思想特色是以礼释乐，以乐显礼。荀子《乐论》中说："夫声乐之入人也深，其化人也速，故先王慎为之文；乐中平则民和而不流，乐肃庄则民齐而不乱。"由于声乐能够深入人心，而且所起的感化作用迅速，先王特别谨慎于乐之制作，以使声乐能起到积极的影响。用乐教作为教育的基本方法，是中华民族的伟大创举。

荀子作《乐论》，强调音乐对人的教化作用。乐的精神实质是"和"，体现中和之美，美善相乐。乐者，美之化身，也即人人本有的纯净心性之化身。透过乐而悟心性之美。《荀子·乐论》："故乐行而志清，礼修而行成，耳目聪明，血气和平，移风易俗，天下皆宁，美善相乐。"

后世谈乐教大多沿袭荀子《乐论》思想。荀子的乐论思想在今天意义似乎更加明显。要充分发挥"正声"对于社会的正向推动作用。好的音乐有净化、和谐社会，激发人精神向上的功能。

第三章

「一天下」治理体系的设计师

历经持续数百年的诸侯战争，人们向往止息战乱、天下安宁。这时，最需要的是一种安邦定国的智慧指引。如果能让天下统一到一种人人恪尽职守的同时又守礼崇义的秩序中，让道义诚信取代争夺欺诈，无疑是治理的最高境界。这样一种"一天下"的王道治理设计，正是荀子所日思夜想的。

华夏民族先民尊崇王道的基因古已有之。而自战国时期，经由荀子的明确倡导与实际设计，对以王道"一天下"的追求，更是成为自觉的努力。

荀子追求"一天下"，实现中国的"一统"，而所谓的"中国"实指"礼义文明"之国，或称"华夏""诸夏"，她早已摆脱了地理"中国"（空间性）与族裔"中国"（种族性）的概念。追求的是实现一个"礼义文明"的天下，是让所有的生民能过上富足安定的生活、享受崇礼尚义的和谐秩序。这种文化一直是以内在的感染力赢得更多族群的认同。中国历史上，当时许多的外族虽然在军事上赢得了对中原的占领，但是在文化上则皈依了华夏礼义文明，这就是中国文化的魅力所在。

荀子首先主张以"仁义"和"王道"来完成统一。并且主张礼法互补、王霸并用的治国模式，这是对以往治国理念的与时俱进的总结与优势互补。历史证明，荀子的这一构想，为未来的一统帝国提供了切实可行的治国方案，为汉代以降历代王朝所实际奉行。

"四海之内若一家"的大同理想

两千多年前的战国时期，虽然列国征战不休，然而洞察时势、引领趋势、集百家之大成于一身、力倡王道的荀子，看到了天下一统的前景，也自肯承当，主动成为引领潮流的人。"一天下"的这个"时代命题"萦绕在他的心头。"县天下，一四海""四海之内若一家，通达之属莫不从服"，一个天下一统、生民安乐的世界，是他的理想。

"一天下"的实施方案

几千年来，华夏民族始终把文化的统一、道德礼义的普及、王道乐土的实现，看作天经地义的使命与责任。春秋时期，孔子修订《春秋》，即包含"一天下"或者说"大一统"思想。《春秋》开宗明义就宣示"大一统"。《公羊传·隐公元年》："何言乎王正月？大一统也。"

礼义一统　以德兼人

荀子以"礼义之统"作为"壹天下、建国家"的基础。礼，是所有社会成员都要遵守的，荀子将礼上升到关乎国家存亡的高度："人无礼则不生，事无礼则不成，国家无礼则不宁。"荀子认为，礼既是个人安身立命的依仗，也是社会秩序得以维持的根据。它以道德安抚和约束人心，也以法的指令调整和规制秩序。

荀子主张"义立而王"。王道治理，贵在凝聚人心，怎样实现凝聚人心的"大凝"之道？"凝士以礼，凝民以政"，以礼义和良政而得"大凝"，上下团结一心，王者事毕。

荀子列举了走向"大一统"的三种方式："凡兼人者有三术：有以德兼人者，有以力兼人者，有以富兼人者。"在详述了各种途径的特点及效果后，他坚定地选择"以德兼人"。荀子认为，礼义道德犹如化成天下之春雨，实乃人心所欲，天下所归，唯有以德兼人，才可顺民之心、得民之心。

荀子提倡王道，但不排斥霸道，必要时王霸并用。但用"霸道"只能使一国暂时强盛，在威慑制服暴国的时候必须有霸道的实力，"以不敌之威，辅服人之道"，但是从根本上只有坚持王道才可以实现天下久安。现代禅文化倡导者王绍璠先生说，中国文化能强道、能霸道，但是既不强道也不霸道，而是取中道。中道就是荀子所推崇的王道。

荀子倡导普及礼义道德文化，但是在道德不足以教化百姓时，则强调法治为后一道防线。依据"礼"来制定"义法"，也就是"王者之法"。

统一制度　实现王制

荀子追求"大一统"，主要着眼的是一种礼义文明的普及、富教同治的落实，政治的治理正是在这样的理念之下展开，这就是以德治国。

战国时期，各诸侯国先后不同程度地进行了变法革新，废除了传统的分封制和井田制，但各国建立的政治、军事、法律、经济及社会制度典章千差万别。针对这种"诸侯异政"、各自为是的局面，荀子提出"一制度"的主张。

推崇"王制"："天下之大隆，是非之封界，分职名象之所起，王制是也。""王制"是制度一统的最高标准，是设立各种官职和名物典章及判断是非的基本依据。诸子关于未来社会制度的构想，只要不符合"王制"，则不纳入大一统的制度设计。荀子在《王制》篇对王者之治的政治制度、文化制度、经济制度、官僚制度、社会礼仪制度等都有具体的论述。

荀子讲"隆一而治，二而乱。"为防止权力分散，须在政治上由君主进行集权："权出一者强，权出二者弱。"

需要强调的是，荀子强调"权出一"，并非是君主独掌国家治理的权力，为所欲为。正如此前所述，荀子认为，君主的治理，实质是要遵循天地之道，体现相应的礼义法度，还要选贤任能，配备有德有才的人才队伍。这样的君主必须有高度的品德修养，能够内圣外王，从而使万民心悦诚服。

欧洲文艺复兴时期意大利政治思想家马基雅维利，从动荡不安的意大利现实乱局和经验教训中开出治世良方："只有君主运用他强大而不受制约的权力，动用一切公开的或隐蔽的手段，方能拯救意大利于水火之中。"但是，在强调中央集权方面，最大的区别恰恰在于，中国文化里面不是"不受制约的权力"，而是"从道不从君"的规范，这是西方文化不好理解的，这也是用西方宗教文明难以诠释中国的智慧性文明的原因。所以，西方视角下认为中国古代制度是君主的独裁和专制，其实与中国文化之真精神大相径庭。

从荀子的"一天下"看秦朝的得失

众所周知，荀子大一统的理想，在他的弟子韩非、李斯的运作下，终于在秦国实现了落地。当然这种落地，并没有完全贯彻荀子的全部思想，正如荀子在考察秦国之后就很有预见地指出，秦国"无儒"，缺乏"王道仁政"的内蕴，难以长久。后来秦朝"二世而斩"的事实，证明了荀子的先知睿智。

荀子入秦之时，分析了秦国统一天下的有利条件之后又指出其不足之处："然而县之以王者之功名，则偶偶然其不及远矣。是何也？则其殆无儒邪？故曰：'粹而王，驳而霸，无一焉而亡。'此亦秦之所短也。"（《荀子·强国》）其不足之处就是没有真正的儒士来治理国家，不能落实王道治理。

秦国当时国势正如日中天，而荀子却直指秦国"无儒"，缺乏"王道仁政"，其勇气、智慧非凡，体现出荀子深邃的洞察力。

不仅如此，看病要会治病。荀子还针对秦政之弊，开出药方："节威反文"。他强调，仅靠武力强力治国是行不通的，必须任用品德高尚的君子治国，节制强威，推行文教忠信。然而最后荀子的忠告没有被听取。

荀子两位学生在秦朝所落实的，是"掺了水"的荀子思想，他们对王道贯彻不够，聚焦的是霸道；对"礼"贯彻不够，聚焦的是法。这一方面与两人的修养深度有关，无法达到老师荀子的高度；另一方面，即使两人想落实荀子的王道，也要看当时秦朝的统治者是否能配合，事实证明秦朝的君主并没有准备好接纳礼义治国的思想，主要依靠的是霸道和威力立国。

然而，必须要肯定的是，秦始皇终究是以巨大的魄力，实现了国家的一统，建立了统一的制度，结束了列国纷争、生灵涂炭的历史，这在事实上成为中国历史长河中巨大的功德事业。而秦朝在文化内蕴上的不足，后来人进行了补充，荀学的思想在汉代得到更加充分的落实，所以接下来出现了文武兼备的汉代辉煌。

最可贵的是，秦王朝在文化上也实现了一统的初步基础，最大的功绩是统一的文字。文字、文化的统一，是中华民族经历许多劫难和外族入侵，仍然能连绵不断的根本原因。这个文字的统一还影响了整个亚洲文明后来的历史，统一的文字体现统一的文化，以致东亚诸国后来基本都是汉文化的天下。

第四章

荀子与王道精神

中华民族有着"大道之行，天下为公"的王道精神传统，在政治治理上也崇尚在此基础上的"王道之治"。"以德行仁者王"，以最高的道德政治为原则来施行仁政，就是"王道"。王道治理的核心是以德服人，让民众"中心悦而诚服"。

王道治理，也必然是遵循天道之规则。"天无私覆，地无私载，日月无私照。"象征着领导人要像天覆盖大地，像大地载育万物，像日月普照万物一样毫无私心地平等关爱万民。中国文化历来推崇的是效法天地精神，大公无私，所谓君主之"德"也充分体现在这种天地精神中。

实现王道治理，必须将天道与人类治理之道合一，在天道指导下实行人道，倡导人文文化与智慧文明，这也是中华文明不同于其他诸如宗教文明等其他文明的独特之处。

王道是荀子毕生追求与倡导的理想。也正是经过荀子及其弟子们对王道思想的弘扬与践行，使得荀学为中国社会文化发展的精神底色贡献了浓重鲜亮的一笔。

王道治理核心在于"以德服人"

王道思想一直是中国传统治国的主要原则，是贯穿中国政治文明的"主线"。如同孟子所说，"以德行仁者王"，以最高的道德政治为原则来施行仁政，就是"王道"。王道的治理效果是什么？以德服人，能够实现让民众"中心悦而诚服"，而不是用权势强迫别人服从。

周灭殷商之后，周以不足七万的人口统率原来商朝大约一百万人口，以王道精神和德治，优待贤良，继存殷商之祀，分封尧、舜、禹之后，使天下向善、万众归心，也树立了中国先人王道治理的典范。

关于王道，在《尚书·洪范》里有记载："无偏无党，王道荡荡；无党无偏，王道平平；无反无侧，王道正直。会其有极，归其有极。"

"无偏无党，王道荡荡"。多么坦荡正直、充满气势的宣言。没有偏向，不结党营私，遵行先王之正道，大公无私，这样就能让国家兴旺富强。

先王之道，无有偏私，也就是遵循天道之规则，天下为公。"天无私覆，地无私载，日月无私照。"治理天下要像天地日月一样以无私中正之心，生养光照万物，才能实现天下和谐安宁、世界大同。中国文化历来推崇的是效法天地精神，大公无私，所谓君主之"德"也充分体现在这种天地精神中。

王道也必然体现在协和万邦，而不是弱肉强食、唯我独尊。"协和万邦"的王道精神，是处理邦国关系的原则和理想。其中心思想是"和合"。《荀子·议兵》："四海之内皆兄弟。"

王道是荀子毕生追求与倡导的理想。荀子认为，要实现大一统并使国家强盛，唯有实行"王道"，包括必要的时候"王霸兼用"。他主张礼法并用，礼以"定伦"，法能"定分"，二者可以相辅相成。然礼为法之大本，礼高于法，只讲法治，不讲礼治，百姓只是畏惧刑罚，一有机会仍会作乱。法治至其极也不过为"霸"，而不能成"王"。以礼义为本，法治才可以弥补"礼"之力度与范围之不足并更好地发挥作用。

行王道必须明天道

《周易》说："有天地然后有万物，有万物然后有男女。有男女然后有夫妇，有夫妇然后有父子，有父子然后有君臣，有君臣然后有上下，有上下然后礼义有所错。"就像万事万物都有阴阳、有刚柔、有主辅、有先后一样，礼义秩序、社会规则，是古人在顺乎自然法则而对应设定。这是人在顺应"天"。

效法天地，当具无私之心，才能广大周遍，公正公平。子曰："天何言哉？四时行焉，百物生焉，天何言哉？"天地从不言语，但是生出了万物，功劳如此卓著却默默无闻，不为自己争功。效法天地精神，就要不局限于为小我谋利，而是以平等无执无私之心，利益万物众生。我们所做任何功德之事，心中毫不住着，毫无"我做了功德"的念头才是真正的效法天地精神，如此功德才能真正的长久，这也是老子"功成名遂身退，天之道"之意。

《后汉书·冯异传》记载"大树将军"冯异的故事。他为人谦退不居功，路上与其他将领相逢，他首先避让。战争胜利了，其他将军在一起炫耀自己的军功时，冯异却经常独自退避到树下，从不邀功，军队中称他为"大树将军"，后来国家改组军队，军士们都愿意跟随他。

效法天地之德，也就是随时归零。随时归零，才能发挥更大价值。成功了重新开始，失败了重新开始。这就是顺天道以行人道。冯异就有这样的风范。

天道在于利益众物，让万物各能得其生机，圆满其生命。管子说，"道者，扶持众物，使得生育，而各终其性命者也。"他又说，"能予而无取者，天地之配也。"效法天地，因时因地制宜滋养万物，却不要任何回报。

如何修炼天人合一

王道如何实现？当悟天人合一之理。天道，是万物运行之法则。人是万物之一，自然离不开天地运行规律，由此建立人间秩序，是人类社会和谐发展之规律。天人合一的实现，落实在国家治理、国际秩序，就是王道的实现。

《易经·文言》言，"夫大人者，与天地合其德，与日月合其明，与四时合其序，与鬼神合其吉凶，先天而天弗违，后天而奉天时，天且弗违，而况于人乎？况于鬼神乎？"是说觉悟天道的人，其德行与天地相合，其圣明与日月相合，其行为与四时更替相合，其趋吉避凶的智慧与鬼神相合。先于天地运行而与天道不相违背，后于天地行动而行动合乎天时。

荀子的天道观亦复如是。荀子在《礼论》中说："天地以合，日月以明，四时以序，星辰以行，江河以流，万物以昌。礼岂不至矣哉，立隆以为极，故天之高之极也，地之下之极也，无穷广之极也。"荀子倡导的"礼"，也是以天道为基础的。

荀子认为要培养圣人必须进入"天人合一""与天地参"的境界。《荀子·性恶》："今使涂之人伏术为学，专心一致，思索孰察，加日县久，积善而不息，则通于神明，参于天地矣。"通过专心一致、锲而不舍的思索参究，就像《中庸》上说的"穷理尽性"，则能廓然大悟、通于神明，智慧参于天地。"

在中国文化的背景下，诸子百家都以"天人合一"为出发点和归宿。此也正好说明了，诸子百家都是同一个宗旨，只是程度有深浅。正如王绍璠先生在《中国文化三关论》所言："偏执百家之言，强分宗旨，而立儒、道、名、墨诸家，全不知诸子之学，其渊一致，其学终始，皆汇归于内圣外王之道，而非有所异也。"

天人合一与天人相分

"天人合一"体现了中国文化的自信自立、自肯承当的精神，体现出真正意义上的"以人为本"。人能够尊重天地，同时合理遵循和利用天地运行规律，游刃有余地实现人类活动，创造和谐人类社会，同时人类与万物和谐相处。

荀子又创见性地提出"天人相分"的论点，以进一步发挥人的能动性。

"天人合一"是"体"，"天人相分"是"用"。

荀子在《天论》中明确提出"明于天人之分"，认为"天有其时"，"人有其治"，天的运行与人的活动各有其轨迹，人世的福祸兴衰在于人的自身努力而与天无关，是谓"天行有常，不为尧存，不为桀亡"。"明于天人之分，则可谓至人矣。"

在此基础上，他提出"制天命而用之"的伟大命题，在尊重和掌握自然规律基础上，充分发挥人的主观能动性，这才是真正的参天地化育。天可能降临暴雨洪灾，这是天的本分，人类无法扭转，但是人类则可以建立起坚固的水利设施，在洪灾到来时能保证平安，还能用水利设施发电，造福人类，这就是"制天命而用之"。人和自然的关系通过"与天地参"，达到有机协调合作，实现天人合一的理想之境。

荀子的王道思想传承

三千多年前的周公，是王道治理的典范。周公是殷周之际的大思想家、政治家，是三代以来思想文化的集大成者。在荀子的心目中，周公可谓儒者楷模，至诚至圣，他的王道思想尤其受到荀子推崇。荀子赞叹周公："非圣人莫之能为。"

周公摄政，功绩显赫。其背后的内在动力源泉及精神指引，则可归结为历代以来根植于华夏民族文化血脉深处的王道思想。周公首在《尚书·无逸》中提出了"为王之道"的理论。开篇就说："君子所，其无逸。先知稼穑之艰难，乃逸，则知小人之依。"君子"无逸"，要励精图治。要"知稼穑之艰难"，那么即使处在安逸的环境比如在富丽的皇宫中，也能"知小人之依（痛苦）"。

周公在中国历史上第一次提出"敬德保民"的宝贵思想，也成为流传久远的中华人文精神。国的兴亡是由"天命"决定的，但天命的予夺是根据人王的德政和民心的向背来决定的，这就是所谓的"皇天无亲，惟德是辅"。所以说中国文化里面从来不是迷信、不是神祇信仰，而是以人为本，以德为本，立足于人文精神。

周公摄政的主要功绩，首先体现在以"德政"的思想辅助成王巩固天下。汉初贾谊评价周公："文王有大德而功未就，武王有大功而治未成，周公集大德大功大治于一身。孔子之前，黄帝之后，于中国有大关系者，周公一人而已。"

智慧文明的发端："天命转移论"

中国历代治理以王道为内在标旨。从"天人合一"的思想到"天人相分"，再到"制天命而用之"的人为努力，人道符合天道而成于王道，即是"参天地而化育"的中道精神。也就是中国文化自古注重内在修养与外在事功的结合，内圣外王一以贯之的弘传与实践，影响至今。

其中有一个我们不可忽略的重要转折点——而使得中华智慧文明远远不同于西方的宗教文明的分水岭，即智慧文明的发端："天命转移论"。

在商代，从纣在灭亡的前夕还固守"我生不有命在天"的观念可知，商代尚未形成"天命转移论"。而把这种思想上升到明确的治国观念的则是周公。

周公在《尚书·周书》中总结历史经验，反复讲商朝先王何以得有天命而后又何以失天命，文王又何以受天命。由周代商，周公总结出一个规律，即是"惟命不于常"，天命不是固定在哪一个朝代哪一个人身上的，而是根据王者的"德行"而转移的，从而将"天命转移"上升到了理论形态，提出了一个了不起、划时代的命题。他突破了神的本位，而确立了人的本位，以人的"德"作为获得最终结果的促成者，这是人的能动性的最大发现、也是最大体现。

天地人三才并立，以人为本的理念，在周公身上，已经完全可以践行于政治实践，践行于王道政治了。他发出了人类有史以来、以人的大脑智慧主动把握命运的最强音。类似这种思想在《诗经》中也有反映，这就是《大雅·文王》提出的"天命靡常"。

从重鬼神祭祀的商朝发展到重视人文精神的周代，正是中国先民摆脱宗教而确立以人为本位的时代。孔子曾赞叹："郁郁乎文哉！吾从周。"这种"从周"的思想，代表了中国文化的主流，并最终形成了中华民族伟大的人文精神。

"天命转移论"的核心是"德"，衍生出"以德配天"的理念，成为西周治国的思想基础。从尊天到敬德，从敬德到保民的延伸，实现了人文文化在中华大地的勃兴。对敬德保民的尊崇成为中国历史上一次重要的思想解放。这是真正的中国文化层面上的"以人为本""民本思想"的真正内涵，而不是现在西方所言的概念模糊的"以人为本"，其实质是以"资本为本"。

当中国古代的鬼神文明上升到人文精神的文化层次时，就意味着中国文化已经从所谓的"宗教"（尽管中国古代没有此概念）中解放出来。从此以后，中国文化便以参天地之化育的人文精神为本位，活跃在人类历史的舞台上。

引领人类世界未来的，如果不是"参天地之化育"的自信浩然的人文精神，那还应是什么呢？

中国自古所谓的"道教""佛教"，实质上和西方所谓的"宗教"截然不同。

中国的佛教也不同于印度传来的婆罗门式的佛教。中国化的佛教其本质是教化、教育，倡导的是智慧的觉悟。何况中国是西方所谓"无神论"的祖国和家园，就算中国有所谓的"宗教"，也绝非如西方以神祇信仰为根本特色的所谓的"宗教"。毛泽东曾跟南美洲友好访问团说过这么一句发人深省又具幽默的话："如果说中国也有宗教的话，我们有为人民服务的宗教。"可见中国宗教的性质是超越西方所谓的"宗教"。毛泽东还有幽默且充分体现中国文化精神的话语，他在会见南斯拉夫客人时说："人民就是上帝。"这就是中国一直以来的人文精神，以民为本的思想。

荀子与民本思想

民本思想在中国源远流长。《尚书·五子之歌》里早已讲过："皇祖有训，民可近不可下。民惟邦本，本固邦宁。"《逸周书·本典》："与民利者，仁也。"孔子提出"古之为政，爱民为大"。"以民为本"，为人民美好生活而奋斗，早已镌刻在中国文化的灵魂深处。

若说中华民族民本思想，不必提所谓的"人权""民主"，而真正的人权、民主已蕴含其中。我们应该重新认识中华文化之精华。真正的"以人为本"的精神只有在深厚的中国文化精蕴中才能存在，才能体现，才能实现。

荀子生活在战国末期，目睹连绵战争造成的生灵涂炭，同时也看到了天下实现安定统一的历史契机。如果不能理解荀子的一颗悲天悯人之心，就难以理解荀子真正意义上的以民为本的大爱之心、慈悲之情，也难以真正理解《荀子》一书之真知灼见。荀子总结提炼而系统提出的民本思想，可谓影响了历代王朝的治国理政。

在对民本问题的认识上，荀子认为，政治本身就是为了民众的利益而产生的，他说圣人制"礼"、隆"礼"的目的在于为了人民的利益，"故礼之生，为贤人以下至庶民也，非为成圣也"。"天之生民，非为君也。天之立君，以为民也。"荀子把人民利益，放在首要位置，国君、诸侯、大夫的存在，不是把他们放到尊贵的位子上享受，而是要在自己的位置上为万民造福。国家和谐安定的秘诀在哪里？那就是让普天下百姓安乐。《荀子·君道》云："安民之为安国也。"

如果君不为人民做事，就是违背天命。一方面指出民是君主赖以存在的基础，另一方面又承认了民的力量能够推翻君主。荀子以舟水之喻来比附君民关系："君，舟也；庶民，水也。水则载舟，水则覆舟。"

利民、养民、爱民，要达到怎样的程度？"养长之，如保赤子"（《荀子·富国》）。治国的目的在于照顾好所有人民，使人人各得其所，因此要以"如保赤子"一般诚挚笃敬的心来爱护人民。

民本思想的忠实践行者如唐太宗李世民就有深刻的体会。他曾经对大臣说："为君之道，必须先存百姓，若损百姓以奉其身，犹割股以啖腹，腹饱而身毙。"又说："可爱非君，可畏非民。天子者，有道则人推而为主，无道则人弃而不用，诚可畏也。"把民众视为邦国之本，把自己和民众的关系比喻为舟和水的关系，希望民众能够安居乐业，国家才能长治久安。

李世民常以荀子舟水之喻自警，励精图治，勤政爱民，终于有了"贞观之治"。他曾说："古人云：'君犹器也，人犹水也，方圆在于器，不在于水。'故尧舜率天下以仁，而人从之；桀、纣率天下以暴，而人从之。天下所行，皆从上之所好。"（《贞观政要》）此语正是荀子所强调的"为君之道"，荀子有言："君者仪也，民者景也，仪正而景正。君者槃也，民者水也，槃圆而水圆。君射则臣决。楚庄王好细腰，故朝有饿人。"

《荀子》的民本思想在数百年后，终被一代杰出君王李世民亲自说出，足见荀子思想影响之深远。在实践上，民本思想推动了唐代社会发展，为唐的鼎盛奠定了基础。李世民善于从实践经验和古书典籍中吸取政治智慧，是古代社会为数不多的深谋远虑的君主，相当大程度上符合荀子"为君"的标准。

所以说，中国古代王朝历史，绝非一般人所认为的皇帝专制、独裁、奴役人民的历史。假使中国历史是这么一部历史，那么这个民族又如何能延续几千年，创造出丰富的精神、物质财富？虽然有一些昏庸、无能的皇帝，但是由于中国文化的这种民本思想，对历代执政者都有着内在的道德上的约束，是他们从小就要接受的道德训练内容，所以也决定了中国千年治理历史，有着自己鲜明的民本特色。

第五章

两千年治国体系的荀学底色

　　荀子的思想是圆融中道的，他强调"仁""义""德""贤""王"，同时兼顾了与此相对应的"财""利""力""能""霸"。荀学强调内证内圣，同时注重外王事功的取向，是中华民族修齐治平，讲修身、务实事、讲实绩这一思想传统的酵母。

　　中国古代文治武功非常强大的汉唐两代，都十分重视荀子。只是到了宋代，不明就里的某些理学家们，囿于自己的偏见，将荀子贬抑出儒家正统，树立孟子为亚圣；自宋代后，更是以僵化的"礼教"治世，未能把握好分寸，难得其中道，这成为压抑文化活力的重要原因。

　　我们深入中国历史文化的底层逻辑，可以看出，自汉至清，主线大都是文武并举、王霸兼用的。明智的政治家既讲政治，又抓经济；既推行道德教化，也不忽视理财致富。即使在一时坐而论道、空谈义理成风的时代，由荀学所孕育的智慧的、务实的精神传统，依然在不同程度上发挥着积极的作用，教育并引导着一批又一批的仁人志士，澄清非理性的迷雾，拨正历史的航向。只是因其时代社会的不同，而对荀学的价值取向程度不同，进而结果差异显著。但无论是扬还是抑，荀学思想从底层结构上影响中国社会文化发展两千多年，这几乎是无可争辩的事实。

　　纵观中国的历史，当理智而务实的精神日益削弱之时，也往往是中国社会陷入危机之时；而随着理智的、务实的精神逐渐得到恢复和弘扬，中国社会就会逐步拨乱反正，兴旺发展。

荀学在汉代兴起

　　汉武帝推行儒术之后，经学成为汉代主导的思想。两汉经学是继先秦子学之后，我国文化思想发展史上的又一座高峰。荀学是由先秦子学到两汉经学之中的重要一环，可以说，荀子是先秦子学的总结者，也是两汉经学的开启者。

大汉"四百年基业"，荀学持续在发生着作用。荀子对秦帝国迅速败亡极其精准的预言，成了汉代须予以认真对待的警示。在秦政坍塌的废墟上摸索道路的汉代政治，无论是思想倾向还是现实把握，其理论走向与实践操作方面，都显现出沿着荀学思想发展与深化的情形。

恰恰是秦朝的教训，促使汉代深刻总结和反思，汉高祖刘邦成为中国历史上祭拜孔子的第一帝王。在董仲舒推崇下，汉武帝时代开始大胆运用荀子方案。汉代治理背后的内蕴，非单一的孔孟思想或老庄思想，而是"王霸道杂之""礼法合治"的荀学思想。秦朝因缺荀学王道内蕴，不幸二世而亡，汉代更全面贯彻荀学，得享四百年基业，可知荀学之份量。世人对此多有不察。

汉代制度主要以荀学为理论根据

始自春秋，王官失学，学术下移，私学勃兴，百家争鸣，传统的"官师"政教合一的局面被打破。实际上，中国社会始终追求"政教合一"（这里的"教"是教化、教育，非现代所说的"政治与宗教合一"的"政教合一"）的局面。即使战国之世，各国君主大体上依然尊师礼贤，并希望获得以知识分子为代表的道义力量的支持；诸子奔走列国、游说王侯，是期望推行其道。这也是中国社会独特的文化特征。

到了汉朝提出"独尊儒术"，要求官吏在行使治理职责的同时，还要对百姓起教化的职责，这就是"师帅"。当时一般政府官员尤其是基层官吏文化素质很低，浅见寡闻，但以"刀笔筐箧"为务，不识德教大体，甚至连皇帝的诏书都"弗能究宣"，他们只能完成吏的职守，而不能承担"师"的责任。鉴于此，董仲舒建议汉武帝兴太学、置明师，"以养天下之士"，使郡守、县令们真正成为百姓的"师帅"，能够"承流宣化"，"教训于下"，起到教化社会大众的作用。

汉武帝顺应时势，将五经立为官学，官吏儒生化，史称："自此以来，公卿大夫吏彬彬皆文学之士矣。"(《汉书·儒林传》)特别是汉宣帝以后,儒生完全垄断了仕途。在新的历史条件下恢复了学在官府,官师一体、政教合一的局面。

在当时,所说的"儒术",实质上相当大程度上就是"荀学"。许多总结汉代治国政策、反映汉人思想观念的著作大量地引用《荀子》。譬如《大戴礼记》中的《三本》《劝学》《曾子立事》,就大量地引用了《荀子》的《礼论》《劝学》《修身》《大略》诸篇;《小戴礼记》中的《三年间》《乐记》《聘义》,分别抄引了《荀子》的《礼论》《乐论》《法行》等篇。

总结汉代礼乐刑法制度的《史记》中的《礼书》和《乐书》,几乎是全文照录了《荀子》的《礼论》和《乐论》。《汉书》的《刑法志》抄引了一大段的《荀子·议兵》。汉代上层建筑中的很多规章制度,都是以荀子的学说为理论根据的,这是荀子在汉代得到人们尊崇的主要原因。这也自然促进了政教合一的局面,提高了官僚素养,也提高了管理效能。

儒生进入仕途,可以说是以师为吏,推行着礼乐教化,又可以说是以吏为师。两汉的一些官吏自觉地发挥着官师一体、政教合一的教化职能。如西汉名臣韩延寿以礼义道德教化百姓,让百姓操习乡射之礼、射御之事这些具体的儒家传统礼仪课目。据史书记载,韩延寿推行教化的成效非常显著,影响深远。又如,汉桓帝时,儒吏刘宽身为太守,一面执经讲学,教授生徒;一面以孝悌之道,教导百姓。他将官吏的政治职能和师儒的教化职能有机结合起来,实现了官师合一,治教不二。

君主也以身示教,汉宣帝甘露三年,为平议《五经》异同,统一经义,在石渠阁召开御前经学会议,"诏诸儒讲论《五经》同异,太子太傅萧望之等平奏其议,上亲称制临决焉。"(《汉书·宣帝纪》)东汉明帝,"正坐自讲,诸儒执经问难于前,冠带缙绅之人,环桥门而观听者亿万计。"(《后汉书·儒林传》)体现了政教合一、天地君亲师于一体的特点。

执政者重视文教,影响所及深远,清朝的康熙,亦是一位这样的皇帝。康熙亲自对群臣讲解四书等书,不仅要作君,亦作师,集君师于一身,融帝王之学圣贤之学于一炉。皇帝的以身垂范,更令人们"仰瞻圣学"。

荀子所提出的理想目标,在以上案例中,可谓在某些方面得到落实与实证。"天下者，至重也，非至强莫之能任；至大也，非至辨莫之能分；至众也，非至明莫之能和。此三至者，非圣人莫之能尽。故非圣人莫之能王。"（《荀子·正论》）圣王合一是以圣人内在的品德、智慧和意志为基础的，圣人既是师又是王，代表了师道与君道两个系统的合一。

刘向整理《荀子》

刘向是汉朝宗室大臣、文学家。为古籍的整理保存做出了巨大贡献。熊铁基在《刘向校书详析》中说：后世流传乃至我们看到的西汉及其以前的古书，其篇章、文字甚至某些书名都是刘向他们校订的。

我们今天读到的《荀子》是刘向编订的，共三十二篇。刘向说："荀卿之书，其陈王道甚易行，其书比于传记，可以为法。"刘向在序言中，尽情倾泻了对于荀子的推崇和赞许，毫无掩饰毫无保留地流露出对于荀子的感怀和长时期未得到当政者的重视的遗憾，同时也给后世留下了整理完好的、闪烁着智慧光芒的《荀子》。

董仲舒"作书美荀卿"

荀子对董仲舒的影响，主要体现在董仲舒本着经世致用的精神对儒学的改造，具体包括天人观、人性论、王道思想大一统三个方面。

由荀子重新阐释的"礼"，一面联系着孔子的"仁"，一面联系着法家的"法"，既可为庶民百姓所接受，又能被帝王权臣所认同；它有着现实的实用性，可以具体操作，又有着普遍而终极的意义，可行之长久。当西汉经过文景之治社会渐趋安定、富庶之时，一个天下同伦、家国一体的社会结构已隐然可见。荀子关于以礼明分、明分使群、定分息争的礼法思想，也必然在经过社会的各种动荡之后，显示出它对中国古代社会结构的深刻把握与内在发展逻辑，显示出它的重大而深远的社会意义。董仲舒之推崇荀子，正是借助荀子的礼法思想，为汉代治理提供基本的原则和方法。

陆贾学宗荀子

陆贾，西汉思想家、政治家、外交家。著有《新语》。陆贾总结秦所以速亡的原因在于"弃仁义"，故强调"德治"和"教化"的重要性，这与荀子以礼来"化性起伪"的主张一脉相承。陆贾根据时代特征和政治需要，以儒家（实为荀学）为本、融汇黄老道家及法家思想，提出"行仁义、法先圣，礼法结合、无为而治"的治国思想，对安定汉初局势做出重要贡献。

陆贾在其《新语》中指出，仁义道德是为政的根本，据德者昌，不仁者亡。"故尊于位而无德者黜，富于财而无义者刑，贱而好德者尊，贫而有义者荣。"法令固然可以惩恶，却不足以劝善；教化才能使人向善，中和才能致远。所以，陆贾认为治国安邦在于兴教化、致中和。

王利器在《新语校注》中写道，"陆贾之学，盖出于荀子。"作为楚人，陆贾与荀子的弟子浮邱伯有很深的交往，"陆贾与鲍丘（即浮邱伯）游，因得以闻荀子之说于鲍丘，故其书有不少可以印证《荀子》之处。"陆贾可以说是荀子的后学。

陆贾及《新语》中的不少论述与《荀子》很接近。如《新语·道基》说："天生万物，以地养之，圣人成之"，这与《荀子·富国》的"天地生之，圣人成之"一脉相承；《新语·明诚》说："尧舜不易日月而兴，纣桀不易星辰而亡，天道不改而人道易也。""世道衰亡，非天之所为也，乃国君者有所取之也。"这也与《荀子·天论》的"天行有常，不为尧存，不为桀亡"如出一辙。

陆子还继承荀子的"德"的思想，发挥荀子以德服人、百姓归心之义。他说，"夫欲富国强威，开地服远者，必得之于民"；又说，"天地之性，万物之类，怀德者众归之"。

活学活用荀学的贾谊

贾谊是西汉初年著名政论家、文学家，世称贾生。代表作有《过秦论》《论积贮疏》《陈政事疏》等。

贾谊的老师是荀子的学生张苍。张苍传授他《左氏春秋》。贾谊不仅是经学大家，更颇通诸子百家之书。司马迁对于贾谊十分推崇，不仅在《屈原贾生列传》中大段引用贾谊的文章，而且还在《秦始皇本纪》中引用贾谊《过秦论》，赞同"仁义不施而攻守之势异也"。这与荀子在秦国论儒的观点契合。贾谊已经明确地意识到，新兴的汉朝只有以礼为本，才能纲举目张，职分明确，上下有序，朝野安定，这显然是受到荀子的影响。

贾谊所提出的"富安天下"的主张，有着荀子"上下俱富"的经济思想的影响；从贾谊的《治安策》，亦可发现它与《荀子》的《富国》《议兵》等篇章结构的相似。总之，在贾谊身上，有着相当浓重的荀子的投影。

《资本论》的译者侯外庐认为，贾谊《治安策》不仅在形式上有《荀子》之《富国》《议兵》诸篇的结构，而且在思想上也深得荀学修养。《治安策》关于置三公三少以教训太子，主张从孩提之时，以道习之，他的立论点就是基于荀子的"惟善者伪也"的理论。同时，贾谊又有荀子"谨注错，慎习俗"思想的复述。荀子谓"积礼义而为君子"，贾谊则说，"安者非一日而安也，危者非一日而危也，皆以积渐，然不可不察也。人主之所积，在其取舍。以礼义治之者积礼义，以刑罚治之者积刑罚。"这正与荀子"习俗移志，安久移质"之说相合。

徐复观指出，贾谊《新书》中引用了不少《孟子》《荀子》的语句，而在教化上重"渐"重"积"，在言礼时，把礼应用到经济生活方面，则受《荀子》的影响更大。（徐复观《两汉思想史》）

贾谊说："夫胡、粤之人，生而同声，耆欲不异，及其长而成俗，累数译而不能相通，行者有虽死而不相为者，则教习然也。"（贾谊《陈政事疏》）来自荀子《劝学》所说的"干越夷貉之子，生而同声，长而异俗，教使之然也。"

贾谊之言"君臣上下，父子兄弟，非礼不定。……尊卑大小，强弱有位，礼之数也"（贾谊《新书·礼篇》）与荀子之言"礼者，贵贱有等，长幼有差，贫富轻重皆有称者也"（《荀子·礼论》）很接近；贾谊之言"礼者，所以固国家，定社稷，使君无失其民者也"（贾谊《新书·礼篇》）也与荀子之言"国无礼则不正。礼者，所以正国也"（《荀子·王霸》）很接近。

可谓是荀子思想理论"武装"了贾谊，贾谊的才华学识能力彰显了荀学。毛泽东评价贾谊是历史上第一位出色的政论家。

司马迁对荀学传扬的贡献

司马迁是历史上第一位为荀子立传的人。司马迁早年受学于孔安国、董仲舒。司马迁对荀学传承的最大贡献在于，他在《史记》中为孟子与荀子同时立传，为后人学习研究荀子思想，提供了宝贵的第一手资料。

司马迁与荀子成为穿越时空的知音，他以历史学家的独到见识、敏锐目光，在《史记》中写下了《孟子荀卿列传》，"谓荀卿嫉浊世之政，亡国乱君相属，不遂大道，而营于巫祝，信机祥，鄙儒小拘如庄周等，又滑稽乱俗；于是推儒墨道德之行事兴坏，序列著数万言而卒"。又在《自序》中以"明礼义之统纪"来概括荀子的思想，可谓深得荀学的精义，同时也很大程度上奠定了荀子与孟子为儒学两大宗的历史地位。

司马迁在《史记》"八书"中首列《礼书》《乐书》。《礼书》《乐书》两篇多从荀子《礼论》《乐论》篇化出。司马迁传承的荀子礼乐思想，以致在后来几乎所有的史学家（包括二十四史的作者们）那里多有运用。可以说，司马迁对荀学思想的发扬光大功绩颇大。

司马迁作《史记》，意在上承孔子的《春秋》，其论《春秋》云："故《春秋》者，礼义之大宗也。夫礼禁未然之前，法施已然之后。法之所为用者易见，而礼之为禁者难知。壶遂曰：孔子之时，上无明君，下不得任用，故作《春秋》，垂空文以断礼义，当一王之法。"司马迁以礼义为《春秋》之大旨，亦有取于荀子以礼义为统纪之意。

《史记》中许多表述明显有荀学之烙印。如《史记·游侠列传》说："顺风而呼，声非加疾，其势激也。"此语出于《荀子·劝学》："顺风而呼，声非加疾也。而闻者彰。"学者陈桐生认为："司马迁对《荀子》一书作过深入的研究，对其文句极为熟悉，能够将其中的语句信手拈来，融入自己的巨著之中。"

司马迁纵横开阔的治史治学的思维，延续彰显荀学等智者的思维方式。融汇百家于一炉、集先秦诸子大成的荀子，在司马迁那里有很好的体现与发展。尤其如司马迁记述其父司马谈的《论六家要旨》中，开篇引用《易大传》："天下一致而百虑，同归而殊途"之语来评价"阴阳、儒、墨、名、法、道德"六大学说之长短，纵横思维、融汇百家、超越百家。

附　录

为董仲舒和"儒术"喊个冤

需要强调的是，董仲舒推崇"儒术"，绝非是后来所认为的进行"文化专制"，他推崇的"儒术"，与现今人们所说的儒家，也不是一回事。

实际上，董仲舒是想在当时各种学说乃至邪说纷繁复杂的情况下，主推一个主导性的思想纲领来治理国家。正如他指出，"今师异道，人异论，百家殊方，指意不同，是以上亡以持一统。"明确说明当时的背景，因为学说杂乱，所以国家无法进行统一治理。就像军队只能有一个旗帜引领，国家也只能用一个主导思想领导。于是董仲舒"推明孔氏"，以在整个国家树立一个统一的理念纲领。他指出，理念的"大一统"对国家治理十分重要，"《春秋》大一统者，天地之常经，古今之通谊也。"

需要特别指出的是，董仲舒"推明孔氏"，旗帜举的是孔子，实际上董仲舒主要是受荀子的影响。他曾"作书美孙卿"，并继承了荀子的"大一统""性恶"等关键思想，提出了他的"天人三策"，并受到汉武帝的重用。

董仲舒确立孔荀一系的思想为汉代的主流意识形态，也是希望汉武帝吸取秦朝迅速灭亡的教训，正如荀子曾经警告当时秦国的问题在于"无儒"、无"义术"，所以董仲舒建议用孔子荀子们倡导的王道和礼义来治理天下，以实现"礼乐教化之功"。同时，当时汉代已经过了休养生息的阶段，到了汉武帝时期，可以大展宏图了，需要积极进取的思想体系来引领国家前进。荀子的王道治理思想与此符合。

实际上，董仲舒思想是以孔子、荀子一系的思想为主，掺杂道家、法家、阴阳五行家的一些思想，体现出的是内圣外王之道，也体现"兼容"与"发展"的特性，而并不是后来所认为的搞文化专制。而孔子、荀子本人的思想体系，也都是开放的，而且他们自己也并未限定自己为所谓"儒家"。

汉代"表彰六经"的做法，证明当时推行的"儒术"并不是后来所谓的"儒家"。六经（诗、书、礼、易、春秋、乐）是一个用道德礼义治理和教化的完整体系，代表的是整体中国文化的精神，并非所谓"儒家"独有的东西，而是早已有之。

"历代对于董仲舒《天人三策》中的'独尊儒术'误认为'独尊儒家'，由此而产生的谬误长达千年，都认为汉武帝是独尊以孔子为主的'纯任德教'的儒家而罢斥百家，事实上，汉宣帝更挑明了'汉家制度'乃是《荀子·富国》中所谓的'儒术诚行，则天下大而富'的'霸王道杂之'的儒术，而非儒家。"（王绍璠先生《荀子——内圣外王之学：超越孔子的第一人》）

董仲舒本人并没有明确提出"罢黜百家、独尊儒术"这样的表述，这一表述是后来人、确切来说是近代人对董仲舒思想做的概括。据学者翟玉忠先生考证，是新文化运动时期的易白沙对董仲舒思想作了这个概括，并讹传至今。这一概括的出现，无疑就将董仲舒的思想判定为是要搞所谓儒家的文化专制。众所周知，新文化运动时期，是"打倒孔家店"的反传统时期，把传统文化一股脑往"专制保守"的框框里套，是当时的主流思想。这也就是董仲舒的"推明孔氏，抑黜百家"这种当时兼具开放性和统一性的指导思想体系，被贬抑成了文化的独裁。这是中国文化史上一个很大的"冤案"。

与此相关的一个错误认识，是将中国传统政治治理也看成是等级森严的、皇帝可以为所欲为的专制独裁，甚至认为这是所谓独尊"儒家"造成的。的确从秦朝开始，中国传统政治是中央集权，但是集权不等于专制独裁，而是有一套统一的礼义道德思想体系作为治理思想，君主要以礼义道德为指导进行治理。而昏庸无道的君主被百姓所抛弃和推翻，在中国传统政治文明语境下，是"政治正确"的。董仲舒也说，"天立王以为民也，故其德足以安乐民者，天予之；其恶足以贼害民者，天夺之。"董仲舒提出"三纲"，对君臣、父子、夫妇进行了主次等级划分，体现了其思想僵化的一面，但综观其思想，并未脱离"从道不从君"的大原则。

虽然中国历史上许多帝王自身缺乏修养、实际上并没有达到以德治国的要求，并且总是以自己的私欲而滥用孔荀等先贤所推崇的思想，但是总体上说来，自汉代以来两千年的治理，内圣外王之道依然是主导思想，"为政以德"是中国政治文明的"政治正确"。顺之则万民拥护、名垂青史，逆之则百姓唾弃、遗臭万年。这是我们看待中国治理制度应有的基本态度。

如果说秦朝尚缺乏礼义教化的底蕴，但是从汉朝开始，这种礼义道德的治理，就逐渐开始落实了。汉代能够创造中国历史上的辉煌，如果没有一种优秀的文化作为底蕴，是不可能实现的。而中国几千年文明，其间有许多文明开放、经济富庶的时代，一直到 18 世纪之前都领先世界，如果都是独裁压制，又如何能出现？有礼义道德的底蕴，才能解释清楚为何中华文明能长时间保持生机活力。秦朝开创的政治体系加上荀子的礼义思想，一种礼法并治的格局，构成两千年中国社会治理的主导框架，这绝非一句"政治独裁专制"就能带过的，失之偏颇。

而将中国历史上君主治理乃至当代中国政治制度看成是"君主独裁专制"，这也是受到西方观念的影响，这是西方的一种"话语陷阱"。南怀瑾先生更是认为，中国古代治理形式上是专制，实质上是民主；当代西方是民主的形式，实质上是专制。

实际上，汉代的政治是很开放的，《盐铁论》的记载就是明显例证。当时，以民间"贤良文学"人士为一方，以御史大夫桑弘羊等政府官员为另一方，就盐铁专营、酒类专卖和平准均输等问题，是要国营垄断还是要自由经济，双方展开了尖锐辩论。这也是汉代政治开明的体现，并不是搞皇帝的独裁。而且汉朝的诸多皇帝，都是能广开言路、善于纳谏的。赵翼在《廿二史札记》中说，武帝时代"禁纲疏阔，怀才者皆得自达"。

不少人认为，正是董仲舒的"独尊儒术"，让儒家成为后来中国的独尊和主导思想，乃至影响了中国的开放和进步。这是大误解。现在的儒家，早已经是很窄化了的概念，是一个内涵不清的概念，到底什么是儒家，没人能说清。而根本问题是，董仲舒所推崇的"儒术"和现代人心目中的儒家，根本不是一回事。正如此前所说，董仲舒的"儒术"，主要是荀子的思想，也是兼容并包而且积极进取的。

中国历史上，也并非所谓儒家文化一家独大。认为中国文化是儒家独大，这是近代一个以讹传讹、积非成是的观念。中国文化也并非只有一个孔子可以代表，汉代以后的所谓儒家，也与孔子实际上并没有多少关系，孔子是被符号化了。实际上，汉代以后儒家已名存实亡。汉代以后主要是经学及受到禅文化影响的理学和心学。中国文化之所以能生生不息，始终是因为它的博大包容，是儒释道、诸子百家、经史子集融合的，单独的一个所谓儒家，是无法形成中国文化的浩瀚海洋的。

魏晋南北朝时期的荀学

傅玄深受荀学影响

傅玄，魏晋时期名臣及文学家、思想家，深受荀学影响。所著《傅子》书中很多章节及思想与《荀子》一脉相承。《傅子》对天和人关系的看法："天地著作而四时不悖，日月著信而昏明有常""善为政者，天不能害也"，思想显然与《荀子·天论》的名言一脉相承："天行有常，不为尧存，不为桀亡。应之以治则吉，应之以乱则凶。"

傅玄对于人性说有两句名言："人之性如水焉，置之圆则圆，置之方则方，澄之则淳而清，动之则流而浑浊。"即是源自《荀子·君道》之言"君者，盘也；民者，水也。盘圆而水圆。"

"虎至猛也，可威而服；鹿至粗也，可教而使；木至劲也，可柔而屈；石至坚也，可消而用，况人含五常之性，有善可因，有恶可攻者乎！"（《傅子·贵教》）是对《荀子·劝学》名言"木直中绳，鞣以为轮，其曲中规，虽有槁暴，不复挺者，鞣使之然也"的发挥。

刘昼吸收荀学

南北朝时，北齐著名文学家刘昼著《刘子》。该书被认为是南北朝时期杂家的代表作。它广泛地包含了儒家、道家、法家、名家、阴阳家等多家的思想，其中有荀子和孟子的思想。刘昼指出："儒者，晏婴、子思、孟轲、荀卿之类也。顺阴阳之性，明教化之本，游心于六艺，留情于五常，厚葬久服，重乐有命，祖述尧舜，宪章文武，宗师仲尼，以尊敬其道。"

刘昼对荀子思想的吸收，尤其体现在民本思想里。如"衣食者，民之本也，民者，国之本也。民恃衣食，犹鱼之须水，国之恃民，如人之倚足。鱼无水，则不可以生；人失足，必不可以步；国失民，亦不可以治；先王知其如此，而给民衣食"。

刘昼吸收荀子思想，在其《崇学》和《辨乐》两章有着充分的体现。《刘子·崇学》中提出"礼"之重要："夫茧缲以为丝，织为缣纨，缋以黼黻，则王侯服之；人学为礼仪，丝以文藻，而世人荣之。茧之不缲，则素丝蠹于筐笼；人之不学，则才智腐于心胸。"

提出"学"之重要："青出于蓝而青于蓝，染使然也；冰生于水而冷于水，寒使然也；镜出于金而明于金，莹使然也；戎夷之子，生而同声，长而异语，教使然也。"明显取自荀子《劝学》篇的思想。

颜之推深受荀子影响

南北朝时期颜之推是深受荀孟影响的代表人物之一。颜之推注重务实，广学圣贤，对荀子更为偏重。他说："自子游、子夏、荀况、孟轲、枚乘、贾谊、苏武、张衡、左思之俦，有盛名而免过者……"（颜之推《颜氏家训·文章》）先荀后孟的排列，可见他对荀子的推崇。他在《北史》中记载亦是先荀后孟："尧、舜、汤、武居帝王之位，垂至德以敦其风；孔、墨、荀、孟禀圣贤之资，弘正道以励其俗。"（《北史》卷八十四）

颜之推赞扬荀子道："荀卿五十，始来游学，犹为硕儒。"（颜之推《颜氏家训·勉学》）荀子写了《劝学》，颜之推《颜氏家训》中也有《勉学》，两人都极为重视为学。荀子说"学不可以已"，《颜氏家训·勉学篇》中说："幼而学者，如日出之光；老而学者，如秉烛夜行，犹贤乎瞑目而无见者也"，亦勉励人们"终身学习"。

唐代治理深受荀学影响

唐太宗"为君之道"的由来

唐太宗治理国家政绩出色，史称"贞观之治"。历史上把"贞观之治"看作是古代中国治国安邦的典范，《贞观政要》因是其史实与理论的总结而备受推崇。

在《贞观政要》中有许多引用《荀子》的句子。如《贞观政要·君道》说"若安天下，必先正其身，未有身正而影曲，上乱而下治者"。唐太宗说："古人云：君犹器也，人犹水也，方圆在于器，不在于水。'故尧舜率天下以仁，而人从之；桀、纣率天下以暴，而人从之。天下所行，皆从上之所好。"

唐太宗的这段话，正是荀子所强调的"为君之道"。荀子有言："君者仪也，民者景也，仪正而景正。君者槃也，民者水也，槃圆而水圆。君射则臣决。楚庄王好细腰，故朝有饿人。""君者，民之原；原清则流清，原浊则流浊。"《荀子·君道》篇中的这段话，数百年之后，终于被一代杰出君王李世民亲口说出，亦足见荀子思想影响的深远。

唐太宗在写给太子的《贞观政要·帝范》中参照《荀子·劝学》之言"不临深溪，不知地之厚也；不闻先王之遗言，不知学问之大也"而说："不临深溪，不知地之厚；不游文翰，不识智之源。"

值得一提的是，进入唐代，禅文化也开始进入了空前繁荣的时期。印度佛教与中国文化融合而形成的禅文化，致力于在心性觉悟基础上兼善天下的实践，其功用所在，体现的正是中国传统文化以及荀学所倡导的"内圣外王"精神。唐朝能成为中国历史上强盛的朝代，与禅文化所赋予的这种动力密不可分。而荀学，也在这一时期与禅文化深度关联，相辅相成，相得益彰。唐代的官僚士大夫，虽学术思想背景不一，各有所偏，大有在儒学之外兼习禅教、既重内养又重事功的总体趋向，这正是促成荀学与禅文化有机融合之契机。

唐代：荀子排前，意味深长

从周公到孔子，再到孟子、荀子，说起古圣先贤，这是一直以来的排序，但是到了唐朝，圣贤们的排序出现了一点小"波澜"，荀子被置于孟子之前。

或许因为更为重视荀学，在魏征那里出现先荀后孟的排序。他说："《周礼》，公旦所载，《诗》、《书》仲尼所述，虽纲纪颓缺，而节制具焉。荀、孟

陈之于前，董、贾伸之于后，遗谈余义，可举而行。"（《文中子》附录，《录唐太宗与房魏论礼乐事》）

初唐四杰之一的卢照邻说："昔文王既没，道不在兹乎！尼父克生，礼尽归是矣。其后荀卿、孟子服儒者之褒衣。"（《卢照邻集笺注》）"游、夏之门，时有荀卿、孟子。"（《卢照邻集笺注》）中唐学者权德舆说："荀况、孟轲修道著书，本于仁义，经术之枝派也。"（《全唐文》）"自孔门偃、商之后，荀况、孟轲宪章六籍。"（《全唐文》）在唐诗中也有这种先荀后孟的说法："无名升甲乙，有志扶荀孟。"（陆龟蒙《村夜二篇》）"通隐嘉黄绮，高儒重荀孟。"（皎然《答郑方回》）"深居猿鸟共忘机，荀孟才华鹤氅衣。"（智圆《赠林逋处士》）

有论者在说到唐代的这种先荀后孟的排序之后指出："这些学者并不是不知道从时间上来说，荀况晚于孟轲的情况，但他们却有意将荀居于孟之前，只能说明他们对荀学更为重视。"其实这种排序，早已有之。

至少杨倞改《孙卿书》为《荀卿子》，其序言中说："其书亦所以羽翼六经，增光孔氏，非徒诸子之言也。盖周公制作之，仲尼祖述之，荀孟赞成之。所以胶固王道，至深至备，虽春秋之四夷交侵，战国三纲驰绝，斯道竟不坠矣……荀、孟有功于时政，尤所耽慕……荀氏之书，千载而未光焉。"（杨倞《荀子序》）在杨倞看来，荀子和孟子都继承了周公、孔子的道统。从时间上看，孟先而荀后（"孟轲阐其前，荀卿振其后"），但从思想上看，荀前而孟后（"荀、孟赞成之"，"荀、孟有功于时政"）。杨倞如此排序，意味深长。而且杨倞感慨，"荀氏之书，千载而未光焉。"表达了对一代圣人的痛惜之情！

以上述对荀子更为重视的史实而言，正是我们需要对中国文化重新认知的一个反思点。唐代作为一个中国文化兴盛的时代，主流思想对于荀子所代表的"内圣外王"之道，重视程度超过更偏向于内圣之道的孟子，从一个侧面显示出了唐代文化之所以兴盛的原因。

毕竟，一个真正文化兴盛的时代，必然是内圣外王之道得以彰显的时代。今天的中国人心目中，一直延续着宋代以来重视孟子甚于荀子的惯性。这反映了宋明以来内圣外王之道不够彰显，偏向于空疏，导致了近几百年来中国民族整体精神偏向封闭保守的倾向。为了中华文化的伟大复兴，当代国人有必要更加重视荀子的思想。

柳宗元深受荀子思想影响

唐代思想家、文学家柳宗元非常尊崇荀子，他经常引用《荀子》一书的话来强调自己的观点。《封建论》一文是柳宗元的力作，此论文中写道："荀卿有言：必将假物以为用者也。夫假物者必争，争而不已，必就其能断曲直者听命焉。……由是，君长刑政生焉。"荀子的论点成为柳宗元立论的根据。

柳宗元对古代社会分封制进行了详尽的分析，提出殷周分封制和秦朝开始的郡县制二者都是历史发展的产物，而以郡县制代替分封制则是社会发展的必然结果。他以事实说明郡县制比分封制更为先进和优越。全文立意超群，论据充足，其思想意义和艺术成就，超过了当时的同类论著，对我国历史上关于分封制与郡县制孰优孰劣的争论作出了正确结论。

柳宗元认为社会历史是一个自然发展的过程，有其客观必然趋势。历史上国家兴衰、制度的变革，皆取决于历史发展的必然之"势"。"势"变，则国家各种社会制度也随之变化。《封建论》高屋建瓴，以一个"势"字，作为全篇的主线，得出"封建，非圣人意也，势也"的结论。而论述唐代郡县制的优越性，"唐兴，制州邑，立守宰，此其所以为宜也。……州县之设，固不可革也"，阐述唐王朝实行郡县制的必要性，并明白表达了从分封制到郡县制的历史必然。

毛泽东也有诗说，"熟读唐人封建论，莫从子厚返文王"。

《荀子》一书深刻地影响了柳宗元对自然宇宙及人与自然宇宙关系的看法。柳宗元阐发其自然观、天人观的《天说》《天对》，是颇有思想价值和文学价值的。《天说》是柳宗元为反对他的朋友韩愈"天能赏罚"的观点而写的著作，他明确指出，人心的向背是决定王朝兴废的主要原因。《天对》是自战国时楚国大诗人屈原《天问》产生以来，中国历史上对屈原所提问题首次作出回答的杰出作品。在这两篇论著中，柳宗元都发挥了《荀子》中关于"天道自然""天人相分"的思想，论证了"天人不相预"的论点。

《天对》是柳宗元被谪贬永州（今湖南零陵）期间写的论著。柳宗元发展了荀子的"天人相分"的观点和王充等人的"元气一元论"的学说，并吸收了当时自然科学的成果，逐段回答了《天问》的问题，批判地继承了《天问》

的思想。批驳了各种把自然界神化的结论和神灵创世的谬论。他指出，宇宙是由混沌状态的、运动着的元气构成的，不是神创造的，天地和阴阳都统一于元气。阴阳二气或吸或吹，或冷或热交错对立作用，是天地万物形成的真正原因。天地、阴阳、山川的变化，皆是物质性元气的运行。根本没有外来的创造者，"无功无作"，一切自然。

《天问》既是气势磅礴的文学作品，又是表达历史理性思维的哲学论著。《天问》的了不起在于它提出了问题；《天对》的了不起，则在于它以唯物主义思想和诗的形式回答了问题。毛泽东对柳宗元的《天对》给予了很高的评价："柳子厚出入佛老，唯物主义。他的《天对》，从屈原的《天问》以来，几千年只有这个人做了这么一篇。"（张贻玖《毛泽东批注历史人物》）

柳宗元在《封建论》中写道："天地果无初乎？吾不得而知之也。生人果有初乎？吾不得而知之也。然则孰为近？"认为天地、元气、阴阳如同瓜果、草木一样，都是没有意志的自然事物，没有什么神秘可言，决不能赏功罚祸。功者自功，祸者自祸。欲望其赏罚者大谬；呼天怨地，祈求天地怜悯、仁慈者，亦大谬矣。他在答刘禹锡书中说："生植与灾荒，皆天地，法制与悖论，皆人也；二元而已，其事各行不相预，而凶丰理乱出焉，究之矣。"（《柳河东集·答刘禹锡天论书》）

宋代对荀子"明抑暗合"

对荀学"明抑暗合"奠定宋代理学基础

所谓宋代对荀学"明抑暗合"，是指表面上排斥、抑制，但是内在却是不同程度的吸收、融合、转化和发展。举例来说，朱熹讲对于荀子"不要理会"，但又有人说他有着"荀子的脑袋"一般，吸收并发展了荀子的许多方面的思想。

荀子的思想兼容并蓄，虽以儒学为宗，但其学说杂糅了道家、墨家、法家等思想精华，并与社会需求与时俱进，实现了创新性转化与升华。可以说，荀子对儒学的"改造"与发展，延续与提升了儒家的社会功用与流传发扬。

然而，也恰是荀子对儒学与时俱进的"改造"，反而得来了"大醇而小疵"（韩愈）的评说。

唐朝韩愈在整理儒家道统的时候，直接从孟子跳到了自己，尊孟而贬荀。其实韩愈是十分尊敬荀子的，并承认荀子"大体上是儒家人物，只是有些不足"，并亲注《荀子》。而"小疵"，恰是荀子对儒家的改造而言。但也正是此"改造"才得以使儒学重新焕发内在价值，实现对社会的功用，以致发扬光大而流传至今。

时间到了朱熹的时候，他认为："荀卿（荀子）全是申、韩（法家）"，"只一句'性恶'，大本已失"。"性恶论""隆礼重法"等主张，与理学一些理念相违，从而导致了宋儒"尊孟排荀"，认为荀子较之孟子，算不得"醇儒"，将荀子退出"儒群"，编辑的《四书》里也不见《荀子》的踪迹。

其实，在北宋和南宋时，屡屡有人公开赞扬荀子，如与朱熹同时的唐仲友就认为，荀子尊儒家礼义，以仁义论兵，以儒术讲富，以道德之威释强，其旨义与孟子一般无二（王先谦《荀子集解》）。

而在实际层面，宋代理学家们对荀子也有诸多借鉴和吸收。理学人性论中的气质之性脱胎于荀子的性恶论。宋代的礼治论继承了荀子的礼治思想。"治国理政，一准于礼""礼治则治，礼乱则乱""上下尊卑，礼之本""刑教"论等，明显皆深受荀子的影响。

荀学充实了理学的内蕴，更何况前面讲过，所谓的儒学，本是自周公、孔子到荀子等一路传承下来的。所以到了最后融百家、集大成的荀子之学，此是理学家们无法绕过的一座理论高峰，实质上构成了理学家思想建树的重要理论资源和内在动力。

理学的开山祖师周敦颐首先将"礼"与"理"联系并等同起来。他说："礼，理也；乐，和也。阴阳理而后和。君君，臣臣，父父，子子，兄兄，弟弟，夫夫，妇妇，万物各得其理，然后和，故礼先而乐后。"（《通书·礼乐》）

张载也说：礼是天地之德、天下之道。"天之生物便有尊卑大小之象，人顺之而已，此所以为礼也"；"欲养民当自井田始，治民则教化刑罚俱不出于礼外。"（《张载集·经学理窟》）

二程上承其师周敦颐，也认为"天理"落实在社会领域，就是纲常等级之"礼"。程颐说："视听言动，非理不为，即是礼，礼即是理也。"又说："礼，人之所履也，为卦，天上泽下。天而在上，泽而处下，上下之分，尊卑之义，理之当也，礼之本也，常履之道也，故为履。"（《二程集》）

朱熹也说："宇宙之间，一理而已。天得之而为天，地得之而为地，而凡生于天地间者，又各得之而为性。其张之为三纲，其纪之为五常，盖皆此理之流行，无所适而不在"；而"三纲五常，礼之大体，三代相续，皆因之而不能变"。

宋儒关于"礼"的上述言论，实际上是由孔子和荀子所确立的重礼思想传统在宋朝的延续。程朱将"礼"提升为"天理"，给予形而上的根据和天的神圣性，这固然是因袭董仲舒，但其思想源头，却是孔子与荀子。

梁启超推崇程朱学说，批判荀子，认为儒学"实则所传者，仅荀学一支派，此真孔学之大不幸也"（梁启超《论中国学术思想变迁之大势》）。他的老师康有为认为，两千年封建专制渊薮的罪责就在于荀子。然而越是批判，越是从反面证明荀子在中国思想史上尤其是宋代之前的显赫地位。康梁以专制等说法评价荀学和中国历史，只是近代受西方文化影响而对中国文化传统的一种误解。

朱熹受荀子的影响

对于"心"的体会，朱熹与荀子有类似的表达。

荀子说："心未尝不臧也，然而有所谓虚。"（《荀子·解蔽》）朱熹说："虚灵自是心之本。"（《朱子语类》卷五《性理二》）

荀子说："凡以知，人之性也；可以知，物之理也。"（《荀子·解蔽》）朱熹说："所觉者，心之理也；能觉者，气之灵也。"（《朱子语类》卷五《性理二》）

在通过学习、修养成圣方面，朱熹沿用和继承了荀子的方法。朱熹也认为圣人可学，圣人难为。但是，强调通过学礼、积善，从而成就内外兼修、知行合一、德行与事功皆圆满的圣人。这种自外而内的修为方法与荀子相通，而与孟子、陆王强调简单易得的做法有区别。

朱熹认为成圣必由为学，"学以至圣"是为学目标，修学功夫是不断深入的。朱熹重视心性之道德修养虽与孟子相同，如，孟子认为"心有四端""人性无有不善"，朱熹提倡"心具众理"，主张人彰显"天命之性""义理之性"等；但在具体心性修养方面，他倡导心之知觉功能与"理"的规范作用，与孟子"尽心知性知天"有别，则更倾向于荀子思想及方法。

比如，朱熹受荀子思想影响，在心性方面，注重心的主宰性及人性的可塑性，也即"化性起伪"的过程。朱熹认为，心通过主宰认识器官及人的形体来主宰人之身体及其实践活动；同时，心对性情的主宰是有限制的，需要依赖所认识的道德标准来取舍判断。朱熹通过肯定"心具众理"，来判断认识之心的道德根源。因而，表面上是孟子的道统，实质则是荀子的学问。

在为学方面，朱熹和荀子都强调效仿圣人，重视师法。都强调以积累为特征的"格致"与"积善"，主张以专注为特征的"主一"和"专一"。都主张循序渐进学习礼义，变化气质。尤其在"用"的方面，朱熹沿用和发展荀子的方法，充实了学问体系。虽然朱熹曾数落一千多年前荀子"从头到底皆不识"，未曾想到他八百多年后，被后来者认为他好像是"荀子的脑袋"（牟宗三曾说朱熹"是荀子的头脑"）。个中理由，仁者见仁，智者见智。

"理学开宗"的李觏受荀子影响

李觏，北宋时期重要的思想家、教育家、改革家，有"理学开宗"之誉称。李觏承延荀子思想，将"礼"作为自己整个理论体系的立足点。"夫礼，人道之准；世教之主也。圣人之所以治天下国家，修身正心，无他，礼而已矣。"（《李觏集·礼论》）

他不同于孔孟对于"礼"的内在化阐释，和荀子一样，突出"礼"之为外在客观秩序规范的表现。所谓"礼者，虚称也，法制之总名也"（《李觏集·礼论后语》）。"饮食，衣服，宫室，器皿，夫妇，父子，长幼，君臣，上下，师友，宾客，死丧，祭祀，礼之本也；曰乐，曰政，曰刑，礼之支也，而刑者又政之属矣；曰仁，曰义，曰智，曰信，礼之别名也；是七者盖皆礼矣。"（《李觏集·礼论》）对礼的功能，李觏与荀子一样，侧重于其在社会物质实践层面的表现。

《李觏集·礼论第一》："夫礼之初，顺人之性欲而为之节文者也。人之始生，饥渴存乎内，寒暑交乎外……于是为之婚姻以正夫妇，为之左右奉养以亲父子，为之伯仲叔季以分长幼。君臣不辨则事无统，上下不列则群党争，于是为之朝觐会同以辨君臣，为之公、卿、大夫、士、庶人以列上下。"

李觏打通"礼"与"道"的连结，提出循"礼"以求"道"："无一物不以礼也。穷天地，亘万世，不可须臾而去也。""予所言者，道也。道者，无不备，无不至也。"（《李觏集·礼论第六》）。

宋儒理学与荀学实质不异

清儒戴震分析荀学与理学之异同有谓："宋儒于性于心视之为二，犹荀子于礼义与性视之为二也……荀子之所谓礼义，即宋儒之所谓理；荀子之所谓性，即宋儒之所谓气质……荀子谓必待学以变化此性，与宋儒谓必待学以变化气质，无二指也。"

戴震的学说对于宋明理学是一种反省。

诸如伊川朱子则如戴震所说，与孟子似同而实异，与荀子似异而实同。这是颇具慧眼的论断。荀子区分外在的"礼义""伪"与内在的"性"，又分"性"为"情欲"与"心"。"情欲"虽可致恶，"心"则足以辨识礼义，从而"性伪合"乃属可能。朱熹弃"性恶"转而认同孟子"性善"之说，但他分"心""性"为二，以为"性"具于"心"而非"心"，它是先验的"在天者"，"心"则是经验的"在人者"。如此说来，朱熹之以善属之"性"，以恶归之"心"，与荀子之以善属之"伪"，以恶归之"性"，有着很大的相似性。其实，绕了一个圈了，回过头来，还是那一个"理"——"化性起伪"的作用。

但须要指出的是，到后来的宋儒"以理灭欲"的主张，却是对荀子"以礼化性"的观点的过度的极端发展，其结果已经走向了事物的反面。所以，荀子是中道的，事过之与不及，皆非也。

王安石变法的荀学底蕴

王安石是北宋著名思想家、政治家、文学家、改革家。他潜心研究经学，著书立说，创"荆公新学"，促进宋代疑经变古学风的形成。王安石一生自律清廉，志行高洁，赢得了"拗相公"的称誉。王安石也有很深厚的禅学底蕴。在事功方面，他发展了荀子外王之学。

宋神宗时期，王安石发动变法，主要目的是富国强兵，解脱当时社会危机。在经济方面，发展生产，限制豪强，整顿财政，增加了政府的财政收入；在军事上增强抵抗辽、西夏的力量，提高了军队的战斗力，有效解决冗兵问题；在文化方面，改革科举考试的内容，有利于思想解放，培养了大批学以致用的人才。变法断续地推行了八年，在发展生产、富国强兵方面收到较显著效果，虽然最终因为种种原因在当时看来以失败而告终，但产生的历史影响意义深远。

王安石变法的指导思想是他的"新学"。新学将旧经学由章句之学转变为致用之学，在北宋产生很大影响。新学上承老子的"道"和孟子的"仁政"；在实际执行方面发展了荀学务实求真、因时制变的进步思想路线。王安石的新学实质上发展运用了荀学的外王经世之学。王安石的改革，体现出荀子思想中"民本"观与"仁政"观，以及注重事功和变法进取的重要思想传统。

王安石从分别天人的思想出发，对天人感应、灾异迷信进行了尖锐批判。王安石谓："水旱常数，尧舜所不免"，"但当修人事以应之。"(《宋史·王安石传》)明显受到荀子《天论》思想的影响。天不依赖于人间的好恶而发生变化，人不可违背规律，而应遵循并利用规律。与其迷信天的权威，去思慕它、歌颂它，等待"天"的恩赐，不如利用自然规律以为人服务。所谓"敬其在己者"，而不要"慕其在天者"。

"天文之变无穷，人事之变无已。"王安石认为一切事物都是运动变化的。"尚变者，天道也。"天道何以尚变？因为事物的基本属性是"有耦"，即有对立面，对立面的相互矛盾导致运动变化。"耦之中又有耦焉，而万物之变遂至于无穷。"他由此而提出"新故相除"的观点，认为新生事物代替陈旧的东西是天与人共同的变化规律。

在社会历史观上，王安石更强调"新故相除"。他明确指出：对于"先王"只应"法其意"而不应"法其政"，因为"二帝三王相去盖千有余载，一治一乱，其盛衰之时具矣。其所遭之变、所遇之势，亦各不同，其设施之方亦皆殊，而其为天下国家之意，本末先后，未尝不同也。"(《王文公文集》)荀子重视"法先王"，但同时重视"法后王"，他是第一个正式提出厚今薄古的"法后王"说。所谓"后王"盖指"近时"之圣王。"道不过三代，法不贰后王。道过三代谓之荡，法贰后王谓之不雅。"(《荀子·王制》)"先王"的时代久远，事迹简略，不如近世的后王可靠，"欲观圣王之迹，则于其粲然者矣，后王是也。"(《荀子·非相》)即"法先王"必须通过"法后王"的途径才能实现。

由此，王安石还指出："古之人以是为礼，而吾今必由之，是未必合于古之礼也；古之人以是为义，而吾今必由之，是未必合于古之义也。"今人只知合于古人之迹，不知权时之变，是则所同者古人之迹，而所异者古人之实也，这是天下最大的祸害。因此，"归之太古，非愚则诬。"王安石主张对于古代圣王"法其意"而不应"法其政"，与荀子思想完全一致。

为实行变法，王安石一反所谓"儒家"的正统思想，极力推崇商鞅的社会改革精神。针对司马光代表守旧派发出的"祖宗之法，不可变也"的严厉呼声，王安石毅然声称："天变不足畏，祖宗不足法，人言不足恤。"这一具有反潮流精神的惊世骇俗之言，激发民族文化中的革新精神，是对其中因循守旧、畏缩苟且意识的坚决抵制和扫荡。

王安石之所以有如此坚定的革新精神，因为他也是参禅的，他以禅的智慧，敢于打破因循守旧的常规，直击时弊，牢笼关不住，呼唤不回头，体现了"虽千万人吾往矣"的大无畏精神。王安石潜心参禅，曾著述《楞严经疏解》，对《金刚经》也深得其"理穷于不可得，性尽于无所住"之要义。禅的事业是以经世济民为宗旨，变大地为黄金，搅长河为酥酪。王安石可谓是此之代表。

宋代文化底蕴：荀学为用，禅学为心

然而，值得一提的是，宋儒排佛道、批荀学，虽以理学面貌呈现（理学的产生当然有其社会背景与社会需要），而时代也催生了中国禅文化的"转身"与兴盛（印度佛教到中国佛教为之一变，再到唐代禅宗为之二变，再到宋代禅文化为之三变，喻为"转身"。对此我们另有文详述）。因为中国文化精神自古以来就是广大包容、兼收并蓄，不管什么文化、什么文明、什么理念、什么思潮，包括科学技术，等等，只要进入中华文明的大海，统统被吸收、转化、升华，为我所用，不断丰富中华文化的内涵，这是中华文明精神的了不起之处，也是中华文明延续几千年甚至上万年而不断的内在动力。

宋代理学包括明代心学，当然也是以禅文化为其内蕴，也就是所谓的"阴禅阳儒"。有宋一代，禅学兴盛，成为理学的内在有机成分，辟佛辟禅者虽多有其人，但几乎没有不受其影响的。即使有的从字面上看不出佛禅的影子，但禅意禅思禅韵禅味及禅的思维方式，已经注入他们的心灵深处，以及日常生活起居言行之中，往往在不经意间就从字里行间、或行事处世中流露出来。

理学对于荀学采取的路线似乎类同。即使批荀，可是他们骨子里的儒学思想相当大程度还是从荀子那里来的，即使表面不赞同，荀学思想也已经融入他们的学问根底深处。尤其以内圣外王作为修齐治平、建功立业之根基，荀学之修身、礼治、治国之学问理论之大厦几乎就是不可或缺的。

毕竟，唐宋以来，中国文化的主要发展走向与荀学禅文化的融合和发展是分不开的，甚至是以其为基石的。

宋代是中华文明较唐朝更加成熟、兴盛的时代，在政治、经济、科技、文化等各个领域，都呈现出丰富的创造。那么，宋代的文化底蕴为何？可以说，宋代文化的标榜是理学，其实质更多体现在以荀子整理的"儒术"作为外王的指导、以禅文化实证作为内圣的基础而实现，是荀学和禅文化交相辉映、相得益彰的结果。

明代以后荀学的"升温"

务实进取的荀学在明初"升温"

荀学对明朝的文人有相当影响。如明代归有光在《震川集》中就指出："当战国时，诸子纷纷著书，惑乱天下。荀卿独能明仲尼之道，与孟子并驾齐驱。"感叹说，就荀子学说的精义而论，则孟子也不能超过，然而到宋儒那里却大加贬黜，令当今世人不复知有荀子，实在可悲。他还感慨地说：对于古人之书，

能不人云亦云而求自得于心，这样的学者不多见呵！（《震川先生集》卷一）

在明代，大力推崇而发展了荀学务实求实思想的，还有著名思想家李贽。李贽是明朝后期倡导社会思想变革的一个重要人物。

李贽认为通过变法而使国家富强的商鞅、申不害是英雄好汉。对于荀卿之学，李贽认为其"真实有用，与俗儒不同"。李贽这些思想，有利于实学思潮的产生。

李贽认为，每一代人都应当从自己所处的社会现实出发，得出针对实际的独到见解；依傍古人、迷信古书，只能导致无是非可言。"天生一人自有一人之用，不待取给于孔子而后足也"；"又何必专学孔子而后为正脉也"（《焚书·答耿中丞》）。李贽破除后人对孔孟的迷信，否定所谓的"圣教"和"道统"说。相应地，他也否定了宋儒对荀子似已成"定论"的看法，给予荀子高度评价。

《藏书·德业儒臣》中，李贽将荀子列为"德业儒臣"之首，而孟子则次之。李贽还作《荀卿传赞》以颂扬荀子。其赞云："荀与孟同时，其才俱美，其文更雄杰，其用之更通达而不迂。不晓当时何以独抑荀而扬孟轲也。《荀子》亦尊周孔，然亦非依循世俗而尊周孔；亦排墨子，亦非十二子，然亦非依循世俗而排墨、而非十二子。"（《藏书》卷三二）孟荀相比，李贽之所以更赞赏荀子，是因为李贽认为荀子更重视外王事功，更具有务实和进取的思想品格。

李贽推崇荀子，与他的另一项修养相互印证，那就是他精进参禅，从而能展现出智慧透脱、自信担当的风范。他敢于以大无畏的精神说真话、说实话，展开针对时弊的抨击，在禅宗来说，这就是"直心是道场"。李贽提出对真假"佛"的区分，这是其重大创见。

他在《童心说》中写道：童心既障，于是发而为言语，则言语不由衷；见而为政事，则政事无根底；著而为文辞，则文辞不能达。……所者何？以童心既障，而以从外入者闻见道理为之心也。

夫既以闻见道理为心矣，则所言者皆闻见道理之言，非童心自出之言也。言虽工，于我何与？岂非以假人言假言，而事假事、文假文乎？盖其人既假，则无所不假矣。

以多知多解为障道因缘，妨碍自心佛性的随缘任运。李贽的童心说以禅学思想为基础。他进而针对当下事实，批评"假人""假言""假事"，以击时弊。

张居正效法荀子"法后王"

张居正，明朝政治家、改革家、内阁首辅，辅佐明万历皇帝朱翊钧进行"万历新政"，史称"张居正改革"。

张居正很赞赏荀子"法后王"的思想。他说："荀卿曰：'略法先王，而足乱世术，不知法后王，而一制度。是俗儒者也。'此欲法后王矣。两者互异，而荀为近焉。何也？法无古今，唯其时之所宜，与民之所安耳……后王之法，其民目之久矣。久则有司之籍详，而众人之智熟，道之而易从，令之而易喻。故曰法后王便也。"（《张文忠公全集》）

正是根据这一原则，张居正任首辅不久，鉴于明朝当时军政败坏、财政破产、农民起义此起伏彼的严重危机，审时度势，逐步展开了经济、军事等方面的重大改革。张居正的改革一度恢复和发展了明代的社会经济，缓和了当时的阶级矛盾。而张居正之所以敢于发动改革并因而成为著名政治家，与他接受并实践荀子的进步思想，是分不开的。

张居正是怀抱着解决现实社会危机的志向开始其政治生涯的。他说："善学不究乎性命，不可以言学；道不兼乎经济，不可以利用。故通天地人而后可以谓之儒也。"此正是与荀子修身治学、积极治世的追求一脉相承的。

隆庆二年（1568 年），晋升为内阁大臣的张居正，给穆宗皇帝上《陈六事疏》，系统提出了自己的改革纲领，以"省议论""振纲纪""重诏令""核名实""固邦本""饬武备"为六大急务。从"内圣"方面"究乎性命"，到"外王"方面发动治理改革，正显露出张居正以"内圣外王"的经世之学为人生追求。

当然改革的阻力是巨大的。然而张居正抵制住了反抗潮流，大刀阔斧地推行新政，并取得了相当成效。除以荀子等诸贤圣的内圣外王经世之学为动力，另一个不可忽略的事实是，张居正是学禅的，禅的无私无畏、敢于承当的精神给了他为图强而改革的勇气。他的浩然承当——"使吾为刽子手，吾亦不离法场而证菩提"，其气魄，堪称超世大丈夫。

张居正特别强调结合实际，身体力行，反对虚言。从现实的改革事业和富国强兵的实际需要出发，再一次证明经由内圣而至外王的务实事功之重要。世人对张居正多有误解。然事实上张居正凭荀子帝王之学、凭禅之无畏与定慧之力，戮力而行，大大延续了明代基业。

明末清初经世致用之学的荀学影响

明末理学大盛，"道问学"的程朱派日趋空疏，衰微不振。当时社会危机日益深重，农民起义如火如荼，明王朝终于被李自成的农民起义所推翻。

明朝灭亡，"空谈误国"的教训，成为明末清初相当多富有学识又了解现实的人们的共识。思孟和程朱陆王所代表的心性之学，缺乏积极进取的社会意义。唯有把孟子和荀子所代表的内圣修身、外王事功两种取向结合起来，并驰发展及落实，才能为灾难深重的社会开辟出一条希望之路。

黄宗羲、顾炎武、王夫之、傅山、李颙、颜元等明末清初的一批思想家，力倡具有批判和求实的理性精神的经世致用之学，主张义和利、道和功、学和用的统一，能做到这一点的儒士，才是"真儒"而非"迂儒"。他们所提倡的这种新思想、新学风，与荀学内圣外王思想一脉相承。

所谓时代的进步，也正是在原有的思想资源基础上，结合时代的特点，迸发出新的思想智慧。荀学的光辉更是如此。在这样的历史条件下，孔荀一系的务实进取、外王事功的路线在当时的社会背景下起到特别重要的作用。

黄宗羲认为"学贵履践，经世致用"，理论实践并重。黄宗羲在今浙江宁波、绍兴等地办学讲学，培养了很多学生。我们从黄宗羲所力倡求实和独创的学风及其论著的精神实质中，看到荀学所代表的务实精神和进取态度对他的深刻影响，以及他对这一思想传统的弘扬光大。

颜元是崇实黜虚的实学思潮中可谓最突出者。颜元开创了习行事物的践履之学，继承发展了荀子内圣外王之道的生命实践。颜元针对理学家推崇备至的董仲舒"正其谊不谋其利，明其道不计其功"的信条，提出"正其谊以谋其利，明其道而计其功。"后来，他更以"垦荒、均田、兴水利""举人材，正大经，兴礼乐"的经济和政治主张，明确地体现了他对荀子外王事功这一思想路线的继承和贯彻。

颜元发挥荀子"化性起伪"的作用，主要在于预防和去掉"引蔽习染"，正是教育所应起的作用。颜元力行修身，重视自我内在德性涵养工夫，每日谨行拜先祠、拜父母、夫妻之礼及出告反面之礼，每日以日谱记录功过，并与友人互勘，以此作为自我改过迁善的重要修身工夫。颜元用实际行动进一步发挥并践行了荀子的"知行"学说。

清朝以来的荀学影响

从清初到清末，随着理学的逐渐衰落消沉，人们对荀子及其学说的研究和评价也呈现出活跃的多元的局面。清朝相当多的儒士甚至君臣对荀学表示了好感，有的更给予高度评价。

史家钱大昕褒扬荀学，批判宋明理学。他在其《跋荀子》一文中说道："仲尼身后，儒家以孟荀为最醇。宋儒非议荀子的《性恶》，而我以为孟子言性善，是要人尽心尽性于为善；荀子言性恶，则是要人变化其性而勤勉于善。……教人为善的意思却是一个。"钱大昕还认为：宋儒言性，虽上承孟子，但把人性分为义理之性与气质之性两部分，却是兼取孟子与荀子观点的体现。（朱熹就是明显的例子）至于教人以改变气质之性为首要任务，则实际上是偷用荀子化性起伪之说。（见王先谦《荀子集解》）在钱大昕看来，孟子、荀子乃至于宋儒，在关于人性的理论及其立论的宗旨上，是没有本质区别的。

清代经学家凌廷堪《荀卿颂》："战国之士，守圣人之道者，孟荀二人而已。夫孟氏言仁，必申之以义；荀子言仁，必推本于礼。"

在凌廷堪生活的年代，乾隆皇帝为荀子的"有治人无治法"拍案称绝："有治人无治法，诚探本之论也，大哉王言！诚千古治平之大法也。"在此需要强调的是，荀子的"有治人无治法"是言以人的智慧为本，发挥人的能动性。

经历清代学术的清理与创制，到清末，皮锡瑞在《经学历史》一书中谈孟、荀之学，指出孟子尤精于《春秋》之学，惜乎其学不传，"惟荀卿传经之功甚巨"。还有一些经学家如钮树玉、严可均、姚谌等人都盛赞荀子"传经之功"，并将荀子与孟子等量齐观。

清朝许多思想家和学者，认真整理和注解《荀子》，为更深入的研究提供了可信的资料。王先谦总汇诸家校注，纂成《荀子集解》一书，颇有影响。汪中的《荀子通论》，则是将前人有关荀子事迹考订的成果作了详细分析后写的。汪中认为："荀卿之学，出于孔氏，而尤有功于诸经。"他引证了大量材料，证明《毛诗》《鲁诗》《左氏春秋》《谷梁春秋》等的传授皆与荀子有关，秦汉时许多著名的儒家经生，都是荀子的弟子或再传弟子。故"盖自七十子之徒即殁，汉诸儒未兴，中更战国暴秦之乱，六艺之传，赖以不绝者，荀卿也。周公作之，孔子述之，荀卿传之，其揆一也"。周公、孔子、荀子奉行的是一个道术。汪中此言，从一个特定角度否定了宋儒关于"道统心传"的成说以及孟子的承传地位，使荀子的地位升至孟子之上。

近代思想家严复也指出：荀子"以善为伪，彼非真伪之伪，盖谓人为以别于性者而已。后儒改之，失荀旨矣"。（《天演论》下卷）严复在介绍斯宾塞的"群学"时，援引荀子关于"人能群"的观点，说斯宾塞"大阐人伦之事，帜其学曰群学。群学者何？荀卿子有言：人之所以异于禽兽者，以其能群也"。（《原强》）严复并且认为孔子以后，孟子是"传微言之学者"，荀子则是"传大义之学者"。

梁启超明确指出："自秦汉以后，政治学术，皆出于荀子。""汉代经师不问为今文家、古文家，皆出荀卿。二千年间，宗派屡变，一皆盘旋荀学肘下。"

胡适曾从"有为主义"的角度，揭示汉儒与荀子学说间的脉络传承关系："无为论的真义只是'听其自然'，而'不以人易天'。有为之论恰和这相反，恰是要用人力补救天然，处处要尽人事。贾谊说此意最明白，……贾谊之学出于河南守吴公，吴公学事李斯，李斯学于荀卿。……这正是儒家传统的人事有为主义。"（胡适《中国中古思想史长编》）

章太炎以"孙卿为崇"

章太炎，清末民初民主革命家、思想家、著名学者。有"经学大师""国学泰斗"之誉，他因排满而历尽磨难，更为革命者所敬仰，有"革命巨子"之称，章太炎提出"孙卿为崇"，其尊荀是颇有份量和影响的。

章太炎少师晚清学术界的重要人物俞樾，俞樾赞赏荀子。章太炎对荀子的评价远在孔子之上。章太炎说，荀子、颜元是中国历史上的"大儒"，而颜元也比不上荀子对理性思维的重视。

在人性论上，章太炎赞同荀况"人性恶"的观点，并结合中国当时所处的国际环境而认为："荀卿之时，所见不出禹域，七雄相争，民如草芥，然尚不如近世帝国主义之甚。""帝国主义则寝食不忘者，常在劫杀，虽磨牙饮血，赤地千里，而以为义所当然。"（《五无论》，《民报》第 16 号）

章太炎还常将荀子与法家联系起来，一并加以称颂。在《诸子学略说》中，他这样写道：凡法家必与儒学纵横家相反对，"惟荀卿以儒家大师，而法家韩、李为其弟子。则以荀卿本意在杀诗书，固与他儒有别。"他还正面称许过法家管仲、商鞅、韩非等人，称许过秦始皇。章太炎说道："商鞅被谗二千年，世人以为夺民权、纵君主，皆商鞅法家为之倡，这是大惑于淫说。商鞅变法，是以刑维护其法，而非以刑为法之本。商鞅之法，足以救时除弊、济世利民。即使后世儒者所行之术也多与法家相近，可知儒家之道亦不能摒弃法家（《商鞅》《儒法》）。

荀子既秉承儒学精粹又能摒弃孔孟侈言仁义道德的意识。在当时社会大变革时期，"以积伪俟化治身，以隆礼合群治天下"；"不贰后王，以綦文理"（章太炎《訄书》）。即以理性的态度和进取的精神对待人生社会，以化性起伪修身，以明分使群治世，以一尊圣王、弘扬文明引导历史前进。思想上政治上是否进步且是否能救世济民、经世致用，是章太炎臧否人物、褒贬学派的基本尺度，这显然也是荀学所主张的。

荀学对当代

中国的深刻启示

下篇 ⏐

第六章

内圣的修炼：公义胜私欲

中华民族自古就是一个高度重视修身的民族，古圣先贤如老庄孔墨孟荀等都首要致力于修身。自立立人，自达达人，是中国文化久远以来的根本命题。独善其身是手段，兼济天下是目的。修身养性与圆满事功，一体而不二，成为推动中华民族永续前进的根本动力。

修身，简言之，修正自己的德行，德行日美。面对纷繁复杂的一切世相，面对人世间的一切烦恼忧苦，怨怨争斗，正己修身是解决一切问题的根本路径。在中国文化中，身心是不二的，省略而言"修身"，就是对我们个体生命的一种全面提升。

在诸子百家中，荀子十分突出的一个特点，是他提出了系统的修身思想体系。《荀子》一书从《劝学》到《修身》《不苟》《荣辱》，包括更为精要的《解蔽》篇，其内涵主旨皆在修身，既有方法论又有方法。通过荀子指导的修身路径，"君子之能以公义胜私欲也"，进而臻于"公而忘私"的"无我"的理想境界。

中国两千多年前就已经从单纯的盲目的追求物质中解脱出来，认为人不能做物质、金钱的奴隶，甚至为利弃义。相比之下，今天由于受西方拜物主义拜金主义的影响（当然主要原因还是我们自己忘本了），有的企业或个人也以利润最大化为追求目标，片面追求经济效益而忽视社会效益，其消极后果越来越凸显。我们应当回归中国文化精神，认知古代先圣的智慧了。

劝学：首倡终身学习

《荀子》三十二篇，置《劝学》为首，实具深寓，点睛之篇。由此深入，开展修身齐家治国平天下的内圣外王之学。《劝学》篇提出"学不可以已"这一至今仍闪耀着终身学习的智慧之光的理念；打造"锲而不舍""用心一也"的学习精神；且须落于实践，知行合一。从"学始乎诵经"，到"终乎读礼"，即是明证。

进而提出"青，取之于蓝，而青于蓝"，后来者居上，正如中国禅文化倡导要"见过于师，方堪传授"一般，强调必须江山代有人才出、一代要比一代强的观念，这正是中华民族生生不息、永续前进的根本保障和内在动力。荀子指出重在从修身养性开始，以至君子"贵其全"，展现大智大德、大机大用，处处体现着用心之道的精妙。

学不可以已

《荀子·劝学》：君子曰：学不可以已。青、取之于蓝，而青于蓝；冰、水为之，而寒于水。木直中绳，輮以为轮，其曲中规，虽有槁暴，不复挺者，輮使之然也。故木受绳则直，金就砺则利，君子博学而日参省乎己，则知明而行无过矣。故不登高山，不知天之高也；不临深溪，不知地之厚也；不闻先王之遗言，不知学问之大也。干、越、夷、貉之子，生而同声，长而异俗，教使之然也。诗曰："嗟尔君子，无恒安息。靖共尔位，好是正直。神之听之，介尔景福。"神莫大于化道，福莫长于无祸。

一个文明发达的国家必然高度重视教育，良好的教育能够使人心趋向纯净、善良，如此社会才会有礼义文明，长治久安。而教育的缺乏恰恰是一个社会秩序紊乱的起因。春秋战国时代，诸侯争夺，战争连绵，荀子看到，相互争斗的根源在于私欲的膨胀，在于自我修养克制的丧失，在于礼乐的缺失。一句话，在于人心的陷溺。这也正是荀子从根本处倡导为学、修身的原因。圣贤为社会安定提供的方案，无不是从修身着手，要安定天下，必先安定自心。

《荀子》最主要的精神即在开宗明义的《劝学》篇中。先以学习教育理念影响整个社会的风气，为人心恢复礼敬、中和而打下牢固的理论根基及治学方法。

建国君民，教学为先。几千年来中华民族生生不息，一个重要原因就在于重视教育，使文明薪火相传，历来都把教育作为治国安邦的大事。

《荀子》开篇即是《劝学》："学不可以已。青、取之于蓝，而青于蓝；冰、水为之，而寒于水。"这也是荀子一生的实践。他以"学不可以已"的精神，坚定"学无止境"的勤学追求，从少年时代学至终老。《劝学》篇即是荀子后来教授学生的内容之一，也是他自己求学的心得报告和心路历程。

荀子开现代终身教育之先河。人一生都要做学问，不仅要勤于做知识的学问，更重要的是人格教育的止于至善，正如荀子所说的"君子贵其全"，达到道德修养的完备。

现代先进之教育理论均以继续教育、终身教育为主导，各教育机构以此为主体精神，来培育创新人才素质。唯有持续不断地学习，才可与时俱进。不断完善生命的质量，使人生更加出彩。

毛泽东堪称"终身学习"的楷模。他始终把读书学习作为生命中最重要的事之一，他说"饭可以不吃，觉可以不睡，但书不可以不读"。他以废寝忘食、如饥似渴的精神，去涉猎和挖掘古今中外隐藏在各种各样典籍中无穷无尽的智慧，并善于转化为自己行动的力量。

毛泽东批判读死书，他是把书读"活"了。他是知行合一的典范，从悟到"大本大原"到开创一片中国新天地，他是修齐治平的典范。把知识转化为智慧，把智慧转化为实践，在实践中创新创造，把个人的智慧融入到全体中国人的幸福中，他在书中读出了千军万马，开创了壮丽绚烂、朝气蓬勃的新中国。向书本学，向大众学，向古人学，向外国学，向天地自然学，毛泽东是善于学习的最好榜样。

孔子说："学如不及，犹恐失之。"《增广贤文》："学如逆水行舟，不进则退"。每日都要学习、前进，同时还恐怕学到的学问修养会退失呢。儒家有"一事不知，儒者之耻"的说法，也是一种始终保持谦虚的可贵的学习精神。

汉代刘向说："少而好学，如日出之阳；壮而好学，如日中之光；老而好学，如秉烛之明。"人生有哪一个年龄段是可以不读书的呢？宋代禅宗大德大觉琏和尚亦曾说："今之所以知古，后之所以知先。善者可以为法，恶者可以为戒。历观前辈立身扬名于当世者，鲜不学问而成之矣。"

西方管理学大师、美国麻省理工学院教授彼得·圣吉提出"学习型组织"

的管理理念，是"终身学习"的现代版实践指南。终身学习，系统思考，深刻理解个人向内观、向外看的全新方法，还要致力于开发共同愿景、心智模式、团队学习和自我超越的修炼，以期发挥个人及团队的最大潜力。其中个人的自我超越，是整个学习型组织的基础。

"青取之于蓝，而青于蓝；冰水为之，而寒于水。"这是千古名句。"江山代有人才出，一代更比一代强"，这是中国教育理念和师道精神的重要部分。老师以学生超过自己而高兴，不会为了显示自己高明而故意"留一手"。古代禅门教育里，更是强调"见过于师，方堪传授；见与师齐，减师半德。"每一代有作为者都是站在先人的肩膀上奋力前行，这样我们的文化才能不断推陈出新，我们的民族才能更加繁荣昌盛。

荀子以譬语"木直中绳，𫐓以为轮，其曲中规，虽有槁暴，不复挺者，𫐓使之然也"说明，经历了一番磨砺之后，方得其用。这种必要的磨砺，正是"学"的必要一环。一个人要成长成才，必须经历艰难困苦和坎坷挫折，在实践锻炼中砥砺品质、提高本领。曾国藩《挺经》说："天下无现成之人才，亦无生知之卓识，大抵皆由勉强磨炼而出耳。"

毛泽东也曾说："海阔凭鱼跃，天高任鸟飞。你们年轻人应该到大风大浪中去经受锻炼和考验，要经风雨、见世面。"毛泽东在长沙读书时，有一天夜里，风雨交加，他一人从岳麓山顶跑下来，全身湿透，来到蔡和森家。蔡家人不知其故，毛泽东却风趣地说，他这是为了体会《书经》上"纳于大麓，烈风雷雨弗迷"那句话，以锻炼自己的胆魄。

当然我们并不是提倡"淋雨"，而是从中体会这分豪迈气概和自我历练的担当。从中领悟伟人是如何"炼"成的。

善于自省则受用无穷

以"木受绳则直，金就砺则利"来比喻"君子博学而日参省乎己，则知明而行无过矣。"遵循圣贤之教，反躬自省、磨砺德行，这就如同木头用绳墨规范，就直了，金属加以砥砺就尖利了。

除了广求学问，还要善于反省，才能将圣贤及经典的教导，落实在自身的言行中，就能有"知明而行无过"的效果。否则再广泛的知识学习，都还是外在的，不能化为内用。

毛泽东深知一个人要保持进步，必须保持谦虚，时时能反躬自省。他重视"批评与自我批评"，且贯彻如一。毛泽东指出："批评和自我批评是一个整体，缺一不可，但作为领导者，对自己的批评是主要的。"他提出，领导干部"要反复研究自己的思想、自己的历史、自己现在的工作，好好地反省一下"，甚至要"强制地省察自己"，"多想自己的缺点"。"有则改之，无则加勉"。

1941年8月2日，毛泽东在给萧军的复信中特地说道："不要绝对地看问题，要有耐心，要注意调理人我关系，要故意地强制地省察自己的弱点，方有出路，方能'安心立命'。否则天天不安心，痛苦甚大。"反省自己的问题，能解决痛苦，不反省自己的问题，反倒不能解决自己的痛苦，毛泽东以自己的善于自省的修炼，道出了自我批评的妙处所在。

"故不登高山，不知天之高也；不临深溪，不知地之厚也；不闻先王之遗言，不知学问之大也。"指出先辈圣贤对于为学者的重要，学问要亲近有智慧德行的人，要向圣贤及经典学习，或者应有可供自己进步的良友，"独学而无友，则孤陋而寡闻"。一个人切戒骄傲，不能谦虚向他人请教，尤其是向智慧德行高尚的人请教，必然障碍自己学习的进步。

"干越夷貉之子，生而同声，长而异俗，教使之然也。"强调教育和老师的作用。正视先天禀赋，但同时更重视后天的教育，两者不可偏废。纵观《荀子》一书，从《劝学》《修身》《不苟》《荣辱》及《性恶》等，甚至通篇而言，无一不是在教化、教育，"化性起伪"，直到成贤成圣。中华民族的优秀品格之一，就是尊师重教，因而对于老师也是尊敬有加。有了老师的谆谆教导，孩子有了对老师的尊敬和敬畏，才会尊重知识和智慧，如此后进者可以逐渐增长才能、提升德行。

"国将兴必贵师而重傅"。这对于当代中国社会也有很重要的启发意义。对于老师的尊重，提升老师的地位，还应比现在做得更好。老师的素质当然要不断提升，要让最优秀的人才进入教师队伍，给与良好的待遇，而不是很长时间以来那样，把师范学校的重要性看得比其他很多大学都要低。在提升老师群体素质的同时，也要引导社会日益提高对老师的尊重。

任何一个强大优秀的民族都重视学习和教育。德意志帝国首任宰相俾斯麦的预言一向很准确，当年普鲁士统一德国的时候，他就说过一句话：普鲁士在战场上的胜利，早就在小学的课桌上已经被决定了。他预言的依据是，从国王到普通的民众，普鲁士人都非常重视教育。一个以教育为本的民族，才能始终保持强大。

《诗》曰：'嗟尔君子，无恒安息。靖共尔位，好是正直。神之听之，介尔景福。'神莫大于化道，福莫长于无祸。"君子能勤勉求学，好正直之道，亲近正直之人，那么神灵也会来相助，赐予福祉。学问的终极是能觉悟大道，能臻入智慧化境，成为圣贤，"随心所欲而不逾矩"。当然也能获得最大的福报，一生平安无祸，即是最大的福报。

一般人认为多财有权才是福，荀子认为"无祸"才是最大的福报。实际上，一个人要做到"无祸"，很不容易，可以说是最难的。身心无灾，一辈子身心安乐，一生平安，死的时候能安然而去，恐怕少有几个人能做到。"无祸"这个简单的界定，蕴含着巨大的智慧，需要一辈子良好的修为才能实现。

君子善假于物

《荀子·劝学》：吾尝终日而思矣，不如须臾之所学也。吾尝跂而望矣，不如登高之博见也。登高而招，臂非加长也，而见者远；顺风而呼，声非加疾也，而闻者彰。假舆马者，非利足也，而致千里；假舟楫者，非能水也，而绝江河。君子生非异也，善假于物也。

"吾尝终日而思矣，不如须臾之所学也。"这里的"思"应为妄念之"思"，非"学而不思则罔"的专注深入之"思"。与其妄念纷飞、不切实际的浮想联翩，不如潜下心来，专注深入地做学问、体验圣贤智慧，哪怕投入一会儿，也更有效。

"吾尝跂而望矣，不如登高之博见也。登高而招，臂非加长也，而见者远；顺风而呼，声非加疾也，而闻者彰。假舆马者，非利足也，而致千里；假舟楫者，非能水也，而绝江河。"荀子用优美的排比句，指出学问的重要性，可以令每一个资质不高的人，成为德行高尚的人。

"君子生非异也，善假于物也。"君子并非生来就天资很高，只是善于通过学问提升自己的智慧，圆满自己的人格。"生非异"，这是中国文化伟大的地方，是真正的人人生来平等，不承认人有高低贵贱，只要肯学习、肯努力，都可以成为君子乃至圣贤。

《荀子·劝学》：南方有鸟焉，名曰蒙鸠，以羽为巢，而编之以发，系之苇苕，风至苕折，卵破子死。巢非不完也，所系者然也。西方有木焉，名曰射干，茎长四寸，生于高山之上，而临百仞之渊，木茎非能长也，所立者然也。蓬生麻中，不扶而直；白沙在涅，与之俱黑。兰槐之根是为芷，其渐之滫，君子不近，庶人不服。其质非不美也，所渐者然也。故君子居必择乡，游必就士，所以防邪辟而近中正也。

荀子提出"善假于物也"的同时，重视环境对自身成长的影响作用，应当"防邪辟而近中正"。有志君子，其居处、交游定要亲近有品有学之士，才能防止邪僻之侵诱，走向端正之大道。

除了自己好学，更要多亲近贤良的师友，多融入好学的环境，达到潜移默化地获得提升的良好效果。

毛泽东最初接触《荀子》是 1910 年的秋天，十七岁的毛泽东告别父母，来到了向往已久的东山学堂——湖南最早的新式学堂之一。在那里，毛泽东和班主任谭咏春结下了非同寻常的师生情谊。为了让毛泽东这个涉世未深的农家少年，真正懂得怎样去交结志同道合的朋友，谭咏春经常向他介绍历代名家有关识友、择友和交友的论述，对他进行正确引导。

毛泽东问："怎样识别、选择朋友和与朋友交往？"

谭咏春引经据典："《荀子》说得形象，'蓬生麻中，不扶而直；白沙在涅，与之俱黑。兰槐之根是为芷，其渐之，君子不近，庶人不服。其质非不美也，所渐者然也。故君子居必择乡，游必就士，所以防邪僻而近中正也。'"

"游必就士"，就是要与积极上进的先进人士交往学习。末了，谭咏春语重心长地说："孔子讲'三人行，必有我师'，多与同学们交往吧，用他人的长处比照你的短处，发现别人的毛病用以警戒你自己的言行，学习和做人方能不断有长进。"少年毛泽东遵循着老师的教导，探寻出不少交友之道，影响到他一生的革命事业。

福祸都是自召的

《荀子·劝学》：物类之起，必有所始。荣辱之来，必象其德。肉腐出虫，鱼枯生蠹。怠慢忘身，祸灾乃作。强自取柱，柔自取束。邪秽在身，怨之所构。施薪若一，火就燥也，平地若一，水就湿也。草木畴生，禽兽群焉，物各从其类也。是故质的张，而弓矢至焉；林木茂，而斧斤至焉；树成荫，而众鸟息焉。醯酸，而蜹聚焉。故言有招祸也，行有招辱也，君子慎其所立乎！

事物的发生必有其原因，荣辱的到来也必与一个人的言行善恶相应。对人事轻慢、忘记自己的责任，就会有祸灾。性格太强硬则事业易折，太柔弱则容易被束缚手脚。自身充满邪气污浊，自然遭致别人怨恨。这就是"言有招祸也，行有招辱也，君子慎其所立乎"的道理。对自己的言行，要充分自知，是否得当、是否合乎礼义，不要以为别人不知而昧心做事，因为一切言行都必然有相应的后果，天网恢恢疏而不漏。

一个人自己不倒，别人就打不倒你，腐败分子的倒台就是自己打倒了自己。一个社会，一个团体，或者个人，自己站不起来，依靠旁人永远没有办法。

骄傲与腐败是最危险的祸端。毛泽东深知腐败是导致一切事物灭亡的根源，所以他始终警惕腐败的滋生。1949年内战胜利前夕，他觉察到了权力正在腐蚀他的同事们的革命纯洁性，于是在中共七届二中全会上，毛泽东郑重告诫全党要做到"两个务必"，这份冷静与清醒，体现了强烈的忧患意识，也是荀子所指的"君子慎其所立"。

当代社会，虽然物质日渐丰富，然而人们内心所立的东西，却有偏颇之忧。"立"在一夜成名，"立"在一味地拜金，"立"在对声色感官的追逐上，这一切，都在导致内心的不得安宁和人际关系的紧张，值得警惕。

中国传统文化始终有一个核心的要点，那就是倡导一个人要以德行的成就作为一生最重要的修为，而不知从何时起，当代很多国人丢失了这样的好传统，社会风气很大程度上是以财富和权势来衡量是否成功，这种精神的迷失，亟待纠偏。荀子提倡的"慎其所立"正当其时。

制心一处，无事不办

《荀子·劝学》：积土成山，风雨兴焉；积水成渊，蛟龙生焉；积善成德，而神明自得，圣心备焉。故不积跬步，无以至千里；不积小流，无以成江海。骐骥一跃，不能十步；驽马十驾，功在不舍。锲而舍之，朽木不折；锲而不舍，金石可镂。蚓无爪牙之利，筋骨之强，上食埃土，下饮黄泉，用心一也。蟹六跪而二螯，非蛇蟺之穴，无可寄托者，用心躁也。是故无冥冥之志者，无昭昭之明；无惛惛之事者，无赫赫之功。行衢道者不至，事两君者不容。目不能两视而明，耳不能两听而聪。螣蛇无足而飞，梧鼠五技而穷。诗曰："尸鸠在桑，其子七兮。淑人君子，其仪一兮。其仪一兮，心如结兮。"故君子结于一也。

用"积土成山，风雨兴焉；积水成渊，蛟龙生焉"两个比喻来说明"积善成德，而神明自得，圣心备焉"的道理。重点在于一个"积"字。"故圣人者，人之所积而致矣"。圣人也是由凡人通过不断的砥砺修炼，通过不断的为善去恶而成就的。日积月累，锲而不舍，金石可镂。由"积善成德"，而达到"神明自得"，"圣心备矣"，达到智慧的明智通达、自由无碍，乃至成为圣贤、止于至善。

"蚓无爪牙之利，筋骨之强，上食埃土，下饮黄泉，用心一也。蟹六跪而二螯，非蛇蟺之穴，无可寄托者，用心躁也。"这里强调用心专一有恒的重要。学问德行的成就，要日积月累地行善努力，还要有深入凝定的精神，若心气浮躁，浅尝辄止，三天打鱼两天晒网，终不能实现目标。唐代高僧赵州和尚对弟子说："老僧我年轻的时候到处行脚参访善知识，一天之中除了早上和中午吃饭喝粥，时时处处都在一心一意做功夫，没有杂用心的时候，如果不是这样子，离道行的成就远着呐！"

"君子结于一也"，君子会用凝定专一的心志致力于圣贤学问。而如果在逆境中能保持品德人格的修炼，但在顺境中却失去了对自我的约束。这就不是"结于一"。

这里的"一"，也可以进一步引申为人人本自具足的智慧心性本来面目，无论何时、遇到何种境遇，都能保持这样的本来面目。孔子说，吾道一以贯之，这里的"一"，也是这个意思。

《荀子·劝学》：昔者瓠巴鼓瑟，而流鱼出听；伯牙鼓琴，而六马仰秣。故声无小而不闻，行无隐而不形。玉在山而草木润，渊生珠而崖不枯。为善不积邪，安有不闻者乎！

传说古有瓠巴弹瑟，水中鱼儿也浮出水面倾听，伯牙弹琴，拉车的马会停食仰头而听。声音不会因为微弱而不被听见，行为不会因为隐秘而不被发现。为善唯惧不能积久成德，岂有不为人所闻知之理乎？

只要德行修养足够，必然会有志同道合的人亲近。反之，如果始终没有人来亲近，愿意共同研讨学问，那么就证明自身的"为善不积"，应当反求诸己。

《荀子》一书思想立意高远，善用比喻，生动形象。形而上之理——用心之道，形而下之实——落于实践的言谈举止、待人接物，两相结合，知行合一。并用人人熟知的生动形象的比喻，文笔优美，措辞洗练严谨，且语句整齐，朗朗上口，此写法在其他先秦诸子散文中亦是罕见，应为荀子之独创。

行义"须臾不可舍"

《荀子·劝学》：学恶乎始？恶乎终？曰：其数则始乎诵经，终乎读礼；其义则始乎为士，终乎为圣人。真积力久则入。学至乎没而后止也。故学数有终，若其义则不可须臾舍也。为之人也，舍之禽兽也。故书者，政事之纪也；诗者，中声之所止也；礼者，法之大分，类之纲纪也。故学至乎礼而止矣。夫是之谓道德之极。礼之敬文也，乐之中和也，诗书之博也，春秋之微也，在天地之间者毕矣。

真学问从何而始，止于哪里？回答：学始乎诵经，终乎读礼。

诵经首先以《诗经》为主。荀子重视《诗经》并大量称引《诗经》。荀子重视《诗》的例证之一，就是他首次把《诗》称为"经"。孔子在《论语》里说"不学《诗》无以言","诵《诗三百》，使于四方"，但并没有说《诗》为经；孟子也屡说《诗》《书》《春秋》，也未曾称《诗》为经。目前文献来看，最早把这些书称为"经"的是荀子。

在中国古文化中，诗来源于现实生活，来源于生命体验，发之于心。在自在挥发感情胸臆的同时，诗体现着一种纯净中和的意蕴。赋《诗》言志，构成春秋时代独特的文化景观，不管在宗庙祭祀、外交往来、礼乐教化、乡党宴饮等重大的社会活动中，还是在"传道授业解惑"的过程中，常常赋诗喻志，以诗会友，以诗传道。诗是心灵的表达，中华民族是诗的民族，中华民族本来就具足一颗诗心。

"喜怒哀乐之未发，谓之中；发而皆中节，谓之和"，《诗经》对于人类各种正常的感情都能进行表达，而且表达出来都是合乎分寸，脱离了偏执，体现人与自然、人与人关系的和谐。孔子说，"诗三百，一言以蔽之，曰思无邪"，"思无邪"就是说，诗经三百首，体现的是中正无邪的意境，所以这是孔子、荀子等古圣先贤倡导读诗的重要原因。

意大利学者维柯在《新科学》中也认为原始的智慧是一种诗性的智慧，原始时代有着诗性的天文、诗性的地理、诗性的历史、诗性的科学……诗性是早期人类的世界观，他们以诗意的目光打量世界，一切都充满了诗性的光彩。这与中国先贤重视《诗经》的用意异曲同工。

《诗》具备"超悟"的特点，宋人黄培芳《香石诗话》中说："诗贵超悟，是诗教本然之理。""孔子谓商（子夏）、赐（子贡）可与言诗，取其悟也；孟子讥高叟之固，固（僵化）正与悟相反也。"

做学问始于诵诗，是涵养一种开阔的灵性，用现代话来说是培养开阔的想象力，这是一个人人格健康、思维开阔的重要基础。

之所以"始于诵经"，学始于诗，还有一点值得一提：中国文化是一个大的概念，是一个总体，包含了政治、经济、教育、社会、文学、艺术、军事等，没有哪一样不包含进来，而文化的基础在文学，文学的高度凝炼的精华是诗。所以，文学是基础，诗更是基础中的基础。所以，不难理解，中华民族为什么是诗的民族，上马杀敌，下马赋诗，诗的国度气吞山河、波澜壮阔。所以，孔子说，"《诗》可以兴，可以观，可以群，可以怨；迩之事父，远之事君；多识于鸟兽草木之名。"所以，诗性的民族，民族的诗性，中华民族的直觉、创意、原创思维，从此而出；人生的幸福感也由此而展开、提升。当代幸亏还有像叶嘉莹女士这样了不起的人士在呵护、传承着这份中华民族的精神瑰宝。

经由诵诗的个人修养提升到"关怀""尊重"群体的"礼教"；透过"礼之用，和为贵"的精神教化，社会才能得以和谐，百姓才能得以康乐。

《礼记·冠义》："凡人之所以为人者，礼义也。"礼是中华民族文化的独特气韵，是统摄中华民族文化的活力之源。学习群经的目的在于践行礼义。荀子说，"隆礼义而杀《诗》《书》"。要尊崇礼义，以掌握群经中的礼义之道为本，而不能拘泥于群经的文字。

一句话，荀子告诉我们学习掌握群经的精神实质——实践礼义大道，也就是找到礼的落脚处。学是为了用，凭借《诗》《书》《礼》《乐》的根本原则去运用、推广，就能实现人生的价值，推动社会的和谐进步。

现代中国人逐渐认识到回归优秀传统文化的重要性，在基础教育阶段也在倡导青少年多接触传统文化，比如增加孩子学习古诗词的份量。但是我们应该知道，学习传统文化，学习古诗词，不只是词句和知识的积累，更重要的是要在诗词的浸润中，感受和涵养一种人格的修养，一种心性的拓展，一种悲天悯人之情，并把这种感悟落实在行动中。"呦呦鹿鸣，食野之苹；我有嘉宾，鼓瑟吹笙"的朋友之间相互欣赏、共同学习，"些小吾曹州县吏，一枝一叶总关情"的对百姓的赤子之情，等等，都体现的是一种积极、善良的情感，值得去体验和感悟。

"始乎诵经"，就是要以经典为本，掌握各种知识，开拓视野，"终乎读礼"，读书是为了明理，明白如何行礼义之道，明白为人修养、立身的根本。

"故学数有终，若其义则不可须臾舍也。"掌握礼义之理，终究还是可以学完的，就像学校里的教育，即使博士毕业也还是有完成的一天，最关键的是在"社会大学"中实践、磨练，这是一辈子的事。古人倡导的学问，终极目的是成为圣贤，这是需要在实践中时时修炼的，不可须臾或舍，才能逐渐趋近。"数"即是入手处，方法论；"义"即是终极处，目的论。雷锋知晓了要全心全意为人民服务的道理，就时时刻刻付诸实施。毛泽东赞赏白求恩"毫不利己专门利人"，正是因为他时刻致力于救死扶伤而忘记自己，这都是"行义须臾不舍"的表现。

反观许多年来中国的教育，在孩子小时候缺乏诗性、灵性的开发，也没有行之有效的品格教育，甚至不知道立身处世，何为正确何为错误，对长辈言语粗鲁、跟人相处以自己为中心以致长大成为所谓"精致的利己主义者"，这都表明了正确教育的缺失。目前中国人对教育正在反思、改进，希望把真正的素质教育落实到位，这是好的方向。而荀子的教育思想，正可以为当代中国教育改革，提供十分有益的借鉴。

君子之学美其身

《荀子·劝学》：君子之学也，入乎耳，着乎心，布乎四体，形乎动静。端而言，蠕而动，一可以为法则。小人之学也，入乎耳，出乎口；口耳之间，则四寸耳，曷足以美七尺之躯哉！古之学者为己，今之学者为人。君子之学也，以美其身；小人之学也，以为禽犊。故不问而告谓之傲，问一而告二谓之囋。傲、非也，囋、非也；君子如向矣。

君子为学，听到好的道理，一定用心进行体悟、实践，体现在日常言行实践中，因为他勤勉修身，德行高尚，因此一切言行都可以成为他人的楷模。

学问是要落实在身心上的，否则只是知识积累，对于生命的成长没有价值。"着乎心""布乎四体""形乎动静"，这是学问的关键之处。我们当代要恢复优秀传统文化，最重要的就是要倡导实践，将传统文化的孝悌忠信，落实在自己生活实际中，落实在家庭、企业、国家的建设中。

荀子又反面论述了，小人则不然，耳朵听了，口里说说，如此而已，根本不加以实践，这对于七尺之躯，有何裨益？知道好的道理却不能践行，终究一无所获，虚度人生。

"古之学者为己，今之学者为人。"这是荀子另一千古名言。古之学者，唯求提升自己的修养与品质，美其身心，今之学者，只是学一些技能乃至只是用学问装点门面，或借以博取名利，好让自己能卖个好价钱。

这对今天仍然很有警醒意义。现代许多青少年学习的唯一目的就是考好大学、找能赚钱的好工作，这就是"以为禽犊"，而不是"以美其身"，不是通过为学让自己完善人格的修养。当然学习知识很重要，谋生也很重要，但是如果一味只有知识的积累，只想着谋生赚钱，不注重人格的修养，最终不仅走不远，也因为没有健康的人生观，内心没有中心思想，而没有真正的幸福感。据新近心理学者统计，北京大学有五分之二的新生感觉到学习没有意义，得了"空心病"。这难道不值得反思吗？学生们的学习不是为了提升自己，而是为了分数、为了光耀门庭，最后当然失去了学习的兴趣。

"古之学者为己"，这里的"为己"，并不是说自私自利，而是修养好自己的品格、建立起真正的人生观，找到人生的意义。

毛泽东认为求学问首先是为"自尽其性，自完其心"，是完善自我。没有内圣何能外王？"吾人惟有对于自己之义务，无对于他人之义务也。""所谓对于自己之义务，不外一语，即充分发达自己身体及精神之能力而已。"（《毛泽东早期文稿》）对他人的义务由客体发生，是他人认为应该如此所以我才如此；对自己的义务则由主体发生，是我自己认为应该如此所以我才如此。如果我认为应该如此而我又没有如此，那就未能"自尽其性，自完其心"，未能充分发达自己身心之能力。这也是古人说的"内圣"的修炼。

"自尽其性，自完其心"看似是"自利"，但此种"自利之主要在利自己之精神"。毛泽东举例，"如吾所亲爱之人吾情不能忘之，吾意欲救之则奋力以敬之，至剧激之时，宁叫使自己死，不可使亲爱之人死。如此，吾情始快，吾意始畅。古今之孝子烈妇忠臣侠友，殉情者，爱国者，爱世界者，爱主义者，皆所以利自己之精神也。"（《毛泽东早期文稿》）

这正是中华民族大孝为忠的精神，宁可一人哭，也不要一家哭；宁可一家哭，也不要一路哭；宁可一路哭，也不要一国哭。

可以说年轻时候的"自尽其性，自完其心"的修养磨砺，是以后能够"全心全意为人民服务"的牢固根基。反过来，全心全意为人民服务，也正是自我修养之根本。

圣贤豪杰有心愿有担当拯时济世，教化后进，使之共跻圣域。但如果小人们不理会圣贤这一套怎么办？毛泽东的办法则是：圣贤们应恪守"圣人之道""举世非之而不加沮"。不仅"不怕人毁"，而且"毁之也愈益甚，则其守之也愈益笃""与乎无愧于己"。当圣贤豪杰不被理解、受到孤立时，正是他进一步"自尽其性，自完其心"的时机。圣贤豪杰利他人、利社会、利天下的行为，本来就是"自尽其性，自完其心""非以为人，乃以为己"。如果客观上他人对自己所作不理解，只是有点儿遗憾，而对他的心性修炼完善不会有任何妨碍，不管外在条件环境如何，"吾道以一贯之"，反而以此为砥砺。

毛泽东之所以后来有那么大的成就，与他从年轻时就有对心性修养的真切感悟、与他纯真纯善之心密不可分。

"故不问而告谓之傲，问一而告二谓之囋。傲、非也，囋、非也；君子如向矣。"真正为己做学问，必然会发自内心谦虚求学，善学好问，对于这种好学者，他人当随其所问而倾囊相告，而对于做学问只是装门面的人，就不要费力去指导，以免不仅无益，反倒引起反感。这是指教育的原则，亦是教育的艺术。

尊师从师的必要

《荀子·劝学》：学莫便乎近其人。《礼》《乐》法而不说，《诗》《书》故而不切，《春秋》约而不速。方其人之习君子之说，则尊以遍矣，周于世矣。故曰：学莫便乎近其人。

对于学习，没有比亲近良师效果更便捷的了。《礼》《乐》有法度而不详细解说，《诗经》《尚书》记载古时的事情，却不切近现实，《春秋》文字太简约，文义太隐晦，难以让人很快理解。仿效良师的学习方法，前贤的学说就会受到尊崇和普及，并能传布于世。跟随良师，能随时感受老师的待人接物的风范，从老师的身教中学习到真实的学问。所以说，"学莫便乎近其人。"

活学活用，关键是尊师重教。要选择好的老师，恭敬地跟随学习，中国这种尊师的传统自古有之。由老师传道授业，指点迷津。中国传统上"师"的地位是非常崇高的。德行深厚的老师，展现出来的是活生生的礼义，能给学人以实实在在的榜样。中国古人把"天地君亲师"并提。"一日为师，终身为父"。原因为何？"凡学之道，严师为难。师严然后道尊，道尊然后民知敬学。"（《礼记·学记》）阐明了道与师的关系。"师道尊严"由此而来。而荀子把两者关系讲得最透彻精要。

中国文化有"经师易得、人师难求"的说法，意思就是说，传授经文道理的老师很容易找到，但是能够在为人处事上成为楷模的老师却不易得到，因为知易行难。这也从另一个侧面论证"学莫便乎近其人"的重要性。

《荀子·劝学》：学之经（径）莫速乎好其人，隆礼次之。上不能好其人，下不能隆礼，安特将学杂识志，顺《诗》《书》而已耳。则末世穷年，不免为陋儒而已。将原先王，本仁义，则礼正其经纬蹊径也。若挈裘领，诎五指而顿之，顺者不可胜数也。不道礼宪，以诗书为之，譬之犹以指测河也，以戈春黍也，以锥餐壶也，不可以得之矣。故隆礼，虽未明，法士也；不隆礼，虽察辩，散儒也。

学习的途径没有比心悦诚服地向良师请教更有效的了，其次是尊崇礼义。否则仅是通顺《诗经》《尚书》的文义而已。读了一辈子书，结果不免只是做一个学识浅薄而平庸的书生罢了。追溯先王之道，寻求仁义之本，礼是其指南和捷径。掌握了礼，就如同"提纲挈领"。若不遵循礼这个纲领，而仅仅学《诗经》《尚书》，就像用手指去测量河的深浅、用长矛去春米、用锥子取壶里的食物一样，是不能达到目的的。所以尊崇礼法，即使不能精通法度，也不失为一个士人。否则，即使有见识能辩说，也不过是一个散漫无用的儒生，不会有大成就的。

《荀子·劝学》：礼者、所以正身也，师者、所以正礼也。无礼何以正身？无师吾安知礼之为是也？礼然而然，则是情安礼也；师云而云，则是知若师也。情安礼，知若师，则是圣人也。故非礼，是无法也；非师，是无师也。不是师法，而好自用，譬之是犹以盲辨色，以聋辨声也，舍乱妄无为也。故学也者，礼法也。夫师、以身为正仪，而贵自安者也。诗云："不识不知，顺帝之则。"此之谓也。

人必须不断学习礼义，至死方已。何谓礼？礼是用来端正身心之道，何谓师？师是用来端正礼法之人。无礼将以何物正身？无师，吾何由而知礼之合乎理？礼如此倡导，吾亦如此而行，是情性安于礼矣；师如此说，吾亦如此说，则是智识与师相同矣。行安于礼，智识与师相同，即与圣人无异矣。

"礼然而然"，"师云而云"，先归零，自己什么都不是，然后才有可能是什么。这并非有人误会的抹杀个性的教育，恰恰是现代心理学上的"空杯心理"，先清空自己，才能学习、领会、开悟。如果邪见充满，先入为主，是不可能接受到好的教导的。这与后面荀子所说的"虚壹而静"，是相一致的。要学习到新知识，必须做到"虚"，刚愎自用的人是难以进步的。

这一段再次强调守礼与尊师的重要。也说明"人无礼不立"，但没有良师指教则不成。重视教育，尊重有德行的老师，是中华民族得以生生不息、永葆活力的重要秘诀之一。清朝年羹尧就重视子女教育，专门为孩子请老师，并在门上贴上对子"不敬师尊天诛地灭，误人子弟男盗女娼"，在要求老师的同时，也表达对老师的尊敬。

什么是"成人"

《荀子·劝学》：百发失一，不足谓善射；千里跬步不至，不足谓善御；伦类不通，仁义不一，不足谓善学。学也者，固学一之也。一出焉，一入焉，涂者少，不善者多，桀纣盗跖也；全之尽之，然后学者也。

君子知夫不全不粹之不足以为美也，故诵数以贯之，思索以通之，为其人以处之，除其害者以持养之。使目非是无欲见也，使口非是无欲言也，使心非是无欲虑也。及至其致好之也，目好之五色，耳好之五声，口好之五味，心利之有天下。是故权利不能倾也，群众不能移也，天下不能荡也。生乎由是，死乎由是，夫是之谓德操。德操然后能定，能定然后能应。能定能应，夫是之谓成人。天见其明，地见其光，君子贵其全也。

发箭一百发而有一发不中，也不能称作善射。比喻对于学问的修养、人格的养成，对于自身任何的不足，都不应放过。不能时时刻刻安于仁义之道，就像孔子所说，一顿饭的工夫都不会偏离仁道，那就不足称为善学。精进修炼而达到至善的效果，然后可称学者。

"君子知夫不全不粹之不足以为美也，"君子知道为学不全备，德行不纯粹，依然是不足，因此要时时砥砺学习，时时为善去恶。"故诵数以贯之，思索以通之，为其人以处之，除其害者以持养之。"诵读诗书礼乐，深入思考，以求贯穿其大义，在为人处事上切实领会道理，根除一切妨害仁义之念，因以保持其学之所得。涵养之，持守之，以保其初心不移。

怎样达到"一"呢？"使目非是无欲见也，使口非是无欲言也，使心非是无欲虑也。及至其致好之也，目好之五色，耳好之五声，口好之五味，心利之有天下。"使自己做到对不符正道的言行，都不做，乃至内心也不动一点邪心。亦如《论语》所言"非礼勿视，非礼勿听，非礼勿言"，时时能管住自己的身、口、意，不循私欲，而行仁义。更进一步，内心爱好仁义如同通常人爱好色、贪好味那样的投入，这就是真正的止于至善了。

"是故权利不能倾也，群众不能移也，天下不能荡也。"仁义之心十分坚定，名利得失、众人的反对都不能撼动，如同孟子所说"富贵不能淫，贫贱不能移，威武不能屈"，能自然而然坚守至善之心而不动摇。

"生乎由是，死乎由是，夫是之谓德操。德操然后能定，能定然后能应。能定能应，夫是之谓成人。天见其明，地见其光，君子贵其全也。"生死关头都能坚定持守仁义至善之心，如此才谓之"德操"，有坚定的道德操守。有此德操，内心就能凝定；内心凝定，就能游刃有余回应外来事物。如此，才可称为德行有成就的人，荀子称作是"成人"。这样有大成就的人，"天见其明，地见其光"，他的德行影响之大之明，天地可鉴。因此，"君子贵其全"，君子的修为最可贵的，就是道德的完美。

荀子这里说到的"成人"，比我们今天意义上只是年龄意义上的"成人"，内涵无疑是要丰富深刻得多。

荀子对学习的态度与次第，不同于孟子的"不虑而知，不学而能"，荀子强调通过学习，"化性起伪"，日积而成圣。相较之下，荀子提出了一套更完整的修炼方法与路径。

修身：治气养心之术

见贤思齐，好善无厌

《荀子·修身》：见善，修然必以自存也；见不善，愀然必以自省也。善在身，介然必以自好也；不善在身，菑然必以自恶也。故非我而当者，吾师也；是我而当者，吾友也；谄谀我者，吾贼也。故君子隆师而亲友，以致恶其贼。好善无厌，受谏而能诫，虽欲无进，得乎哉！小人反是：致乱而恶人之非己也；致不肖而欲人之贤己也；心如虎狼，行如禽兽，而又恶人之贼己也。谄谀者亲，谏争者疏，修正为笑，至忠为贼，虽欲无灭亡，得乎哉！诗曰："噏噏呰呰，亦孔之哀。谋之其臧，则具是违；谋之不臧，则具是依。"此之谓也。

如何修身呢？荀子直接告诉我们方法——人作为社会群体中的一员，无时不在与人打交道，在交往中，我们可时时拿别人这面镜子来映照自己。

"见善，修然必以自存也；见不善，愀然必以自省也。善在身，介然必以自好也；不善在身，菑然必以自恶也。"见人有善行，必怀着恭敬之心，见贤思齐，自己也希望学到这种善行。见别人有不善，必惊心自惕，自己若有这种不善，就想着必须改正。善在身，一定会持守这种善行，并且"介然"，一种正气在身、自信自强的样子。不善在身，内心惶恐，必欲去之而后安。

"好善无厌"，这四个字，说起来容易但是做起来不容易，这是真正好学君子应有的品质。也许在某些时候，我们可能心血来潮、生起一点善心，做点善事，但是第二天又懈怠了，或者被别的诱惑牵引走了，不能持续，不能做到对行善无厌的状态。孔子所说"诲人不倦"，也是一种"无厌"。这是很难得的。老师教学生，遇到一些学生，始终比较顽劣，可能就容易生起厌烦心，觉得怎么教也教不好，就灰心放弃，这就不是无厌。

"故非我而当者，吾师也；是我而当者，吾友也；谄谀我者，吾贼也。"谁是我的老师？"非我而当者"，能够正确的指出我的过错的人。好学的人，必能闻过而喜，不会隐藏自己的缺点，把正确指出自己过错的人看作最好的老师。我们通常希望别人称誉，而不喜听批评、逆耳之言。荀子进一步说，称赞我做得对的地方而得当者，是鼓励我之益友。而恭维我，谄谀我者，是我的恶人。君子对这种人很警惕。善于修身的人，时刻保持清醒的头脑，随时明辨他人是忠告还是谄谀。

所以荀子说，君子必然尊重老师，亲近有德行的朋友，极端厌恶那些阿谀奉承自己的贼人。

与其相反的，荀子描绘出小人的特征是什么？"致乱而恶人之非己也；致不肖而欲人之贤己也；心如虎狼，行如禽兽，而又恶人之贼己也。谄谀者亲，谏争者疏，修正为笑，至忠为贼，虽欲无灭亡，得乎哉！"自己行为悖乱却厌恶别人批评，要求别人尊崇自己，还亲近谄谀之人，疏远忠言劝告之人，那么他不走向没落是不可能的。为学修身，对这样的情形应当深自警醒。

古人所说的君子和小人经常是相对的概念，此处是指道德上的小人，即使有权有势博学多闻，但没有道德操守仍被视为小人。

修身的根本在于"礼"

《荀子·修身》：扁（遍）善之度：以治气养生，则后彭祖；以修身自名，则配尧禹。宜于时通，利以处穷，礼信是也。凡用血气、志意、知虑，由礼则治通，不由礼则勃乱提僈；食饮、衣服、居处、动静，由礼则和节，不由礼则触陷生疾；容貌、态度、进退、趋行，由礼则雅，不由礼则夷固、僻违、庸众而野。故人无礼则不生，事无礼则不成，国家无礼则不宁。诗曰："礼仪卒度，笑语卒获。"此之谓也。

"扁善之度，以治气养生，则后彭祖；以修身自名，则配尧禹。"遍善是修身的标准，修身的成就一定体现在身心完全的健康，身体健康加上德行的完美，就是圣人。所以，得当的修身方法，如果来调气养生，寿命会仅次于彭祖（古代传说中的寿星，据说活了八百岁）。如果来践行内圣外王之道，那么就有德行的成就，名声就会与尧禹等圣贤相媲美。

身心是一体、不二的。绝对的身体健康必须要有心灵的健康圆满，同时心灵的健康圆满必须有健康身体，如果一个为学者整日病病恹恹，即使学富五车，也还是没有修养到位。

修身的关键是落实于礼义和诚信。"宜于时通，利以处穷，礼信是也。"谨守礼义与诚信，那么能够在时运亨通时大展宏图，也利于在困境之时乐天知命。如同孟子说的"君子穷则独善其身，达则兼善天下"。所谓"穷"，并不仅是物质上的贫穷，更是指处于命运困顿之境地，但君子在如此艰难困苦下仍不改其道。"独善其身"是手段是过程，"兼善天下"是目的是行愿。

为什么礼对修身如此重要？礼的作用：由礼而实现养生，由礼而达到行止得体。"凡用血气、志意、知虑，由礼则治通，不由礼则勃乱提僈；食饮、衣服、居处、动静，由礼则和节，不由礼则触陷生疾。"礼是遍及一切时一切处的合理言行，饮食起居有度，与人相处和谐，处事松紧得当，就是礼。身体气血流通，乃至情志心绪，只要遵循礼的要求则通顺畅达，不遵守礼的要求则悖乱懈怠。

以礼养欲，是中道，不是不要欲望，而是不要过分。彻底否定欲望，那是禁欲，不可取，历史上把"礼"变成吃人的礼教，问题就是僵化、教条、过分了。我们需要的是中道，不是不作为，是恰如其分、恰到好处的作为。《黄帝内经》："阴平阳密，精神乃治。"要达到一种平衡，精神才能治而不乱，才能拥有健康与智慧。

所谓的封建礼教，遭到近代中国社会的唾弃，那是因为偏离了礼的本质和中道，我们需要还原礼的本来面目，那是中和、平衡。倡导一个组织里面要"团结、紧张、严肃、活泼"，这就是"礼"。

"容貌、态度、进退、趋行，由礼则雅，不由礼则夷固、僻违、庸众而野。"待人接物的容貌态度，进退趋行，由礼而行，则雍容儒雅，得体大方；不由礼，则倨傲凡庸而流于鄙野。治心修养，变化气质，敬业乐群，由此而始，尊礼则无往而不善。

"故人无礼则不生，事无礼则不成，国家无礼则不宁。"由个人修养而事业有成，而至国家长治久安，礼义是根本。

礼义思想到了唐宋与禅交融，形成了禅文化，对日本的影响深远。直到今天，体现于日本人日常生活中的点点滴滴，以日本学者小川隆的一段话加以说明：

禅宗的影响渗透到了日本人生活的每一个角落，而且已经很自然而然，乃至于大家都没有意识到这一点。明治时代，日本很努力地开始现代化，确立了学校制度、军队制度。在建立学校、军队的生活规矩时，日本的指导者参考了禅宗寺院的生活方式。所以，通过学校和军队制度，禅宗的种种习惯和做法渐渐地渗透到了日本人的生活之中，但大部分人不知道这是禅宗的影响。比如日本人吃饭会吃得干干净净，吃完饭后会整整齐齐收拾起来，哪怕在饭店里花钱吃饭也是这样。还有日本的学校教育很重视打扫。不用说教室、走廊，甚至连厕所都叫学生自己打扫。在日本，把自己的校园打扫得一干二净，被认为是教育很重要的一部分。我看这些都是受了禅宗"僧堂"生活的影响。（小川隆《禅思想史讲义》）

这可以说是典型的修身与礼相结合的表现。禅的这种教育，与荀子倡导的"礼"，本质为一。修身与礼的教化，日常生活的素养，"被认为是教育很重要的一部分"，从"治气养生"到"国家无礼则不宁"，关系重大。反观我们当代的教育重点在哪里呢？其实，主要还是轻忽了中国文化的内蕴，丢失了掌握这种内蕴的核心方法，丢失了荀子等往圣先贤倡导的一种精致的修身文化，也可以说是禅文化的真修实证。

什么是真正的教育

《荀子·修身》：以善先人者谓之教，以善和人者谓之顺；以不善先人者谓之谄，以不善和人者谓之谀。是是非非谓之知，非是是非谓之愚。伤良曰谗，害良曰贼。是谓是，非谓非曰直。窃货曰盗，匿行曰诈，易言曰诞。趣舍无定谓之无常。保利弃义谓之至贼。多闻曰博，少闻曰浅。多见曰闲，少见曰陋。难进曰偍，易忘曰漏。少而理曰治，多而乱曰秏。

用善良的言行来引导人，这是教育；用善良的言行来响应人，这是和顺。反之，有些人揣摩上意或投其所好，怂恿引导其做一些违法败德的事，就叫做谗佞；别人做坏事，自己附和鼓励，就是阿谀。

所以什么是真正的教育？是不是在课堂上照本宣科讲授知识就是教育？父母对孩子一味的指责就是教育？非也。这些知识的传授和必要时指出孩子的问题，都是应该的，然而更重要的教育方法，就是"以善先人"，用善良的言行做他人的榜样，这是真正的教育。老师除了知识的教授，更要以身体力行，做一个有高尚品德、有爱心的人，才能给孩子真正的感染。父母更是要以身教为孩子树立榜样，而不是一味指责孩子，从不反省自己。殊不知孩子的问题，都可以从父母身上找到原因，孩子是有样学样的。同理，领导者在讲台上大谈廉政、正气，然而如果私下里行为不堪，又如何能起到教育部下的效果？

界定了一些基本概念之后，提出做人修身以礼，当有其标准："是是非非谓之知，非是是非谓之愚。伤良曰谗，害良曰贼。是谓是，非谓非曰直。"是能辨别其为是，非能辨别其为非者，谓之明智；认非为是，认是为非者，谓之愚昧。中伤贤良是谗诬，陷害贤良是贼害。是则谓之为是，非则谓之为非，是正直。

一言以蔽之，坚持正义，实事求是，是正直君子。言行乖戾、诬陷贤良，罪过大矣。"实事求是"是毛泽东思想的精髓之一，是中国共产党思想路线的核心内容，从此也可读出中国传统文化与当今社会思想的一脉相承。

"窃货曰盗，匿行曰诈，易言曰诞。趣舍无定谓之无常。保利弃义谓之至贼。多闻曰博，少闻曰浅。多见曰闲，少见曰陋。难进曰偍，易忘曰漏。少而理曰治，多而乱曰秏。"荀子指出何为"盗""诈""诞"，盗窃财物，行动奸诈，言语轻浮荒诞，易反易复、言行无常，眼里只有利益不顾道义，这些都非君子之行。"保利弃义，谓之至贼。"见利忘义者名为"至贼"。

"多闻曰博，少闻曰浅。多见曰闲，少见曰陋。难进曰偍，易忘曰漏。少而理曰治，多而乱曰秏。"学问宜博闻多见，避免肤浅与孤陋寡闻。处理事情要简易而有条理，避免繁杂而昏乱。

由日常的身心修养而外化为日常行事，无一不在修身范围之内。修身，从内省开始，到待人接物，皆因合乎礼义而达到身心舒展、人际和谐，事业亨通。

因人而异的情绪管理

《荀子·修身》：治气养心之术：血气刚强，则柔之以调和；知虑渐深，则一之以易良；勇胆猛戾，则辅之以道顺；齐给便利，则节之以动止；狭隘褊小，则廓之以广大；卑湿重迟贪利，则抗之以高志；庸众驽散，则劫之以师友；怠慢僄弃，则照之以祸灾；愚款端悫，则合之以礼乐，通之以思索。凡治气养心之术，莫径由礼，莫要得师，莫神一好。夫是之谓治气养心之术。

荀子之治气养心之术，把人的各种性格特点都照顾到了，根据其性格倾向，把他的长处发挥出来。人之情性各有所偏，要以礼克治之。注重心性之修养，即对生理需求和精神意志活动均注重内省体察以礼节制，实现中和与平衡。

荀子的治气养心之术，有教无类，因材施教，循循善诱，着眼于一个人的内在，变化气质，落实在"气"的中和，"心"的中正，使其身心趋于健康而和谐，非仅仅机械地改变他的行为。用现代话来说，荀子可谓是心性和情绪管理大师。

孔子讲"克己复礼"，一般人都误会了，以为孔子要回到周朝时代，是复古思想的体现，或者认为这是一种僵化的表现。其实孔子是非常与时俱进的，孔子是说那种礼与仁的精神应当传承与发扬，而要实现"克己复礼"，就与"气"和"心"大有关系。克己，意味着觉察内心的私欲、偏执，从而能够让心回归中正，也自然合乎礼义。所以，怎样能够达到"礼"的修养？只有以"治气养心"之术。气和则心平，心平则气和。

所以荀子认为，血气刚强者则调以柔和，思想过于深沉则调以平易简洁，悍勇暴戾则导以和顺，急躁冒进者则以静定来调节，心胸狭隘则以宽宏大度来开导，卑贱贪利者则以高远志向来激励，甘于平庸散乱，则以师友导之诱之，使其向上，言行轻慢暴弃，则以因果祸福警戒之，使其警惕，愚鲁呆滞，则用礼乐化之，引导其深入思考以使智慧通达。这种调节方法，可以自修，也可用于教育者引导受教育者。

"凡治气养心之术，莫径由礼，莫要得师，莫神一好。"治气养心，无不以礼为捷径，无不以找到良师为关键，无不以心志专一最为神妙。"莫神一好"，心专一无杂念，全神贯注、乐在其中，而到不可言说、出神入化的境界，甚至无刻意而达到自然而然的纯然专注，这就是最好的治气养心。

荀子的治气养心之术，融合生理心理，相辅相成。中国文化是身心一体的文化，由此可见。我们今天要研究使身体健康的奥秘，也不应脱离开身心合一的文化，不应脱离礼义忠信的教化。今天世界上的健康学很大程度上还只是在生理层面进行研究，这是一个巨大的欠缺。当代世界上抑郁症、精神病普遍的现象，也更需要从心性的层面加以弥补，回归中和的礼义文化，回归家庭、社会的和谐关爱。这个时代不缺物质，但是缺乏真正的相互关爱。过分的对物质的追逐牵引了人的注意力，让人的心偏离了对他人情感的关照，也让爱成为了奢侈品。

也可见，两千多年前中国的教育心理学的原则已经相当完备，对于成就一个心智人格健康的人，早有了高明的指导。

荀子针对不同气质禀赋的人，采用不同的调节方法，这也是现代所说的个性化教育、性向教育，针对人的不同特性而采取相适合的教育方法。

心不为形役的境界

《荀子·修身》：志意修则骄富贵，道义重则轻王公；内省而外物轻矣。传曰："君子役物，小人役于物。"此之谓矣。身劳而心安，为之；利少而义多，为之；事乱君而通，不如事穷君而顺焉。故良农不为水旱不耕，良贾不为折阅不市，士君子不为贫穷怠乎道。

治气养心，达到纯一于仁义至善的境，"志意修则骄富贵，道义重则轻王公；内省而外物轻矣。"志向高远的人会以平常心对待富贵，对待王公官宦也不会卑躬屈膝，注重修养内心、以大道仁义为本的人，对外物能够超然放下，视功名富贵名利如浮云。古人说："君子役物，小人役于物。"说的就是这个道理。

凡事让身劳苦但让心安乐，则为之；利益少但符合道义，则为之。立身行事只问是否合乎道义、礼义，不为功名利禄劳心。侍奉昏乱之君而地位显达，不如辅佐处于困境之君而让正义之道得到遵行。良农不因水旱之灾，而不事耕种。良心商贾，不因有可能亏损，而不从事货物流通。有为之君子，不因贫穷之故，而懈怠乎行道。

在古文中"贫"和"穷"有差别。贫是指没钱，缺衣少粮。穷则是陷入困境，得不到用武之地。比如古代清廉官员被谗言所害，被贬流放。但即使到这种境地，君子仍当直道而行。"一箪食，一瓢饮，在陋巷，人不堪其忧，回也不改其乐。贤哉回也！"就是如此。

荀子在此也说到商业的道德，这是很值得关注的。商界并非是如现代一般人认为的以利润为唯一追求，而是要注重社会责任的。商界对社会的贡献体现在流通货物利益万民，帮助使社会生活富足有序，即使有时候不能够赚取足够利润，但是只要利于社会物资的正常运转，也还是要努力坚持商业的运作。这就是商业道德。

中国近代历史上的晋商、徽商等都因遵守商业诚信道德而流芳百世。比如徽商胡仁之大灾之年不为"斗米千钱"所动，坚持平价对百姓售粮；清嘉庆年间，安徽休宁"胡开文"老店因为顾客说"苍珮室"徽墨质量不过关，立即召回有瑕疵的徽墨，当众倒进池塘销毁。晋商如日升昌等商号，确立了一个原则，即只要储户手拿汇票，不管何时何地，都必须无条件兑换。"宁叫赔折腰，不让客吃亏。"这样的做法，就是坚守商业道义。

通过"志意修、道义重"的道德修养，视富贵腾达为身外之物。通过心性修养到家，而至贫贱不移，富贵不淫，此即所谓内省则外物轻的精神境界。

荀子虽强调环境之影响，但更为注重内省工夫，即为治心。内省工夫到家，便自然而然可以役物而不役于物。君子在道义与利益面前，能够谨守道义而心不生动摇。

中国两千多年前就已经从单纯的盲目的追求物质中解脱出来，认为人不能做物质、金钱的奴隶，甚至为利弃义。相比之下，今天由于受西方拜物主义拜金主义的影响（当然主要原因还是我们自己忘本了），有的企业或个人也以利润最大化为追求目标，片面追求经济效益而忽视社会效益，其消极后果越来越凸显。我们当回归中国文化精神，认知古代先圣的智慧了。

《荀子·修身》：*体恭敬而心忠信，术礼义而情爱人；横行天下，虽困四夷，人莫不贵。劳苦之事则争先，饶乐之事则能让，端悫诚信，拘守而详；横行天下，虽困四夷，人莫不任。体倨固而心势诈，术顺墨而精杂污；横行天下，虽达四方，人莫不贱。劳苦之事则偷儒转脱，饶乐之事则佞兑而不曲，辟违而不悫，程役而不录；横行天下，虽达四方，人莫不弃。行而供冀，非渍淖也；行而俯项，非击戾也；偶视而先俯，非恐惧也。然夫士欲独修其身，不以得罪于比俗之人也。*

言行恭敬，而内心忠信，力行礼义，广施仁爱，如此而行走天下，即使遭遇困顿，身处边远地区，也没有人会不敬重的。劳苦之事，争先去做，享乐之事，退而让人。正如宋代范仲淹的千古名句"先天下之忧而忧，后天下之乐而乐"。端正诚实，谨守法度而明察事理，就可以走遍天下，即使身处蛮荒边远地区，也没有人会不信任。

与此相反，固执傲慢，内心权诈多变，言行杂乱污浊，如此虽然权力通达四方，但人无有不贱恶之者。劳苦之事则畏避，享乐之事，则以奸佞手段求取之，僻邪而无诚信，逞欲而不知自谨，如此虽无往而不通达，人无有不鄙弃之者。以上所述对于当代社会有很大启发，这即人与人相处之道，也是国际间相处之道。不要迷信权力和威势，而是要坚守仁义之道、爱护他人，如此才能真正获得信任的回报。

君子专心于道义，内心自然处处恭敬体谅。行路小心翼翼，不是怕踩着烂泥；行路低着头，不是害怕碰着东西；两人同视先俯其首，非因有所畏惧，而是君子务欲独修其身，不欲因此而得罪于世俗之人。

对所有人保持恭敬心，是君子修养的基本。对贤人，"贵而敬之"，因为心向礼义，所以能以贤人为贵，热情地跟其学习。而对修养不够的小人，则"畏而敬之"，仍然保持恭敬，但是小心应对，不要无谓地冒犯。

有所止与贵其行

《荀子·修身》：夫骥一日而千里，驽马十驾，则亦及之矣。将以穷无穷，逐无极与？其折骨绝筋，终身不可以相及也。将有所止之，则千里虽远，亦或迟、或速、或先、或后，胡为乎其不可以相及也！不识步道者，将以穷无穷，逐无极与？意亦有所止之与？

夫"坚白"、"同异"、"有厚无厚"之察，非不察也，然而君子不辩，止之也。倚魁之行，非不难也，然而君子不行，止之也。故学曰迟。彼止而待我，我行而就之，则亦或迟、或速、或先、或后，胡为乎其不可以同至也！

故跬步而不休，跛鳖千里；累土而不辍，丘山崇成。厌其源，开其渎，江河可竭。一进一退，一左一右，六骥不致。彼人之才性之相县也，岂若跛鳖之与六骥足哉！然而跛鳖致之，六骥不致，是无它故焉，或为之，或不为尔！道虽迩，不行不至；事虽小，不为不成。其为人也多暇日者，其出入不远矣。

荀子指出修养的一个重要方面，要找准方向，才好深入，假若方向错误，则南辕北辙。假如要用有限的气力去穷尽无尽的路途，追逐没有尽头的目标，不管是千里马，亦或劣马，即使跑断了骨头，走断了脚筋，一辈子也不可能抵达。君子有所为有所不为，以有所不为而大有为。

"夫'坚白'、'同异'、'有厚无厚'之察，非不察也，然而君子不辩，止之也。倚魁之行，非不难也，然而君子不行，止之也。"荀子批判了公孙龙和惠施等先秦名家的"坚白"、"同异"、"有厚无厚"等争论。这些命题君子不是不能明察，而是君子不会在这些事情上浪费时间。因为这些争论对于解决现实问题毫无益处。那些怪异行为，不是难做，而是君子不为，因为对社会众生的利益没有好处。事实证明，任何对人的身心安康没有积极意义的学问，最终都会被时代和历史淘汰。

"君子行不贵苟难"，"故怀负石而赴河，是行之难为者也，而申徒狄能之；然而君子不贵者，非礼义之中也。"不要故意显得自己能做怪异难为之事，用现代话来说就是博取眼球、流量，这不合乎礼义之道。

君子有所不为，知止，方可专一。方向专一，则不怕慢、不怕迟，勤能补拙。"故学曰迟。彼止而待我，我行而就之，则亦或迟、或速、或先、或后，胡为乎其不可以同至也！"这也是寓言"愚公移山"的精神。

道理讲的再透彻，还是重在落实。说得一丈不如行得一尺，说得一尺不如行得一寸。"道虽迩，不行不至；事虽小，不为不成。其为人也多暇日者，其出入不远矣。"修身非一日之功，一个人修养想要达到完满的道德境界，必须永不停歇地努力。路程即使很近，即使良马如果不迈开步，总不能到达；事情即使很小很简单，不做就不能成功。

这种道理很简单，但是实行起来，我们很多时候都欠缺。很多时候我们有很大的志向，要行善，要报国，等等，但是往往落于虚无，眼高手低，实际上，莫以善小而不为，从随手可及的微小行动中，就能够积善成德，随时能给人一个微笑，给后进者一个鼓励，给痛苦者一个解决的方案，都是看似很微小但是很可贵的礼义之行。

《荀子·修身》：好法而行，士也；笃志而体，君子也；齐明而不竭，圣人也。人无法，则伥伥然；有法而无志其义，则渠渠（遽）然；依乎法，而又深其类，然后温温然。

好礼法而努力遵行的人，称为士人；更深一步，意志坚定而身体力行的人，称为君子；无所不明而智慧没有穷尽的人，就是圣人。人们如果没有礼法，就会迷惘而无所适从；有了礼法而不努力去落实到行动上，光说不练，就会徒有聪明才智而一无所成；既遵循礼法又能准确地把握它在具体事务中的准则尺度，这样就能从容不迫而泰然自若，令人如沐春风。

坦然大定的处事之道

《荀子·修身》：端悫顺弟，则可谓善少者矣；加好学逊敏焉，则有钧无上，可以为君子者矣。偷儒惮事，无廉耻而嗜乎饮食，则可谓恶少者矣；加惕悍而不顺，险贼而不弟（悌）焉，则可谓不详少者矣，虽陷刑戮可也。老老而壮者归焉，不穷穷而通者积焉，行乎冥冥而施乎无报，而贤不肖一焉。人有此三行，虽有大过，天其不遂乎！

端正诚实，尊长爱幼，是谓为好少年。如果还能好学上进，谦虚，敏捷，待人平等，没有分别心，可称为君子了。反之，苟且偷安，懦弱怕事，没有廉耻心而贪图吃喝的，就叫恶少年。如果还放荡凶暴，阴险狠毒，不尊长不爱幼，就是会惹麻烦、闯祸的不祥少年，这样的话，迟早遭受刑罚杀戮，也不足为怪了。

赡养尊敬老人，有这样的好榜样，青壮年就会归附你。不使穷困之人走上更加困顿之路，有这样的道义德行，通达之人也会团结在你身边。如果施恩不图报，无论贤与不肖者皆亲之矣。有此三种德行，纵遇大患，天终将护佑，不使之陷于灾祸。

关于"天"，《论语·子罕》中有一个故事：子畏于匡，曰："文王既没，文不在兹乎？天之将丧斯文也，后死者不得与于斯文也；天之未丧斯文也，匡人其如予何？"

孔子当时在匡（宋国的一个地名），一个叫阳虎的坏人貌如孔子，宋人以为孔子是阳虎就包围上来要杀他。学生们十分惊慌。"畏"，说明孔子当时处境万分危险，但孔子不动声色。还慰勉学生，传承中国文化的责任落在我们的肩上，上天有意断绝中国文化，那我就不可能掌握这种文化之道了，假使上天无意断绝中国文化，匡人又能把我怎么样呢？或者说，我今天是全心全力贡献于中国文化，你们放心，匡人不会把我杀死。

孔子始终是致力于建立人文之道，处一切人、事，要自己树立信心。如果我们行于正道，尽一切心力能力、念念不舍而为之，念念正定、正念，没有时间恐惧，即使遇上大的患难，也坦荡荡，镇定自若。一是增强信心，二是正如荀子所言，只要做到了"老老而壮者归焉，不穷穷而通者积焉，行乎冥冥而施乎无报"这三条，"虽有大过，天其不遂乎"。这不是迷信，不是听天由命；恰恰相反，这是人的完全的自信、精神的力量，是一种完全的、彻底的承当。前提是你尽了一切心力与能力，而且分秒不舍。之后则完全放下，该怎样就怎样，这是坦然大定的境界。这是君子圣贤为人处世、处困难绝境而泰然自若的精神。

以公义胜私欲

《荀子·修身》：君子之求利也略，其远害也早，其避辱也惧，其行道理也勇。君子贫穷而志广，富贵而体恭，安燕而血气不惰，劳倦而容貌不枯，怒不过夺，喜不过予。君子贫穷而志广，隆仁也；富贵而体恭，杀势也；安燕而血气不衰，柬理也；劳倦而容貌不枯，好交也；怒不过夺，喜不过予，是法胜私也。书曰："无有作好，遵王之道。无有作恶，遵王之路。"此言君子之能以公义胜私欲也。

君子求利不会斤斤计较，能预先避开祸害，惶恐戒惧以免让道德上有耻辱，奉行道义则勇往直前。因为君子有如此之德行，所以，"君子贫穷而志广，富贵而体恭"，君子贫穷而志气广大，富贵而礼貌恭敬，"安燕而血气不惰，劳倦而容貌不枯，怒不过夺，喜不过予。"无论是闲适还是劳倦时，都能保持一种积极向上、从容淡定的状态，在喜怒之中，也能把持很好的情绪分寸，合于中道。

"君子贫穷而志广，隆仁也；富贵而体恭，杀势也；安燕而血气不衰，柬理也；劳倦而容貌不枯，好交也；怒不过夺，喜不过予，是法胜私也。"君子贫穷而志气广大，因以仁爱为念，故所思者广。富贵而礼貌恭敬，因权势之意轻，故不以骄人。安闲而血气不怠慢，因能始终保持合乎礼义的生活。劳倦而容色不枯槁，因内心始终有文德修养；怒不过夺，喜不过予，是因为心中对公义和法则的敬畏，大于自己的私心，一切按照该有的法理来。

荀子讲"君子之能以公义胜私欲也"。用心修养克己的结果，就是能达到以公义为重，念念克己奉公、利人利他。能够持守公义，关心大众利益和社会福祉，则个人的私欲则相对淡泊。私欲越是减少，公心就越发博大深邃，内圣外王之道越发彰明。这就是荀子强调修身的要旨所在。

不苟：养心莫善于诚

《不苟》篇讲到，君子立身、学习、行事都要端正、恰当合理，不苟且。荀子通过对君子的描述，表达了其理想的道德标准。用对比的手法，极力表彰君子的种种可贵品格，揭露和批判了小人的不良行径。君子以礼义治国，以诚信养心，以自律而求同志。

中道之行

《荀子·不苟》：君子行不贵苟难，说不贵苟察，名不贵苟传，唯其当之为贵。故怀负石而投河，是行之难为者也，而申徒狄能之；然而君子不贵者，非礼义之中也。"山渊平"，"天地比"，"齐秦袭"，"入乎耳，出乎口"，"钩（姁，妇女）有须"，"卵有毛"，是说之难持者也，而惠施邓析能之。然而君子不贵者，非礼义之中也。盗跖贪凶，名声若日月，与舜禹俱传而不息；然而君子不贵者，非礼义之中也。故曰：君子行不贵苟难，说不贵苟察，名不贵苟传，唯其当之为贵。诗曰："物其有矣，惟其时矣。"此之谓也。

刻意去做一些难事，专攻一些偏僻的道理，以侥幸的手段扬名，都是君子所不愿为的，君子只是行礼义中道，言行都以是否平常合适为贵。君子之德行在于平易做人、平常做事，而不在于刻意地标新立异，虚图其名。正所谓，圣人是希望做凡人的人，凡人是希望做圣人的人。

《易经》艮卦的象辞曰："君子思不出其位"。《易经》上告诉我们两个重点，不管人际关系也好，做任何事也好，都要注意两件事情就是"时"与"位"，时间与空间，就是要恰当、恰到好处、恰如其分，这就是"当之为贵"，言行要合适，名声要与贡献统一，行动要真正符合大众利益。"行不贵苟难，说不贵苟察，名不贵苟传，唯其当之为贵"。荀子从行动、言语、名声三个方面说明"不苟"的道理。

这对当代社会有很大启发意义。很多网络上惊人的言语，或者网红的出格行为，无益于社会人心的安宁，乃至引导人走向邪路。有很多人为了出名，不择手段，包装、炒作等方式无所不用，这都是与荀子所说"不苟"背道而驰。

《荀子·不苟》：君子易知而难狎，易惧而难胁，畏患而不避义死，欲利而不为所非，交亲而不比，言辩而不辞，荡荡乎其有以殊于世也。

君子能亦好，不能亦好；小人能亦丑，不能亦丑。君子能则宽容易直以开道人，不能则恭敬缚绌以畏事人；小人能则倨傲僻违以骄溢人，不能则妒嫉怨诽以倾覆人。故曰：君子能则人荣学焉，不能则人乐告之；小人能则人贱学焉，不能则人羞告之。是君子小人之分也。

君子待人亲和，很容易接近，但是不会接受随随便便的勾搭。君子会恐惧，但是不会接受胁迫。君子畏惧祸患，但是如果义之所在，虽死不避，必要时候能舍生取义。君子并非绝不欲利，然而若屈志以求，则亦不为。与人交亲，而不拉帮结派；言语精当有理，决不巧饰花哨；君子在日常待人接物时心胸坦荡，气质与众不同。

君子内在的修养，不因外在的才华的显赫或能力的被赏识与否而受到影响。君子能与不能，有无才能或才能能否被任用，都会表现得体。达则兼济天下，穷则独善其身。小人能与不能得到任用，都表现丑陋。在上位则欺凌弱小、为非作歹，在下位则阿谀逢迎。君子有才能则宽容平易以引导人，不能则恭敬谦卑地听命于人；小人能则骄，不能则怨。

《荀子·不苟》：君子宽而不僈，廉而不刿，辩而不争，察而不激，直立而不胜，坚强而不暴，柔从而不流，恭敬谨慎而容。夫是之谓至文。诗曰："温温恭人，惟德之基。"此之谓也。

君子修养合乎中道。内心宽大但是行事不怠慢，方正不阿但不尖刻伤人，能言善辩，但不和人争论争胜。明察事理，但不偏激。他卓尔不群，但从不盛气凌人。他性格坚定刚强，但不粗暴；宽柔和顺，但不随大流。他们平时恭敬谨慎，然而内心宽大待人宽容。这才可以称为最文雅、最有修为的人。《诗经》上描写这样的君子："温良恭敬的人，是道德的楷模。"这是讲做人的分寸，避免过和不及，把握中道。

《荀子·不苟》：君子崇人之德，扬人之美，非谄谀也；正义直指，举人之过，非毁疵也；言己之光美，拟于舜禹，参于天地，非夸诞也；与时屈伸，柔从若蒲苇，非慑怯也；刚强猛毅，靡所不信，非骄暴也；以义变应，知当曲直故也。诗曰："左之左之，君子宜之；右之右之，君子有之。"此言君子以义屈伸变应故也。

君子或赞扬他人、或直谏他人、或自肯、或顺时应变、或刚毅处事，都得当而无过。君子应变，时时事事无不得其所宜。这是君子的中道机用。该出手就出手，该缩头就缩头。没有僵化。智慧足以适用不同境况，尽其本分，做好该做的事。《诗经》上说："该左就左，该右就右，君子都无入而不自得。"大丈夫能屈能伸，掌握了"道"，但得本不愁末，能够一以贯之，"君子以义屈信变应故也"。

"以义屈伸变应"，是关键。处理人事，怀着正义、大义，不是出于私心，所以无论是赞是毁，是刚是柔，乃至是"王婆卖瓜自卖自夸"，宣传自己的观点或做法，都是如此，都很得体，目的都是令大众得利，而不怀私心。

《荀子·不苟》：君子小人之反也：君子大心则敬天而道，小心则畏义而节；

知则明通而类，愚则端悫而法；见由则恭而止，见闭则敬而齐；喜则和而理，忧则静而理；通则文而明，穷则约而详。小人则不然：大心则慢而暴，小心则淫而倾；知则攘盗而渐，愚则毒贼而乱；见由则兑而倨，见闭则怨而险；喜则轻而翲，忧则挫而慑；通则骄而偏，穷则弃而儑。传曰："君子两进，小人两废。"此之谓也。

君子无论何时何事皆不失德操，小人则相反。君子无论是面临天下大事还是个人小节，都能持守大道。君子如果智慧高超，他就能够触类旁通、以智慧引领时代，君子如果相对智慧驽钝，他就能端正诚笃、谨守法度。人的智力天赋有不同，但不妨碍人人都可以成为君子。

如果被任用的话，则恭慎而不敢为非，不被任用时，则心怀敬畏而与时齐同。喜悦时不会忘乎所以，忧愁时则安静而守分。显达的时候文雅而明智，困窘的时候，简约而审慎。这样的人是君子。

小人则不然，若用其心于大处，让他处理大众事务，则傲慢而凌侮人，若用其心于小处，处理个人小节，则淫僻而倾险。智力高则贪取而多诈，愚昧则肆意伤害而无所忌。被委以重任，则得志猖狂；不被任用，则怨恨滋生。高兴时就轻浮急躁，忧愁时则垂头丧气。得志时则骄矜而偏执，穷困时则自卑自弃。

"君子两进，小人两废。"君子无论是通达还是身处困厄，都不断修养进步，小人则无论何时都堕落、卑污。

《荀子·不苟》：君子治治，非治乱也。曷谓邪？曰：礼义之谓治，非礼义之谓乱也。故君子者，治礼义者也，非治非礼义者也。然则国乱将弗治与？曰：国乱而治之者，非案乱而治之之谓也。去乱而被之以治。人污而修之者，非案污而修之之谓也，去污而易之以修。故去乱而非治乱也，去污而非修污也。治之为名，犹曰君子为治而不为乱，为修而不为污也。君子絜其身而同焉者合矣，善其言而类焉者应矣。故马鸣而马应之，牛鸣而牛应之，非知也，其势然也。故新浴者振其衣，新沐者弹其冠，人之情也。其谁能以己之潐潐，受人之掝掝者哉！

以此类推，君子力行礼义之道，用礼义法度来指导齐家治国，是谓"治治"。不走非礼义的路子来治国,不是因循着混乱的现状,以乱治乱。《论语》上说到,"以直措诸枉,能使枉者直",用正道来覆盖邪道,那么邪道也就能回归正道,好比社会秩序紊乱了,不能顺着紊乱而走,而应该找到紊乱的根源,实施相应的正确措施恢复秩序。身体有病,如果不知道疾病的根源,只是头痛医头脚痛医脚,那就是"治乱"。而"治治"的方法,就是找到病的原因,用正确的饮食、药品等恢复身体运行秩序。接受管理混乱的企业,也要找到混乱的原因,用能够推动企业积极前进的新方案来治理,这就是"治治"。

好的品德修养,必然引起同类相应。君子的品德自有感召力。"君子絜其身而同焉者合矣,善其言而类焉者应矣。"昭示着作为一个领导者必须修养品德,洁身自好,又要具备领导艺术。因而,具备品德影响力,能够凝聚民心,共同完善事业、德业。

只怕自身修养不够,而不用担心没有应和的人。君子从不刻意去讨好别人,只问自己做的是否合乎法度。

养心莫善于诚

《荀子·不苟》:君子养心莫善于诚,致诚则无它事矣。惟仁之为守,惟义之为行。诚心守仁则形,形则神,神则能化矣。诚心行义则理,理则明,明则能变矣。变化代兴,谓之天德。天不言而人推其高焉,地不言而人推其厚焉,四时不言而百姓期焉。夫此有常,以至其诚者也。君子至德,嘿然而喻,未施而亲,不怒而威:夫此顺命,以慎其独者也。善之为道者,不诚则不独,不独则不形,不形则虽作于心,见于色,出于言,民犹若未从也;虽从必疑。天地为大矣,不诚则不能化万物;圣人为知矣,不诚则不能化万民;父子为亲矣,不诚则疏;君上为尊矣,不诚则卑。夫诚者,君子之所守也,而政事之本也,唯所居以其类至。操之则得之,舍之则失之。操而得之则轻,轻则独行,独行而不舍,则济矣。济而材尽,长迁而不反其初,则化矣。

为人处事及成为一个优秀领导者的要领,在于心诚。君子将欲修养此心,最好之方法莫过于"诚"之一字。至诚则能守仁行义,仁积于中,而形于外,一切言语施为通达无碍,百姓莫不迁化从善。以至诚之心以行义,事事如理而行，尽现光明睿智，则能移风易俗。这如同天之大德，化成天下，四时有序，生养万物而不息。这就是以诚感化人。

"天不言而人推其高焉，地不言而人推其厚焉，四时不言而百姓期焉。"这是天地的"诚"，日月运行、四时更替毫厘不差，从而覆载万物、生养万物。

"君子至德，嘿然而喻，未施而亲，不怒而威：夫此顺命，以慎其独者也。"君子之至德，有如天地精神，虽然不言，而人能通达其意、受其感化；未及施为，而人自亲附；不待发怒，而人自畏其威而不敢犯。君子为何能通达随顺生命的道理，感人之心，由其平素内心修养有素，于人所不见处毫不懈怠，合于天地之德，诚积于中，有以致然。

"善之为道者，不诚则不独，不独则不形，不形则虽作于心，见于色，出于言，民犹若未从也；虽从必疑。"所谓善者，其道唯在诚之一字，苟心中无不欺之诚，则不能自成其慎独之德，不能自成其慎独之德，则其所表现者，亦必不能成君子之风，不能为人所敬服；不能为人所敬服，则虽动于内心，见于颜色，发于语言，人民仍然未必信从，虽勉强跟从，内心必疑虑重重。

报纸上报道有些官员，虽然到农村访贫问苦，但是只是走走过场，摆拍拍照。有的信访部门，虽然设立了电话、接待人员，但是对于民众的诉求，敷衍塞责。这些都不是"诚"，虽然有了形式，但是让老百姓感受不到真正的关心，"虽从必疑"，内心怀疑是否出自真心。

真诚对待德行修为的人，必然在任何时候，慎重对待起心动念，自净其意，至诚至敬，只有这样才能在外在言行体现出纯然之和谐至善，令人信服。也可见，真正的善行的根本，在于内心的真诚，夹杂有私念就不是纯然的善。

诚，在天，体现于至诚无息而生化万物。"天地为大矣，不诚则不能化万物；圣人为知矣，不诚则不能化万民；父子为亲矣，不诚则疏。"圣人明智，不诚则不能感化万民；父子之间原本有最亲密的血缘关系，不以真诚之心面对则相互疏离。"君上为尊矣，不诚则卑。"君上最尊，不诚则不为人所敬重。

诚之为德，乃君子之所持守，亦为政事之根本。至诚之心，自然能感召人群，致力于共同事业和修养的进步。诚心至纯而不息，则感召、感染的力量则愈强大，能使人群弃恶向善而止于至善，起到移风易俗、化育万民的效果。

"君上为尊矣，不诚则卑。"这是中国传统文化一直持有的精神理念，君主不会因为他在这个位置上就自然享有万民的尊崇，他首先必须有对待国家、万民的诚敬，愿意为生民幸福而努力，否则也会落到卑下的结局，为百姓、为历史所唾弃。所以中国传统文化的精华之处，并不是主张威权主义、愚忠愚孝，而是无论上下，都要以"诚"对待。位子高低只是不同的分工，而是否真诚待人则是一个团体中所有成员共同的素养，尤其是为上者应当率先垂范，这是中国文化的真精神。

荀子的"操术"

《荀子·不苟》：君子位尊而志恭，心小而道大；所听视者近，而所闻见者远。是何邪？则操术然也。故千人万人之情，一人之情也。天地始者，今日是也。百王之道，后王是也。君子审后王之道，而论百王之前，若端拜而议。推礼义之统，分是非之分，总天下之要，治海内之众，若使一人。故操弥约，而事弥大。五寸之矩，尽天下之方也。故君子不下室堂，而海内之情举积此者，则操术然也。

以至诚开启心的智慧。"君子位尊而志恭，心小而道大；所听视者近，而所闻见者远。"君子处位虽尊，而志意谦恭；立心谨慎，而道德广大，耳目之所听视者近，而所闻见者远。"则操术然也。"什么"操术"？以至诚之心，无微不察，无远不察，能够"以近知远，以一知万，以微知明"。

"故千人万人之情，一人之情是也。天地始者，今日是也。百王之道，后王是也。"千千万万之人情是一个人之人情，人同此心，心同此理。推己则能及人，自觉必能觉他。古今时间有差，但是人心不异。百代明王的统治之道如此，近世明王也是如此。只要观察近世圣者的作为，就能知道古代圣者的作为无有二致，修身、治国之道的根本道理无有二致。因此，"推礼义之统，分是非之分，总天下之要，治海内之众，若使一人。"只要推行礼义，分清是非，总揽天下的纲领，治理全国民众就像治理一个人那样自如。

正如老子所说，治大国如烹小鲜，治理大国的道理，跟烹小鱼的道理同一。修身治家治国，都是存乎一心。掌握的方法越简约，能办成的事业就越大，所谓"越省力越得力"。老子说，"不出户，知天下；不窥牖，见天道。其出弥远，其知弥少。是以圣人不行而知，不见而明，不为而成。"荀子说"君子不下室堂，而海内之情举积此者，则操术然也"，"五寸之矩，尽天下之方也"，与其异曲同工。

事实上，如果一个人能把自己修炼好，把自己身边的人照顾得很好，孝敬父母友爱兄弟做得很好，他如果承担更大的责任，比如管理大企业甚至管理国家，也一定会做得好。古人说，君子不出家而成教于天下。道理在于，无论对待大事小事，用心的方法相同，都是真诚无私之心。

"其出弥远，其知弥少"，世间万事万物的本质，必是由真诚无私的内心才能发觉，内心诚明，万物与本心不隔丝毫距离。越是抛弃本心，去向外找，走得越远，越是离真相远。观察世界的本质，现代物理学已经有了相当多的发现，但是如果不能真正觉察到"万物与我为一"，观察得再仔细，也还是"心外求法"，不能真正发现世界的本源。而事实上，量子力学家们已经发现，被观察的物体与观察者密切相关，是分不开的，没有绝对"客观"的世界。也就是说，量子力学已经发现了"物我不二"。现代物理学如果与传统东方智慧结合，必然有更大更突破性的发现。

做人的标准

《荀子·不苟》：有通士者，有公士者，有直士者，有悫士者，有小人者。上则能尊君，下则能爱民，物至而应，事起而辨，若是则可谓通士矣。不下比以暗上，不上同以疾下，分争于中，不以私害之，若是则可谓公士矣。身之所长，上虽不知，不以悖君；身之所短，上虽不知，不以取赏；长短不饰，以情自竭，若是则可谓直士矣。庸言必信之，庸行必慎之，畏法流俗，而不敢以其所独甚，若是则可谓悫士矣。言无常信，行无常贞，唯利所在，无所不倾，若是则可谓小人矣。

定义修身的不同标准，便于不同修为水平者参照。

通士：通达一切事理，事事无碍。尊君爱民，物有至则能应，事来则能明辨。游刃而有余，止于至善。

公士：公正无私之士。光明磊落，不阿谀奉承，不结党，不欺上瞒下，处事中正，不徇私情。

直士：正直坦荡之士。内外通透，表里如一，实事求是。

悫士：诚信谨慎之士。遵纪守法，不敢自以为是。

小人：言行无常之人。无诚信不正行，唯利是图，为利益无所不做。

我们对照检查，可以自我修正，不断求得进步。

《荀子·不苟》：公生明，偏生暗，端悫生通，诈伪生塞，诚信生神，夸诞生惑。此六生者，君子慎之，而禹桀所以分也。

公正无私就能生出清明秩序，偏私就会产生阴暗；端正谨慎生出通达顺遂，欺诈虚伪就会生起阻塞；至诚至信则通于神明，夸诞妄言就会迷乱困惑。以上六者，谓禹桀之分水岭，君子不可不慎。

不落"两端"

《荀子·不苟》：欲恶取舍之权：见其可欲也，则必前后虑其可恶也者；见其可利也，则必前后虑其可害也者，而兼权之，孰计之，然后定其欲恶取舍。如是则常不失陷矣。凡人之患，偏伤之也。见其可欲也，则不虑其可恶也者；见其可利也，则不虑其可害也者。是以动则必陷，为则必辱，是偏伤之患也。

人之所恶者，吾亦恶之。夫富贵者，则类傲之；夫贫贱者，则求柔之。是非仁人之情也，是奸人将以盗名于晻世者也，险莫大焉。故曰：盗名不如盗货。田仲史鳅不如盗也。

辩证地、长远地看待问题的本质，不被眼前利益所蒙蔽，而要时刻以清醒的头脑权衡利弊。深思熟虑，然后再决定取舍。如是则不易陷入困境。而"凡人之患，偏伤之也。见其可欲也，则不虑其可恶也者；见其可利也，则不虑其可害也者。是以动则必陷，为则必辱，是偏伤之患也。"如果利欲熏心，唯利是图，则会偏执一端，只看到局部或眼前，看不清问题背后隐藏的危险，必致挫败。

众人厌恶的，我也恶之。这是正常的心态，跟众人打成一片，不必标新立异。而有意标新立异体现在哪里呢？对富贵的人，一概傲视；对贫贱的人，一味屈就。这并非正义之士之情，而是奸邪之徒在昏乱的世界上用以欺世盗名的伎俩，用心再险恶不过。故曰："盗名不如盗货。"盗货之恶人人知道，盗名之徒表面上不重物质利益，但是伪君子的做派隐藏深，不易被发现其危害，所以危害社会反倒更大。荀子在《非十二子》篇里也揭露了这些邪曲之言行。

此篇以君子之德行彰显于世为标榜，确立人生方向，树立正知正见，于做人处事中修养道德品格。同时，直指小人、奸人之劣性与过患，借以扬善止恶，激浊扬清，扶正祛邪。

荣辱：先义后利者荣

《尚书引义·禹贡》曰："义利之分，利害之别，民之生死，国之祸福"。言明确义利关系之重要。明分荣辱，是一个人在社会中安身立命之根基，也是对中华民族历久弥新的民族精神和传统美德的回归。

荀子在《荣辱》篇直指核心，道明荣辱之根本区别："先义而后利者荣，先利而后义者辱"。强调人生在世，以义为重。在此前提之下，荀子"先义而后利者荣"协调了义与利的关系，不绝对地否定利，但明确了义的首要位置。这为战国后期逐渐走向"一天下"的进程提供了思想支点，也为后世提供了鲜明的治世理念。同时，荀子进一步发展和实际运用了管子"仓廪实而知礼节，衣食足而知荣辱"的观点，富而教之，把社会经济发展与礼义文化需求协调统一起来。

明分使群，守礼义，知荣辱，则能和谐共生。这依然也是当代社会的重要主题。荀子指出人的荣辱观是"注错习俗"、也即加以培养、教化的结果，须"得师""得法"。

涵养恭俭之德

《荀子·荣辱》：㤭泄者，人之殃也；恭俭者，偋五兵也。虽有戈矛之刺，不如恭俭之利也。故与人善言，暖于布帛；伤人之言，深于矛戟。故薄薄之地，不得履之，非地不安也，危足无所履者，凡在言也。巨涂则让，小涂则殆，虽欲不谨，若云不使。

谦恭克制，对人恭敬，生活简朴，既是修养，又预防各种危险，是比武器效力更大的对付危险的方法。因此，待人办事，温暖之言，有如布帛之相赠，一言伤人，较之矛戟尤厉。故虽广大之地，亦无可立足者，实由乎素日言行伤人。《三国演义》中张飞酒后打骂士兵，最终被士兵所杀。所以膨胀嚣张给自己带来祸患。荀子说"伤人之言，深于矛戟"，所以"戈矛之刺，不如恭俭之利"。

唐代宰相郭子仪始终能以恭敬待人。他一天正在内室与妻妾们聊天。忽然管家来报，说卢杞来访。郭子仪听完脸色突变，立马让妻妾们赶紧回到自己的屋子里去不要出来。然后整理服饰，到正堂里郑重招待了卢杞。卢杞当时官位不高，长相丑陋，郭子仪家人觉得厚待卢杞有点小题大做。郭子仪解释说，卢杞虽然丑陋，但他很有才华，日后或许会在朝堂上崭露头角。但他的性格刻薄记仇。如果你们当面嘲笑他丑陋，若他将来得势，可能会发泄这股仇恨，你们就势必受到伤害。后来卢杞果然受到重用，对朝中其他人非常刻薄，唯独尊重郭子仪和他的家人，正是因为郭子仪对其恭敬。

国家间的相处，如果大国迷信武力，不懂得尊重小国，最终还是要引起内忧外患，令自身国力衰弱。

《荀子·荣辱》：快快而亡者，怒也；察察而残者，忮也；博而穷者，訾也；清之而俞浊者，口也；豢之而俞瘠者，交也；辩而不说者，争也；直立而不见知者，胜也；廉而不见贵者，刿也；勇而不见惮者，贪也；信而不见敬者，好剸行也。此小人之所务，而君子之所不为也。

以上罗列人们行事中"事与愿违"十个现象。"快快而亡者，怒也。"痛快一时而导致灭亡的，往往是因为愤怒。"察察而残者，忮也。"察察，极端的苛察，做人过于刻薄，一点小事也不放过，"忮"，忮害。《庄子·人间世》探讨为人处世之道，认为"克核太至，必有不肖之心应之。而不知其然也。苟为不知其然，孰知其所终！"一个人不要刻薄，要求别人太严格，就是"克核太至"，这样容易心理产生扭曲，自然容易出问题了。《朱子家训》里说，"刻薄成家，理无久享。"一个人要是靠着刻薄别人，来达到发家致富，这样的成功享受不了多久。

"博而穷者，訾也。"訾，喜欢诋毁、贬低别人。雄辩滔滔者，最后却使自己理屈词穷，是因为喜欢诋毁他人。"清之而俞浊者，口也。"越想辩解越辩不清，因为一味依赖口头功夫而不付诸行动。"豢之而俞瘠者，交也。"供养酒肉朋友，结果越对他好，交情却越淡薄，是因为只知道以利相交。"辩而不说者，争也。"有些人能言善辩而不被人喜欢，因为争胜好强，气势太过压人。"直立而不见知者，胜也。"有些人立身正直而不受人欢迎，由于盛气凌人，自以为道德高尚就苛求别人。古训要求"宽以待人，严以律己"。"廉而不见贵者，刿也。"方正守节，却得不到别人的尊重，原因是尖刻伤人，大家避之唯恐不及。"勇而不见惮者，贪也。"勇猛无比而不受人敬畏，由于贪婪。无欲则刚。私心重的人很勇猛，却容易被人用一点小利就收买了，所以没有人会怕他。"信而不见敬者，好剸行也。"有些人很讲信用，但是也不被人们尊敬。独断专行，听不进别人半点意见。这些都是小人所为而君子所不为的。

归根结底，还是修养不到位的缘故，执其一端不见全体。实因不能把握中道，而偏离正途，其结果事与愿违。荀子以此告诫人们时刻不要放松了道德修养。真正的道德行为乃在于居心纯正，完全地守诚行义，不怀任何私心杂念。否则，是伪善，不是"道德心"，而是"利己之心"，其结果同真德行的"效果"不一致。这是小人"所务"，君子"所不为"也。

什么才是真正的"勇"？

《荀子·荣辱》：斗者，忘其身者也，忘其亲者也，忘其君者也。行其少顷之怒，而丧终身之躯，然且为之，是忘其身也；家室立残，亲戚不免乎刑戮，然且为之，是忘其亲也；君上之所恶也，刑法之所大禁也，然且为之，是忘其君也。忧忘其身，内忘其亲，上忘其君，是刑法之所不舍也，圣王之所不畜也。乳彘触虎，乳狗不远游，不忘其亲也。人也，忧忘其身，内忘其亲，上忘其君，则是人也，而曾狗彘之不若也。

好斗者，忘其身、忘其亲、忘其君。为发泄一时愤怒而丧失生命，何其愚蠢。"狗彘之不若也"。《孝经》中记载"身体发肤，受之父母，不敢毁伤，孝之始也；扬名于后世，以显父母，孝之终也"。孟子曰："世俗所谓不孝者五：惰其四肢，不顾父母之养，一不孝也；博养好饮酒，不顾父母之养，二不孝也；好货财，私妻子，不顾父母之养，三不孝也；从耳目之欲，以为父母戮，四不孝也；好勇斗狠，以危父母，五不孝也。"

《荀子·荣辱》：凡斗者，必自以为是，而以人为非也。己诚是也，人诚非也，则是己君子，而人小人也；以君子与小人相贼害也，忧（杨倞：下）以忘其身，内以忘其亲，上以忘其君，岂不过甚矣哉！"是人也，所谓"以狐父之戈镢牛矢也"。将以为智邪？则愚莫大焉；将以为利邪？则害莫大焉；将以为荣邪？则辱莫大焉；将以为安邪？则危莫大焉。人之有斗，何哉？我欲属之狂惑疾病邪？则不可，圣王又诛之。我欲属之鸟鼠禽兽邪？则又不可，其形体又人，而好恶多同。我甚丑之。

又指出人之所以好斗的原因在于"自以为是"，以他人为非。如果认为人非己对，那么别人是小人，自己是君子，然而又要跟对方斗，这不就是君子与小人斗吗？君子与小人斗，等于自认自己是小人，实际上又没人自认自己是小人，可见这种争斗是很荒谬的。这是忘其身、忘其亲、忘其君。这难道不是太过分了吗！

这种人，就是平常人们所常说的"用狐父的利戈去攻击一堆牛屎"的那种人。他聪明吗？其实最愚蠢了；他得什么利了吗？实际上没有比这更有害的了；他得荣誉了吗？实际上没有比这更耻辱的了；他获得安全了吗？实际上没有比这更危险的了。其行为非智、非利、非荣，而是愚、害、辱莫大焉。人们之间打架斗殴，把这种行为归属于疯狂惑乱的精神病吧，但又不能算不负刑事责任的精神病，因为圣明的帝王肯定也是要处罚这种行为的；把他们归到鸟鼠禽兽中去吧，但也不可以，因为他们的长相还是像人，而他们的爱憎情感也大多和别人相同。人们会发生打架斗殴，究竟是为了什么呢？这种行为简直太低劣了。

与人斗者，害己害人。其行为为人所不耻。荀子在痛斥之余，接下来阐述了什么是真正的勇敢。劝阻人们不要去逞匹夫之勇，而是修养士君子之勇。

《荀子·荣辱》：有狗彘之勇者，有贾盗之勇者，有小人之勇者，有士君子之勇者。争饮食，无廉耻，不知是非，不辟死伤，不畏众强，牟牟然惟利饮食之见，是狗彘之勇也。为事利，争货财，无辞让，果敢而振，猛贪而戾，悍悍然惟利之见，是贾盗之勇也。轻死而暴，是小人之勇也。义之所在，不倾于权，不顾其利，举国而与之不为改视，重死持义而不桡，是士君子之勇也。

有狗猪的勇敢，有盗贼的勇敢，有小人的勇敢，有士君子的勇敢。士君子的勇，完全是为了实现道义，不屈服于权势，不顾自身利益，把整个国家都给他也不会改变笃行道义的决心。虽看重生命，但坚持正义而不屈不挠，这是士君子的勇敢。荀子劝阻人们不要逞匹夫之勇，不要做无谓的牺牲，而是践行士君子之勇，即使身死，也死有重于泰山。

"士君子之勇"，是"义之所在"，权势和利益都不足以动摇他，可以舍弃个人的一切而为公义付出，乃至生死关头，也都不能阻碍他奋勇担当。"砍头不要紧，只要主义真"，先进的共产党员就是如此。所以不是不要勇，而是能"一怒而安天下"，为此能承当一切牺牲乃至污辱不解。正如禅宗所言"悬崖撒手，自肯承当"。敢于承当者不怨天不尤人。

自知者不怨人

《荀子·荣辱》：鯈䰼者，浮阳之鱼也，胠于沙而思水，则无逮矣。挂于患而思谨，则无益矣。自知者不怨人，知命者不怨天；怨人者穷，怨天者无志。失之己，反之人，岂不迂乎哉！

鱼一旦不小心被搁浅在沙滩上，再想活着回到水里，就来不及了。人也像这种鱼一样，惹祸之后再想到应该小心谨慎，就来不及了。"自作孽不可活。"灾祸是你自己找的，有自知之明的人不会去责怪别人。明智者不怨天尤人，错误在己，而责之他人，岂不太愚了吗？遇到问题时，从自身找原因，错误过失在于自己，当是修养之开端，也是成功之开端。

一个有智慧的人，是不会怨天尤人的，他只会立足现在，把握现在，从现有的条件出发，改变自己、提升自己。自己知道自己的问题所在，是不会怨恨别人的。知道自己为何会面临今天的境遇，知道都是自己的言行不当所造成，所以不会怨恨上天。怨恨别人，只会让自己更加处于困境。怨恨上天，是没有志气的表现。人是可以掌控、改变自己命运的。有志者，会知耻而后勇，积极改过，重新出发。

先义而后利者荣

《荀子·荣辱》：荣辱之大分，安危利害之常体：先义而后利者荣，先利而后义者辱；荣者常通，辱者常穷；通者常制人，穷者常制于人：是荣辱之大分也。材悫者常安利，荡悍者常危害；安利者常乐易，危害者常忧险；乐易者常寿长，忧险者常夭折：是安危利害之常体也。

修身当先知荣辱。荀子讲荣与辱的最大区别是，"先义而后利者荣，先利而后义者辱"。两种结果截然不同：荣者常通达，辱者常困窘。通达者能够领导人，困窘者不只被动，甚至还会陷入危险之境。

荀子讲，义为先、为重，则荣，反之则遭辱。知"荣辱之大分"则会主动提升自我修身、崇尚道义。荀子本人就是明大义而弃小利之人。荀子在齐因不为私利而向权贵谄媚而遭忌，进而奔楚，他的一生就是明荣辱、贵礼义、践行"先义而后利者荣"的一生。

荀子强调道义优先，也阐明了精神高于物质的道德选择对人们所具有的指导意义。传统的"义"可谓处理人与人、物质与精神相互关系的准则，代表了社会行为的原则性与崇高性。它在经济领域有利于培育重道义、讲诚信的社会风尚。

《易传·乾文言》曰："乾始能以美利利天下，不言所利，大矣哉！"赞美毫不求回报地施美利于天下之伟大。实际上，这也正是真正的大利。重义，也是真正的自利。讲道义，为人端正诚信，则更能得到平安快乐、事业顺畅。"仁者寿"，安于道义还能带来健康长寿。反之，只重利而轻义，则遭遇不顺乃至危及自身，贪官污吏显赫一时但最终进了监狱，就是如此。

荀子崇尚道义，但不是将此作为获得利的手段，而是一个人立身，本当如此作为。如果是为了获得利而用道义的手段，那还不是真正的道义。

安危都是自己带来的

《荀子·荣辱》：夫天生蒸民，有所以取之：志意致修，德行致厚，智虑致明，是天子之所以取天下也。政令法，举措时，听断公。上则能顺天子之命，下则能保百姓，是诸侯之所以取国家也。志行修，临官治，上则能顺上，下则能保其职，是士大夫之所以取田邑也。循法则、度量、刑辟、图籍、不知其义，谨守其数，慎不敢损益也；父子相传，以持王公，是故三代虽亡，治法犹存，是官人百吏之所以取禄职也。孝弟原悫，轱录疾力，以敦比其事业，而不敢怠傲，是庶人之所以取暖衣饱食，长生久视，以免于刑戮也。饰邪说，文奸言，为倚事，陶诞突盗，惕悍憍暴，以偷生反侧于乱世之间，是奸人之所以取危辱死刑也。其虑之不深，其择之不谨，其定取舍楛僈，是其所以危也。

从天子到庶人，都在自己的位置上做好自己的事，从而相应必得到自己的荣耀或利益。天子要德行敦厚，智慧明达以治天下；诸侯要行良政，用公心待民；士大夫谨于修身，谨慎履职；官人百吏尽职尽责而后享有俸禄；百姓孝悌勤劳，所以创造衣食安居，免于刑戮。

与其相反，社会上还存在着"饰邪说，文奸言，为倚事，陶诞突盗，惕悍憍暴，以偷生反侧于乱世之间"之事，"是奸人之所以取危辱死刑也。"奸人之所作所为，必导致其危害也深。"其虑之不深，其择之不谨，其定取舍楛僈，是其所以危也。"考虑问题肤浅，是非拣择颠倒，所以招致危险。

《荀子·荣辱》：材性知能，君子小人一也；好荣恶辱，好利恶害，是君子小人之所同也；若其所以求之之道则异矣。

小人也者，疾为诞而欲人之信己也，疾为诈而欲人之亲己也，禽兽之行而欲人之善己也；虑之难知也，行之难安也，持之难立也，成则必不得其所好，必遇其所恶焉。

故君子者，信矣，而亦欲人之信己也；忠矣，而亦欲人之亲己也；修正治辨矣，而亦欲人之善己也；虑之易知也，行之易安也，持之易立也，成则必得其所好，必不遇其所恶焉。是故穷则不隐，通则大明，身死而名弥白。小人莫不延颈举踵而愿曰："知虑材性，固有以贤人矣。"夫不知其与己无以异也。

则君子注错之当，而小人注错之过也。故孰察小人之知能，足以知其有余，可以为君子之所为也。譬之越人安越，楚人安楚，君子安雅。是非知能材性然也，是注错习俗之节异也。

进而指出，社会上既存在君子也有小人。但小人与君子其基本资质、好荣恶辱的本质是一样的。其分野，在于趋利避害的路径不同，是用的阴险小道，还是光明大道。

小人行为荒诞而希望得到信任，尔虞我诈而希望别人亲近自己，禽兽之行而希望别人善待自己，结果当然不得所愿。君子本自信实，也希望别人信任自己，本自忠诚，也希望别人亲近自己；严于修身通达事理，也希望别人善待自己，因此一定能遂其所愿。

"穷则不隐，通则大明，身死而名弥白。"君子即使处于困境中，不被任用，也隐藏不住人格的魅力光辉，美名远扬。如果得到任用，那么功业显著。君子即使身死，声名益发高洁。

小人说，"知虑材性，固有以贤人矣。"认为贤人是天生的，自己干脆自暴自弃。荀子否定这种想法，强调"贤人"是"注错习俗"、后天不断学习修养的结果。并且指出"小人之知能，足以知其有余，可以为君子之所为也"，小人完全能够像君子一样加强自我修养，让自己得到更大的荣耀和利益，只是看其愿意不愿意"为也"，努力不努力"为也"。命运把握在自己手中，没有任何理由和借口。

这是荀子特别强调的一点，也是中国传统文化特别强调的一点，每个人都有成为圣贤的资质，如同禅文化说人人都有佛性，只是看愿不愿意努力进德修业。这也是中国文化自信自肯、积极进取的一面。

荀子晓之以理，以利为"方便"，是想"得其所好"，还是"得其所恶"，不同的人生道路导致不同的结果，祸福无门，唯人自召，荀子就是如此循循善诱，苦口婆心，希望人们走上践行道义之路，成就有价值的一生。

《荀子·荣辱》: 仁义德行，常安之术也，然而未必不危也；污僈突盗，常危之术也，然而未必不安也。故君子道其常，而小人道其怪。

即使始终在践行礼义之道，也可能遇到逆境或挫折，而君子始终能保持一颗坚定的仁义之心，不会因为一时的危险而逃避对仁义的坚守。而小人言行污秽作恶多端，虽然最终必是遭遇危险的境地，但是也侥幸有"小人得志"的时候。小人便以为，一个人是否处于安乐境遇，与是否行仁义之道无关，所以照常坚持自己的小人之行。

所谓"菩萨畏因，众生畏果"，因为一般人看不到安乐顺逆背后的原因，只看表面，被一时现象所蒙蔽。因为君子"明理"，所以"道其常"，始终坚守常道、大道，不会因一时的失意而改变心志。

制礼义以分之，可持续发展

《荀子·荣辱》：凡人有所一同：饥而欲食，寒而欲暖，劳而欲息，好利而恶害，是人之所生而有也，是无待而然者也，是禹桀之所同也。目辨白黑美恶，耳辨声音清浊，口辨酸咸甘苦，鼻辨芬芳腥臊，骨体肤理辨寒暑疾养，是又人之所常生而有也，是无待而然者也，是禹桀之所同也。可以为尧禹，可以为桀跖，可以为工匠，可以为农贾，在势注错习俗之所积耳。是又人之所生而有也，是无待而然者也，是禹桀之所同也。为尧禹则常安荣，为桀跖则常危辱；为尧禹则常愉佚，为工匠农贾则常烦劳；然而人力为此，而寡为彼，何也？曰：陋也。尧禹者，非生而具者也，夫起于变故，成乎修为，待尽而后备者也。

人们的衣食温饱、趋利避害及感官机能等生理需求，禹桀是一样的。美国心理学家亚伯拉罕·马斯洛 1943 年在《人类激励理论》提出需求层次理论。书中将人类需求像阶梯一样从低到高按层次分为五种，分别是：生理需求、安全需求、社交需求、尊重需求和自我实现需求。

自我实现的需求是最高层次的需求，是指实现个人理想、抱负，发挥个人的能力到最大程度，达到自我实现境界的人，接受自己也接受他人，解决问题能力增强，自觉性提高，善于独立处事，要求不受打扰地独处，完成与自己的能力相称的一切事情的需求。马斯洛提出，为满足自我实现需求所采取的途径是因人而异的。自我实现的需求是在努力实现自己的潜力，使自己越来越成为自己所期望的人物。

但荀子强调的是在满足人的生理、生活需求乃至个人成就感的基础上，"以礼养欲""以礼导欲""制礼义以分之"，进而升华到"义"的层面，实现个人与社会的完全融通不二，乃至觉悟"虚一而静"而"大清明"的境界，"心包太虚"。马斯洛仅就个人层面，强调个体自我实现的需要，并没有将个体融入整体，不可能实现自我真正的解放。两千多年前荀子的思想早已超越了马斯洛的理论。

然而怎样能够使人格升华，能够遵循礼义法度？以及怎样能够成为社会有用的人才？荀子提出了解决方案："注错习俗"，即教育教化的重要作用。"可以为尧禹，可以为桀跖，可以为工匠，可以为农贾，在势注错习俗之所积耳。"

再进一步讲，"为尧禹则常安荣，为桀跖则常危辱；为尧禹则常愉佚，为工匠农贾则常烦劳。"其"基础"相同，好恶的结果迥异，但"人力为此，而寡为彼，何也？"，为什么要去做坏人、得到那个坏的结果呢？因为"陋"，思想行为浅陋，出了大偏差。不知道人人都有成尧舜的可能，只要努力修为，必然得到好的结果。

"尧禹者，非生而具者也，夫起于变故，成乎修为，待尽而后备者也。"尧舜并非生来贤明，而是在人事变故中不颓废，不懈怠，努力践行礼义，化性起伪，并且"待尽而后备"。努力达到止于至善、修养完备。如同《荀子·儒效》中说："积善而全尽，谓之圣人。"

《荀子·荣辱》：人之生固小人，无师无法则唯利之见耳。人之生固小人，又以遇乱世，得乱俗，是以小重小也，以乱得乱也。君子非得势以临之，则无由得开内焉。

人生来是有坏的习气的，有很多小人的一面，比如即使两个婴儿也会因为好吃的东西而争夺，并不会去谦让。人的这种恶的一面，如果没有良师，没有得到礼义教化，只可能继续唯利是图的习气，如果又遭逢乱世，岂不愈乱乎？这时候需要有德行的君子成为社会的领导者，来引领大众转变这种恶的天性。

荀子重视对社会大众的教化，有担当的君子应承当起教化社会、引领文化风尚的责任。

"人之生固小人，又以遇乱世，得乱俗，是以小重小也，以乱得乱也"，荀子指出人的本性就是这样被各种因素不断污染。也可见荀子强调"性恶"，是非常具有现实指导意义的。正因为心灵污染重，才需要不断践行为善去恶，才可能逐渐远离散乱之心，逐渐地不再做小人，这比简单空疏地唱"人性本善"的高调而不事修行，要切实得多。

《荀子·荣辱》：今是人之口腹，安知礼义？安知辞让？安知廉耻隅积？亦啕啕而嚼，乡乡而饱已矣。人无师无法，则其心正其口腹也。今使人生而未尝睹刍豢稻粱也，惟菽藿糟糠之为睹，则以至足为在此也，俄而粲然有秉刍豢稻粱而至者，则瞯然之曰：此何怪也？彼臭之而嗛于鼻，尝之而甘于口，食之而安于体，则莫不弃此而取彼矣。

今以夫先王之道，仁义之统，以相群居，以相持养，以相藩饰，以相安固邪。以夫桀跖之道，是其为相县也，几直（岂只）夫刍豢稻粱之县糟糠尔哉！然而人力为此，而寡为彼，何也？曰：陋也。陋也者，天下之公患也，人之大殃大害也。故曰：仁者好告示人。告之示之、靡之、儇之、钤之、重之，则夫塞者俄且通也，陋者俄且侀也，愚者俄且知也。是若不行，则汤武在上曷益？桀纣在上曷损？汤武存，则天下从而治，桀纣存，则天下从而乱。如是者，岂非人之情，固可与如此，可与如彼也哉！

现在的人，只顾贪图享受口腹之欲身体之乐，哪里还讲礼义辞让，哪里还有廉耻及大局观？人无良师无礼义法度，则不懂修养其心而只知口腹之欲。

不知道有仁义之道，而只知道口腹之欲，这跟只吃过糟糠劣食而不知道有精美稻粱一样。这是什么缘故？因为愚陋，孤陋寡闻。

对于社会大众的这种愚陋，精英君子一定会心怀慈悲，希望告之示之，让愚陋者转为明智，走上礼义之道。先知先觉者，带动后知后觉者。古代的贤者自肯承当教育教化的责任。一个社会的文明进步，始终都需要一批有担当的精英，自觉担负起教化后进的责任，虽然这个过程非常艰苦，然而正是民族的大义所在。

中国传统文化对国家的领导要求很高，不仅要领导国家使国泰民安，"作之君"，而且要"作之师"，做百姓的导师，引导百姓崇礼向善，这也是中国文化的特质，是中国文化能延续不断的原因所在，始终重视文教事业，文化立国。荀子赞赏汤武，因为他们不仅治理天下，而且开创了文化的风气。除"作之君""作之师"之外，还有"作之亲"，国家领导人要做百姓的亲人，如同父母一样关爱百姓。所以中国传统文化对领导者的要求，是非常之高的。

诗书礼乐以致远

《荀子·荣辱》：人之情，食欲有刍豢，衣欲有文绣，行欲有舆马，又欲夫余财蓄积之富也；然而穷年累世不知不足，是人之情也。今人之生也，方知畜鸡狗猪彘，又蓄牛羊，然而食不敢有酒肉；余刀布，有囷窌，然而衣不敢有丝帛；约者有筐箧之藏，然而行不敢有舆马。是何也？非不欲也，几不长虑顾后，而恐无以继之故也？于是又节用御欲，收敛蓄藏以继之也。是于己长虑顾后，几不甚善矣哉！今夫偷生浅知之属，曾此而不知也，粮食大侈，不顾其后，俄则屈安穷矣。是其所以不免于冻饿，操瓢囊为沟壑中瘠者也。

况夫先王之道，仁义之统，《诗》《书》《礼》《乐》之分乎！彼固为天下之大虑也，将为天下生民之属，长虑顾后而保万世也。其流长矣，其温厚矣，其功盛姚远矣，非顺孰修为之君子，莫之能知也。故曰：短绠不可以汲深井之泉，知不几者不可与及圣人之言。夫诗书礼乐之分，固非庸人之所知也。故曰：一之而可再也，有之而可久也，广之而可通也，虑之而可安也，反铅察之而俞可好也。以治情则利，以为名则荣，以群则和，以独则足乐。意者其是邪！

人之常情，无不想吃好穿好用好，但是理性的人却不敢在这些欲望里头没有止境地享受，这是为什么呢？中国先民的智慧，是为长久而打算。并非不想享受，而是从长计议，恐后来难以为继啊！他们节约费用、抑制欲望、收聚财物、贮藏粮食以便继续维持以后的生活，对长远的生计岂不是最合理的做法吗？荀子大力提倡发展经济，裕民富国，但同时倡导节俭。该花的钱不能省，该节俭的一分不能浪费。

否则，如果铺张浪费，瞬间就能变得穷困。今彼浅智之人，对此而不能知，只顾眼前享用，不问日后，怎么会不很快走入困境呢！合理的消费促进经济发展；过度的浪费，看似刺激经济发展，却以付出严重污染、资源枯竭等不可持续发展等巨大代价为前提。尤其现代受西方经济思想的影响，超前消费、超前透支过度，所带来的恶果，日益显现出来。因此须在消费与发展之间找到新的平衡点。

先王之大道，仁义之统纪，诗书礼乐之推行，此乃为天下之长远大计考虑。这样长远的考虑，只有圣人君子才会有，才会去为之奋斗。

物质欲望本身是人生存的必要，关键是如何加以正确引导以控制在合适的程度。通过礼的教化，就可以达到自觉节用，达到可持续发展。学习先王之道，仁义之学，打牢文化教育的根基，让社会人心更加中正淳朴，"为天下生民之属，长虑顾后而保万世也"。"其流长矣，其温厚矣，其功盛姚远矣"。多么了不起的长治久安之策啊！此唯圣人能够理解，并且做到。

《荀子·荣辱》：夫贵为天子，富有天下，是人情之所同欲也；然则从人之欲，则势不能容，物不能赡也。故先王案为之制礼义以分之，使有贵贱之等，长幼之差，知愚能不能之分，皆使人载其事，而各得其宜。然后使谷禄多少厚薄之称，是夫群居和一之道也。故仁人在上，则农以力尽田，贾以察尽财，百工以巧尽械器，士大夫以上至于公侯，莫不以仁厚知能尽官职。夫是之谓至平。故或禄天下，而不自以为多，或监门御旅，抱关击柝，而不自以为寡。故曰："斩而齐，枉而顺，不同而一。"夫是之谓人伦。诗曰："受小共大共，为下国骏蒙。"此之谓也。

如果让社会上每人纵其所欲，那么资源再多，也无法满足，也必然破坏了人与自然之间的平衡关系，则地球不堪重负。中国古代的圣明先王早已有见于此，所以特地制礼义之度，做合理之分配，使贵贱、长幼、智愚，各有一定之分量，各有所适宜从事之事。这就是古人的"制礼义以分之"。

收入当与付出相称。农人、商贾、百工、士大夫等，都量其贡献之大小，而使谷禄厚薄多少，与之相配，这样就有了合理分配的规范制度。各人也因此能尽其所能，为社会做出贡献，如此才谓之至为公平的治理。量能授薪，按劳分配，令皆守其本分。

虚壹而静：人人都有"大清明"

《荀子·解蔽》篇，探讨如何去除心的蔽障，得大清明，荀子在这一章直指人心，为人们抽钉拔楔，破除心的障蔽，从而觉悟"疏观万物而知其情，参稽治乱而通其度，经纬天地而材官万物，制割大理而宇宙里矣"的大智慧，从而实现经天纬地的外王事功。

人心是怎么被蒙"蔽"的

荀子《解蔽》篇指出，人之患在于心被蒙蔽，而导致迷失自我，"暗于大理"。通过"虚壹而静"的方法，能觉悟自心本有的"大清明"。

唐代禅师神秀作偈："身是菩提树，心如明镜台；时时勤拂拭，莫使惹尘埃。"人人有明亮的本心，只是蒙了灰尘，拂去尘土，即心像明镜一样映照万物。

《荀子·解蔽》：凡人之患，蔽于一曲，而暗于大理。治则复经，两疑则惑矣。天下无二道，圣人无两心。今诸侯异政，百家异说，则必或是或非，或治或乱。乱国之君，乱家之人，此其诚心，莫不求正而以自为也。妒缪于道，而人诱其所迨也。私其所积，唯恐闻其恶也。倚其所私，以观异术，唯恐闻其美也。是以与治虽走，而是己不辍也。岂不蔽于一曲，而失正求也哉！心不使焉，则白黑在前而目不见，雷鼓在侧而耳不闻，况于使者乎？德道之人，乱国之君非之上，乱家之人非之下，岂不哀哉！

人们最大的问题，在于被自己偏差的思想所蒙蔽，不明这阔然无为的大道。"天下无二道，圣人无两心"，明确指出大道只有一个，而且人人都有觉悟大道的潜质。但是如果对自己的毛病缺点刻意掩盖，这就是荀子所说的"蔽于一曲"，偏离了正确之道，从而导致是非黑白不分。因此，善治其心，才能回归正道，这就是在关键要害处下功夫。

《荀子·解蔽》：故为蔽：欲为蔽，恶为蔽，始为蔽，终为蔽，远为蔽，近为蔽，博为蔽，浅为蔽，古为蔽，今为蔽。凡万物异则莫不相为蔽，此心术之公患也。

什么会造成"蔽"呢？因为人的贪嗔痴慢疑、妄想执着等思维杂念。荀子列举了障蔽清明智慧的种种方面。

"欲为蔽，恶为蔽"，过分的贪欲会造成蒙蔽，如《史记·汲郑列传》上记载汲黯对汉武帝说："陛下内多欲而外施仁义，奈何欲效唐虞之治乎！"内心多欲望，只是表面作出仁义的样子，却想要成为像尧舜那样的圣王，怎么可能？反过来，内心对一些事物的厌恶、排斥会造成蒙蔽，不能对这些事物得到全面清晰的认识。

"始为蔽，终为蔽"，只看到事物开始的情形而不能预见其发展态势与结果，看不到长远发展，或者只想着结果而患得患失，不能有条不紊地着眼于进程，都是障蔽。

"远为蔽，近为蔽"，只看近，或者只看远，或者鼠目寸光，急功近利，或者好高骛远、不切实际，都不会收到良好的结果。

"博为蔽，浅为蔽"，一味追求知识广泛而不能深入，如同俗语所说的"万金油"，学而不思则罔，学了很多但是不深思，终究不能获得真正的智慧，说的也是这个弊端。学识浅陋，对学问浅尝辄止，当然也是障蔽。现代信息爆炸的时代，这两个弊端都很明显，当代人们容易被淹没在信息的海洋里，看似什么都了解一点，但是都很肤浅，不够深入，没有实质性的智慧。古人提倡由博而约，只博不约，或只约不博，都不对。

"古为蔽，今为蔽"，盲目信古泥古，或者割断历史都不对。荀子提出"法先王"，更注重"法后王"。

凡被蒙蔽者，远不止此，"凡万物异则莫不相为蔽，此心术之公患也。"事物皆有两端或两面，如果执其一端便容易产生障蔽。一般人都会犯这个毛病。中道的智慧最难得。

《荀子·解蔽》：昔人君之蔽者，夏桀殷纣是也。桀蔽于末喜斯观，而不知关龙逢，以惑其心而乱其行。纣蔽于妲己、飞廉，而不知微子启，以惑其心而乱其行。故群臣去忠而事私，百姓怨非而不用，贤良退处而隐逃，此其所以丧九牧之地，而虚宗庙之国也。桀死于鬲山，纣县于赤旂。身不先知，人又莫之谏，此蔽塞之祸也。

成汤监于夏桀，故主其心而慎治之，是以能长用伊尹，而身不失道，此其所以代夏王而受九有也。文王监于殷纣，故主其心而慎治之，是以能长用吕望，而身不失道，此其所以代殷王而受九牧也。远方莫不致其珍；故目视备色，耳听备声，口食备味，形居备宫，名受备号，生则天下歌，死则四海哭。夫是之谓至盛。诗曰："凤凰秋秋，其翼若干，其声若箫。有凤有凰，乐帝之心。"此不蔽之福也。

关于古代君主的蔽与不蔽，举夏桀和商纣为例，夏桀被宠妃妹喜和另一个叫斯观的人蒙蔽，"惑其心"，而不赏识忠臣关龙逢，结果行为荒唐乖张。商朝的纣王被宠妃妲己和奸臣飞廉蒙蔽，"惑其心"，听不进哥哥微子启的话，同样走上荒淫无道之路。

因为"人君之蔽"，"群臣去忠而事私，百姓怨非而不用，贤良退处而隐逃"，因而丧失国家，国都成为废墟。夏桀死在鬲山，商纣的头被悬挂在红色的旗帜飘带上，他们自己不能预先知道自己的过错，而别人又没有谁能劝阻得动他们，这就是蒙蔽的祸害啊。

商汤以夏桀为前车之鉴，心中有主见，谨慎治国，任用贤相伊尹，取代夏朝而拥有天下。周文王吸取纣王的教训，明心明德而慎治国，重用吕望，因此取代商朝称王。这就是不被蒙蔽之福。

《荀子·解蔽》：昔人臣之蔽者，唐鞅奚齐是也。唐鞅蔽于欲权而逐载子，奚齐蔽于欲国而罪申生；唐鞅戮于宋，奚齐戮于晋。逐贤相而罪孝兄，身为刑戮，然而不知，此蔽塞之祸也。故以贪鄙、背叛、争权而不危辱灭亡者，自古及今，未尝有之也。

鲍叔、宁戚、隰朋仁知且不蔽，故能持管仲，而名利福禄与管仲齐。召公、吕望仁知且不蔽，故能持周公而名利福禄与周公齐。传曰："知贤之为明，辅贤之谓能，勉之强之，其福必长。"此之谓也。此不蔽之福也。

关于大臣的蔽与不蔽。以春秋时期宋国大臣唐鞅和晋国大臣奚齐为例。

唐鞅是个奸臣，宋康王则是个暴君。宋王谓其相唐鞅曰："寡人所杀戮者众矣，而群臣愈不畏，其故何也？"唐鞅建议宋康王，不论群臣善不善，都不时对他们治罪，这样他们就都会畏惧君王了。唐鞅权欲熏心，想利用君王除去阻碍自己揽权的人，觉得不把宰相戴骦除去会妨碍自己专权，终于将他赶走。结果唐鞅不但没能独揽大权，反而犯了众怒，惹来杀身之祸。

另一个是晋公子奚齐，因其母骊姬得到晋献公的宠爱，就想争夺太子位，在父王面前诬告哥哥申生。晋献公听信他的话废掉了太子申生，立他为嗣。献公死后，晋国内乱，奚齐被杀。这两个做臣子的都是因"欲为蔽"而死，贪权或是贪国，都让自己的心发生了巨大的蒙蔽，最终葬送了自己。

"故以贪鄙、背叛、争权而不危辱灭亡者，自古及今，未尝有之也。"一旦内心的权力欲望膨胀，贪鄙、背叛、争权夺利却不遭危险、屈辱和灭亡的，从古到今还未曾有过。

相反的例子，齐之贤臣鲍叔、宁戚、隰朋，仁智且不蔽，故能尊崇管仲，使齐国从一个弱国变成强国。他们没有权欲熏心，因而没有被蒙蔽，而名利福禄亦与管仲相等。周之吕望和召公，仁智且不蔽，扶助周公治国，共成王业，而名利福禄亦与周公相等。这是不被蒙蔽之福。

《荀子·解蔽》："昔宾孟之蔽者，乱家是也。墨子蔽于用而不知文。宋子蔽于欲而不知得。慎子蔽于法而不知贤。申子蔽于势而不知知。惠子蔽于辞而不知实。庄子蔽于天而不知人。故由用谓之道，尽利矣。由欲谓之道，尽嗛矣。由法谓之道，尽数矣。由势谓之道，尽便矣。由辞谓之道，尽论矣。由天谓之道，尽因矣。此数具者，皆道之一隅也。夫道者体常而尽变，一隅不足以举之。曲知之人，观于道之一隅，而未之能识也。故以为足而饰之，内以自乱，外以惑人，上以蔽下，下以蔽上，此蔽塞之祸也。

孔子仁知且不蔽，故学乱术足以为先王者也。一家得周道，举而用之，不蔽于成积也。故德与周公齐，名与三王并，此不蔽之福也。

士之蔽与不蔽。荀子批判道："墨子蔽于用而不知文"，墨子蔽于实用而不知道礼乐文章的作用。从实用的角度谈道，道就只是功利，也流于肤浅，因为除了物质实用的层面，人的精神是可以通过文化艺术而得以升华的。

宋钘"蔽于欲而不知得",蔽于对欲的认知片面,认为人本质是寡欲的,可以通过减少欲望来达到良好社会秩序,而不知可以通过满足正当的欲望,以促进社会的太平。

慎子"蔽于法而不知贤",对法的片面认知,认为"得其法,虽无贤亦可为治。"只要有好制度,即使没有好人,照样可以把国家治理好。慎子从法的角度谈道,道就只是法律条文。荀子强调良法和贤人缺一不可,只求法治而不知任用贤人,是一"蔽"。中国的法系作为世界上最古老的法系之一,荀子提出的礼法结合,良法与贤人兼备的思想,是中国法系的最大特点,影响至今。

申不害"蔽于势而不知知",他强调势位在政治中的作用,认为只要建立绝对权威,就能把国家带上正轨,而不知道更关键、更有力的是领导者的智慧德行的感召和引领。光是有权势,下面的人即使是听从,也是畏于权势,并没有真正的行动力。只有领导者真的有德行智慧,下面的人心悦诚服,一起前进,这样的团体才有使不完的劲。

"惠子蔽于辞而不知实",惠施的论辩保留在《庄子》里。惠子和庄子善辩,亦视为好友。荀子批判惠施蔽于玩弄言辞巧辩,缺乏务实,于时世无益。惠子从名辩的角度谈道,道就只是不切实际的诡辩。

"庄子蔽于天而不知人",庄子是只讲自然、天道,好像人为作用一点都没有的,也是蔽于一曲。当然,庄子并非真的只谈"天道",他是在以天道论人道,人的智慧能实现天人合一,因而能在人世间游刃有余。荀子对庄子的批判,应该更多是考虑到当时的时势,必须有良好的治理制度来安定人世社会,而不是类似庄子出世的姿态。所以有必要规避庄子只谈"天道、无为"的做法,因为可能被当时的人所滥用而不关心现实世界。而当一个社会完全沉溺于功利主义、工具理性之中时,庄子超越功利的思想又有很有益的中和作用。比如当今科技文明发达时代,人们的心容易被科技所奴役,体会庄子的"逍遥游",反省一下"其嗜欲深者其天机浅",则是一种非常有益的调节和回归。

以上所说,"此数具者,皆道之一隅也。"都只是道的一个方面。"夫道者体常而尽变,一隅不足以举之。"道的本体是永恒不变的,其用则是千变万化、举之不尽的。每一种用,"道之一隅",不能以偏概全。只看到道的某一方面,不能够真正认识道。

"以为足而饰之，内以自乱，外以惑人；上以蔽下，下以蔽上，此蔽塞之祸也。"观于道之一偏一隅，实又未能尽识其蕴，而自以为得道，因此巧自文饰，内以乱于已，外以欺于人，上下相互蒙蔽，此蔽塞之祸。

在荀子看来，谁能做到"知且不蔽"呢？

"孔子仁知且不蔽，故学乱术足以为先王者也。一家得周道，举而用之，不蔽于成积也。故德与周公齐，名与三王并，此不蔽之福也。"不受一曲之蔽的只有仁德明智的孔老夫子。他学成治乱之术，足以和古代圣王并驾齐驱。唯孔子一家掌握了周朝治国大道，推崇并运用周道，不蔽于素所习积之成见，故德与周公并列，名与三代开国圣王并隆，后世称孔子为"素王"，此不蔽之福。

"虚壹而静"而"大清明"

怎样"解蔽？使人免遭"蔽"之祸患？层层深入，逻辑缜密，直指人心，好似使人欲罢不能，无法拒绝其"醍醐灌顶"一般。

《荀子·解蔽》：圣人知心术之患，见蔽塞之祸，故无欲、无恶、无始、无终、无近、无远、无博、无浅、无古、无今，兼陈万物而中县衡焉。是故众异不得相蔽以乱其伦也。

圣人深知用心会出现的偏差过患，明了蔽塞之为祸，所以，澄净其心，破除蔽塞和种种偏向一边的观念，"兼陈万物而中县衡焉"，让万物一一如实平等呈现在眼前，不以先入为主的主观好恶来评判，从而可以清楚知道什么才是真相，如何才是恰到好处的中道而行。

"兼陈万物"，此同《金刚经》所说之"无所住而生其心"，心不住着在哪一点上，所以心镜圆明，万物如实呈现于心，洞察一切事理经纬，所以作出决定就不会是偏差的，而是根据整体和长远来采取行动。"众异不得相蔽以乱其伦也"，各种不同的意见也不会遮蔽真相、淆乱事理。所以能如理而行，游刃有余。

《荀子·解蔽》: 何谓衡? 曰: 道。故心不可以不知道; 心不知道, 则不可道, 而可非道。人孰欲得恣, 而守其所不可, 以禁其所可? 以其不可道之心取人, 则必合于不道人, 而不合于道人。以其不可道之心与不道人论道人, 乱之本也。夫何以知? 曰: 心知道, 然后可道; 可道然后守道以禁非道。以其可道之心取人, 则合于道人, 而不合于不道之人矣。以其可道之心与道人论非道, 治之要也。何患不知? 故治之要在于知道。

什么是衡量一切是非、能够恰当而行的"标准"? 这就是"道"。心知"道"是解蔽的核心, 治理天下的关键在于知"道"。

解蔽之方: "虚壹静" 之三德

重点来了——人何以知道? 入手处: 从 "虚" "壹" "静" 之三德开始。

《荀子·解蔽》: "人何以知道? 曰: 心。心何以知道? 曰: 虚壹而静。心未尝不藏也, 然而有所谓虚; 心未尝不两也, 然而有所谓壹; 心未尝不动也, 然而有所谓静。人生而有知, 知而有志; 志也者, 藏也; 然而有所谓虚; 不以所已藏害所将受谓之虚。心生而有知, 知而有异; 异也者, 同时兼知之; 同时兼知之, 两也; 然而有所谓一; 不以夫一害此一谓之壹。心卧则梦, 偷则自行, 使之则谋; 故心未尝不动也; 然而有所谓静; 不以梦剧乱知谓之静。未得道而求道者, 谓之虚壹而静。作之: 则将须道者之虚则入, 将事道者之壹则尽, 尽将思道者静则察。知道察, 知道行, 体道者也。虚壹而静, 谓之大清明。

心何以能知"道"? 曰: 心有"虚""壹"而"静"之三德。

人生而有知, 知而有记, 即所谓藏也。然而有所谓虚, 不以过去之所已藏, 也就是说不以已获得的知识, 而堵塞住新的知识的输入, 谓之虚。"不以所已藏害所将受谓之虚。"

所谓"虚", 就是《庄子》所说的无己、无功、无名, 乃能"不以所已藏害所将受", 心一有所"执藏"则必有所蔽, 唯其无藏乃能无功、无名, 则能"虚"。荀子之本意, "解蔽", 即解此"蔽"。不能以"成见"遮盖心体本有的自性光明。

　　《黄帝内经》上说："见知之道，唯虚无有；故执道者之观于天也，无执也，无处也，无为也，无私也。"心没有执着，没有固定的处所，不刻意地作为，不执着一己的私心，这样才能明得"道"之真面目。

　　《荀子》所谓"虚"，是"已藏"和"将受"的统一，并非是断灭的空无，而是"空而不空"，没有任何实在的东西存在，任何事物都无自性，但是也并非空无一物。荀子用"虚"字来描述，并不是用"无"，也可见心"空而不空""本质如幻"的奥妙。也恰恰是"虚"才能大有。宇宙大爆炸之前，一切本自俱足。什么都不缺，样样俱足，才能产生一切。

　　"虚"，其实也正是心本有的特质。解开知识、成见、概念等的先入为主的蔽障，"虚"的心体就呈现了，智慧就洞然了。

　　"心未尝不两也，然而有所谓壹。"一心可以同时知道各种各样的事物，比如同时听到不同的声音，感受到身体上不同的感受，看上去十分庞杂，但是都不会影响心的这个觉知一切的功能，万事万物都能如实映现在心上。杂而不影响一，也即是说有"遍知"的功能。这就是"壹"。

　　"心卧则梦，偷则自行，使之则谋；故心未尝不动也；然而有所谓静。"举例讲心的状态有三种：一是睡时会做梦，思维并没有完全停下来。二是心走散了会胡思乱想，念头像天马行空。三是思考问题时会有各种意见想法出来。"心未尝不动也，然而有所谓静"。心随时在动，起念头、做事，都是心在动，但是动中有个永远不动而宁静的。

　　虽然事相纷繁，但是却可以不因事相杂乱而动摇其本。只有证悟此始终处于大定静的妙心，才能不被烦恼、烦乱的事相所障，才能实现"无执也，无处也，无为也，无私也"，才会知道"已藏"和"将受"是统一不悖的一体。

　　荀子"不以梦剧乱知谓之静"。不被如瀑布流的心意识而乱"知"，乱了这个"知"的功能，这就是心性本有的宁静、大定。定无定相，是名真定。动静一如，体用一如，虽然忙着处理各种杂务，但是忙而不忙，心体没有动。没有僵化，没有绝对，没有因执一端而失其另一端。

　　于是，才能进而做到修身与事功的双重圆满，内圣与外王的和谐统一。这就是荀子的高明之处，修身与事功两不相碍。

管子对心的奥秘，也有深入的实证，可以与荀子的"虚、壹、静"相互佐证。《管子·心术》："虚者，无藏也；虚其欲，神将入舍。"所有执着的欲求放下，神明智慧的心体就呈现了。

《心术上》说："是故有道之君，其处也无知（虚灵），其应物也若偶之（如实反应），静因之道也。"有道君子内心要保持虚灵不昧，才能如明镜一样如实映照万物。

荀子说，没有得道而追求得道的人，其路径与方法即是：虚壹而静。

"作之：则将须道者之虚则入，将事道者之壹则尽，尽将思道者静则察。知道察，知道行，体道者也。虚壹而静，谓之大清明。"

第一，"将须道者之虚则入"，放下，归零，体悟到心所显现的一切都是"虚"，可以入道。"入"者，下手处也。

第二，"将事道者之壹则尽"。证得了"道"的这个"壹"的功能，便能充分掌握"道"的奥妙与运用，如老子所说"天得一以清，地得一以宁，侯王得一以为天下正。

第三，"尽将思道者静则察。"证得了宁静的心体，则了了清明，洞察事物的真相。

"知道察，知道行，得道者也"。洞察万物实相，并且如理合道而行，这就是得道了，圣人境界。这就是"虚壹而静，谓之大清明。"这是一个修道、证道、行道的过程与方法。

用之于"修"与"行"的结合，而不舍其"清明在躬，凝然专一"，由静而得定，因定而起用，因用而越发灵光，得大清明，自在无碍。

而后才有接下来的起用与事功。如果不是真正有了"虚壹而静"的证悟，以下这些话，一般人可能以为是荀子用的形容词，而其实正是他的实证的智慧境界。

保任起用，圆满事功

《荀子·解蔽》：万物莫形而不见，莫见而不论，莫论而失位。坐于室而见四海，处于今而论久远。疏观万物而知其情，参稽治乱而通其度，经纬天地而材官万物，制割大理而宇宙里矣。恢恢广广，孰知其极？罜罜广广，孰知其德？浯浯纷纷，孰知其形？明参日月，大满八极，夫是之谓大人。夫恶有蔽矣哉！

养心、治心、安心到"虚壹而静"时，就会达到"大清明"的理想境界。就能确保"心"认识"道"而避免任何蔽塞；如同《庄子·齐物论》所说的"得其环中"，"和之以天倪"，因为见道透澈，毫无偏执。对事物明察秋毫，见则能论，论则到位。坐于室内而知天下，处于今天而明久远。

所以荀子开篇即说"治则复经"，解蔽，而回归圆满之常态，也就是大清明境界。"大清明"是"解蔽"的结果，"虚壹而静"是方法。

因为人获得了智慧，具备了洞察一切事物本质的能力，做事情则能够明辨是非、准确预见，时时突破思维局限与屏障，于事务中处于主动而游刃有余。所以"疏观万物而知其情，参稽治乱而通其度，经纬天地而材官万物，制割大理而宇宙裹矣"。洞察真相，知情知理，检视天下治乱而能通晓治理的法度，在纷繁纵横复杂的事务中有条不紊，人尽其才，物尽其用。观万事万物如掌中观物，不出一心，"经纬天地而材官万物"，经纶天地、治理天下万物，井井有条，这就是中国人的大智慧。

治理的最高境界，不是在问题到来时忙着解决问题，而是事先发现问题的苗头、预见未来，问题在苗头时已被觉察，祸患被制止在萌芽状态，防微杜渐，防患于未然。

"恢恢广广，孰知其极？罜罜广广，孰知其德？浯浯纷纷，孰知其形？明参日月，大满八极，夫是之谓大人。夫恶有蔽矣哉！"宇宙广阔无极，而大人、圣人明参日月，心与天地为一，与宇宙共驰驱，是没有任何事物可使其蔽塞的。

荀子这里说明圣人的境界。与天地合其德，与日月合其光，无边无际，心包太虚，明白四达。

宋代爱国将领文天祥，陷落元军之手后，解送到北京的路上作的一首诗，体现的正是这种"明参日月，大满八极"的解脱与正气：

谁知真患难，忽悟大光明，
日出云俱静，风消水自平。

功名几灭性，忠孝大劳生。

天下惟豪杰，神仙立地成。

他对这首诗的写作背景说明是"岁祝犁单阏，月赤奋若，日焉逢涒滩（己卯年丑月甲申日那一天），遇异人指示以大光明正法，于是死生脱然若遗矣。"指出是有"异人"传授给了他"大光明正法"，令他对生死能够"脱然若遗"，像蝉脱去无用的外壳获得自在飞翔。

所以说，从"虚壹而静"到"大清明"，并不只是思想境界之事，而是直接影响到一个人的做人气节、品行、操守，乃至大无畏之爱国之情。

荀子以"大清明"的智慧，一方面尖锐而准确批判性总结先秦各家思想，解百家之蔽；二是这种智慧心法的证悟路径本身，就是对人类智慧开发的重大贡献，他提出了直指人心、顿开智慧的方法，以使人人可以解脱心的遮蔽，证得"大清明"的本心，人人可以成为圣贤。

对于我们当今社会某些情况，有的人在"利"上出问题，有的在"名"上出问题，有的在"情"上出问题，等等，都是由于"蔽"于一曲，而在痛苦烦恼中挣扎。我们的社会需要引导人精神净化的文化，引导人们深刻反省、反思，深刻地"批评与自我批评"，每天如果能有半个小时的"三省吾身""自我解蔽"，或会减少许多过失，会减少许多违法乱纪之行为。

我们社会需要洞彻智慧的经世济民之才。而成为贤才，首先是治心、安心。

解蔽、虚壹而静，得大清明，正是为此提供了一个易行且有成效的方法。得大清明，再用于积极的入世、利益社会众生。只有通达智慧，才能使社会治理达到理想境地。此为内圣外王之道。

而我们运用"虚壹而静"而"大清明"的方法，学习研究，领会、参悟、实证之，则是为多快好省培养人才、锻造人才的有效方法。中国古代从士、君子到圣贤一直走的就是这样一条内圣外王的路子。

《荀子·解蔽》：心者，形之君也，而神明之主也，出令而无所受令。自禁也，自使也，自夺也，自取也，自行也，自止也。故口可劫而使墨云，形可劫而使诎申，心不可劫而使易意，是之则受，非之则辞。故曰：心容其择也无禁，必自见，其物也杂博，其情之至也不贰。诗云："采采卷耳，不盈倾筐。嗟我怀人，寘彼周行。"倾筐易满也，卷耳易得也，然而不可以贰周行。故曰：心枝则无知，倾则不精，贰则疑惑。以赞稽之，万物可兼知也。身尽其故则美。类不可两也，故知者择一而壹焉。

"心者，形之君也，而神明之主也，出令而无所受令。"心是身体的主宰，一切行为受心的支配。"心不可劫而使易意"，心是五官行动和意识的主宰，不受他物的节制。

"故曰：心容，其择也无禁，必自见，其物也杂博，其情之至也不贰"。心是无限包容博大的，能自由自在根据自己的见解，作出种种决定选择。"其物也杂博，其情之至也不贰"，虽然万事万物很杂乱，但心体是宁静专一的，所以它能对一切了了分明、言行得当。

荀子用《诗经》中一首诗来比喻，"采采卷耳，不盈倾筐。嗟我怀人，寘彼周行。"采呀采呀采卷耳，可是总是装不满筐，我怀念的人在什么地方呢？我只好把竹筐放在大路上。心里想着有情人，手中的事就三心二意干不好了，比喻假如心跟着外物跑了，会终无所得，虚掷韶华。"倾筐易满也，卷耳易得也，然而不可以贰周行。"要把筐采满其实不难，但如果不能用心专一，心胡乱飞驰，就采不满。

"心枝则无知，倾则不精，贰则疑惑。参于道以赞稽之，万物可兼知也。"所以心如果散乱，就不会产生真的智慧，思想偏斜就不会精当，思想不专一就生疑惑。心合于道，才能明察万物，智慧通透。

试想现代我们每个人的心，不都是"枝、倾、贰"的状态吗？每天在各种网络信息中散乱着，在各种声色欲望中迷失，不能宁静专一，所以我们的智慧不深透，不开阔，烦恼也重。看似各种物质声色享受更丰富，实际上内心更加没有宁静。

"身尽其故则美，类不可两也，故知者择一而壹焉。"亲身实证方知其美其妙，非逻辑推理分析演绎而得，而是"惟精惟一"，心念不乱，万事才会处理得精到，故智者"择一而壹"，方可"允执厥中"，此谓"虚壹而静"而"大清明"的境界的发挥。

《荀子·解蔽》：农精于田，而不可以为田师；贾精于市，而不可以为市师；工精于器，而不可以为器师。有人也，不能此三技，而可使治三官。曰：精于道者也。精于物者也。精于物者以物物，精于道者兼物物。故君子壹于道，而以赞稽物。壹于道则正，以赞稽物则察；以正志行察论，则万物官矣。

农民精于种田，却不擅长做管理农田的官吏；商人精于买卖，却不擅长做管理市场的官吏，工匠精于器物却不擅长从事管理和制造业。有的人不擅长此三种技能却能做管理者。

"精于道者也。精于物者也。精于物者以物物，精于道者兼物物。"有通才，有专才。精于道者，不一定精于某一项具体技能；"精于物者以物物"，精于某一项具体事物者只能从事某一项专门技能。"精于道者兼物物"，精于道者，明了所有领域共通的大原理和规律，因此可以治理一切事物，但得本不愁末。"故君子壹于道，而以赞稽物。""壹于道"，心专一于道，以参天地化育，经纶万物。专一于道之心平正不倾，洞察事物奥妙，处理万事有条不紊。

这也就是管理人才与专业人才的关系。管理人才应"兼可以治众物"。而在当代，培养秉持中道精神的管理人才和拥有工匠精神的高级专业人才，皆是为所亟须。通过专业技能的深入精研，进而进入道的境界，中外也大有其人。庄子《养生主》上讲的庖丁，就是通过宰牛的技巧修炼，而悟了游刃有余的养生处世之道。

古代科举考试的制度，在人才方面，是遴选和培养"精于道"者，要有经纶天地、经世济民的智慧德行。中国自古重视培养"精于道者"的管理思维与治理模式，这也一直是中华文明能保持为人类先进文明的重要原因。这即是系统思维的综合治理模式。《大学》开篇"大学之道，在明明德，在亲民，在止于至善"就是"道"，"内圣外王"就是"道"。只有专才的能力而无全局的视野、无服务大众的热忱之心，是不能够担任领导职务的。

早在青年时期，毛泽东就主张，把握事物的"大本大源"，当面对万千事物时，要从大处着眼，首先抓住它的根本。抓住了根本，其他枝节问题才能迎刃而解。他总是强调纲举才能目张。这就需要一个是全局性的眼光，一个是敏锐的预见性，一种深沉的对国家对人民的奉献、爱护之心。

当代的教育，就是偏离了"道"的教育，所以连中医思想都有很多中国人反对。这是因为没有了中道、和谐、普遍联系的思维了。学校教育分科太细，只让学生练就了生存的技能，但是对人生观、世界观的整体的修养，却没有形成，对年轻一代的健康成长是不利的。古代的士大夫，都是从小接受内外兼修、自达达人的教育，要敬业乐群，所以是从根本上抓的。

"壹于道"的理念应成为人类社会治理的永恒的灯塔。方式方法、外在形式会与时改进，其"道"亘古不变。西方社会也有其道，一旦偏离了商业道德、契约诚信等原则，也会出现金融危机这样的问题。当前是科技文明时代，科技文明也必须以合于和谐、平衡的"道"为底蕴支撑，方才不会导致人类社会发展出现偏差。环境污染、贫富分化等问题，都是因为全球的治理没有"壹于道"。

壹于道者，天下大治

《荀子·解蔽》：昔者舜之治天下也，不以事诏而万物成。处一危之，其荣满侧；养一之微，荣矣而未知。故道经曰："人心之危，道心之微。"危微之几，惟明君子而后能知之。故人心譬如盘水，正错而勿动，则湛浊在下，而清明在上，则足以见鬚眉而察理矣。微风过之，湛浊动乎下，清明乱于上，则不可以得大形之正也。心亦如是矣。故导之以理，养之以清，物莫之倾，则足以定是非决嫌疑矣。小物引之，则其正外易，其心内倾，则不足以决麤理矣。故好书者众矣，而仓颉独传者，壹也；好稼者众矣，而后稷独传者，壹也。好乐者众矣，而夔独传者，壹也；好义者众矣，而舜独传者，壹也。倕作弓，浮游作矢，而羿精于射；奚仲作车，乘杜作乘马，而造父精于御：自古及今，未尝有两而能精者也。曾子曰："是（视）其庭（筵）可以搏鼠，恶能与我歌矣！"

以舜之治天下为例，阐述"壹于道"之重要。

因为他"处一危之""养一之微"，处心专一，时刻处于戒惧的境界，唯恐心思走偏犯错，反省审查，达至精微的程度。如此用心不殆，必然外王事功通达，"荣矣而未知"，甚至都不知这一切荣耀都是怎么来的。"人心之危，道心之微。"危微之处，惟明智之君子而能知之。

如君子"如临深渊，如履薄冰"一样戒惧而用心精微。《尚书·大禹谟》

中有"人心惟危，道心惟微，惟精惟一，允执厥中"，这十六个字中华心法。是舜传给大禹的十六个字心法。当时圣人之所以为圣人，就是因为得道；那时所谓道的中心，就是"心法"。传说是尧授舜，舜授禹，经商汤、文、武、周公、孔子、荀子等一路下来。虽然历史上中华心法传承一度几近其命若悬丝，却还是一直传承至今。

"人心惟危"，人心随时会产生恶念，是很危险的。"道心惟微"，道心很微妙，修养的功夫很微妙，不过人是能够将危险的"人心"转化为"道心"，那就要"惟精惟一，允执厥中"，心念精诚、专一，保持中正无私，就是道心，就化解了危险的人心。

荀子用水做比喻：平静清澈的水面，能照见人的胡须眉毛皮肤的纹理，但微风吹过，清水被搅乱，沉渣泛起，人的形象看不清楚了。人心亦如此，归于专一清净，不为名利等一切外在因素所扰，则能明断是非，决断疑惑。如果受利益引诱驱使，内心失正，连最简单的道理事理也糊涂而难以正确决断了。

苏东坡曾有一句诗表明自己内心修养很安定，"八风吹不动，端坐紫金台"，八风就是"利衰、毁誉、称讥、苦乐"，都能让人心散乱，而不能保持中正清明。但结果佛印禅师在他的诗上批了一个"屁"字，就让苏东坡气愤不已，当下就让一阵"风"吹得现了原形。

人心湛然寂静的时候，才能够洞察事物的本质。否则，便不能洞悉事物的本相而被现象所蒙蔽。譬如水面如果风平浪静，就能清楚照见人脸，但是如果湖水搅动，污浊渣滓动乎下，清明乱于上，就照不见人之本形了。

古代好文字书法者多矣，唯仓颉名声流传；好稼穑者多矣，唯后稷名声流传；好乐者多矣，唯夔能名声流传，都是因为"壹"，一心专精不懈的缘故。而舜之所以美名流传，是因为他一生"壹"于义，行义不懈，一生都在做符合道义的事。

荀子列举了许多案例后得出结论："自古及今，未尝有两而能精者也。"三心二意，散乱放逸，是不可能精于事务，深入道之精妙的，这就是专一的重要。怎样才能高度专注，发挥心的"壹"的功能？荀子"虚壹而静"而"大清明"，正是此针对方法。

荀子证悟了心的"大清明"，但是他没有走向虚玄的路子，而是将这种智慧用到社会治理的实践当中，以至于达到极致的"治"的境界。

"虚壹而静"是内圣外王之道的点睛之笔，能够"守护其道，心不移志"而圆满事功者，由"虚一而静"而达致。

中国文化自古是内圣外王一体，自古从伏羲、神农、黄帝，都是如此，到了周朝的文武以后，"内圣外王"逐渐分开，内圣之道变成师道，外王之道变成君道，集中于治理天下。实际上，最本质的中国政治思想，是内圣外王一体，立功立德立言一体。君主不仅作之君，还要作之师，作之亲，不仅治理天下，还要教化天下，做天下老百姓的大家长。这是对君主有多么高的要求！所以中国文化下，君主绝对不是什么为所欲为的独裁，而是以绝对高尚的德行智慧，赢得民众心悦诚服。这在历史上是事实。实际上，也只有君主有高尚的道德、广博的知识，能诚敬爱民，才能带领好国家万民。

不勉而中，不思而得

《荀子·解蔽》：空石之中有人焉，其名曰觙。为其为人也，善射以好思。耳目之欲接，则败其思；蚊虻之声闻，则挫其精。是以辟耳目之欲，而远蚊虻之声，闲居静思则通。思仁若是，可谓微乎？孟子恶败而出妻，可谓能自强矣，未及思也；有子恶卧而焠掌，可谓能自忍矣；未及好也。辟耳目之欲，远蚊虻之声，可谓危矣；未可谓微也。夫微者，至人也。至人也，何忍！何强！何危！故浊明外景，清明内景，圣人纵其欲，兼其情，而制焉者理矣；夫何强！何忍！何危！故仁者之行道也，无为也；圣人之行道也，无强也。仁者之思也恭，圣者之思也乐。此治心之道也。

石洞之中有人，名叫觙。他好沉思仁义的道理。耳目接触到欲望，就会干扰他的思维；听到蚊虻的声音，就会干扰他的专精。所以他避开耳目欲望，远离蚊虻的声音，"闲居静思"，思维仁义的精义。荀子问，像觙那样是否就达到精微奥妙的境界了呢？荀子说，这只能说是达到戒惧的境界，很恐惧受到感官的诱惑的分心，于是干脆逃避感官的诱惑，这还不能说是达到了精妙的境界。

孟子恐怕妨碍自己修身而休妻，在修身上可算是很自强了，但未达到精思的程度。实际上只要真正致力于修身，没有任何外在因素能左右到自己，任何环境下都能修身，因为真正的修身，是修自己的内心，可以至精至微到连自己的身体都能放下，跟休妻不休妻更是不相关的。

孔子学生有若读书怕打瞌睡，就用火烧灼自己的手掌，可算是能自我忍耐了，但还不是真正进入乐此不疲的状态，没有进入读书的最高境界。汉代的孙敬头悬梁、战国时的苏秦锥刺股的故事都是类似。而实际上，真正喜欢读书的人会进入专一忘我的状态，忘记时间，废寝忘食，乐不可言。

"夫微者，至人也。至人也，何强！何忍！何危！"修身和用心达到精妙境界，就是圣人了。既然是圣人，还需要特别地勉力、克制、戒惧吗？他已经进入到自如、自动化的境界了，不必再强行地忍耐、自我激励。

"人纵其欲，兼其情，而制焉者，理矣。夫何强！何忍！何危！"圣人从心所欲，尽情所至，而能节制情欲不逾分，哪还用得着勉力、克制和戒惧呢？心里有道，有原则，随心所欲而不逾矩。"故仁者之行道也，无为也。"仁者行道，是不刻意作为的，"圣人之行道也，无强也。"圣人行道则是不勉强而为的，而是怀着一颗欢喜心去行道，心甘情愿为人民服务。"仁者之思也恭，圣人之思也乐。"仁者的思虑恭敬慎重，圣人的思虑轻松畅然。这是治心之道。

所以说仁者、圣人念兹在兹，清明在恭；行住坐卧，与道合一；不勉而中，不思而得；从容中道，允执厥中，此治心之道也。

这里引用两首相隔两百多年的诗，以此互参。

唐代李翱拜药山禅师请益佛法。药山禅师一手指天一手指地。李翱不会，问禅师何意？禅师说："云在青天水在瓶。"李翱有省，作诗曰：

修得身形似鹤形，
无忧松下两函经。
我来问道无余说，
云在青天水在瓶。

两百多年后，宋代张商英悟道以后，看禅宗的书，看到此诗，认为此诗并不究竟，他又写了一首偈子：

> 云在青天水在瓶，
> 眼光随指落深坑。
> 溪花不耐风霜苦，
> 说甚深深海底行。

心体还有一丝渗漏，或停留在一种清净的境界，不能入世致用且不为所累，停留在如同死水的"深坑"里，也像温室花朵经受不得风霜，就不是真正止于至善的境界。张商英认为李翱所悟，是初步的，并不深透。仁人圣人之行道，出世入世、乃至刀山火海均自在无碍，此谓治心之道。

怎样避免错误的判断？

《荀子·解蔽》：凡观物有疑，中心不定，则外物不清。吾虑不清，未可定然否也。冥冥而行者，见寝石以为伏虎也，见植林以为后人也：冥冥蔽其明也。醉者越百步之沟，以为跬步之浍也；俯而出城门，以为小之闺也：酒乱其神也。厌目而视者，视一为两；掩耳而听者，听漠漠而以为哅哅：势乱其官也。故从山上望牛者若羊，而求羊者不下牵也：远蔽其大也。从山下望木者，十仞之木若箸，而求箸者不上折也：高蔽其长也。水动而景摇，人不以定美恶：水势玄也。瞽者仰视而不见星，人不以定有无：用精惑也。有人焉以此时定物，则世之愚者也。彼愚者之定物，以疑决疑，决必不当。夫苟不当，安能无过乎？

人要时刻保持内心静定、清明，才能不被事物的假相所迷惑。心不能静定，那么感官会发生错觉。有的人却依据感官的错觉来判断事物的是非曲直，就是愚蠢之人，怎么能无过患呢？

举例来讲，走夜路的人，看见横卧的石头就以为是趴着的老虎，看见远处的树林就以为是一群人，因为黑暗蒙蔽了他的视力。醉酒的人要过百步宽的水道，还以为半步宽的小沟；一个人低着头走出城门，以为是小小的房门，是因为酒乱心神。按着眼睛看东西，一件会看成两件；捂住耳朵听声音，听到嗡嗡声以为是雷鸣。这都是感官受到了扰乱。从山上远望山下的牛，牛像是羊一般大小，牧童不会下山去牵羊。从山下远望山上的树木，七丈高的大树像筷子，人们不会上山去折树。晃动的水面照不清人影，盲人看不见星星，人们不会根据盲人的话去判定。因此，"彼愚者之定物，以疑决疑，决必不当。夫苟不当，安能无过乎？"愚者以疑惑不定的心去判断疑惑不清的事物，能无过乎？

《荀子·解蔽》：夏首之南有人焉，曰涓蜀梁。其为人也，愚而善畏。明月而宵行，俯见其影，以为伏鬼也；昂视其发，以为立魅也。背而走，比至其家，失气而死。岂不哀哉！凡人之有鬼也，必以其感忽之间，疑玄之时定之。此人之所以无有而有无之时也，而己以定事。故伤于湿而痹，痹而击鼓烹豚，则必有敝鼓丧豚之费矣，而未有俞疾之福也。故虽不在夏首之南，则无以异矣。

夏首的南边有一个名叫涓蜀梁的人，生性愚蠢而胆小。月光的夜晚行走，看见自己的身影，以为是趴在地上的鬼，看见自己的头发，以为是站着的妖怪，吓得转身就跑，至家中就断气死了。这难道不可悲吗？大凡人以为有鬼，一定是在他精神恍惚，疑惑昏眩的时候才认定有鬼的。

"此人之所以无有而有无之时也，而己以定事。"人们在恍惚之时判定某件事情，结果就会像涓蜀梁那样害了自己。"故伤于湿而击鼓，痹而击鼓烹豚，则必有敝鼓丧豚之费矣，而未有俞疾之福也。""鼓庳"是古代一种击鼓驱赶麻风鬼的仪式。有人患的是风湿病，却敲鼓驱赶麻风鬼，鼓敲破了，猪被杀了，但病不会治愈，白辛苦一场。"故虽不在夏首之南，则无以异矣。"即使不住在夏首的南边，但与涓蜀梁的荒谬也没有什么区别。所以，"以疑决疑，决必不当。夫苟不当，安能无过乎"？决断之前务必静心下来，才能正确判断与决定。否则"以疑决疑"，就如涓蜀梁和"伤于湿而击鼓"的人一样犯错。

荀子用这个例子说明"凡观物有疑，中心不定，则外物不清"。"以疑决疑，决必不当。"原因是自己被自己蒙蔽了。

以圣王为师

《荀子·解蔽》：凡以知，人之性也；可以知，物之理也。以可以知人之性，求可以知物之理，而无所疑（凝）止之，则没世穷年不能无也。其所以贯理焉虽亿万，已不足浃万物之变，与愚者若一。学、老身长子而与愚者若一，犹不知错，夫是之谓妄人。故学也者，固学止之也。恶乎止之？曰：止诸至足。曷谓至足？曰：圣王也。圣也者，尽伦者也；王也者，尽制者也；两尽者，足以为天下极矣。故学者以圣王为师，案以圣王之制为法。法其法以求其统类，以务象效其人。向是而务，士也；类是而几，君子也；知之，圣人也。

人的生命是有限的，认识也是有限的，不知有所止，不知有所为而有所不为，则"没世穷年不能无也。"一个人即使掌握了成千上万的"物之理"，却不能明了洞察一切的"道"，也不足应对千变万化的事物。如果以此为学习目标，"愚者若一"。学到老，还不知返，是为妄人。

"故学也者，固学止之也。""止"于何？止于"圣王"，也就是止于至善，也就是应落实在根本智慧的开发，实现对"大清明"的心性的证悟。圣者，通晓道德规范、人间伦理，王者，通晓社会制度、社会管理。此两尽者，足以为天下的模范。所以，要修到这样的智慧德行，才是学人的目标。

《庄子·养生主》："吾生也有涯，而知也无涯。以有涯随无涯，殆已！已而为知者，殆而已矣！"庄子也认为，知识无限，如果不能找到思想中心，那么就会被知识淹没。荀子也认为，"以可以知人之性，求可以知物之理，而无所疑（凝）止之，则没世穷年不能无也。"

怎么才是"以一持万"的方法？庄子而以"齐物"为归，觉悟了视万物平等、自他不二的心性，那么就通晓了万物之理。在荀子这里，是以圣王为师，圣王也是觉悟了最高道理的人。但得本不愁末，把握了"道"，则一通百通，触类旁通。

《荀子·解蔽》：故有知非以虑是，则谓之惧；有勇非以持是，则谓之贼；察孰非以分是，则谓之篡；多能非以修荡是，则谓之知；辩利非以言是，则谓之诬。传曰："天下有二：非察是，是察非。"谓合王制不合王制也。天下不以是为隆正也，然而犹有能分是非、治曲直者邪？

若夫非分是非，非治曲直，非辨治乱，非治人道，虽能之无益于人，不能无损于人；案直将治怪说，玩奇辞，以相挠滑也；案强钳而利口，厚颜而忍诟，无正而恣孽，妄辨而几利；不好辞让，不敬礼节，而好相推挤：此乱世奸人之说也，则天下之治说者，方多然矣。传曰："析辞而为察，言物而为辨，君子贱之。博闻强志，不合王制，君子贱之。"此之谓也。为之无益于成也，求之无益于得也，忧戚之无益于几也，则广焉能弃之矣，不以自妨也，不少顷干之胸中。不慕往，不闵来，无邑怜之心，当时则动，物至而应，事起而辨，治乱可否，昭然明矣。

一个人有智慧不用于思考圣王之道，谓之畏怯。有勇力却不用于维护圣王之道，谓之贼害。有观察力却不用于分辨是否符合圣王之道，谓之篡乱。有才能却不用于推行圣王之道，谓之圆滑。有辩才却不用来宣讲圣王之道，谓之废话连篇。

真理只有一个，如果心不能用于追求真理，那么都会发生偏差。"惟此一真实，余二皆非真"。

传曰："天下有二：非察是，是察非。谓合王制与不合王制也。天下不以是为隆正也，然而犹有能分是非、治曲直者邪？"看待天下事物有两种角度：一种是从非中看出是，另一种是从是中看出非。是非的标准只有一个，是否符合圣王之制。难道天下还有不以王制为最高标准，仍能分辨是非曲直的吗？求道为学者必须以圣王为师，以圣王之制为法。

百家之说纷起，要以圣王之制作为治国的最高准则，作为判断是非的唯一标准。有了这样一个标准，就可以使求道为学有一个明确的标准。这个目标就是圣王之制。

"若夫非分是非，非治曲直，非辨治乱，非治人道，虽能之无益于人，不能无损于人"。假如不分是非曲直，不辨治乱与否，不用圣王之道于世，即使有才能，对人民也无益；没才能，对人民也没有什么恶的影响。甚至能力越大越糟糕。"析辞而为察，言物而为辨，君子贱之。博闻强志，不合王制，君子贱之。"巧言善辩，博闻强识，但是言行不合乎圣王之道，君子看不起这样的言行。

好辞让，崇礼义，走圣王之道的修养，才是真正的君子所为。这在现代社会也是有很大启发的。不是如一些学者作家，用各种奇言怪辞、故作高深，用离奇猎奇的小说情节来描绘世界，来显示高明，而是要做诚笃君子，谦恭有礼，用真善美的学术、文章来端正人心，鼓舞人心，让社会更加和谐。

荀子批判了"治怪说，玩奇辞"之类的"乱世奸人之说"后，指出："为之无益于成也，求之无益于得也，忧戚之无益于几也，则广焉能弃之矣。不以自妨也，不少顷干之胸中。"既然那些"乱世奸人之说"没有任何价值，就应果断地予以抛弃，不应再让它存留在自己心中。

如何才是智慧通透、通晓王制？"不慕往，不闵来，无邑怜之心，当时则动，物至而应，事起而辨"。不贪恋过往，不担忧未来，没有忧愁、怜惜等过分的情绪，把握好当下，时机到了，该动则动，物来则应，去而不留，这样空灵定静之心应对治乱，决定是非，内心昭然明白。

《庄子·应帝王》也有同样的意思："至人之用心若镜，不将不迎，应而不藏，故能胜物而不伤。"对于一切面临的事务和境遇，没有贪执和排斥之心，只是如实地观照，按照该有的理路去应对，随做随丢，这样才能"胜物而不伤"，能游刃有余处理一切事务，才能让万物各安其位，生生不息。人们若能以虚静之心应对世事、齐家治国，社会必然大治。

第七章

礼法并治安天下

"礼"是中国文化的核心精神。中华民族之所以为"文明古国，礼义之邦"，正是因为"礼"的底蕴。通过礼的建设，中国人逐步建立有序的人伦和社会秩序，创生了礼乐文明和中国人特有的礼义精神，并将这种精神融入到了中国人的灵魂深处。"彬彬有礼""待人有礼"，如今仍还是中国人所尊崇的品质，可见礼义文化传承的力量。

对于国家的治理，礼有多重要？"人无礼不生，事无礼不成，国家无礼不宁。"如何践行礼？"先仁而后礼"，"礼也者，贵者敬之，老者孝焉，长者弟焉，幼者慈焉，贱者惠焉。"礼的本质是什么？"礼以顺人心为本，故亡于《礼经》而顺于人心者，皆礼也。"

荀子从社会现实出发，为了平息战乱走向和平，为了实现社会大治，发挥、升华孔子的思想，设计出"隆礼重法"的治世理论。这是一套更为积极有效的治理国策，同时也使得"内圣外王"之道在政治的实践过程中更加可行、实在有效。

礼法兼用——以礼领法，礼法互补，各有侧重。通过礼法兼用，使得社会有一套相互尊重、各归其位、秩序井然与和谐的社会范式，同时用刚性的法律约束少数用教化暂时不能使其向善的群体，从而实现天下大治。

礼的渊源与承继

中华民族自古是"文明古国"，"礼义之邦"，"礼"是中华民族文化的核心与要枢，传承了几千年乃至上万年。

礼不远人，最初即是来源于生活实际。《礼记·礼运》记载："夫礼之初，始诸饮食，其燔黍捭豚，污尊而抔饮，蒉桴而土鼓，犹若可以致其敬于鬼神。""陈其牺牲，备其罪俎，列其琴瑟，管磬钟鼓修其祝……以降上神与其先祖，以正君臣，以笃父子，以睦兄弟，以齐上下，夫妇有所，是谓承天之祜。"

礼最初是用饮食的礼节，表达对天地神明以及祖先的恭敬，借此引领一种忠孝和互敬之风。如今在中国一些乡村，还留存这种传统。有些地方春节期间，家中用餐之前，要先向祖先的牌位献供食物，表达的是一种孝道和恭敬先辈之心。

通过礼的表达，中国人逐步建立起有序的人伦和社会秩序，创生了礼乐文明和中国人特有的人文精神。礼的形式在五帝时代初步有了文字记载，到周朝已形成了十分完善的《礼》的经典。周公旦"制礼作乐"，反映了周朝的进步与文明。随着生活的向前发展，礼的形式也随着经济的富裕与文化的进步而日臻完善。

历史发展到东周时期，随着周王朝的权势日益衰弱，诸侯争霸的局面此起彼伏，也出现了"礼坏乐崩"的局面。在当时"周室微而礼乐废诗书缺"的情况之下，孔子急切"追迹三代之礼"，以保存中华古代文化并以教育后代为己任。

孔子继承和整理了中华民族前代的文化遗产《六艺》，经过选择取舍，整理成以《礼》为核心、对学生讲授的教材《六经》。《礼》是《六经》的核心，是政治的基础。孔子由卫至鲁首先关心《礼》与《乐》的整理，这直接关乎百姓生活、社会秩序与国家安定。

然而，孔子历尽艰辛整理《六经》等文化典籍，可惜到春秋末至战国时，孔子之学接近式微。幸亏后来再由荀子整理、弘传下来。因此，谈中国文化的传承不能不谈荀子。而且荀子不只传布六经，更重要的是经过荀子创造性改造与发展的荀学思想，用之于治世、教化、"缔造千岁之固"的国家，影响中国社会文化发展两千多年，还将深远影响未来。

产生秩序与和谐的"礼"

礼能平衡"心物"与"人我"

礼起于何？礼不是高高在上、脱离人伦实际的，而是起于"养人之欲，给人之求"，以礼调节"欲与求"的平衡关系。不是不要物质给养，而是设置一定的限度，内心不会沉迷在无限的物欲追求中，达到"心物"的平衡。

"礼"也是个体间的行为准则，如君臣、父子、兄弟、朋友间的规范，是关于人与人之间相处和谐的原则，能在人与我之间建立最恰当的相处尺度，达到全赢，人人都舒适。"恭而无礼则劳；慎而无礼则葸；勇而无礼则乱；直而无礼则绞"，做人时刻离不开礼，即算有恭、慎、勇、直这些美德，如果不以礼来中和约束，则会发生劳、葸、乱、绞的弊病。

《荀子·礼论》：礼起于何也？曰：人生而有欲，欲而不得，则不能无求。求而无度量分界，则不能不争；争则乱，乱则穷。先王恶其乱也，故制礼义以分之，以养人之欲，给人之求。使欲必不穷于物，物必不屈于欲。两者相持而长，是礼之所起也。

人的各种欲望是与生俱来的本能。欲望得不到满足，就会产生争夺，一争夺，就会造成社会的动乱，"故制礼义以分之"，用礼义将人们的欲望节制在一定的限度，就可以防争、止乱，以维护社会秩序。此为礼的起源。

礼的人性化的方面，体现在认可"人生而有欲"这一现实，有欲望但不要过分，有要求但不要强求。可是，当人们把握不好这个分寸，欲望要求无度量分界则发生争夺，因此要用礼义加以节制。"礼"为调解财产关系、调解社会关系的伦理范畴和标准，是"先王"为了调节人们的欲望、避免争夺混乱而制定出来的"度量分界"。礼的产生并非压制人的欲望，而是要使欲望得到合理满足。

中国两千多年前已经解决了人的过分贪婪、物欲横流而导致的争斗与战乱、导致的地球能源危机等矛盾，以礼来调节，并成为社会行为规范，如果不能遵守则辅以法制的规范，实行礼法并治。为什么过去两千多年中华文明大部分时间领先世界，但是世界上却没有发生这几百年来发生的那么多世界性危机，正是因为中国文化是礼义为主，讲究中道和合、天人合一的文化，而不是西方文明所主张的二元对立、精神物质分离为二的文化。因此"礼"的精神，对于物质欲望越发一发不可收拾的当代工商业文明，其中和、调节的作用，不可谓不重要。

礼的本源何自

《荀子·礼论》：礼有三本：天地者，生之本也；先祖者，类之本也；君师者，治之本也。无天地恶生？无先祖恶出？无君师恶治？三者偏亡，焉无安人。故礼，上事天，下事地，尊先祖而隆君师。是礼之三本也。

礼之本源有三，人类依天地而生存绵延，故人应尊奉天地；祖先乃血缘之始，有血缘才有人类绵延，故人要尊奉祖先；君师为社会治理和人文教化之本源，社会的安宁和谐，要靠君师之教育感化，故人应尊奉君师。后世尊崇天、地、君、亲、师，其源头也是荀子所倡导的礼之三本。

先王首先是取象天地以制礼。人与大自然不是相悖而行的，人与天地宇宙是共命体，礼的其中一种功能，就是作为人与天地良性互动的一种规范。

《荀子·天论》中说：天地以合，日月以明，四时以序，星辰以行，江河以流，万物以昌，好恶以节，喜怒以当。以为下则顺，以为上则明。万变而不乱，贰之则丧也，礼岂不至矣哉！

天地运行，日升月落，春秋往返，井然有序。人作为三才之一，顺从天地规律而行，就是礼的表现。人间的礼义制度、秩序规范与天地运行的自然法则具有本质上的一致性，本于天道的礼，内化于人自身，成为人道之本。这也是人参于天地、效法于天地的具体落实。

"无君师恶治？"先秦文献里"君"和"师"是一体的。"君"者，也当为人民之导师。《尚书·周书·秦誓》："天降下民，作之君，作之师，惟曰其助上帝，宠之四方。"人民的君主，不仅要治理国家让天下安宁富足，而且要做人民的老师，担当起领导、教化的责任。这是中国文化的传统。中国的文化在源头上，圣人和君王应该是合一的。如三皇五帝都是兼圣人和君王为一身。

所以中国的君主绝非西方欧洲等所认为的独裁专制。所谓的封建也并非西方历史中的那种割据的封建城堡。正如马一浮所言，中国三代"封建"指分封建国，以亲亲尊贤为义，与欧洲封建制绝不相同。

社会治理的效率，其终极来自心的管理，因而强调因顺人情而进行治理。

《论语·为政》说："道之以政，齐之以刑，民免而无耻；道之以德，齐之以礼，有耻且格。"礼由于更深入人情、人心，能更容易感染人，而不是像刑罚那样只是强硬地进行约束，所以先贤强调"礼"的作用。而礼乐教化一旦崩溃，只靠严酷刑罚，社会安定是持续不了的。

用礼来规范人类社会的行为，那么就达到天下太平的极致。礼的形式可能随着时代有变化，但是其精神内涵，却能"为万世则"。我们今天仍然能从荀子的"礼"中汲取智慧，正说明礼的穿透时空的意义。

"礼以顺人心为本，故亡于《礼经》而顺人心者，皆礼也。"礼以顺人心为本，荀子道出了"礼"最根本的价值。这也是礼能够流传千年的原因所在。礼是孔荀等圣贤通过对人心的洞察、对人情的体谅而制定，合乎人情人性，落实在人类安乐和谐，当然能够万古长青。要想人心安宁幸福，就要知"礼"，要想社会和谐文明，就要知"礼"。

对于我们今天的启示，一切的制度法规的安排，只要深入人心、体谅民情，一定能制定出民众拥护的制度，达到安定天下的效果。

"礼"可以正国安民

孔子主张为政以礼，认为"道之以德，齐之以礼，有耻且格"。荀子发展孔子之"礼"论，把"礼"提升到治国的高度。《荀子·王霸》："国无礼则不正，礼之所以正国也。"人类一方面要明了天地之道，另一方面要明了礼义之道。上知天文，下知地理，中知人事，这是中国文化对一个有修养者的期许。荀子正是本着这样的倡导，将天地自然与礼义重要性作等量齐观。

《荀子·大略》："夫行也者，行礼之谓也。礼也者，贵者敬焉，老者存焉，长者弟焉，幼者慈焉，贱者惠焉。"对有品德的人尊敬，对老者安抚赡养，对兄长恭敬，对晚辈尽慈爱，对卑贱者加以恩惠，这样用恭敬之心去为人处事，就是"行礼"，而不是今天简单鞠个躬就是行礼。

荀子讲"礼之理至深且大"。虽然人人都可以践行礼，但是礼的修养，什么样才是最高的标准呢？荀子提供了圣人的模样。他说："礼之中焉能思索，谓之能虑；礼之中焉能勿易，谓之能固。能虑、能固，加好者焉，斯圣人矣。"

因为礼的内涵很深，不仅能在行为上遵守礼的规范，同时还能通晓礼的内涵，对礼的分寸拿捏细致。一般人只是知其然而不知其所以然，容易陷入僵化。要择善固执，坚守礼的修养而不变。这就是"能虑""能固"，而再能以乐在其中的心态践行礼的修养，这样便可以成为圣人了。

礼是中道智慧，让人在生死、义利、安危之中，找到真正的安身立命之道，始终能保持无私无畏的正气。在抗美援朝前线，只有一个苹果，早已饥肠辘辘的战士们还是你推我让，这不正是在最困苦的情况下仍坚守"礼"、坚守"义"吗？

《荀子·礼论》："故人苟生之为见，若者必死；苟利之为见，若者必害；苟怠惰偷懦之为安，若者必危；苟情说（悦）之为乐，若者必灭。故人一之于礼义，则两得之矣；一之于情性，则两丧之矣。"

眼中只有利益、苟安，而不懂得让别人获得利益，不懂得在必要的时候勇敢应对危险，那么利益和苟安最后都得不到。礼义不是扼杀人之正常的欲望要求，而是在欲望和道义之间，把持一个平衡。以礼义作为准绳来调节，那么不仅践行了礼义，而且也获得了利益、得到了安宁。

管子也强调礼的重要。《管子·牧民》："礼义廉耻，国之四维；四维不张，国乃灭亡。""礼义廉耻"是支撑国家大厦的四根柱子，如果有一根断裂，政权就要倾斜。

"礼义廉耻"与法相比，甚至比法更为重要，把它们认作支撑国家大厦的四根柱子。有礼，就不会超越节度。"义"指合宜恰当的行事标准，有义，行事就有了准则。"廉"指廉洁方正，"耻"指知耻之心，有耻，就不会同流合污。国之四维承载一个民族、一个国家的精神追求，体现着一个社会评判是非曲直的价值标准。

礼具有教化的功能

礼具有极强的教化功能。通过礼的教化，可消除产生争夺及犯上作乱的思想根源，故周代执政者特别重视发挥礼对人的教化功能，"修六礼以节民性，明七教以兴民德"（《礼记·王制》）。

为了使教育更行之有效，特别要求君臣、上下都要自觉接受礼的教化，强调在上者要以身作则，作出表率，使之"上行下效"，克服离心倾向，造就好的社会氛围，使社会充满敬爱和谐。同时，教化还可以防患于未然，《礼记·解经》云："故礼之教化也微，其止邪也于未形，使人日徙善远罪而不自知也。"一方面可将犯上作乱的邪恶之事禁绝于未发生之前，另一方面在礼的潜移默化下，使人们自觉依礼而行，使社会井然有序。这里也透露出中国古代社会中，礼对于教化功能及社会稳定方面的重要意义。

《荀子·礼论》："礼者，以财物为用，以贵贱为文，以多少为异，以隆杀为要。文理繁，情用省，是礼之隆也。文理省，情用繁，是礼之杀也。文理情用相为内外表里，并行而杂，是礼之中流也。故君子上致其隆，下尽其杀，而中处其中。步骤驰骋厉骛不外是矣。是君子之坛宇宫廷也。人有是，士君子也；外是，民也；于是其中焉，方皇周挟，曲得其次序，是圣人也。故厚者，礼之积也；大者，礼之广也；高者，礼之隆也；明者，礼之尽也。"

君子践行礼，该隆重的时候隆重，该质朴的时候质朴，该兼容二者的时候就要兼容。君子所守之规范及其为人之标准，都符合礼的要求。能够在礼的践行上游刃有余，随心所欲而不逾矩，为圣人。礼是能使"文理情用"的发挥恰到好处，质朴的情感与文化礼仪的修饰，能有机融合，得体自然。一个文人君子，不能总是阳春白雪，见到乡下老农，也应该是能够打成一片，粗言俚语也能说上几句，这是真正知"礼"，"君子不器"才是礼。礼的实践到恰到好处，必是皆大欢喜，诗曰："礼仪卒度，笑语卒获。"

比起法制规范，礼显然具有"施于未然之先"的优势，能把行为规范用无形的方式融进人们的内心深处，把扰乱社会秩序的言行消弭于"未然之先"，而法律具有"施于已然之后"的作用，即在破坏社会秩序的行为发生之后，依法对其行为进行制裁，以维护社会秩序。

这就说到了家庭和社会及时对孩子进行人格礼仪教育的重要性。这就是"施于未然之先"。反观许多走入歧途的孩子，都是从小缺乏基础性的品格为人教育，等到刑罚来制裁的时候，就非常令人痛心。

孔子以"无讼"为最后目的。虽然诉讼无可避免，但孔子提出"听讼，吾犹人也。必也使无讼乎"，"无讼"，这也成为历朝历代治国理政者的追求。

荀子对此也持同样的见解，认为教化要先行，刑罚辅助教化。

礼法并重　明德慎罚

礼法相通且礼高于法。"礼者，法之大分，类之纲纪也"。礼和法都是古代的圣王、圣人所创造出来的，但是从礼和法的产生次序上，荀子认为是礼为本，法为末。"圣人化性而起伪，伪起而生礼义，礼义生而制法度。"

只讲法治，不讲礼治，百姓只是畏惧刑罚，一有机会仍会作乱。他把"法治"称为"暴察之威"，"礼治"称作"道德之威"。法治至其极也不过为"霸"，而不能成"王"。如果以礼义为本，则法治就可以更好地发挥作用了："故礼及身而行修，义及国而政明，能以礼挟而贵名白，天下愿，会行禁止，王者之事毕矣"。

"不教而诛，则刑繁而邪不胜，则奸民不惩"。不能一味依赖刑罚，首先要进行礼义的教化，最大程度减少刑罚使用的空间，最大程度将问题消弭于无形。

礼义体现的是立法的精神，也就是说礼义的精神用法律规定表现出来，法规是礼义最低的门槛。

荀子当时的社会处于战乱之中，必须刑赏并举，礼法并用，才能矫正混乱的社会秩序。甚至对于乱世，该用重典也要用重典。"罪至重而刑至轻，庸人不知恶矣，乱莫大焉。"重罪必须重判。他又说："杀人者不死，而伤人者不刑，是谓惠暴而宽贼也，非恶恶也。"杀人者偿命，伤人者受刑，不这样做不足以禁暴惩恶。这也是对恶人最好的教育和警醒。因此必须罪刑相称，不要罚不当罪。

荀子明确反对单纯使用庆赏刑罚，而强调礼义忠信的教化为本。单纯以赏庆刑罚控制，则人民对待国家，便会是有利的就干，有害的就回避。当年国民党之所以打不过共产党，因为国民党用的是高官厚禄来吸引将领打仗，而共产党的将领们有着发自内心的为中国谋解放、为人民谋幸福的坚定信念，所以赴汤蹈火也不退缩。

同理，一个企业如果只是用报酬来吸引高素质人才，其效果是有限的。

纯用功利的手段，不能让人有舍生取义的气节，只有礼义忠信的教化深入人心，才可能合大众、美国家。荀子将单纯使用赏庆刑罚批评为"佣徒鬻卖之道"，归属于雇佣买卖关系，其间缺乏任何道义精神。这也正是荀子强调礼义教化的深意所在。

荀子社会政治思想有礼法并重主张，这是他和孟子不同之处，如他说：

《荀子·王制》："以善至者待之以礼，以不善至者待之以刑。两者分别，则贤不肖不杂，是非不乱。"用礼来对待友善的行为，用刑罚对待恶劣的行为。如此也更有利于扬善惩恶。

《荀子·富国》："士以上则必以礼乐节之，众庶百姓则必以法数制之。"这并不是歧视，而是实事求是地根据人的德行高低用不同的方式对待，达到最利于社会安定、进步的效果。这也不是说士大夫绝对不可以用刑罚，一旦士大夫违背了礼义道德、违反法制，也就不再成为士大夫，而必须受到刑罚制裁。荀子强调君主或贵族如果不能遵行礼义，那么也就成为庶人。礼法的准确推行，可以使得"朝无幸位，民无幸生"。

针对法家过于依赖法，轻视贤能作用的缺陷，荀子提出了"有治人，无治法"的人治主义思想。《荀子·君道》："故法不能独立，类不能自行，得其人则存，失其人则亡。法者，治之端也；君子者，法之原也。故有君子，则法虽省，足以遍矣；无君子，则法虽具，失先后之施，不能应事之变，足以乱矣。不知法之义而正法之数者，虽博，临事必乱。"

在治理国家方面，人比法重要。因为法既是君子所制，又要靠君子来实施。不仅如此，任何法规都不可避免地存在着某些漏洞，在具体实施过程中，对这些未有详细说明的地方，只能靠君子根据律例进行类推比附来处理。正是由于有了人的参与，所以能在很大程度上弥补法的不完善性。

明德慎罚与赏罚严明相辅相成。"凡刑人之本，禁暴恶恶，且征其未也。"杀人者死，伤人者刑，对于暴恶的人实行严厉重罚，而且对于潜在的犯罪者形成威慑。

施行重刑的同时，又力主慎刑。根据犯罪的情节而区别对待，"刑法有等"。同时，还反对株连。荀子对于株连责任、罪及无辜坚决反对。他说："乱世则不然，刑罚怒罪，爵赏逾德，以族论罪，以世举贤。故一人有罪而三族皆夷，德虽如舜，不免刑均，是以族论罪也。"这是历史上人性化的进步。

中国文化下的"礼法不二"

《论语》记孔子曰："君子怀德，小人怀土，君子怀刑，小人怀惠。"虽主张以礼义治天下，然亦很尊重法律。所谓礼，已包括了法；所谓义，便包括守法。

其实，中国的法律观念、法律意识乃至法律条文，都包含在中国文化里面了。所以不是中国缺乏法律意识，而是中国的法制观念不同于西方，我们应当重视本土的礼法体系，与时俱进，使之现代化。简言之，礼包括了法。梁启超也言："儒家确信非养成全国人之合理的习惯，则无政治可言……此礼治主义根本精神所在也。"将礼与社会行为产生内在的联结，这本身就是我们中国文化内涵之一。"若只将礼字做礼仪或典礼讲，就大为错误了。"

中国古代法的思想蕴含在礼之中。而中国法律文明的最早体现，是与"礼"相结合的"明德慎罚"。周公提出"明德慎罚"，这是中国法律文明的开创者。而荀子的礼法并治，则使中国法制思想走在了世界之前列。

周公主张继承殷代刑法，但扬弃了其滥用酷刑的一面。这就是说刑罚要以德为指导，要"慎罚"，并确立了"慎刑"的基本原则。刑罚的使用，其本质还是推崇德，推崇礼，不是为了用刑而用刑，是用强力的手段慑服误入歧途的人，根本用心还是导其向善，并给社会立起善恶果报的规矩。可以这样说，西周王制的礼乐政教大一统秩序的重要文献《尚书·周官》《周礼》《仪礼》等"礼教"经典，奠定了中国社会治理思想的基础，将礼法并治、德主刑辅的思想流传下来，体现着人文和人道的光辉。

荀子强调礼的功能在于积极规范、法的作用在于消极刑禁，将礼和法统一起来，形成了"隆礼重法"思想，主张礼法兼治、王霸并用，提出"隆礼尊贤而王，重法爱民而霸"的观点。这是对西周以来的礼法思想的延续。

因此，对中国文化的理想而言，先礼后法，礼本法末；隆礼重法，礼法并治。"罚"是为了不"罚"，"刑"是为了不"刑"，"罚"与"刑"的根本落点还是教化。中国礼法精神，落实在无为而无不为的智慧中，更体现出文明的教养和人性化的治理。中华民族本就是崇道义、重教化、尊人性的民族，当深刻把握中国文化的真精神，方能更有文化自信。

性恶：人是可以改变的

"性恶"还是"性善"

荀子和孟子"性善论"不同，荀子认为"人之性恶；其善者伪也。""伪"，就是人为。人性就是"生而有好利焉"，"生而有疾恶焉"，"生而有耳目之欲、有好声色焉"。而人性的"善"则是后天人为修养而成的（"伪"），是后天环境和教化学习的结果。若不修礼义以提高素养与德行，则会始终保持恶性乃至越来越恶。而礼就是为了"化性起伪"而打造的。所以荀子说，"先王恶其乱也，故制礼义以分之"。

在对人的认识上，荀子既揭示了"人之性恶"，同时又提出"化性起伪"。他认为，就人的"习气"而言，人的本性是恶的，但可以"化"。"化"是什么？"化"就是变化、转化、升华。荀子打造的是一个"化性"的进取世界，而不是一个"守善"的大而无当的世界。他希望人通过学习，通过老师的教诲，礼法的约束，能够逐步改变恶的习性，完善品德，人人都努力成为君子，乃至成为像尧舜禹那样的圣贤。荀子认为人人都有成为圣人的潜在素质，能不能成为圣贤就看个人的用心与积极努力。所以，《性恶》篇的主旨是为教育提供理论基础与实施方案。

荀子在齐国的稷下学宫，对于孟子的"性善论"，提出"人性恶"的观点，一是针对当时齐国社会隐藏着的危机，倡导在齐国重建礼义与法规，开创一个新局面；二是面对儒学陷入空谈，对社会的作用日渐衰弱，也日益不被人看重，几乎要被社会抛弃的状态而言，必须要有一个切近实际的变革，才会有前途。要改变儒学的空谈，要让齐国的官员与百姓认识到社会现实的丑恶面，以清醒的头脑和深邃的智慧，制定决策实施治理，逐步走向社会大治。而这个改变首先要从扭转当时影响甚深的孟子性善论开始，同时吸取百家之长。

可见，荀子提出"性恶论"，是有其历史背景和因由的，是有所指向的，是着眼于改变时风。

荀子批评孟子的性善论，也有孔子思想基础。孔子说："性相近也，习相远也。"指出了人的本性是相似的接近的，但后天环境习染不同，人与人之间差别就很大了。孔子又讲："君子有三戒：少之时，血气未定，戒之在色；及其壮也，血气方刚，戒之在斗；及其老也，血气既衰，戒之在得。"好色、好斗、好得，这些都是人性恶的表现。所以警示人要"三戒"。从这一逻辑上看，荀子倡导改变人性之恶，是真继承、发扬了孔子思想的。

孟子没有讲人要力戒"好色、好斗、好得"，他讲"人皆有不忍人之心"。讲人的"仁、义、礼、智，非由外铄我也，我固有之也"。这些品质是内心本有的。他把"恻隐之心""羞恶之心""辞让之心""是非之心"叫作"四端"或"四德"。人要保持这些天赋之善"心"而不要丢失；若有不善的思想和行为，就要自我反省，闭门思过，努力把丢失的"心"找回来，以恢复人的本性。其实这也是很好的理念与修证功夫。

可是事情的另一方面，在"礼崩乐坏"、战争连绵的时代，当人们顾不上这颗"良心"，不能良心发现的时候，只是基于人性善的观点，就缺少了实际的措施操作，缺少了实际的纠偏能力。要让那些一心扩张领土权欲的君主"以不忍人之心，行不忍人之政"，要他们只谈"仁义而已矣，何必曰利"，就显得话不投机了。

荀子发现其内在逻辑，以人性恶为基础，揭示人因欲望而自私，导致社会混乱，教导人要"化性起伪"，用人为的办法改变恶的习性，用礼义约束恶的习性，用法度惩治恶的本性，引导人性走向善良和崇高。荀子提出礼法并治，并且把责权利联系在一起，沿着"化性起伪"、惩恶扬善的路径，将儒学引向一条切合社会实际的积极进取的道路。

荀子认为，孟子当时在儒家中的影响最大，威望最高，要想让儒学重新兴盛起来，就必须从性善论展开批判，由此，开创了一条走向贴近实际、指导实践、独树一帜的荀学道路。

荀子到齐国稷下学宫比孟子要晚数十年，基于孟子的威望，荀子尖锐地批评之，遭到激烈的反对是可想而知的。荀子批评孟子的性善论，不是出于个人的成见，荀子思考的是挽救儒学的危机，让儒学以务实的姿态回到社会，指导一统天下的未来。正应了一句古语："舍得一身剐，敢把皇帝拉下马。"

这场关于人性善恶的大辩论，不只是中国文化史上的重大事件，从人类思想文化史的角度看，荀子破天荒地第一次提出了人性恶的理论，也是一个伟大的理论创新。不仅在当时惊世骇俗，掀起巨大波澜，直到今天，这个辩论也并没有停止。荀子揭示出人类文明的起源是"化性起伪"。人类经过"化性起伪"，也就是用人为的方法不断改变恶的习性，才一步一步地走向社会文明。所以，人类文明的历史也就是一部"化性起伪"的历史。

荀子严格区分人的自然生理之性和人的社会道德之性，认为生理自然之性是天然生成的，是与生俱来的；而社会道德之性则是人为之性，是后天环境教育养成的。荀子说，"涂之人可以为禹"，在道路上行走的普通人，通过教育与学习，都可以成长为像大禹那样道德高尚的圣人。

"性恶论"的深远教育意义

荀子《性恶》开篇点题，"人之性恶，其善者伪也。"所谓"伪"，不是真伪的伪，不是伪善、虚伪之义，而是"人为"的意思。有主观上努力学习、革新改造之意。因为"人之性恶"，所以，人必须要接受学习、教育。

其实，荀子批判孟子"性善论"，非就性本身立论，只以"性"的不加"教化"所造成的后果而立"性恶论"，亦即如王阳明所说："就流弊上说性"。

或者可以说，荀子"性恶论"正是基于此而"借题发挥"，来论证自己思想体系中"礼""法""教化"及"法后王"等方面的重要性和必然性；以批判孟子性善之说作"楔"，立"性恶论"，阐发和推行自己"内圣外王之学"的博大思想体系。

从荀子肯定"涂之人可以为禹"，也可以说，荀子从根本上是赞成人性本善的，如果人没有如同大禹的圣人之性，那么任你怎么修炼，也不可能回到这种本性。所以可以说，荀子立"性恶论"，是一种教化的方便，更加易于落实教化，跟"涂之人可以为禹"的本体并不矛盾，而且是相互印证的。

所以，"性恶论"不只有其存在的合理性，更有其存在的实用性。从"性恶论"出发，可以引出一系列有关理论、思想的阐释。因而为荀学思想奠定了可以致实效的理论基础。

道德修养是社会文明的标志。"化性起伪"，加强道德修养，引导人人向善，克己利他，是实现人类美好未来的前提和保障。

因此一定要有道统、师法的教化，礼义的引导，才能有谦让的行为，才能言行符合道德伦理。"化性起伪"是建立在人人平等的基础上。"凡人之性者，尧、舜之与桀、跖，其性一也；君子之与小人，其性一也。"人的本性，即使贤明如尧舜，残暴如桀跖，都是一样的。君子与小人，本性也是一样的。如前面所说，"本始材朴"，就如同一棵刚砍下的树，是要做成精美的家具还是让其生虫腐烂，也就是说，往善还是往恶发展，就看人自身努力的方向。

荀子宣告，"涂之人可以为禹"，这真是千古纶音，是多么鼓舞人心的大论！孟子也曾言"人皆可为尧舜"。其实，我们的诸多伟大思想在大体上都是相通的。而在使用上，在时空点上所有侧重。时也，位也，很重要。因此，学习诸子思想不可僵化。取其所长，用之于当代，才是要务。而这也正是荀子一贯倡导的，一定要对于当世有益处。

"化性起伪"具体方法

"古者圣人以人之性恶，以为偏险而不正，悖乱而不治，故为之立君上之势以临之，明礼义以化之，起法正以治之，重刑罚以禁之，使天下皆出于治，合于善也。"（《荀子·性恶》）

"得贤师而事之，则所闻者尧、舜、禹、汤之道也；得良友而友之，则所见者忠信敬让之行也。身日进于仁义而不自知也者，靡使然也。"（《荀子·性恶》）

"注错习俗，所以化性也；并一而不二，所以成积也。习俗移志，安久移质。并一而不二，则通于神明，参于天地矣。"（《荀子·儒效》）

确立礼法体系，明确刑罚规定，在人的内圣建设上，主张精进修为，亲近师友，以上种种，构成了荀子主张的化性起伪的系统路径。主张持之以恒地致力于礼义的实践，如此就能变化气质、德行日美。

教育的终极目标是影响和升华人格、开发智慧，用现代话来说即开发大脑潜能。化性起伪而能觉悟"虚壹而静"，即达到心的顿悟，待人接物，仁义礼智信，尽在其中。

圣人与普通人就在于是否愿意以及何种程度上"化性而起伪"。而普通人就是没有"化"得更为纯粹。《荀子·正名》："状变而实无别而为异者，谓之化。"人还是那个人，跟普通人没有两样，但是整个气质变化了，人格完善了，心胸扩大了，乃至实现立德立功立言，这就是"状变而实无别而为异者"，就是荀子所说的"化"。这是我们每个致力于人生进步的人的毕生应有的追求。正如毛泽东在《纪念白求恩》一文中对共产党员应该做什么样的人做了经典的概括，就是要"做一个高尚的人，一个纯粹的人，一个有道德的人，一个脱离了低级趣味的人，一个有益于人民的人"。

乐教：致乐以治心

中国历史上因"礼乐文化"而成为"礼乐之邦"，也叫"礼义之邦"。《礼记·乐记》中说："乐者，天地之和也；礼者，天地之序也。和故百物皆化，序故群物皆别。"礼是天之经，地之义，是天地间最重要的秩序和仪则；乐是天地间的美妙声音，是道德的彰显，礼序乾坤，乐和天地，气魄何等宏大！所以，"大乐与天地同和，大礼与天地同节"。

礼乐教化可提升人文素养。礼以别异、乐以合同。荀子不但隆礼，而且注重乐的教化，有专门的《乐论》一篇，先秦诸子中如此重视乐教的，是很少见的。《六经》中《乐经》已佚，荀子《乐论》是非常重要的先秦文献。荀子在该篇中提出应当制定正声雅乐来引导人，发挥乐的有助于治国安邦、陶冶情操、移风易俗、美善相和的作用。荀子以礼释乐、以乐归礼，使礼乐相成，相得益彰。

致乐以治心

华夏民族的文明灿烂辉煌，其中礼乐占有极其重要的地位。礼乐成为古代政治、社会生活的重要组成部分。孔子说："天下有道，则礼乐征伐自天子出。"音乐同"征伐"相提并论，甚至置于"征伐"之前，列为天子所当关心、并应直接掌握其决定权的重要活动。

在古代中国，礼乐相辅相成。凡正式、隆重的礼仪活动总是会奏乐和表演乐舞，乐美化、升华了礼仪活动，使其更加隆重、庄严和神圣，激发了人们最虔敬、深沉、诚挚的情感。其作用如《春官宗伯下》所说，是"以和邦国，以谐万民，以安宾客，以说远人，以作动物"。

乐和礼相伴而生、相随而成，有一礼，必有一乐。礼乐结合，构成了古代文化传统的基本特征。"礼仪三百，威仪三千"，就是形容当时周朝礼仪的盛况。其实远不止"三百""三千"。

《周礼》记载："大司乐掌成均之法。以治建国之学政，而合国之子弟焉。有道者、有德者，使教焉。""成均之学"不仅是专于舞乐，而且指出舞乐作为教育的目的是为了培养高尚的德行。《尚书·舜典》记载："帝曰：夔！命汝典乐，教胄子。直而温，宽而栗，刚而无虐，简而无傲。诗言志，歌永言，声依永，律和声。八音克谐，无相夺伦，神人以和。"舜帝要求乐官教导年轻人，使他们正直而温和，宽大而谨慎，刚毅而不粗暴，简约而不傲慢。让各种乐器和谐配合，达到出神入化、欢乐和顺的境界。

用乐教作为教育方法，是中华民族的伟大创举。《国语》《左传》及历代的乐志、律志，以及《黄帝内经》等典籍中皆有关于《乐》的阐述。《黄帝内经》中把宫、商、角、徵、羽五音配合着五行的土、金、木、火、水及人体的脾、肺、肝、心、肾五脏来治病，来调节人的思想情绪，而起到治疗的效果。创建了"五音、五声医疗之法"与"琴箫养生之道"。这是我们先民的智慧，比现代医学认识到的音乐疗法早了两千年。

宋朝的欧阳修说："吾尝有幽忧之疾，而闲居不能治也，既而学琴于孙友道滋，受宫音数引，久而乐之，不知疾在体。"

古人的五音理论贯穿着天地人三才之道，对于个体生命来说，五音的震动，引起五脏的变化；五脏的变化，表现出行为上的变化。如此观之，正音可以正德。

到了周代的的贵族教育，以六艺分门别类，乐在礼后，占第二位。经历了"礼乐崩坏"的春秋战国时期，要重建文化秩序，则须礼乐结合。

孔子说："兴于诗，立于礼，成于乐。"君子修身始于学诗，完成于学乐。孔子重视乐对于人的感染作用，认为人格的圆满，完成、完善，赖于乐的感化作用。我们的生命个体须经过后天的陶冶教化，乐的作用自在其中，从而符合仁的要求。如果说礼更多是强化规范与规矩，那么乐则是提升平和与愉悦。乐之魂在"和"与"悦"。乐的最高境界也是如此，令人自觉纯净向善，社会互敬和谐。从根本意义上说，"成于乐"不是狭义地指在音乐上有多大造诣，而是陶冶出一种始终乐观、善良的人格来。

心性本有三德：真、善、美。乐者，美之化身也，美之化身即心性之化身也。故可透过乐而悟心性之美，也可以说良乐为入心性之门。故孔子不仅有"成于乐"之言，更有"尽美矣，又尽善也"之标旨。透过美妙、高雅之音乐而领悟、契入纯美纯善的心性。

我们的祖先创造了如此优雅高尚的礼乐文明，我们怎能不寻先贤圣迹，继往开来呢？

乐的涵养：美善相乐

荀子继承和发展了孔子的乐论，所作《乐论》对后世的礼乐文明起到了积极的促进作用。

《荀子·乐论》开篇言："夫乐者、乐也，人情之所必不免也。故人不能无乐，乐则必发于声音，形于动静；而人之道，声音动静，性术之变尽是矣。故人不能不乐，乐则不能无形，形而不为道，则不能无乱。先王恶其乱也，故制雅颂之声以道之，使其声足以乐而不流，使其文足以辨而不谌，使其曲直繁省廉肉节奏，足以感动人之善心，使夫邪污之气无由得接焉。是先王立乐之方也。而墨子非之，奈何？"

乐，是人生的艺术。人不能没有欢乐，欢乐就一定会发出声音，会在行为举止上表现出来。汉代孔颖达说："内心欢乐发于声，则嗟叹咏歌是也；形于动静，则手舞足蹈是也。"人类离不开音乐和舞蹈等艺术。没有人类情感的疏导正确，就会出现各种祸患。

中国古代圣王为了避免社会的混乱，因此制作雅颂之声，以疏导社会暴戾之气。能引发欢乐的情绪，但不至于流逸放荡；使其文辞足以让人明辨事理而不花哨造作，使音乐或宛转或舒扬、或繁复或简略、或阳刚或柔和、或停顿或加速，足以感动人的善心，涤除邪恶肮脏的风气，节之以雅颂，调之以吕律，貌得其敬，心得其和，使邪气无法沾染上身。《雅》《颂》之乐是导人向善的"正声"，"正声"感人，社会风气和顺，天下大治。这是先王制作雅乐的用心所在。

荀子和孔子一样十分注重"乐"。《乐论》一篇，实质上是关注音乐对人的情感以及教化的作用。相对于"礼"而言，"乐合同，礼别异"。乐鼓舞人的情志，疏导人的情绪，礼规范人的言行，提升人的理性。礼乐的教化，礼乐的文明，真是中国先民的伟大智慧。

亚里士多德在他的《政治学》中写道："当他们倾听兴奋神魂的歌咏时，就似醉似狂，不能自已，几而苏醒，恢复安静，好像服了一帖药剂，顿然消除了他的病患。"可见对音乐的认识东西方心同此理。

音乐通过声波，被大脑感知作用于人体。和谐优美高雅的音乐给人愉悦的享受和美感。音乐作品表达的情绪（悲欢、喜乐、安宁、开阔、奔放、高昂等）直接作用于觉受和思维。雅乐有益身心健康。音乐旋律对人刹那间就产生作用，或振奋或安闲、或激荡人心、或悠远绵长。音乐的旋律、和声、节奏、速度等表现的综合效果，使听者如临其境，仿佛体会到诸如高山、流水、森林、草原、清晨、阳光、风雨、月夜等不同的意境，身心放松，闲适愉悦，开阔思维，促进创意。音乐声波产生的能量，会直接影响人的血脉跳动和脑细胞思维频谱。

雅乐是使人心性从善的修养方法，能调节身心、活跃情绪、丰富生活。能消除紧张、减轻压力、避免各类慢性疾病等，是现代人极为普遍的生活调剂。而且道德的实现，也需要情感的支持，有内心喜悦的体验。"道德之心，亦须由情欲的支持而始发生力量，所以道德本来就带有一种情绪的性格在里面。"（《徐复观文集》）以礼规范，以乐疏导，礼乐相和，刚柔相济，美善相乐，以臻至善。

我们要充分发挥"正声"对于社会的正向推动作用。好的艺术有净化、和谐社会的功能，原因就在于此。

《荀子·乐论》：故乐在宗庙之中，君臣上下同听之，则莫不和敬；闺门之内，父子兄弟同听之，则莫不和亲；乡里族长之中，长少同听之，则莫不和顺。故乐者审一以定和者也，比物以饰节者也，合奏以成文者也；足以率一道，足以治万变。是先王立乐之术也，而墨子非之，奈何？

宗庙祭祀，奏起音乐，君臣上下一起听，就没有不和谐恭敬的了。家门之内，父子兄弟一起听，就没有不和睦相亲的了。乡里之间，老人小孩一起听，就没有不和谐孝顺的了。艺术对人与人的和谐相处起到很大的作用，增强了村落的凝聚力。欧洲一些国家，德国、奥地利等，每个小镇都有音乐会。男女老少一起欣赏音乐，陶冶性情，充满祥和之气。

荀子继承了孔子以情化性的传统。孔子推重诗教、礼教和乐教，《诗》之功用在于"兴、观、群、怨"，而首要之"兴"，即引发积极的情感之义。通过情感教育，培养和巩固人天性中的善良美好情感。

荀子强调情感教育，以"化性"，"矫饰人之情性而正之"，"使皆出于治，合于道者也。"礼乐用来"化性起伪"，有两种途径：一种是以礼文与圣知来规范约束情感，另一种是以情化性，以善良美好、中正平和的情感，引导、化解固有各种欲望（和"礼之养欲"是一个问题的两个方面），使之归于中正平和，合乎礼义规范。

这种教育方法，也是现代教育的理念。苏联著名教育家苏霍姆林斯基说："善良情感是良好行为的肥沃土壤。""情感如同肥沃的土壤，知识的种子就播种在这个土壤上。"

网上有一句话"爱是一切问题的答案"，这是很对的。激发起发自内心的善良情感，让人性中的爱充分展现，不仅可以让当事人自己得到升华，也让与之相接触的人获得积极的感染乃至感化。人之所以作恶，根本也是缺乏爱的输入，也自然不能进行爱的输出。所以用充满爱与和谐的情感来呵护和感染，这就是礼乐的作用。所以中国古圣先贤重视制礼作乐，重视心性的康宁、人际的和谐，荀子更是总结性地创新了礼乐教化的体系。

雅颂的作用

《荀子·乐论》：故听其《雅》《颂》之声，而志意得广焉；执其干戚，习其俯仰屈伸，而容貌得庄焉；行其缀兆，要其节奏，而行列得正焉，进退得齐焉。故乐者，出所以征诛也，入所以揖让也。征诛揖让，其义一也。出所以征诛，则莫不听从；入所以揖让，则莫不从服。故乐者，天下之大齐也，中和之纪也，人情之所必不免也。是先王立乐之术也。而墨子非之，奈何？

人们听到颂歌时，自然会和着音乐的节拍，心胸宽广，像我们现在听交响乐或进行曲一样。跳军舞时，手持盾牌和斧头，练习俯仰屈伸动作，容貌就能庄重。训练在规定位置进退动止，把握舞蹈的快慢节奏，行列才能整齐，进退才能一致。所以说，乐，可以用于军事征讨，也可以用于社会治理。用在对外征伐上，可以使官兵无不听从；用在社会的治理上，可以使民风纯朴善良，民心归服。

无论是对外用以征伐讨逆，还是对内倡导礼让互敬，良乐能疏导种种乖戾之气，使天下人心齐顺。乐所用的场合各异，但是作用是一样的，都是使人生发出向上的情感和正气。所以，良乐也是统一天下、凝聚人心的工具之一，使得万物中正平和，是人类社会实现良治所不能没有的。

《雅》《颂》等高雅乐曲的旋律，或婉转平和，或高亢激越，或繁杂，或简约，或清新，或壮美，能让人们身心愉悦，又兼具审美培养和道德教育功能，引导人们向真向善，从善如流，积善成德。荀子正是基于人有追求快乐与美感的趋向，因势利导，培养人民善良中正的情感，进而形成礼义道德，使情感与道义结合，而归于美善合一。所谓"君子乐得其道，小人乐得其欲，以道制欲，则乐而不乱"也。

荀子认为，经过雅颂等高雅音乐的培养熏陶，人们善良美好的情感就形成了。这样，进退动止、待人接物就易于符合礼的规范，贵贱有等、长幼有差之礼教秩序也易于形成，此所谓"寓礼于乐"。此对现代美育当深有启发意义。

《荀子·乐论》：且乐者，先王之所以饰喜也；军旅铁钺者，先王之所以饰怒也。先王喜怒皆得其齐焉。是故喜而天下和之，怒而暴乱畏之。先王之道，礼乐正其盛者也。而墨子非之。故曰：墨子之于道也，犹瞽之于白黑也，犹聋之于清浊也，犹欲之楚而北求之也。

乐舞是古代圣王用来表达喜悦的，兵器刑具，是先王用来表达愤怒情绪的。先王的喜怒都因有合适的音乐，而得其中和。所以，并非是没有喜怒，而是喜怒的发出，都是体现了正义的情感，喜是与民同喜，怒是为了除暴安良，安定天下。所以先王喜悦，天下与之同悦，先王发怒，那些发动暴乱的人就感到畏惧。

礼乐也是表达先王治国大道的途径。《毛诗序》言："治世之音安以乐，其政和；乱世之音怨以怒，其政乖；亡国之音哀以思，其民困。"和谐社会的音乐安宁喜悦，乱世的音乐充满怨气怒气，亡国的音乐悲哀让人产生忧思。

荀子认为，墨子否定良乐的功效，是偏颇的想法。

《荀子·乐论》：夫声乐之入人也深，其化人也速，故先王谨为之文。乐中平则民和而不流；乐肃庄则民齐而不乱。民和齐则兵劲城固，敌国不敢撄也。如是，则百姓莫不安其处，乐其乡以至足其上矣。然后名声于是白，光辉于是大，四海之民莫不愿得以为师，是王者之始也。乐姚冶以险，则民流僈鄙贱矣；流僈则乱，鄙贱则争；乱争则兵弱城犯，敌国危之。如是，则百姓不安其处，不乐其乡，不足其上矣。故礼乐废而邪音起者，危削侮辱之本也。故先王贵礼乐而贱邪音。其在《序官》也，曰："修宪命，审诛赏（诗商），禁淫声，以时顺修，使夷俗邪音不敢乱雅，太师之事也。"

这是所说的音乐效果，涉及到的是中国文化里面的身心科学、生命科学。"声乐之入人也深，其化人也速，故先王谨为之文。"音乐对人心的感染很深刻，也使人很快得到感化，音乐就有这种直指人心的效果。

从治理国家的角度看，乐有安邦治国的作用。好的音乐令百姓和顺敦厚，人心安定齐一。这是王道之始。相反，如果乐舞妖冶、轻浮而邪恶，民众沉溺其中，就会放纵轻慢而粗鄙了。民众放纵轻慢，社会就会混乱；民众粗鄙下流就会互相争夺。国内混乱又争夺，兵力就衰弱，城池被侵犯，就会被敌国威胁。百姓就不能安居乐业，也不会拥戴国家。所以说，废弃雅乐而让淫荡的靡靡之音兴起的话，乃是国家遭遇危机、削弱和侮辱的根源。"故先王贵礼乐而贱邪音。"

《礼记·乐记》开首说到：凡音之起，由人心生也。人心之动，物使之然也。感于物而动，故形于声。声相应，故生变，变成方，谓之音。比音而乐之，及干戚羽旄，谓之乐。乐者，音之所由生也，其本在人心之感于物也。是故其哀心感者，其声噍以杀；其乐心感者，其声啴以缓；其喜心感者，其声发以散；其怒心感者，其声粗以厉；其敬心感者，其声直以廉；其爱心感者，其声和以柔。六者非性也，感于物而后动。是故先王慎所以感之者。

音乐是人心的外化。推而广之，一切言语也都是人心的外化。用慈爱之心，发出的是温和入心的语言；愤怒之心，发出的是粗厉的声音。人有好恶之情，会以音声发出来，如果任由极端的情绪泛滥，制作的音乐必然粗鄙低俗，圣人洞察人性，制作音乐加以导化。先贤制作音乐，非常重视用的是什么样的心，以恭敬、喜悦、怜爱之心，则制作的是引人诚敬欢乐的音乐，即使是表达哀伤、愤怒，也不会让情绪盖过理性，能够哀而不伤，不怒而威，从另一面达到疏导不良情绪、教化人性向善的效果。

《荀子·乐论》：乐者，圣王之所乐也，而可以善民心，其感人深，其移风易俗易。故先王导之以礼乐而民和睦。

夫民有好恶之情，而无喜怒之应则乱。先王恶其乱也，故修其行，正其乐，而天下顺焉。故齐衰之服，哭泣之声，使人之心悲。带甲婴胄，歌于行伍，使人之心伤；姚冶之容，郑卫之音，使人之心淫；绅、端、章甫，舞韶歌武，使人之心庄。故君子耳不听淫声，目不视邪色，口不出恶言，此三者，君子慎之。

"先王导之以礼乐而民和睦"，先王重视礼乐的教化。音乐是社会治理者应对民众情绪的重要方法，民众有好恶之情，要懂得疏导，所以要以相应的表达喜怒的音乐来回应，使社会情绪达到中正平和。君子是有着中正之心的，能谨慎守住自己的心，耳不听淫声，目不视奸色，口不出恶言。有这样中正之心，制作音乐，则能中和怨气，激扬士气，弘扬正气。

《礼记·乐记》有进一步的发挥：夫民有血气心知之性，而无喜怒哀乐之常，应感起物而动，然后心术形焉。是故志微、噍杀之音作，而民思忧；啴谐、慢易、繁文、简节之音作，而民康乐；粗厉、猛起、奋末、广贲之音作，而民刚毅；廉直、劲正、庄诚之音作而民肃敬；宽裕、肉好、顺成、和动之音作而民慈爱；流辟、邪散、狄成、涤滥之音作而民淫乱。

《礼记·乐记》更强调不同风格、不同旋律的乐对人心的不同作用，要以健康正直之音来化民性情，尤其应反对邪音、溺音、靡靡之音，此类音乐会引发怪僻、邪恶、放纵的情绪，使社会处于人欲横流、国危民乱的境地。因为音乐能对人产生很大的影响作用，荀子讲"修宪命、审诗商、禁淫声，以时顺行，使夷俗邪音不敢乱雅，太师之事也"。当今时代更应继承"乐以载道"，"乐以化人"的精神。

《荀子·乐论》：凡奸声感人而逆气应之，逆气成象而乱生焉；正声感人而顺气应之，顺气成象而治生焉。唱和有应，善恶相象，故君子慎其所去就也。

奸邪之声，必有奸邪之气相应，正义之声也必然有正气相合，这是人情必然的道理。君子在言行上谨慎行事，就是因为注意言行的感应。而对待音乐的制作，也必然以清净诚敬之心，制作雅致中正的音乐，以化导民风，净化民心。推而广之，君子以正义和顺之心待人，也必能感应到正气和顺。

现代社会的艺术音乐等的创造，也应当是有着高尚品格的人来进行，而不是一些赚取流量、一夜成名的所谓娱乐人士所能胜任的。音乐艺术有着巨大的社会影响力，不能放任自流，等闲待之。

"君子慎其所去就"，这是荀子语重心长的告诫。这一理念也适合对当代文艺创作的要求。创作文艺也应当谨慎，是为了社会进步、鼓舞志气，还是引导颓废乃至纵欲，是为了广大人民的健康精神需求，还是只为了少数人的自得其乐乃至宣泄，音乐艺术的创作者不可不慎。

毛泽东在延安文艺座谈会上鲜明地提出文艺"为人民大众首先为工农兵服务"，指明党领导的文艺工作的政治方向，这是毛泽东文艺思想的核心和灵魂。

文艺要讴歌真善美，传播正能量，为时代鼓劲加油。"为人民大众"成为社会主义文艺的价值底色。"我们的文艺工作者一定要完成这个任务，一定要把立足点移过来，一定要在深入工农兵群众、深入实际斗争的过程中，在学习马克思主义和学习社会的过程中，逐渐地移过来，移到工农兵这方面来，移到无产阶级这方面来。只有这样，我们才能有真正为工农兵的文艺，真正无产阶级的文艺。"

正是在这样的文艺方针指引下，当时的延安文艺界生机蓬勃，为工农兵服务的各种文艺作品大量涌现。当文艺工作者有了人民大众的情感，他就必然会同人民大众同爱憎、共喜怒。这样，在创造文艺作品时就能自然地选用人民大众喜爱的素材，用他们熟悉的语言，用与他们相同相近的观点，这样，文艺作品便必然具有了人民的情感，也就能真正为群众所欢迎。

引领时代风气，文艺不能迷失价值方向；塑造民族之魂，文艺不能远离人民生活。"社会主义文艺，从本质上讲，就是人民的文艺"，在 2021 年 1 月文艺工作座谈会上，习近平总书记深刻阐述了文艺与人民的关系，都是指出了文艺在对树立社会主义核心价值观、提振民族精神等方面的重要意义和作用。

文艺是为人民大众服务的。根本固者，华实并茂，源流深者，光澜必彰。在新时代，正声正音正心的时代文艺，必将承载着悠久历史文化的丰厚精蕴而奏响新时代风华瑰丽之乐章。

良乐引导社会方向

《荀子·乐论》：君子以钟鼓道志，以琴瑟乐心；动以干戚，饰以羽旄，从以磬管。故其清明象天，其广大象地，其俯仰周旋，有似四时。故乐行而志清，礼修而行成，耳目聪明，血气和平，移风易俗，天下皆宁，美善相乐。故曰：乐者、乐也。君子乐得其道，小人乐得其欲；以道制欲，则乐而不乱；以欲忘道，则惑而不乐。故乐者，所以道乐也，金石丝竹，所以道德（乐）也；乐行而民乡方矣。故乐也者，治人之盛者也，而墨子非之。

君子用钟鼓引导人们的志向，用琴瑟来娱乐人们的心情。手持盾牌斧头舞动，用羽毛牛尾装饰，用石磬、箫管伴奏。君子创造的音乐之清明，像天那么清朗；音乐境界之广大，像地那么广博；其俯仰周旋之变换有序，有似四时之相代。故音乐起而心志清，礼义修而德行成。美好的音乐让人耳聪目明，心平气和，移风易俗，天下太平，审美和德行因乐而相得益彰。所以音乐是表达悦乐、引发快乐的艺术。君子乐于得其道，小人乐于得其所欲。以道抑制其欲，则心悦乐而不乱；徇欲而忘其道，则志意惑乱而不乐。音乐能引导悦乐在一个合适中正的状态，不会过分也不会不足，所以金石丝竹，是能引导人之德行的。音乐之道大行，民众也都有了方向。音乐的道理有如此之高，墨子否定它是很不应该的。

如果说礼侧重的是道德层面，那么乐侧重的是情感层面；礼关乎善，乐关乎美；礼的主旨是培养德行，乐的主旨是陶冶情操。礼乐结合、美善相乐。

礼论基于对人性的现实考察而建立，乐论则以承认人的审美欲求为立论基础。荀子从"人之情"入手，认为包括审美欲求在内的人的感性欲求是正当、合理的。他批判当时宋钘的"寡欲"说，承认人是有各种欲望的，包括对音乐的需求。《荀子·乐论》："夫乐者，乐也，人情之所不免也。"因为要表达快乐、也需要快乐，所以音乐是社会不可缺少的。重要的是能让欲求保持在合适的尺度，利于个人和社会的持久安宁和谐。这就是制礼作乐的指导原则所在。

《荀子·乐论》：且乐也者，和之不可变者也；礼也者，理之不可易者也。乐合同，礼别异，礼乐之统，管乎人心矣。穷本极变，乐之情也；着诚去伪，礼之经也。墨子非之，几遇刑也。明王已没，莫之正也。愚者学之，危其身也。君子明乐，乃其德也。乱世恶善，不此听也。于乎哀哉！不得成也。弟子勉学，无所营（荧）也。

使得人心和乐，是良乐始终的宗旨所在；使得天理昭明，是礼之所以建立的宗旨所在。良乐令人心和齐，礼则令上下有序，礼乐相融，相得益彰。良乐是能洞达人心之本，并且善于变化调节，疏导人心向善向上，礼的根本在至诚，让人心去伪存真。

《荀子·乐论》：贵贱明，隆杀辨，和乐而不流，弟长而无遗，安燕而不乱，此五行者，足以正身安国矣。彼国安而天下安。故曰：吾观于乡，而知王道之易易也。

良好的礼乐会有什么样的修身治国效果？贵贱分明，繁简得当，民风和乐而不流俗，孝悌之道大行，社会安定而不乱，有了这五方面，足可以安身立命，安邦定国。礼乐对于治国，直入人心，效果显著，所以中国先贤如此重视礼乐的制定。

《荀子·乐论》：乱世之征：其服组，其容妇。其俗淫，其志利，其行杂，其声乐险，其文章匿而采，其养生无度，其送死瘠墨，贱礼义而贵勇力，贫则为盗，富则为贼；治世反是也。

这里说明了乱世之征兆，让人引以为戒。服饰奢华，打扮妖艳，风俗淫乱，唯利是图，言行杂乱无章，音乐浮躁轻佻，文章矫饰阴晦，生活消费没有节制，葬送死者刻薄吝啬，轻视礼制道义，崇尚野蛮武力，贫穷则行偷盗，富有则去残害他人。治世则与此相反。

如果社会充斥邪乱低俗的音乐，必然出现上述的情形。所以从一个国家民族的音乐，可以判断这个社会的人心，治理的情况。"乐中平则民和而不流，乐肃庄则民齐而不乱"，"先王恶其乱也，故制雅颂之声以道之，使其声足以乐而不流，使其文足以辨而不諰，使其曲直、繁省、廉肉、节奏，足以感动人之善心。"荀子重视乐的深意正在于此，主张通过良乐让人化性起伪，要效法先王制《雅》《颂》的智慧之举。

第八章

富民强国有大道

荀子推崇内圣外王之道，体现"外王"的民富国强是题中当然之义。"儒术诚行，天下大富"，是荀子治国思想的集中体现。体现"儒术诚行"，则要隆礼尊贤、富民爱民，如此则"义立而王"。

"礼乐则修，分义则明，举错则时，爱利则形"。要建立起国家的"道德之威"，力行"礼义、辞让、忠信"。领导者力行礼义德治，士大夫们不为财物所累，而对于礼义忠信，却一丝不苟地实践，这必是一个享有尊荣之国。荀子用礼义这面镜子，将国家治理之效的优劣一览无遗，也将"礼"作为养民富民、定国安邦之根本。

"爱民"是荀子思想的一个重要核心。爱护百姓，对百姓"利而不利，爱而不用"，只是呵护百姓而不从百姓索取，如此则百姓心悦诚服，越发拥戴有德的领导者，这样的国家具有强大的凝聚力。让有德才的人成为社会的中流砥柱，有效的管理是为了统一协调行动，人人各安其位，各尽其能，各守其责，实现"群居和一"，多快好省地开展生产、创造财富。要"裕民以政"，用良政促进生产发展，采用节用裕民、开源节流、发展农业等措施，使人民富裕，下富则上富，实现上下同富。

荀子的经济思想在批判吸收百家学说、博采众长的基础上，代表了一个时代的最高峰。荀子因为当过多年县令，治理有方，所以是一位有着实战经验的理论联系实际的思想家。

富国之道：儒术诚行　天下大富

荀子《富国》篇的中心是裕民富国，最终要实现"上下俱富"的目标。

国家富裕的源泉在哪里？源泉在人民之中，要让人民富裕起来，下富则上富。荀子认为，实行霸道的君主能够让士人以上的阶层富足，而实行王道的君主能够使全国人都富足。

如何富民？荀子提出了许多具体的政策方针。首先，以农为本。制定了许多具体措施，如减轻赋税，设立专职人员领导百姓提高种地的技能等。其次，重视工商。荀子从富民和利民的思想出发，制定各项工商业者优惠政策，促进商业活动，南北东西的物产互相交流，四海之内如一家。

荀子的富国思想是理论与实践相结合的成果。荀子在兰陵实施富国思想，使兰陵脱贫致富，其经济理论成为一个先进的富国理论思想与实行方案。

明分使群　各安其位

《荀子·富国》：万物同宇而异体，无宜而有用为人，数也。人伦并处，同求而异道，同欲而异知，生也。皆有可也，知愚同；所可异也，知愚分。势同而知异，行私而无祸，纵欲而不穷，则民心奋而不可说也。如是，则知者未得治也；知者未得治，则功名未成也；功名未成，则群众未县也；群众未县，则君臣未立也。无君以制臣，无上以制下，天下害生纵欲。欲恶同物，欲多而物寡，寡则必争矣。故百技所成，所以养一人也。而能不能兼技，人不能兼官。离居不相待则穷，群居而无分则争；穷者，患也；争者，祸也。救患除祸，则莫若明分使群矣。

从宇宙万物及人性的角度讲，"分"是"群"的基础和保障。人类群居各有所好，各有所求，而且智愚有别。如果任由人们行私而纵欲，则争斗迭起不能有安定的生活。如果不能由智者来治理社会，没有君主来率领臣民，没有上级来领导下级，天下就会大乱，祸害就会产生于人的放纵其欲。

要使每个个体活得好，满足衣食住行及精神需求，靠着一个人独自努力很难实现，即使实现了也不能实现物质的丰足，因此社会要富足必须靠着各行各业人的劳动。这就需要团体协作和分工。分工有助于提高生产技能和产品质量。

"明分使群"就是现代的社会分工与协作，这是荀子社会治理的核心措施。

荀子的"分",即是指社会分工分职。按德行、智慧和能力来确定个人在群体中的地位，依据专长分工负责各尽职守。"农以力尽田，贾以察尽财，百工以巧尽械器，士大夫以上至于公侯莫不以仁厚知能尽官职，夫是之谓至平。"只有社会成员各自发挥其专长，有道德的君子担任管理职能，才能维持正常的社会运转并保持效率。

《荀子·富国》：强胁弱也，知惧愚也，民下违上，少陵长，不以德为政：如是，则老弱有失养之忧，而壮者有分争之祸矣。事业所恶也，功利所好也，职业无分：如是，则人有树事之患，而有争功之祸矣。男女之合，夫妇之分，婚姻娉内，送逆无礼：如是，则人有失合之忧，而有争色之祸矣。故知者为之分也。

反之，如果不按照"明分使群"的原则，社会上那些力强的人胁迫欺负弱小的，聪明人畏惧愚蠢的人，下民违抗君上，年轻的欺凌年老的；政事不以礼义德行来治理，老弱者会有无人赡养的忧虑；身强力壮者相互争夺，陷入无穷无尽的祸乱。好吃懒做，争名夺利；职业没有分工，长此以往，事业无成，祸乱不断。家庭里夫妇若没有正确的角色定位，随意放纵，不守其道，那么夫妻伦常乖舛，家庭失和。

总之，以德为政，老有所养，壮有所用，家庭和睦，明分使群的目的就达到了。所以说，荀学是一套齐家安邦治国的完备的理论体系。

"明分"的指导思想是"礼"

明分要靠礼义。礼的实质就是对人们贵贱、长幼、贫富差别的规定，"分莫大于礼。"没有礼义，就谈不上明分使群。

通过制定礼义，给人们规定出一定的"度量分界"，以调节人们的欲求，做到"贵贱有等，长幼有差，贫富轻重皆有称"，使人们各得其所，组成群体。"长幼有差"，指父子、夫妇等家庭及社会人伦关系。"贫富轻重皆有称"，经济利益上的差别与其业绩相称。

荀子的"明分使群"思想渗透于其治国富国的理念，是从人本出来，是群体有序互助、和谐合作、实现共同富裕之路的关键，是管理者"使群"的必要条件，是实现"群居和一"理想境界的重要前提。

"论德而定次，量能而授官，皆使其人载其事而各得其所宜""明分职，序事业，材技官能"，政府依据官员的德行和能力差别量能而授职，规定出酬劳差别、按劳分配。而且有绩效考核，考核不合格的要罢免，"岁终奉其成功以效于君，当则可，不当则废。"

只有"明分"，才能够有"德必称位，位必称禄，禄必称用"有序局面，以期达到"将以明分达治而保万世也"的良好成效。

节用以礼，裕民以政

《荀子·富国》: 足国之道: 节用裕民，而善臧其余。节用以礼，裕民以政。彼裕民，故多余。裕民则民富，民富则田肥以易，田肥以易则出实百倍。上以法取焉，而下以礼节用之，余若丘山，不时焚烧，无所臧之。夫君子奚患乎无余？故知节用裕民，则必有仁圣贤良之名，而且有富厚丘山之积矣。此无他故焉，生于节用裕民也。不知节用裕民则民贫，民贫则田瘠以秽，田瘠以秽则出实不半；上虽好取侵夺，犹将寡获也。而或以无礼节用之，则必有贪利纠诉之名，而且有空虚穷乏之实矣。此无他故焉，不知节用裕民也。康诰曰："弘覆乎天，若德裕乃身。"此之谓也。

富国之道，节约财政开支，让民众多创造财富，妥善贮藏节余。节用依靠礼，富民依靠政策导向。裕民者，国家就会粮多财广；民众多创造财富，就会富裕起来。民众富裕了，就会更有条件把农田经营好，精耕细作，谷物就会多丰收。国家依法税收，臣民合理使用财物。如此地大物博，何患不足？

故知节用裕民，君主就会享有仁爱，正义，圣明，善良的名声，而且国家富足。此无他故，因为贯彻了节用裕民的政策。否则民众就会贫困，农田贫瘠荒芜，收获的谷物就难以达到正常收成的一半。如此这般，国君即使增加赋税，甚至巧取豪夺，财政收入仍将很少；再加上不合理使用，那就只是落得贪婪搜刮的坏名声，粮仓空空，财政匮乏。无他故，只因不知节用裕民。荀子从正反两方面阐述，不知节用裕民，害莫大焉。

荀子"以政裕民"的理论内涵丰富，社会效益与经济效益同步发展，体现了民本主义思想。

荀子指出"足国之道"在于"节用裕民，而善藏其余"。富国的内容首先是发展生产，增加整个国家或社会的财富；其次是藏富于民，即把增加的财富尽量保留在百姓手中以实现富民。最后是在不增加赋税或降低税率的情况下增加政府财政收入，从而使"上下俱富"。荀子反对为政者用搜刮民财的办法来增加国库收入，虽然暂时增加国库收入，但却缩小和破坏了富国的基础，不但不能保证富国，反而会激化社会矛盾，引起百姓反抗，从而使国家政权灭亡，这是"求富而丧其国"。荀子的富国富民思想成为当时社会发展经济的有力措施，影响着中国社会的历史。

节俭是中华民族的传统美德，用之于政，则体现在"节用裕民"。节用裕民，崇尚俭朴，可追溯到夏禹"克勤于邦，克俭于家"的古训。传统崇俭思想中，最值得称述的是荀子的"节用御欲"消费观。他认为，"人生而有欲"，即欲望是人的生理本能，在"欲多而物寡"的情况下，应该"节用御欲，收敛蓄藏以继之"，即节制目前消费，以备将来消费。他把消费分为目前消费和将来消费，主张"收敛蓄藏以继之"。

一味提倡禁欲，消费不足，固然会阻滞生产，会出现"天下尚俭而民弥贫"的状况；但脱离生产力水平，过高的消费欲望，也会引起社会动荡。荀子的"节用御欲"论，不同于宋钘的寡欲论。他认识到过度的节俭会影响到人们的生产积极性，从而影响财富的创造，所以荀子主张："欲虽不可尽，可以近尽也。欲虽不可去，求可节也。……道者，进则近尽，退则求节。"即在物质条件容许的情况下，应当尽可能满足人们合理的欲望，而对无法合理满足的欲望，则应适当加以节制，以礼调节。所以，荀子的生产消费观、节俭观，综合起来看，实质上是中道思想智慧。

农业立国，国不失本

"裕民则民富，民富则田肥以易"。裕民、民富、田肥，围绕农业为本而形成良性循环。

荀子在以农为本的思想基础上，强本开源，"强本节用""开源节流"，他认为"田野县鄙者，财之本也；垣窌仓廪者，财之末也"。要达到"上下俱富"，固然要控制财政开支，以节其源，更重要的是"强本"，发展农业生产，以开其源。所以荀子在本篇后面说："明主必谨养其和，节其流，开其源，而时斟酌焉。潢然使天下必有余，而上不忧不足。"

作为农耕文明的国度，以农为本的思想由来已久。农本思想贯穿于中国经济思想发展史的整个过程，渗透到土地思想、财政思想、消费思想等各个方面。古代思想家的治国方略，首先考虑的是如何发展农业生产。传统财政思想主张强本开源、轻赋薄敛，强本开源主要指的是发展农业生产，轻赋薄敛主要也是休养民力，以恢复和发展农业生产，培养财源。

对于现时代的中国，占人口绝大多数的广大农民的文明富庶，是中国走向文明兴盛的根本保障。近年来，国家实行乡村振兴战略，促进新农村建设，都为乡村发展和乡村文明再次振兴提供了重要契机。随着全面建成小康社会，中国农村的生活水平也已上了大台阶。"富而后教"，"仓廪实而知礼节"，让农村人民拥有更好的文化生活，家庭更加孝慈和睦、人际更加和谐有礼，因而精神生活更加富足，是进一步推进"新农村建设"的重要课题。

如何以政裕民

《荀子·富国》：礼者，贵贱有等，长幼有差，贫富轻重皆有称者也。故天子袾裷衣冕，诸侯玄裷衣冕，大夫裨冕，士皮弁服。德必称位，位必称禄，禄必称用，由士以上则必以礼乐节之，众庶百姓则必以法数制之。量地而立国，计利而畜民，度人力而授事，使民必胜事，事必出利，利足以生民，皆使衣食百用出入相掩，必时臧余，谓之称数。故自天子通于庶人，事无大小多少，由是推之。故曰："朝无幸位，民无幸生。"此之谓也。

根据贵贱、长幼等的差别，给与不同的地位待遇，荀子特别强调要"德必称位，位必称禄，禄必称用"。这正是"礼"的要求所在。一般认为荀子是在维护封建等级秩序，而实际上这种等级的背后，是以"德"为中心，德高者位才高，名才高。也就是说如果德不够，那么高位就不属于你；享受厚禄，就必须要在位子上做出应有的贡献，做出相应的社会功用。

"量地而立国，计利而畜民，度人力而授事，使民必胜事，事必出利，利足以生民，皆使衣食百用出入相掩，必时臧余，谓之称数。"立足实际的宏观规划，以民为本的发展纲要，达到利足生民、还有财富盈余的效果。

"故自天子通于庶人，事无大小多少，由是推之。故曰：朝无幸位，民无幸生。此之谓也。"自天子至庶人，人人平等，恪尽职守。创富以养民，养民以创富。朝无幸位，民无幸生，没有人占着位子不做事，侥幸取得俸禄，民众也不能侥幸而取得衣食，都要通过辛勤劳动。

《荀子·富国》：轻田野之赋，平关市之征，省商贾之数，罕兴力役，无夺农时，如是则国富矣。夫是之谓以政裕民。

减轻农田的税收，调整关卡市场的税率；减少商人的数量，尽量少安排劳役，不耽误农民的时令，农民富裕，国家也富裕了。这叫做用政策引导民众富裕。这些政策对中国历代经济发展贡献重大，今天的中国社会仍能看到"轻赋""轻税"等政策的巨大影响。

荀子提到"无夺农时"，这是古代中国农业发展的智慧、治国特色。《孟子·梁惠王上》说："不违农时，谷不可胜食也；数罟不入洿池，鱼鳖不可胜食也；斧斤以时入山林，材木不可胜用也。"不违农时，五谷丰收。遵守动植物生长规律、按照时令进行捕捞、砍伐，生态、环保自然在其中矣。

十七世纪欧洲重农学派的领袖魁奈和杜尔哥建立重农学派理论体系，深受中国古代农业文化的重要影响。重农学派主张经济自由的指导原则，其前提即包括尊重自然规律，"无夺农时"的思想。

真正的以民为本的国度，历来的贤圣都主张轻赋薄税，以培养财源。孔子强调"其养民也惠"，竭力主张"敛从其薄"，反对竭泽而渔。他认识到"百姓足君孰与不足，百姓不足君孰与足"，极为重视休养民力，发展社会生产，藏富于民，以培养税源。他提出这一观点，比深受中国文化影响的十八世纪法国重农学派创始人魁奈名言——"农民贫穷则王国贫穷，王国贫穷则君主贫穷"——早两千三百年。

荀子从"王者富民"的观点出发，认为巧立名目、苛税聚敛是足以亡国的祸灾，说："以非所取于民而巧，是伤国之大灾也。"唐代李翱在《平赋书》序言中说："人皆知重敛之可以得财，而不知轻敛之得财愈多也。"重敛使劳动力流亡，土地荒芜，人贫财匮，而轻敛则可以提高生产者的积极性，"尽力耕之，地有余利，人日益富"，于是在生产品增加的基础上，财政收入也随之大幅度增长。他认识到，税收政策足以影响劳动者的生产积极性，从而影响财政收入。

　　深受荀子影响的陆贾是汉初第一大功臣，他总结了秦灭亡的原因，确立了汉朝治国思想。第一：要废除秦国的那些苛政杂税，让百姓能够安居乐业。第二：要以农业为主要的发展路线，减轻百姓的负担。第三：无为而治不要去干预民间的发展，宏观上调控，微观上自由。陆贾在《新语》中，主张"行仁义，法先圣"，礼法结合，同时强调人主必须无为，为西汉前期的治理奠立了一个基本模式。

仁德者方可领导百姓

　　《荀子·富国》：若夫重色而衣之，重味而食之，重财物而制之，合天下而君之，非特以为淫泰也，固以为王天下，治万变，材万物，养万民，兼制天下者，为莫若仁人之善也夫！故其知虑足以治之，其仁厚足以安之，其德音足以化之，得之则治，失之则乱。百姓诚赖其知也，故相率而为之劳苦以务佚之，以养其知也；诚美其厚也，故为之出死断亡以覆救之，以养其厚也；诚美其德也，故为之雕琢、刻镂、黼黻、文章以藩饰之，以养其德也。故仁人在上，百姓贵之如帝，亲之如父母，为之出死断亡而愉者，无它故焉，其所是焉诚美，其所得焉诚大，其所利焉诚多。《诗》曰："我任我辇，我车我牛，我行既集，盖云归哉！"此之谓也。

　　统领天下，治理有方；以德教化，德治为本，足以安民富民；反之则乱。

　　因为智慧德行的感召，得百姓信赖和拥护，百姓尽其心尽其力，发展国家、保卫国家，越发拥戴有德的领导者，以让国家和大众长久处于安宁富裕中。此乃良性循环。

　　故领导者以仁德统领天下，百姓发自内心的亲之如父母，可以为国效劳效命而毫无怨悔，因为领导者的价值追求无比崇高，对民众的爱护发自内心，为民众创造的福利厚重。对这样的领导人，百姓当然发自内心无比珍贵地对待，因为只有这样的领导人才能为百姓创造最长久的利益。《诗》曰："我任我辇，我车我牛，我行既集，盖云归哉！"体现了君民和谐与相敬的景象。

《荀子·富国》：故曰：君子以德，小人以力。力者，德之役也。百姓之力，待之而后功；百姓之群，待之而后和；百姓之财，待之而后聚；百姓之势，待之而后安；百姓之寿，待之而后长。父子不得不亲，兄弟不得不顺，男女不得不欢，少者以长，老者以养。故曰："天地生之，圣人成之。"此之谓也。

"君子以德，小人以力"，这可指一种社会的分工。而此处的"小人"应指在道德方面逊于君子者，并非对"劳力者"的轻视。也指社会以德行而成为分工的标准，所以叫"以德配位"。也就是现在坚持德才兼备、以德为先的硬标准。也唯有一个社会由道德高尚的人来引领，才能够带领广大人民走到更为光明的道路上来。也说明了社会对于道德的重视。如此这样，百姓的力量才能被激发和凝聚而创造效益；百姓才能掌握生财之道，得以安居乐业，健康长寿。父子和顺、兄弟亲密、夫妇和谐。年少者得以健康成长，年长者得到赡养照顾。从而"天地生之，圣人成之。"

《荀子·富国》：今之世而不然：厚刀市之敛以夺之财，重田野之税以夺之食，苛关市之征以难其事。不然而已矣，有掎挈伺诈，权谋倾覆，以相颠倒，以靡敝之，百姓晓然皆知其污漫暴乱而将大危亡也。是以臣或弑其君，下或杀其上，粥其城，倍其节，而不死其事者，无它故焉，人主自取之也。《诗》曰："无言不雠，无德不报。"此之谓也。

这是指荀子当时所处的战国末期的情形，横征暴敛用以抢夺财产，增加农业税赋用以夺取粮食；关市征收苛捐杂税。不仅如此，还更有结党营私拉帮结派伺机欺诈，权谋颠覆，君臣颠倒。有的臣弑杀君主，有的下民杀上司，出卖城池，背叛节操而不为国家谋求正事，无他故，这是君主昏庸无道，自取灭亡。

儒术诚行　天下大而富

《荀子·富国》：墨子之言，昭昭然为天下忧不足。夫不足，非天下之公患也，特墨子之私忧过计也。今是土之生五谷也，人善治之则亩数盆，一岁而再获之，然后瓜桃枣李一本数以盆鼓，然后荤菜百蔬以泽量，然后六畜禽兽一而车，鼋鼍、鱼鳖、鳅鳝以时别，一而成群，然后飞鸟凫雁若烟海，然后昆虫万物主其间，可以相食养者不可胜数也。夫天地之生万物也，固有余足以食人矣；麻葛、茧丝、鸟兽之羽毛齿革也，固有余足以衣人矣。夫有余不足，非天下之公患也，特墨子之私忧过计也。

墨子为天下担忧财货供给"不足"。荀子说，此并非真的值得忧患，只是墨子忧虑过度。土地生五谷，而且可以一年两熟，另外种植蔬菜，饲养家禽家畜、鼋鼍鱼鳖等，食物可谓不计其数。天地生养万物，只要善于治理，足以使人们丰衣足食。

墨子晚孔子八十多年，墨学是当时的显学，比荀子早一百多年，正是战乱极为严重的时候，民不聊生日益加剧，而且似乎还没有见到曙光。诸子都在为寻求治世良方日益奔劳。墨子提出"十论"：尚贤、尚同、节葬、节用、非乐、非命、尊天、事鬼、兼爱和非攻，在当时很有影响力。尤其节用，主要是针对贵族阶级的奢侈浪费及腐朽享乐的生活提出了节用的原则。这是他那个时代作为一代圣贤的使命与责任、担当与呼吁。

而墨学之后荀子的时代，大一统的趋势日益明显，是黎明的前夜，这时候群雄竞逐，十分激烈，即将一决胜负，各诸侯国之间竞争的不只是武力、实力，更包括管理、文化等软实力，所以没有任何时候比彼时彼刻更需要有效的管理、高效的综合治理了。所以，因时代特点的不同，荀子为了大一统的时代需要，必须严肃指出不利于当时一统天下的所有思想及学说。

因此，荀子以大无畏的精神，敢于"非十二子""非相"等。被批判最为激烈、频率最高的当属孟子与墨子两老夫子了。敢于向权威"开刀"，这是荀子作为一代大贤的无畏担当，彰显他为了生民安乐、敢于革命的精神。而且荀子也说了，他批判的是墨子的学说而非墨子个人，也就是说非个人恩怨成见。古人的节操是，大是大非不能含糊，政见可以不同，但并不影响私下的交情、友情，不影响对对方的尊重。这种不以世俗恩怨为虑、而唯真理是从的精神，无疑也值得当今人借鉴。

《荀子·富国》：天下之公患，乱伤之也。胡不尝试相与求乱之者谁也？我以墨子之"非乐"也，则使天下乱；墨子之"节用"也，则使天下贫，非将堕之也，说不免焉。墨子大有天下，小有一国，将蹙然衣粗食恶，忧戚而非乐。若是则瘠，瘠则不足欲；不足欲则赏不行。墨子大有天下，小有一国，将少人徒，省官职，上功劳苦，与百姓均事业，齐功劳。若是则不威；不威则罚不行。赏不行，则贤者不可得而进也；罚不行，则不肖者不可得而退也。贤者不可得而进也，不肖者不可得而退也，则能不能不可得而官也。若是，则万物失宜，事变失应，上失天时，下失地利，中失人和，天下敖然，若烧若焦，墨子虽为之衣褐带索，嚽菽饮水，恶能足之乎？既以伐其本，竭其原，而焦天下矣。

君臣没有等差，必定没有权威，没有权威必定赏罚不力。赏赐不行，贤者不进；惩罚不行，不肖者不得退。能胜任的人得不到恰当的官职，万物丧其宜，事务丧其应，天下受煎熬。墨子即便身穿粗布短衣腰缠绳索，吃馊饭喝白水，终日辛劳，也难以满足民众的基本需求。

荀子批判墨子的主张，认为其无益于富民富国，结果是使天下贫，难以做到赏罚分明，不利于提高管理效能，因而万物失宜，事变失应，上失天时，下失地利，中失人和，导致"伐其本，竭其原，而焦天下矣"的结果。

荀子以其敏锐而犀利的眼光，洞察人类历史和社会，看到大多数人（或指一般大众）皆有好利求富的心理，人人皆向往富足、追求利益，思富而弃贫。即所谓"富者，人之情性，所不学而俱欲者也"。（《史记·货殖列传》）荀子认为国家政策的制定应顺乎民意，激发民众创富的积极性，从而使国家富足。

《荀子·富国》：故先王圣人为之不然。知夫为人主上者，不美不饰之不足以一民也，不富不厚之不足以管下也，不威不强之不足以禁暴胜悍也。故必将撞大钟、击鸣鼓、吹笙竽、弹琴瑟以塞其耳；必将雕琢、刻镂、黼黻、文章、以塞其目；必将刍豢稻粱、五味芬芳以塞其口。然后众人徒、备官职、渐庆赏、严刑罚以戒其心。使天下生民之属，皆知己之所愿欲之举在是于也，故其赏行；皆知己之所畏恐之举在是于也，故其罚威。赏行罚威，则贤者可得而进也，不肖者可得而退也，能不能可得而官也。若是，则万物得宜，事变得应，上得天时，下得地利，中得人和，则财货浑浑如泉源，汸汸如河海，暴暴如丘山，不时焚烧，无所臧之。夫天下何患乎不足也？"

古代圣王深谙此理，不富足就不能使民众安心，不富足就不能使天下归之。不富强就不能禁暴胜悍。国家的富足、强盛是其立国与发展之根基与保障。我们中华民族早就知道并且践行富国、强国之道。这在今天依然有着重要的启发意义。面对一切强权，做好自己的事，首先发展好自己、充实好自己的实力，凝聚起国家的民心，是应对一切挑战的基础。

让百姓衣食住行无忧，同时有礼乐文化的享受，如此则人民安乐、安心，在此基础上，公布庆赏刑罚等规定，以让民众知道国家推崇什么、反对什么。该赏的赏，该罚的罚，如此则贤者进，不肖者退，不同能力担任不同官职。如此，则万物得其宜，事变得其应，上得天时，下得地利，中得人和，天下富足。

《荀子·富国》：故儒术诚行，则天下大而富，使而功，撞钟击鼓而和。《诗》曰："钟鼓喤喤，管磬玱玱，降福穰穰。降福简简，威仪反反。既醉既饱，福禄来反。"此之谓也。故墨术诚行则天下尚俭而弥贫，非斗而日争，劳苦顿萃而愈无功，愀然忧戚非乐而日不和。《诗》曰："天方荐瘥，丧乱弘多。民言无嘉，憯莫惩嗟。"此之谓也。

儒术诚行，则天下大而富。通过在天下施行儒术，则天下安泰而且富裕。"大"通"泰"，太平、安泰。儒术行则生产发达，衣食丰饶，且礼乐文明彰显，社会和谐，"撞钟击鼓而和"。而墨子的主张相反，过度崇尚俭省天下越发贫穷，反对争斗但是争斗却日多，虽日日辛劳而越发无功，废弃乐教而社会更加不和谐。

被误解千年的荀子"儒术"

"儒术诚行"之"儒"指的到底是什么呢？按荀子之本意，应指的是"尧舜""周公"等"大儒","用大儒则百里之地，久而后三年，天下为一，诸侯为臣。"此即圣人的境界。而荀子所言"圣人的境界"必定是内圣而外王的，其二者缺一不可。只求"内圣"而无"外王"之功，非也；只求"外王"而不修"内圣"，则不能成其事。

荀子所言"大儒"，是文韬武略、文武兼治，有仁心、有格局、有愿景、有方略、有才华，是"上马杀敌，下马赋诗"的政治家、军事家、文学家等集多种武艺才华于一身的全才。

显而易见，非我们现在以为的单纯以道德修养为主的所谓"儒家"。其实，中国文化本来就是全机全用的，所谓"百家"，其源头为一。尤其孔子集中国文化之大成，以三代王官学为基础，发展出孔门四科，包括德行科，重礼义修为；政事科，重政治、经济、法律、军事、社会诸事务；言语科，重以纵横游说安天下；文学科，重古代经书的传习。孔门四科之学是综合的学问；孔学原本是文韬武略、内圣外王、理论与实践相结合的。

孔子之后，所谓儒家进一步分化，正如韩非子在《显学》中说："孔、墨之后，儒分八家，墨离为三。"其实还不止八家之分。而且分化之后的流派，难见中国文化全机全用、大机大用的本来面目，难怪荀子要"非十二子"，指出"凡人之患，蔽于一曲，而暗于大理。"

荀子尊崇孔子备至，但"爱吾师更爱真理"，孔子之思想是经过荀子之继承、发展与创新，使之更加完备，不是简单地在分化的"孔门四科""儒分八家"的基础上重新"合拢"来。荀子顺应时代的需求，对孔子思想进行创造性转化和创新性发展，同时刺取百家、博取众长，发展出一套新的学说——荀学，使其更具有可执行性和实际应用性，才愈加彰显了孔子思想精神的光芒。荀子实乃孔学之真继承者，同时又是超越孔学者。

所以"儒术诚行"之"儒"，实非现在所谓的"儒家"，而是"大儒"，是圣人，是"荀儒"。这也是荀子为什么自称是真正的孔子、子弓之真传，而批判"十二子"坏了道统。是因为他已洞见了事实真相，他在讲真话，他在直言。以悟得大道之智慧而讲肺腑之言。也正因如此，被后世误会者多，真解其意者少。因为多数人还是"蔽于一曲"。

从这个意义上言，荀子自称是真正的儒家，也正是当仁不让、自肯承当之大家风范。

千百年来，有一些人会陷入两难困境：一方面需要标榜以孔孟思想（仁、义、礼、智、信、恕、忠、孝、悌等）为主旨的所谓儒家之风范，其实这没有错；另一方面，如果纯用"儒家"治世，又会出现麻烦。因为后世的"儒家"多以"文学科""德行科"为主，导致欠缺经世致用之力道。

史载汉宣帝的太子刘奭（汉元帝）"柔仁好儒……曾言：'陛下持刑太深，宜用儒生'。宣帝作色曰：'汉家自有制度，本以霸王道杂之，奈何纯任德教，用周政乎！且俗儒不达时宜，好是古非今，使人眩于名实，不知所守，何足委任！'乃叹曰：'乱我家者，太子也！'"（《汉书·元帝纪》）

汉宣帝对着太子，面显怒色，道出了汉朝治国精髓，汉朝制度既有王道，也有霸道，怎么是纯粹施行德教、恢复周朝那套呢？而且腐儒不合时宜，好是古非今，不知所守，何足委任！

"历代对于董仲舒《天人三策》中的'独尊儒术'误认为'独尊儒家'，由而产生的谬误长达千年，都认为汉武是独尊以孔子为主的'纯任德教'的儒家而罢斥百家，事实上，汉宣帝更挑明了'汉家制度'乃是《荀子·富国》中所谓的'儒术诚行，则天下大而富'的'霸王道杂之'的儒术，而非儒家。"（王绍璠先生《荀子——内圣外王之学：超越孔子的第一人》）

"几千年来在中国的文化历史舞台上，真如庄子所说的'内圣外王之道'，独领风骚的，不是所谓的'孔孟之道'……真为统治帝王所奉行的还是'儒术诚行，天下大而富'的钟鼓之节：荀子之学。"（王绍璠先生《王者之师——〈荀子〉心解》）

董仲舒上书《天人三策》给汉武帝，是要追求"天下大而富"，把国家实力提升得更高。因为汉朝经过战乱，经过汉文帝的休息生养，到了汉武帝要大展鸿图。所以此时必须要独尊儒术，用荀子的"儒术诚行，天下大富"的方略。这是董仲舒要"独尊儒术"，把儒学推崇到一个主流的学问的原因。但这个学问正是荀子之学，荀子的思想。

可是董仲舒的主张被后人误解了，误导了，认为是文化的专制独裁，认为只有一个孔子，把所有的诸子百家罢黜了。它不是罢黜，"独尊"的意思，只不过是说以荀子"最为老师"而已，以荀子所倡导的儒术为核心指导思想，并没有也并不是罢黜百家。

可是后人，不是去深究汉朝唐朝的历史，而是受到宋明理学的影响。宋明理学是把孟子升格，把荀子贬低，因为他说"性恶"，所以我们对荀子产生误解，进而对儒家产生误解，好像是唯有"儒家"而"罢黜百家"，其实这是受到宋明理学的一种误导。

人们之所以有一种困惑，是因为没有真正找到两千年来中国能够在大部分时间里引领世界的原因和内在动力。正如王绍璠先生《中国文化三关论》言："先秦诸子之学，断非如黄河之水天上来，突发汹涌而至，活水源头，其来有自，若诸良渚、红山乃至三星文化，其必有征，其必可征。

欲治中国文化当必具足此等学问气度、气象，乃可言其他，更遑论诸子百家，原始要终乃"全体现"之大学问，其传承渊源不二，焕然贯通，殊途而同归，非一家一言可立宗旨，后人不察，遂分百家，割裂道术，遂使天下纷纷，不知归止。

若庄子之言：是故内圣外王之道，暗而不明，郁而不发，天下之人各为其所欲焉以自为方。悲夫！百家往而不返，必不合矣！后世学者不幸不见天地之纯，古人之大体，道术将为天下裂。

今者论诸子百家，皆失其旨要，袭古人牙慧，偏执百家之言，强分宗旨，而立儒、道、名、墨诸家，全不知诸子之学，其渊一致，其学终始，皆汇归于内圣外王之道，而非有所异也。"

治国者谨防沽名钓誉

治理国家要以对历史和人民负责的精神，为人民计深远，为国家计深远，沽名钓誉，急功近利，是不可取的。

《荀子·富国》：垂事养民，拊循之，唲呕之，冬日则为之饘粥，夏日则与之瓜，以偷取少顷之誉焉，是偷道也，可以少顷得奸民之誉，然而非长久之道也。事必不就，功必不立，是奸治者也。傿然要时务民，进事长功，轻非誉而恬失民，事进矣而百姓疾之，是又不可偷偏者也。徙坏堕落，必反无功，故垂事养誉不可，以遂功而忘民亦不可，皆奸道也。

投百姓一时所需，换取民众片刻的赞誉，这是苟且的办法，非是长久治国安邦之策。同样，急功近利急于出政绩而违逆民众意愿，又是另一种偏颇，最终也将失败。所以忽视正业而沽名钓誉，不可；只求成功不顾民众，也不可。皆是奸邪不正的办法。治标不治本的取巧行为，是谓奸治者、奸道也。

荀子所破斥的治国之偏，在当今世界许多国家可以看到。一些国家领导人迎合民粹主义，为了选票而许诺民众一些短期的利益，而没有对实现国家长治久安进行规划。在中国，有的地方官员为了政绩，不顾民众需求而大兴土木，或是破坏环境，或是挪用民生资金用于政绩工程，都是偏离了治理的大道，是奸道。

上下俱富之"三德"

《荀子·富国》：故古人为之不然，使民夏不宛暍，冬不冻寒，急不伤力，缓不后时，事成功立，上下俱富，而百姓皆爱其上，人归之如流水，亲之欢如父母，为之出死断亡而愉者，无它故焉，忠信调和均辨至也。故君国长民者欲趋时遂功，则和调累解，速乎急疾；忠信均辨，说乎赏庆矣；必先修正其在我者，然后徐责其在人者，威乎刑罚。三德者诚乎上，则下应之如景向，虽欲无明达，得乎哉！《书》曰："乃大明服，惟民其力懋，和而有疾。"此之谓也。

那么真正成功的治国之道是怎样的呢？"使民夏不宛暍，冬不冻寒，急不伤力，缓不后时"，爱护民众，不滥用民力，也不误农时，这样的结果就是"事成功立，上下俱富，而百姓皆爱其上，人归之如流水，亲之欢如父母，为之出死断亡而愉"，不仅国家和百姓俱富，而且百姓衷心拥戴领导者，可以为之出生入死。

这种强大的国力和凝聚力，是因为领导人做到了"忠信调和均辨"的极致。所谓"忠信"，就是君主忠于国家和百姓，对百姓诚信公平，能在全社会树立礼义忠信的文化；所谓"调和"，就是不任意征用民力，合理使用民力，使民众能安于生产生活；所谓"均辨"，就是社会公平正义，赏罚分明。这样的国家当然就"人归之如流水，亲之欢如父母，为之出死断亡而愉"。

"故君国长民者欲趋时遂功，则和调累解，速乎急疾。"君主要想成就功业，用调和、宽缓、休养生息的办法，比急功近利、劳累百姓的办法收效更快。"忠信均辨，说乎赏庆矣"，要推行忠信公平，用奖赏激励的方法鼓励百姓，"必先修正其在我者，然后徐责其在人者，威乎刑罚。"领导者正人先正己，一定先纠正那些在自己身上的缺点，然后慢慢地去引导纠正那些在别人身上的缺点，这比使用刑罚更有威力。

和顺百姓，无为而治，老百姓更愿意主动生产奋斗，实际上更有效率；忠信公平，更得民心；正人先正己，以德服人，领导者力行此三种德行，则百姓一呼百应矣。其实，"忠信调和均辨"亦可谓当今治企治世可借鉴的良方。

《荀子·富国》：故不教而诛，则刑繁而邪不胜；教而不诛，则奸民不惩；诛而不赏，则勤励之民不劝；诛赏而不类，则下疑俗俭而百姓不一。故先王明礼义以壹之，致忠信以爱之，尚贤使能以次之；爵服庆赏以申重之，时其事、轻其任、以调齐之，潢然兼覆之，养长之，如保赤子。故奸邪不作，盗贼不起，而化善者劝勉矣。是何邪？则其道易，其塞固，其政令一，其防表明。故曰：上一则下一矣，上二则下二矣，辟之若草木，枝叶必类本。此之谓也。

孔子曰："不教而诛谓之虐，不戒视成谓之暴，慢令致期谓之贼，犹之与人也，出纳之吝，谓之有司。"体现孔子对德治、礼治社会的主张。荀子进一步提出"教诛并举""礼法并治"，再进一步"诛赏分明"，百姓有章可循、有法可依。

以此提出治理天下的思想体系：明礼义、致忠信、尚贤使能、激励先进、合理用民力，核心是对民众"潢然兼覆之，养长之，如保赤子"，对普天下百姓爱护倍加如母亲对于婴孩。这样的结果，当然奸邪不作，盗贼不起，百姓诚心归服，社会向善，人人奋力付出。那么这样的治理就很容易，因为对恶行的禁止很有力，政令一致，其禁止或鼓励的方向明确，让民众有言行的方向。所以古语有云："上一则下一，上二则下二矣。"下之从上，譬若草木枝叶必立足于其根，只要领导者作出了良好的表率，出台了人性化、有序化的政策，下面的百姓必然倾心追随。

荀子在这里也道明了管理的本质，领导要明礼义，爱百姓，发挥表率的作用，制定合理的管理措施。

富国之根本："下心于一切"

从荀子全书来看，可以看到对待民众的爱护之心。以为人民（利民、养民、裕民）为基准，自然对荀子的误解误会会不攻自破。那些认为荀子只是站在统治阶级利益的立场，目的是让"百姓为已死"的功利论之偏颇，自然也一目了然。

之所以对荀子有此种误解，是当代中国人沿用了近代西方人看待西方历史的方式（"西方文化中心论"导致）。在西方近代以前是君主专制独裁、君主与人民对立，如法国路易十四"朕即国家"。所以君主对百姓是利用、盘剥的关系。殊不知，在王道精神引领下的中国，领导者最需修炼的就是大公无私的德行。

《荀子·富国》：不利而利之，不如利而后利之之利也；不爱而用之，不如爱而后用之之功也。利而后利之，不如利而不利者之利也；爱而后用之，不如爱而不用者之功也。利而不利也，爱而不用也者，取天下矣。利而后利之，爱而后用之者，保社稷也。不利而利之，不爱而用之者，危国家也。

这是中华民族伟大的爱民思想。

不加利于民而取利于民，不如加利于民，而后取利于民有利；不加爱于民而用民，不如加爱于民而后用民有利。利民而取利于民，不如利民而不取利于民者更为有利；爱民而用民，不如爱民而不用民者的功效更大。利民而不取利于民，爱民而不以用民者，这才是真正赢得天下人心，利民而取利于民，爱民而后使唤民众，这只能保护社稷不倒。不利民而取利于民，不爱民而任意使唤民众，这样的国家危在旦夕。

中国禅文化的慈悲精神与荀子的爱民思想相互呼应。记录宋代诸禅师之遗语教训的《禅林宝训》记载，"大觉曰：夫为一方主者，欲行所得之道，而利于人。先须克己惠物，下心于一切。然后视金帛如粪土，则四众（通指出家僧尼二众及在家男女二众）尊而归之矣。"

大觉怀琏禅师说：作为化导一方的住持，要想将自己所修所悟的佛法妙理利益众人，首先要为大众树立良好模范。努力克除私欲，乐意帮助他人，要以谦下之心对待一切众生一切人事，然后视金银财物如粪土，所谓不为名不贪利。能够做到这样，则四众弟子自然对他倍加尊敬而成为众望所归。也就是说以弘法利生为大任的人，必须做到模范端正，不贪财利，方能让四众归服、教化得以展开。

一千多年以后，马克思主义在中国大地上绽放光芒，有其"为人类谋解放"的理念与中国古代民本思想相契合的内在原因。

早在 1835 年 8 月，17 岁的青年马克思在他的中学毕业论文中就满怀激情地表述了他的人生理想，认为青年在选择职业时，"应该遵循的主要指针是人类的幸福和我们自身的完美"。"如果我们选择了最能为人类福利而劳动的职业，那么，重担就不能把我们压倒，因为这是为大家而献身；那时我们所感到的就不是可怜的、有限的、自私的乐趣，我们的幸福将属于千百万人"。

马克思积极投身工人运动，把所创立的理论与当时的工人运动相结合，与恩格斯共同发表《共产党宣言》，指出："无产阶级的运动是绝大多数人的、为绝大多数人谋利益的独立的运动"，资本主义社会的发展必然导致资本主义的灭亡和社会主义的胜利。"未来的社会主义社会，生产将以所有人的富裕为目的。"

执政为民实际上也是中国一直以来的治国理念。人民是国家的根基、是执政的根本，所以执政者必须察民意、顺民心。毛泽东同志要求全党牢记为人民服务的宗旨；习近平同志要求全党"坚信党的根基在人民、党的力量在人民"，"江山就是人民，人民就是江山"。"人民对美好生活的向往，就是我们的奋斗目标"。对人民的恭敬与爱护，是中国文化的优秀基因，也是中国文化能够生生不息、始终保持生机活力的源头所在。

礼治之国有序而尊荣

《荀子·富国》：观国之治乱臧否，至于疆易而端已见矣。其候徼支缭，其竟关之政尽察，是乱国已。入其境，其田畴秽，都邑露，是贪主已。观其朝廷，则其贵者不贤；观其官职，则其治者不能；观其便嬖，则其信者不悫，是暗主已。凡主相臣下百吏之属，其于货财取与计数也，顺孰尽察；其礼义节奏也，芒轫僈楛，是辱国已。其耕者乐田，其战士安难，其百吏好法，其朝廷隆礼，其卿相调议，是治国已。观其朝廷，则其贵者贤；观其官职，则其治者能；观其便嬖，则其信者悫，是明主已。凡主相臣下百吏之属，其于货财取与计数也，宽饶简易；其于礼义节奏也，陵谨尽察，是荣国已。贤齐则其亲者先贵，能齐则其故者先官，其臣下百吏，污者皆化而修，悍者皆化而愿，躁者皆化而悫，是明主之功已。

观察一国之治乱好坏，一到其国界，便可知其概要了。关哨密布，捐税沉重，这就是乱国的征象。这样的国家田野荒芜，城邑败坏，这个国家一定是有唯利是图、贪得无厌的君主。

朝廷上，位高权重者品德不高，在位做事的能力不足，左右辅助的人不忠厚诚实，朝廷上必有一个昏庸的君主。君臣百吏诸等人物，对于自己货财的得失，计算得非常精细，但是对于礼义忠信，却漫不经心，这是一个随时可能被凌侮的国家。

负耒而耕者，乐于田亩，执戈而战者，不避危难，百官尊法守归，朝廷尊重礼义，卿相密切合作共商国是，这是治理清明的国家。朝廷上，位高权重的贤良，在位做事的能力强，君王左右供差使的人诚实有信，在位的一定是贤明的君主。

凡主相臣下百吏诸等人物，其于货财的一取一与，并不锱铢必较，不为财物所累，而对于礼义规范，却一丝不苟地实践，这是一个尊荣之国。

品格同样高尚的人，君王先走近、了解者先得到重用；才能相等，君王的故旧先授官，那么臣下百吏，品行污浊者主动进行自我净化，暴悍者变得温良，狡猾者变得诚实，这是明主之功效。

荀子用礼义这面镜子，将古今国家治理之效的优劣一览无遗。荀子把"礼"作为养民富民、定国安邦之根本。领导者以明主的素质要求自己，则国家大治，否则要么是民心不稳，要么是动荡不安。

上下俱富，国计之极

《荀子·富国》：观国之强弱贫富有征：上不隆礼则兵弱，上不爱民则兵弱，已诺不信则兵弱，庆赏不渐则兵弱，将率不能则兵弱。上好功则国贫，上好利则国贫，士大夫众则国贫，工商众则国贫，无制数度量则国贫。下贫则上贫，下富则上富。故田野县鄙者，财之本也；垣窌仓廪者，财之末也；百姓时和、事业得叙者，货之源也；等赋府库者，货之流也。必谨养其和，节其流，开其源，而时斟酌焉，潢然使天下必有余而上不忧不足。如是则上下俱富，交无所藏之，是知国计之极也。

看一个国家的强弱贫富，可以这样去验证：主政者不尊重礼义、不爱民、不守信用、赏罚不明、将帅无能，这些因素导致国家兵力弱。主政者好大喜功，好利贪求，官吏冗滥，工商之民多，没有预算规章，则国家贫困。

下面贫，上面自然也贫；下面富，上面自然也富。所以田野郊原，谷粟之所生，财之本也。国家仓库作为谷粟之所藏，财之末也。百姓按时耕作，农事兴旺，这是财货之源，之本；税赋和粮仓，只是财货之流、之末。

明主"必谨养其和，节其流，开其源，而时斟酌焉。潢然使天下必有余，而上不忧不足。如是则上下俱富，交无所藏之，是知国计之极也"。

英明的君主一定谨慎地维护上下和谐，同时节流开源，想方设法使天下黎民财富有余，这样国家也就不会担忧财源不足。如是则上下皆富，物产多得都没有地方贮藏，这才是国家治理的巅峰。

荀子再次条分缕析，强调礼义法度对于富国的关键意义。荀子总结先人智慧，提出开源节流思想，更是影响了中国几千年。

上下一心，三军同力

《荀子·富国》：凡攻人者，非以为名，则案以为利也；不然，则忿之也。仁人之用国，将修志意，正身行，伉隆高，致忠信，期文理。布衣纻之士诚是，则虽在穷阎漏屋，而王公不能与之争名，以国载之，则天下莫之能隐匿也。若是，则为名者不攻也。将辟田野，实仓廪，便备用，上下一心，三军同力，与之远举极战，则不可；境内之聚也保固，视可午其军，取其将，若拔麷。彼得之不足以药伤补败。彼爱其爪牙，畏其仇敌，若是，则为利者不攻也。将修小大强弱之义以持慎之，礼节将甚文，珪璧将甚硕，货赂将甚厚，所以说之者，必将雅文辩慧之君子也。彼苟有人意焉，夫谁能忿之？若是，则忿之者不攻也。为名者否，为利者否，为忿者否，则国安于盘石，寿于旗、翼。人皆乱，我独治；人皆危，我独安；人皆失丧之，我按起而治之。故仁人之用国，非特将持其有而已也，又将兼人。《诗》曰："淑人君子，其仪不忒。其仪不忒，正是四国。"此之谓也。

凡进攻别的国家者，要么为名、要么为利，再或者是因为愤怒。此理千古如此。但是如果一个国家通过清明的治理，君主贤明的声望蜚声世界，国家实力坚如磐石，同时外交上讲信修睦，那么这些为名利、因愤恨而想进攻的国家，就没有进攻的理由了。

仁德之人治理国家，会提高自己的德行，端正自身的行为方式，致力于忠厚守信，完善礼仪制度。这样的贤主，会令其他争夺名声威望的君主畏敬而不敢轻举妄动。在此基础上，开垦农田，充实粮仓，改进设备和器具，君民团结一条心，三军上下齐努力，令国力强盛。为了利益来入侵的国家，面对这样实力强大的国家，胜算无多，自然不敢攻打。在此基础上，君王还将用道义来处理小国与大国、强国与弱国之间的关系，礼待他邦，外交礼节十分完善，于是，出于怨恨而动武的人也就不会来攻打了。

这当是中国 2000 年前关于构建和谐"国际关系"的精彩观点。所以，仁德之领导者如果当政，不仅会保住自己的国家，还可以推动国际秩序的改善。

国家长治久安的方略

《荀子·富国》: 持国之难易: 事强暴之国难，使强暴之国事我易。事之以货宝，则货宝单而交不结；约信盟誓，则约定而畔无日；割国之锱铢以赂之，则割定而欲无厌。事之弥烦，其侵入愈甚，必至于资单国举然后已。虽左尧而右舜，未有能以此道得免焉者也。辟之是犹使处女婴宝珠、佩宝玉，负戴黄金而遇中山之盗也，虽为之逢蒙视，诎要桡腘，君卢屋妾，由将不足以免也。

故非有一人之道也，直将巧繁拜请而畏事之，则不足以持国安身，故明君不道也。必将修礼以齐朝，正法以齐官，平政以齐民，然后节奏齐于朝，百事齐于官，众庶齐于下。如是，则近者竞亲，远方致愿，上下一心，三军同力，名声足以暴炙之，威强足以捶笞之，拱揖指挥，而强暴之国莫不趋使，譬之是犹乌获与焦侥搏也。故曰：事强暴之国难，使强暴之国事我易。此之谓也。

保住自己国家的困难之处和容易之法：侍奉强暴之国很困难，让强暴之国侍奉我却很容易。一味妥协，即使你身边有尧、舜那样的贤人，靠这种办法也不能避免灭亡。如果没有团结人民一致抗敌的办法，只靠说好话，献殷勤，跪拜请求，诚惶诚恐地去侍奉，那是不能保住自己的国家的。

英明的君主，抓住问题的主要矛盾，修订礼制来整治朝廷，端正法制来整治官吏，公正理政来治理民众，从而使礼仪制度在朝廷上得到严格执行，各种事务在官府中得到有条不紊的处理，群众在下面齐心合力。则国家上下团结一心，三军同力，国家名声威震宇内，对强暴之国形成震慑，那么强暴之国也自然诚服。

在诸侯争霸的战国时期，荀子很明确地指明了保卫自己的国家而不为外强侵略、吞并的方案："修内而安外"。这同样也适用于当代的企业管理及国家间的竞争。提升企业软实力整体战斗力，打造精锐团队，大众一心，同德同心协力，才能把自己所面临的棘手的问题最有效率地解决，也使得自己在国际竞争中能够立于不败之地。

以实力震慑蠢蠢欲动的敌国，同时以礼义开展国际外交，这样一来，国家的国际威望日隆，愿意交好的国家日益增多。王绍璠先生指出，中国能强道，能霸道，但是既不强道，也不霸道，而取中道。中国始终是以和谐天下的中道、王道精神立国和面对世界。今天的中国致力于发扬优秀传统精神，也走在这条路上。继续加强国力的建设，增强民众的幸福感，打造强大的凝聚力，同时对外亲切友好，中国的不断发展，必然为推动世界和谐发挥更大能量。

荀子指出，对强国、霸国委曲求全，不如自己独立作主。这一独立自主的思想，深深影响了中国历代国家治理。最伟大的经典案例，莫过于新中国成立后毛泽东坚决自立更生，建立自己的工业体系。

到 20 世纪 70 年代初，中国初步完成了国家工业化的原始资本积累。

《富国》篇描绘了一个上下俱富，礼义完备，物质文明与精神文明协同发展的天下大治的图景。荀子的经济思想在批判吸收百家学说、博采众长的基础上，代表了一个时代的最高峰。荀子由于当过多年县令，是一位有着实战经验的理论联系实际的思想家。荀子的真知灼见，至今闪耀着智慧的光芒。

《荀子》一书既有理论又有具体实用政策措施，尤其《富国》篇也是能指导当今企业怎样创富，经济效益与社会效益共赢；对国家的经济发展、礼乐文明及社会治理、乃至当今全球综合治理都有很大的借鉴意义。

强国有道：隆礼尊贤　重法爱民

荀子的强国方略：一是隆礼尊贤、重法爱民，创造物质财富同时提升人民文明素养；二是立君为民，确立以民为本的政治制度与组织体制；三是义立而王，国以义为利，调和各种国际关系，协和万邦，彰显国际道义。此三者结合一体治理，则社会发展，国家强盛，长治久安。

国之命在于礼

《荀子·强国》：刑范正，金锡美，工冶巧，火齐得，剖刑而莫邪已。然而不剥脱，不砥厉，则不可以断绳。剥脱之，砥厉之，则劙盘盂，刎牛马，忽然耳。"彼国者，亦强国之剖刑已。然而不教诲，不调一，则入不可以守，出不可以战。教诲之，调一之，则兵劲城固，敌国不敢婴也。彼国者亦有砥厉，礼义节奏是也。故人之命在天，国之命在礼。人君者，隆礼尊贤而王，重法爱民而霸，好利多诈而危，权谋倾覆幽险而亡。

宝剑在磨砺之前，只是一把普通的剑，要成为一把异常锋利之剑，就要经过精心的冶炼砥砺。同样，一个国家最初也只是一个普通的样子，要通过精心的调理和治理，才能成为强盛的国家。一个国家也有砥砺之道，是什么呢？礼义法度。一个国家如何磨砺，就产生或强大或平庸的国家。"隆礼尊贤而王，重法爱民而霸，好利多诈而危，权谋倾覆幽险而亡。"重视礼义，尊重贤良，这是王道之国；谨遵法度，爱惜民众，这是霸道之国；上下争利狡诈，国家危在旦夕；耍弄权谋，阴险无道，国家立见消亡。

《荀子·强国》：威有三：有道德之威者，有暴察之威者，有狂妄之威者，此三威者，不可不孰察也。礼义则修，分义则明，举错则时，爱利则形。如是，百姓贵之如帝，高之如天，亲之如父母，畏之如神明。故赏不用而民劝，罚不用而威行，夫是之谓道德之威。礼乐则不修，分义则不明，举错则不时，爱利则不形；然而其禁暴也察，其诛不服也审，其刑罚重而信，其诛杀猛而必，黭然而雷击之，如墙厌之。如是，百姓劫则致畏，嬴则敖上，执拘则最，得间则散，敌中则夺，非劫之以形势，非振之以诛杀，则无以有其下，夫是之谓暴察之威。无爱人之心，无利人之事，而日为乱人之道，百姓讙敖，则从而执缚之，刑灼之，不和人心。如是，下比周贲溃以离上矣，倾覆灭亡，可立而待也，夫是之谓狂妄之威。此三威者，不可不孰察也。道德之威成乎安强，暴察之威成乎危弱，狂妄之威成乎灭亡也。

威势的建立有三种途径，有道德之威，有暴察之威，有狂妄之威。这三样威势不可不精加审辨。

崇尚礼义，人人职位义务分明，施政举措合于时宜，利益群众落实到位，这样的话，则百姓必然崇敬领导人，对之亲如父母，敬畏之如神明，赏赐和刑罚都可以不用，而民众奋力建功，领导者威信大立，这便谓之道德之威。

无礼乐，无分工，不爱惜群众，用严法酷刑对待民众，在严法威逼下才会守规矩，法规管不到的时候就散乱放荡，敌国入侵就溃不成军，这就是"暴察之威"的结果。

没有爱人的心，没有利人的事，而日日所行只是扰乱百姓之事，百姓如果倨傲违法就逮捕用刑，不知调和人心，如是则民心离散，倾覆灭亡可以立而待也。这便谓之"狂妄之威"。

这三样威势，不可不精心审辨。道德之威，结果是安强；暴察之威，结果是危弱；狂妄之威，结果是灭亡。

《荀子·强国》：公孙子曰："子发将西伐蔡，克蔡，获蔡侯，归致命曰：'蔡侯奉其社稷，而归之楚；舍属二三子而治其地。'既，楚发其赏，子发辞曰：'发诚布令而敌退，是主威也；徙举相攻而敌退，是将威也；合战用力而敌退，是众威也。臣舍不宜以众威受赏。'"讥之曰："子发之致命也恭，其辞赏也固。夫尚贤使能，赏有功，罚有罪，非独一人为之也，彼先王之道也，一人之本也，善善恶恶之应也，治必由之，古今一也。古者明主之举大事，立大功也，大事已博，大功已立，则君享其成，群臣享其功，士大夫益爵，官人益秩，庶人益禄。是以为善者劝，为不善者沮，上下一心，三军同力，是以百事成，而功名大也。

今子发独不然：反先王之道，乱楚国之法，堕兴功之臣，耻受赏之属，无僇乎族党，而抑卑其后世，案独以为私廉，岂不过甚矣哉！故曰：子发之致命也恭，其辞赏也固。"

子发是楚宣王时的令尹，带兵伐蔡，把蔡国打败了，擒住了蔡侯，蔡侯率他的社稷归降于楚，楚君论功行赏，子发辞让不受。他说，能够胜敌，是主上威德、诸将和部队威力所致，所以打败蔡国，是上下共同的功劳，我不宜以上下共同的功劳，而为一己领赏。

孙卿子因此批评子发，认为他奉行行动尽职尽责，但是辞赏的用意则过于固执。反先王为治之正道，扰乱楚国的法令，使建功立业的臣子懈怠，使受赏者内心惭愧，虽没有使家族受到曲辱，也压低了后代，还独自矫情为自己赚取廉洁的名声，岂不过甚矣哉！荀子在此也是在批评他所处的那个时代的一种情形：刻意隐功以显个人高洁，实则伤害国家治理大计。

奖功罚罪，是荀子重法的重要内容。赏有功，罚有罪，是先王之道，是统一思想、调齐人心的必要手段，古今皆然。奖功罚罪，善者奋勉，为不善者戒止，如此则上下一心，三军同力，百事皆成而国家威名远扬。

此段的一个重点："上下一心，三军同力，是以百事成，而功名大也。"这是中华民族一直崇尚的伟大的团结精神，足以能够在数千年风雨征程中战胜一切困难和挑战而生生不息、越来越发展壮大，不断走向繁荣富强。2020年开始的应对新冠肺炎疫情之战，就充分体现出举国同心的团结伟力。正是"上下一心，三军同力，是以百事成，而功名大也"的新时代展现。党中央高度重视、坚强领导、统一指挥部署，统筹调度全国人力、物力、财力抗击疫情，确立了全国人民齐心抗疫的强大"主心骨"。十四亿中国人民及广大海内外侨胞紧密团结，共同书写出一幕幕守望相助、共战疫情的感人故事。不仅团结国内14亿人，中国还努力团结世界各国共同应对疫情，提供医疗物资援助，体现了"四海一家"的胸怀。

什么是胜人之道

《荀子·强国》：荀卿子说齐相曰："处胜人之势，行胜人之道，天下莫忿，汤武是也。处胜人之势，不以胜人之道，厚于有天下之势，索为匹夫不可得也，桀纣是也。然则得胜人之势者，其不如胜人之道远矣！夫主相者，胜人以势也，是为是，非为非，能为能，不能为不能，并己之私欲，必以道，夫公道通义之可以相兼容者，是胜人之道也。

今相国上则得专主，下则得专国，相国之于胜人之势，亶（dǎn，实在，诚然）有之矣。然则胡不驱此胜人之势，赴胜人之道，求仁厚明通之君子而托王焉，与之参国政，正是非！如是，则国孰敢不为义矣！君臣上下，贵贱长少，至于庶人，莫不为义，则天下孰不欲合义矣！贤士愿相国之朝，能士愿相国之官，好利之民莫不愿以齐为归，是一天下也。"

齐闵王十三年（公元前288年）时，齐国军队攻打宋国。如果说齐闵王吞并宋国在战略上是正确的，但是齐闵王不应当重蹈宋康王亡国的覆辙而自高自大起来。齐王灭掉宋国后十分骄傲，便向南侵入楚国，向西攻打赵国、魏国、韩国，想吞并东西二周，自立为天子。大臣狐咺义正词严地劝谏齐王，被斩首于檀台大路上。大臣陈举直言不讳地劝止齐王，被杀死在临淄东门。

荀子深知其事之原委，当时身在稷下学宫的他并未因齐国灭亡宋国，而为齐王高兴，而是事先洞察到了齐国的亡国之祸。然而，由于大臣狐咺、陈举的死，却使得稷下学宫的学者们噤若寒蝉不敢进谏。正在齐国看似如日中天，实则万分危急的情势之下，荀子没有因为齐王的暴烈而畏惧，毅然选择了直言进谏，拯救齐国百姓于危亡的边缘之义举。

荀子面对齐之国相孟尝君，指出齐国的严重危机。他说：处于高的势位，行以德服人之大道，天下都心悦诚服，殷之汤，周之武王就是如此的。处胜人的势位，不能用以德服人的大道，虽然逞其威权，结果失天下之心，到那个时候，但求保全性命，做个百姓，都不可能了，桀纣就是这样的。如此说来，高高在上之势位，与善服众人之大道，相去远矣。

君主和相国有着高于众人的权势，如果善用这种权势，治理有方，对就是对，错就是错，有才能就是有才能，没有才能就是没才能，摒除一己的私欲，用兼容并包的公道通义来治理，这就是胜人之道。为什么不借此种胜人之势位，走入胜人之大道？如果任用仁厚通达之君子，来辅助自己共商国是，决定国家未来，如此的话还有谁敢不遵行道义呢？上上下下没有谁不遵行道义，天下还有谁不想汇聚到这样一个遵行道义的国家来呢？贤德的人士向往相国所在的朝廷，有才能的人士仰慕相国管理下的官职，好利的民众没有谁不愿意把齐国作为自己的归宿，这样就能统一天下。

处在有权势的位置，德行就应当匹配这个位置，这样的时候权势才能化为治理的真实效果，否则德不配位，就有灾殃。

《荀子·强国》："相国舍是而不为，案直为是世俗之所以为，则女主乱之宫，诈臣乱之朝，贪吏乱之官，众庶百姓皆以争夺贪利为俗，曷若是而可以持国乎？今巨楚县吾前，大燕鳅吾后，劲魏钩吾右，西壤之不绝若绳，楚人则乃有襄贲开阳以临吾左，是一国作谋，则三国必起而乘我。如是，则齐必断而分裂为四三，国若假城然耳，必为天下大笑。曷若两者孰足为也！"

夫桀纣，圣王之后子孙也，有天下者之世也，势籍之所存，天下之宗室也，土地之大，封内千里，人之众数以亿万，俄而天下偶然举去桀纣而奔汤武，反然举恶桀纣而贵汤武。是何也？夫桀纣何失？而汤武何得也？曰：是无它故焉，桀纣者善为人所恶也，而汤武者善为人所好也。人之所恶何也？曰：污漫、争夺、贪利是也。人之所好者何也？曰：礼义辞让忠信是也。

相国如果舍弃了这条光明大道不走，而是跟那些世俗卑贱之人一样去做，那么后宫作乱、奸诈之臣、贪官污吏横行，民众把贪图私利互相争夺作为习俗，这样的国家能维持吗？现在庞大的楚国摆在我们的面前，强大的燕国紧逼在我们的后面，强劲的魏国牵制了我们的西面，西面的领土虽然没有断送，也危险得像一根细绳一样了，楚国则还有襄贲、开阳两个城监视着我们的东面。此形势下，如果有哪个国家出谋划策，这三个国家就必然会一同起来欺凌我们。如果这样，齐国一定会被分割成三四块，国土将像借来的城池一样而不属于自己了，这定会被天下人嘲笑。

正反对比，哪条道路是正路，哪条道路是邪路，一目了然。桀纣也是古圣王之子孙，拥有土地和亿万百姓，然而百姓都逃离桀纣而归往汤武。这没有别的原因，桀纣善为人所恶，总是做百姓所厌恶的事，而汤武总是做百姓所喜好的事。什么是人之所厌恶的事？行为卑污，争夺贪利。什么是人之所喜好的事？礼义辞让忠信。

重要在于推行礼义

《荀子·强国》：今君人者，譬称比方则欲自并乎汤武，若其所以统之，则无以异于桀纣，而求有汤武之功名，可乎？故凡得胜者，必与人也；凡得人者，必与道也。道也者，何也？礼义、辞让、忠信是也。故自四五万而往者，强胜非众之力也，隆在信矣。自数百里而往者，安固非大之力也，隆在修政矣。

今已有数万之众者也，陶诞比周以争与；已有数百里之国者也，污漫突盗以争地；然则是弃己之所安强，而争己之所以危弱也；损己之所不足，以重己之所有余。若是其悖缪也，而求有汤武之功名，可乎！辟之，是犹伏而咶天，救经而引其足也。说必不行矣，愈务而愈远。

为人臣者，不恤己行之不行，苟得利而已矣，是渠冲入穴而求利也，是仁人之所羞而不为也。故人莫贵乎生，莫乐乎安；所以养生安乐者，莫大乎礼义。人知贵生乐安而弃礼义，辟之，是犹欲寿而殇颈也，愚莫大焉。故君人者，爱民而安，好士而荣，两者亡一焉而亡。诗曰："价人维藩，大师维垣。"此之谓也。

荀子说，今天做君主的，都声称想做汤武那样的君主，但是看他的统治国家之道，却无异于桀纣，如此却想求得有汤武之功名，如何行得通呢？

因此要得胜于天下，必然要赢得人民；而要赢得人民，必然要行大道。何谓道？就是要行礼义辞让忠信。所以有四五万民众以上的国家，其国强盛，不是因为人众多的力量，重要是在于信义！有地数百里以上的国家能够安固，非地大之所致，重要是在于处理好各种政务，实行良政。

现在的齐国，数万之众，足够强大的了，然而还想不断拉帮结伙争取盟国，巧取豪夺争夺土地，那岂不是放弃已有之优势，而拼命走上让自己危弱之路！减损己所不足的，而加重己所有余呢！悖缪至于如此，而求有汤武之功业，可能吗？

荀子也警告，为人臣下不顾自己言行是否可行，只知苟且求利求安，殊不知要保持其生命安乐，最重要的就是遵循礼义。做君主的，爱护民众则自身安乐，尊崇贤士则自身荣尊，如果两者一条都不能达到，国家一定灭亡。《诗经》上说："贤良才能之士就是那屏障，大众百姓就是那围墙。"也可以说，礼义就是国家安定、君王自身尽享安定荣尊的屏藩与墙垣。

荀子指出国家强盛的关键是施行礼义法度。君主如能修礼，具备道德之威，职责明确，百姓拥戴。反之，必然天下大乱。依靠强力、武力治国是行不通的，必须任用品德高尚的君子治国，节制强威，推行文教。同时，推行德政必须积点滴而成大功。荀子提出，奸人的出现是君主不重礼义的缘故。义是防止人们为恶为奸的手段，是治理天下的法宝。所以君主应做到慎礼义、务忠信，这样国家才会强大。

荀子的言辞之中，不仅揭示了齐国社稷所面临的巨大危机，而且还当面指出了齐闵王、孟尝君的治国失误。荀子的智慧，不可谓不高深；荀子的胆略，真可谓不寻常。只可惜，齐闵王与孟尝君对荀子的正直之言，并没有为之所动。

齐闵王这边骄傲自大，穷兵黩武；燕昭王那边日夜安抚教导百姓，使燕国更加富足。当时燕国上将军乐毅评价齐闵王说，"齐王好大喜功，刚愎自用，不与下属商议，又罢黜贤良人士，专门信任谀谄小人，百姓十分怨愤。现在齐国军队已溃不成军，如果我们乘胜追击，齐国百姓必然反叛，内部发生动乱齐国就可以收拾了。"最终，就有了历史上的"乐毅破齐"。

劝说强秦行义术、用儒者

《荀子·强国》：力术止，义术行，曷谓也？曰：秦之谓也。威强乎汤武，广大乎舜禹，然而忧患不可胜校也。谒谒然常恐天下之一合而轧己也，此所谓力术止也。曷谓乎威强乎汤武？汤武也者，乃能使说己者使耳。今楚、父死焉，国举焉，负三王之庙，而辟于陈蔡之间，视可司间，案欲刬其胫而以蹈秦之腹，然而秦使左案左，使右案右，是乃使雠人役也；此所谓威强乎汤武也。

"力术"，强力服人之术；"义术"，仁义之术。

有人问"力术止，义术行"此言怎么说呢？荀子回答说，这就是说秦国的情势啊！秦固今之大国，威强的国势强过汤武，土地的广大胜过舜禹。然而内心惴惴不安，忧患不可胜计，常常恐怕天下合纵为一来倾轧自己，所以说只是依靠强力来治理国家行不通。

为何说秦国兵马比商汤、周武还要威武强大呢？因为商汤、周武，只能领导拥护自己的人。而现在楚王父亲楚怀王死在秦国，国都郢也被秦国攻克，楚王背着三个先王的神主牌位，躲避在陈国、蔡国之间，一有可乘之机便想直捣秦国的腹地，然今，秦王能任意驱使楚王，这就是能使自己的仇敌听从服役啊。这难道不比商汤、周武强大吗？（此处也暗含了秦昭王靠武力征服的意思。）

《荀子·强国》：曷谓广大乎舜禹也？曰：古者百王之一天下，臣诸侯也，未有过封内千里者也。今秦南乃有沙羡与俱，是乃江南也。北与胡貉为邻，西有巴戎，东在楚者乃界于齐，在韩者踰常山乃有临虑，在魏者乃据围津，即去大梁百有二十里耳！其在赵者刬然有苓而据松柏之塞，负西海而固常山，是地遍天下也。威动海内，强殆中国，然而忧患不可胜校也，谒谒然常恐天下之一合而轧己也；此所谓广大乎舜禹也。然则奈何？曰：节威反文，案用夫端诚信全之君子治天下焉，因与之参国政，正是非，治曲直，听咸阳，顺者错之，不顺者而后诛之。若是，则兵不复出于塞外，而令行于天下矣。若是，则虽为之筑明堂于塞外而朝诸侯，殆可矣。假今之世，益地不如益信之务也。

为何说秦国领地比舜禹还要广大呢？古时候，各个帝王统一天下，臣服诸侯，领地没有超过千里的。现在的秦国，南有沙羡及其周围一带，这是长江以南了；北与胡、貉相邻；西边占有巴、戎；东边占有楚国的土地和齐国交界。在韩国境内，已经越过了常山，占有了临虑；在魏国，已经占据了围津，距离大梁只有一百二十里了；在赵国，已经占有了灵丘，盘踞在松柏丛中的要塞上，背靠西海，东面以常山作为屏障，这就是土地遍及天下啊。这就是土地之广超过舜禹。而且声威震动四海，兵强足以盖过中原各国。但是，忧虑祸患仍然数不胜数，常常恐怕各国诸侯联合起来攻打自己啊。

如此那该怎么办呢？节制武力而回到文治，然后任用正直诚实、德才兼备的君子来治理天下，同他们一起参与国家政事，明辨是非，处理曲直，听政于咸阳，凡诸侯顺服的，则任用他，不顺服的，然后兴兵诛伐。若如此，秦军不必出函谷关而秦政即在天下实行了。如此，山东列国为秦国建造明堂，使诸侯来朝拜，就指日可待了。当今之世，致力于武力与领地不如致力于礼义与信用啊。这是荀子为秦开出的良方。

荀子讲的治国理政，分析深刻、逻辑缜密，对症开方，便于实际执行。若照此理政，则义立而王，强国强兵，天下来朝，指日可待。然而荀子的忠告未得到遵行。

秦昭王之时，荀子接受秦相国应侯范雎的邀请，到秦国进行实地考察。看来，这次考察对他的触动很大。他考察了秦国的山川形势，风光物产；又考察了秦国的民风民俗，民心民情；更考察了秦国从中央到地方的吏治。

《荀子·强国》：应侯问孙卿子曰："入秦何见？"

孙卿子曰："其固塞险，形势便，山林川谷美，天材之利多，是形胜也。入境，观其风俗，其百姓朴，其声乐不流污，其服不佻，甚畏有司而顺，古之民也。及都邑官府，其百吏肃然，莫不恭俭、敦敬、忠信而不楛，古之吏也。入其国，观其士大夫，出于其门，入于公门；出于公门，归于其家，无有私事也；不比周，不朋党，偶然莫不明通而公也，古之士大夫也。观其朝廷，其朝闲，听决百事不留，恬然如无治者，古之朝也。故四世有胜，非幸也，数也。是所见也。故曰：佚而治，约而详，不烦而功，治之至也，秦类之矣。"

应侯即秦相范雎。他问荀子到秦国所见所想如何。荀子说，其地理形势险要，国防巩固，易守难攻，山川秀美，物产丰富，这是有利的地理形势。他赞扬了秦国的民风民俗、民心民情，进入秦国的国境，观看秦国的风俗，其百姓纯朴，其声乐清雅而不恶浊，其服饰有常而不奇异，敬畏官吏而显得非常顺和，同上古纯朴的人民没太大区别。他赞扬了秦国的基层政府，其官吏言行恭谨，执事敬重，严肃认真，淳厚俭约，忠诚守信而不粗疏草率。同古时候的官吏，没多少区别。他赞扬了秦国的士大夫，尽职尽责，不徇私情，不搞结党营私的一套，同古时候的士大夫，没太大区别。最后，他又赞扬了秦国朝廷。其议决百事，不迟滞、不拖拉，无不干净利落，好像闲暇无事，其实是各种事务都已妥善处理。政令简约而周详，政事不繁乱而有功绩，秦国类似这种治理最高境界。

《荀子·强国》："虽然，则有其谞矣。兼是数具者而尽有之，然而县之以王者之功名，则偶偶然其不及远矣！是何也？则其殆无儒邪！故曰粹而王，驳而霸，无一焉而亡。此亦秦之所短也。"

但是话锋一转，荀子说道：秦国虽在诸多领域治理有方，可是以王道的境界来衡量，那还相差得很远哩！这是什么缘故呢？大概是因为秦国没有儒者吧！所以说："道义纯粹能称王天下，义利兼顾能称霸诸侯，两者一样也没有，那样的国家要灭亡。这是秦国的短处啊。"可谓直指要害，一针见血，掷地有声。

不能用儒者、崇礼义，这是秦国的缺憾，不能长治久安。但尽管荀子苦心规劝，秦王并没有真正采用荀子的学说。此时他关心的是怎样快速富国强兵、横扫六国的问题。荀子的"王道"和"儒礼"显然对秦王来说陈义太高，但秦国以后的历史恰恰验证了荀子高瞻远瞩的观点的正确性。秦国虽能富国强兵，完成统一，但其"无儒"的遗憾，忽视了礼义道德的教化作用，终不能长治久安。

王者之制：天下莫不亲

为政之根本，礼义之大分

"王者之制"讲圣王的治理原则和方略，也是贯穿《荀子》一书的核心思想。

《荀子·王制》: 请问为政？曰: 贤能不待次而举, 罢不能不待须而废, 元恶不待教而诛, 中庸民不待政而化。分未定也, 则有昭缪。虽王公士大夫之子孙也, 不能属于礼义, 则归之庶人。虽庶人之子孙也, 积文学, 正身行, 能属于礼义, 则归之卿相士大夫。故奸言, 奸说, 奸事, 奸能, 遁逃反侧之民, 职而教之, 须而待之, 勉之以庆赏, 惩之以刑罚。安职则畜, 不安职则弃。五疾, 上收而养之, 材而事之, 官施而衣食之, 兼覆无遗。才行反时者死无赦。夫是之谓天德, 是王者之政也。

荀子指出为政之根本: 贤能不分位次而举, 打破用人论资排辈制度; 弱不任事者不必等待就可以罢免, 罪大恶极者不等训教就可以诛杀, 普通百姓不需要行政力量就可以教化。为政当名分未定之时, 按照昭穆之辈分等级来进行分别。

"中庸民不待政而化", "中庸民"指一般大众, 普通百姓。是说对于平民百姓, 不应该靠政令而要靠教化。古代的政令主要是针对官吏的, 那时通信及传播工具不发达, 一般百姓一辈子很少见到高级官吏, 主要靠贤者的教化, 靠乡规民约、习俗和舆论来规范行为。"分未定也, 则有昭穆。"昭穆是宗法制度对宗庙或墓地的辈次排列规则和次序。二世、四世、六世, 位于始祖之左方, 称"昭"。三世、五世、七世, 位于右方, 称"穆"。在政治名分还没有确定以前, 按宗族的辈分来分别等级。

礼义为判定贵贱、选人用人的基准, 在这方面人人平等, 王公之子与庶民同等对待。此正是荀子思想的先进与可贵之处。

"虽王公士大夫之子孙, 不能属于礼义, 则归之庶人。虽庶人之子孙也, 积文学, 正身行, 能属于礼义, 而归之卿相士大夫。"以是否能"践行礼义"作为标准, 王公之子孙可降为庶人, 庶人之子孙可升为卿相士大夫。

这表达了荀子尚贤思想, 打破了战国时期贵族世袭制度, 体现出强烈的时代精神和民主平等色彩, 有着强烈的革新色彩。

虽然祖祖辈辈都是普通老百姓, 只要他本人好学上进, 学问渊博, 品行端正, 遵从礼义, 又有办事能力, 就提拔进卿相士大夫的行列。相反, 即使是王公、士大夫的子孙, 只要不能遵从礼义, 就降级而不再给他们名分。在当时就有大批平民有军功者得以被提升充实官僚机构, 如韩非所说: "明主之吏，宰相必起于州部，猛将必发于卒伍。"说明当时用人制度的先进性。

这一思想如今仍在影响当代中国用人制度。中国高级官员的选拔与西方一些国家只是善于演讲就能进入领导人行列不同，中国官员基本都是从基层一步一步实干、凭着政绩逐渐升迁的。

荀子明确否定了"爵赏逾德""以世举贤"的世卿世禄制度，如在《荀子·君子》中说，"先祖当贤，后子孙必显，行虽如桀、纣，列从必尊，此以世举贤也。虽欲无乱，得乎哉！"祖先贤良，后人也跟着显贵，如像夏桀、商纣王一样暴烈，也能获得尊贵的地位与殊荣，这样的国家能不乱吗？

荀子还在《荀子·儒效》篇里讲："我欲贱而贵，愚而智，贫而富，可乎？"荀子的回答是："其唯学乎。彼学者：行之，曰士也；敦慕焉，君子也；知之，圣人也。上为圣人，下为士、君子，孰禁我哉？"通过学习可以改变命运。修习礼义，能使贱者变贵，贫者变富，上可以为圣人，下可以成士君子。"孰禁我哉？"没有人能挡得住奋发向上的人。所以"圣可积而致，途之人可以为禹"。

这里包含了两种不同的平等观：一种是地位、待遇都要求平等，这是荀子所批评的无差别平等，实际上也是做不到的。另一种是机会平等，无论是名门之后，还是平民百姓，只要自己愿意努力，没有谁能阻止，一个人完全能够凭借自己的努力，一步一步实现自己的理想抱负。这又是多么令人振奋的理念呢！

选贤任能制度影响了西方文官制度

荀子上承孔子以德致位的理想，下开秦汉时期布衣卿相的风气，影响了中国历史上的官吏选拔制度，如汉代历史上就有很多名相名将出身寒微，如霍去病和霍光出身家奴，以自己的才能胆识智谋担当了国家重任，官至大司马，相当于国家军队总司令。以致发展到隋代开始有科举制度，普通人通过努力学习，可以进入仕途，得到提拔任用。

隋唐的科举制度，在当时是一种优越的选官用人制度。部分社会中下层有能力的读书人能够进入社会上层，获得施展才智的机会与位置。这种打破血缘世袭关系和世族垄断的先进人才选拔制度，成为当时世界上最为先进的官吏制度。

中国历史上先进的用人制度深远影响了西方文官制度。欧美各国在十八世纪以前，文职官员的选用，或实行贵族世袭制、君主恩赐制，或实行政党分肥制等，不可避免地会导致任人唯亲，带来结构性的腐败。而中国的科举制度倡导竞争考试、择优录取，政权向平民开放，公平取士，唯才是举，任人唯贤，无疑具有独特的优越性。当西方社会了解到中国有这么好的一种文官制度后，大为赞赏并纷纷仿效，由于中国科举考试的示范及文官考试制度自身发展的内在动力驱使，西方国家在十九世纪前后纷纷建立了文官考试制度。

再进一步，荀子对于不同的人不同对待，并为不同层次的人才提出了不同的生存与发展空间。"故奸言、奸说、奸事奸能、遁逃反侧之民，职而教之，须而待之；勉之以庆赏，惩之以刑罚；安职则畜，不安职则弃。"在不问出身，量才授职的基础上，对于那些散布邪恶的言论、鼓吹邪恶的学说、做邪恶的事情、逃亡流窜、不守本分的人，进行教育，等待其改过；用奖赏去激励，用刑罚去惩处；安心工作的就留用，不安心工作的就流放。

"五疾，上收而养之，材而事之，官施而衣食之，兼覆无遗。"对于残疾人，政府要收留并养活他们，分配力所能及的工作，提供衣食，全部给以照顾而无一遗漏。"才行反时者，死无赦。"对于那些用才能和行为来反社会的人，坚决处死绝不赦免。体孤恤苦，是非分明，赏罚严明，体现了社会福利及慈善公益之心，并体现了完善的人道主义精神，"兼覆无遗"，一个都不能少。

荀子就此做出结论："夫是之谓天德，是王者之政也。"这就是上天一般的德行，有恩有威、有赏有罚，体恤弱小，是成就王业的政治措施。

治国理政的关键要领

《荀子·王制》：听政之大分：以善至者待之以礼，以不善至者待之以刑。两者分别，则贤不肖不杂，是非不乱。贤不肖不杂，则英杰至，是非不乱，则国家治。若是，名声日闻，天下愿，令行禁止，王者之事毕矣。

凡听：威严猛厉，而不好假道人，则下畏恐而不亲，周闭而不竭。若是，则大事殆乎弛，小事殆乎遂。和解调通，好假道人，而无所凝止之，则奸言并至，尝试之说锋起。若是，则听大事烦，是又伤之也。故法而不议，则法之所不至者必废。职而不通，则职之所不及者必队。故法而议，职而通，无隐谋，无遗善，而百事无过，非君子莫能。故公平者，听之衡也；中和者，听之绳也。其有法者以法行，无法者以类举，听之尽也。偏党而不经，听之辟也。故有良法而乱者，有之矣，有君子而乱者，自古及今，未尝闻也。传曰："治生乎君子，乱生乎小人。"此之谓也。

对善与不善者区别对待，导向鲜明，向善弃恶蔚然成风，则天下风气淳朴，令行禁止，王道成就。

"听政"，开展政务治理，又详细论述以下几种情况：

第一种情况："凡听：威严猛厉，而不好假道人，则下畏恐而不亲，周闭而不竭。若是，则大事殆乎弛，小事殆乎遂。"听断政事，最忌讳的是态度威严猛厉。态度严苛，而不肯稍稍宽容引导人，则下面的人便害怕，而不敢亲近，深自隐蔽，而不肯吐露全部情况。这样，则大小事都将废弛不遂。

第二种情况："和解调通，好假道人，而无所凝止之，则奸言并至，尝试之说锋起。若是，则听大事烦，是又伤之也。"但若专事宽和圆通，而没有一定准则，那不合礼义的奸言都将来了，希望走后门的，亦将蜂拥而上。这样，则所听汇报的信息越来越庞杂，事务越发繁乱，又是政治上一大损害。

"故法而不议，则法之所不至者必废。职而不通，则职之所不及者必队。"所以只有法规却不能加以讨论明辨，法规所不至的地方事情会废弛。安排了各类职务却不能相互沟通，则职责所不到之处必然导致事情遗漏。

要达到的理想境界是，"故法而议，职而通，无隐谋，无遗善，而百事无过，非君子莫能。"法规的制定照顾到各种情况，各种岗位职能联通无碍，没有隐瞒的计谋，没有遗漏不用的善人，所以事事都通顺，非君子莫能为也。

听政之要在于以礼法度之。"故公平者，听之衡也；中和者，听之绳也。其有法者以法行，无法者以类举，听之尽也。"君子用公平中和之道，所以能处理百事而无过。中和谓宽猛得中。公平二字，是听政审量轻重之权衡；中和二字，是辨别曲直之准绳。法规有规定的，按法行之，法规所没有规定的，则以类推的方法处理，政事治理之道尽于此矣。

"偏党而不经，听之辟也。故有良法而乱者，有之矣，有君子而乱者，自古及今，未尝闻也。传曰：'治生乎君子，乱生乎小人。'此之谓也。"偏袒而不按一定的准则，是处理政事的歪道。因此，有了良好的法制而产生动乱者，有之；有了德才兼备的君子而国家动乱的，从古到今，未听说过。

此强调君子的重要性。古书上说："清平治世来自于君子，乱世由于小人。"所以说中国古代"有人治无法治"，是偏颇的。是对此段思想精神的断章取义。重视人的智慧和能动性，辅以法规的约束，从而可以避免教条主义、本本主义，能够实事求是，对此荀子的思想给与了明确的指引。人性的复杂远远超过法规所能规定，唯有具有高度礼义良知的人才能让法制的功效得到最充分的展现，否则以法杀人的事都不罕见。老子说过，"法令滋彰，盗贼多有"，也是表明徒依法律是不能解决社会安定文明的问题的。

不齐中有大齐

《荀子·王制》：分均则不偏，势齐则不壹，众齐则不使。有天有地，而上下有差；明王始立，而处国有制。夫两贵之不能相事，两贱之不能相使，是天数也。势位齐，而欲恶同，物不能澹则必争；争则必乱，乱则穷矣。先王恶其乱也，故制礼义以分之，使有贫富贵贱之等，足以相兼临者，是养天下之本也。书曰："维齐非齐。"此之谓也。

经济的统一是政治统一的基础，统一的国内市场的形成无疑有助于国家的政治统一。但是，这种统一不是靠强力剥夺，而是建立在互惠、互利基础上，建立在一种道义的力量上。"分均则不偏"，大家名分均等则没有人能统领；"势齐则不壹"，势位齐则不能有统一的管理。势位相等，好恶相同，所欲之物不能皆满足其所求，则必争夺，争则乱，乱则穷矣。先王为避免纷争而乱，故设置礼义以定其分，使有贵贱贫富之差等，使最大限度各尽其智其力，在此基础上各得其宜，是给养天下之根本。《尚书》说："维齐非齐。"表面的不齐才有真正的齐。

社会有等级的差异，是为了治理的秩序和效率，达到所有人最大的福祉，而不是为了突出某些人的特权。这是我们理解荀子的思想所要特别注意的。认为这是儒家的封建等级思想，是对荀子辩证思想的错解，也是对中国传统文化最大的误解之一。

安排有等级的差异，并不表示下级就是一味服从，不表示上级无论贤愚都有决定性的权威，纵观荀子的思想，他始终是强调只有有德才者才能居高位，必须立足为全体带来福祉，否则如果是昏庸无道之领导人，是要被推翻的。

水则载舟　水则覆舟

《荀子·王制》：马骇舆，则君子不安舆；庶人骇政，则君子不安位。马骇舆，则莫若静之；庶人骇政，则莫若惠之。选贤良，举笃敬，兴孝弟，收孤寡，补贫穷。如是，则庶人安政矣。庶人安政，然后君子安位。传曰："君者、舟也，庶人者、水也；水则载舟，水则覆舟。"此之谓也。故君人者，欲安、则莫若平政爱民矣；欲荣、则莫若隆礼敬士矣；欲立功名、则莫若尚贤使能矣。一是人君之大节也。三节者当，则其余莫不当矣。三节者不当，则其余虽曲当，犹将无益也。孔子曰："大节是也，小节是也，上君也；大节是也，小节一出焉，一入焉，中君也；大节非也，小节虽是也，吾无观其余矣。"

马惊恐，坐在马车上君子不得安宁；平民百姓惊恐于政事，当政者位子也不得安稳。所以要使马安静不惊，马上的人才坐得稳；要给予百姓实惠，对政事感到舒心，领导人位子才能坐得稳。

选拔贤良，荐举诚笃敬业之士，提倡孝敬和友爱，收养孤寡之人，补助贫穷的人，如此，百姓就会安心于这样的政策，君子也就会安于政位。古之传记有言："国君譬之若船，庶人譬之若水。水能载船而浮，亦能覆船而沉。"

为人君者，想要自身安荣，功垂后世，就莫如勤于政事爱护百姓，莫如尊重礼法，爱敬贤士，任用有才能之人。这是关系到统治者安危存亡的大事。平政爱民、隆礼敬士、尚贤使能，这三事，是为人君的大关键，大关键得当，其他各事，没有不得当的。这三大关键不得当，其他各事虽费尽心力，都是本末倒置，仍然是没有多大益处的。

比如说，如果领导者不能真正爱民如子，政策错乱失调，而只是用逢年过节送点衣食的方法来笼络百姓，最终还是得不到百姓的拥护。企业领导人不能把员工的身心健康、职业发展前景放在心上，只图利用员工赚取更多利润，不能"平政爱民"，最终不能获得成功。

修礼者王　为政者强

《荀子·王制》：成侯、嗣公聚敛计数之君也，未及取民也。子产取民者也，未及为政也。管仲为政者也，未及修礼也。故修礼者王，为政者强，取民者安，聚敛者亡。故王者富民，霸者富士，仅存之国富大夫，亡国富筐箧，实府库。筐箧已富，府库已实，而百姓贫，夫是之谓上溢而下漏。入不可以守，出不可以战，则倾覆灭亡可立而待也。故我聚之以亡，敌得之以强。聚敛者，召寇、肥敌、亡国、危身之道也，故明君不蹈也。

成侯、嗣公治卫，玩弄法术为自己算计，没能取得民众的拥护。所谓"聚敛计数"不仅指图财，还指运用稀奇古怪的权术。郑之子产，能够取得民众的拥护，却未能施行系统合理的政策并有效施政。

孟子批评子产"惠而不知为政"，想通过对人人进行救济的方式来安定民众，再多的财物也不够救济。"取民"指仅对民众施予眼前的恩惠，却没有长远系统的治理政策，是行不通的。

荀子说管仲"为政"而不"修礼"，孔子也曾说管仲不知礼。有系统长远的政策，国家能够强起来，但是还不能将礼义思想的建设纳入国家治理和国民教育中，这离王道还是很远。

此以卫成侯、嗣公，以及子产、管仲，相互比较，而评判其优劣。分为聚敛、取民、为政、修礼这四个层次，导致了四个不同的结果：亡、安、强、王。以此说明修礼尊贤者王的道理。

"故修礼者王，为政者强，取民者安，聚敛者亡。故王者富民，霸者富士，仅存之国富大夫，亡国富筐箧，实府库。筐箧已富，府库已实，而百姓贫，夫是之谓上溢而下漏。"修礼义者王，政治清平者强，以眼前利益笼络民众者安，榨取百姓者亡。故王者富全体人民；霸者富士人群体；勉强自存之国，富在大夫；将亡之国富在国君之府库。国库充实，而百姓贫瘠，这便谓之上溢而下漏。一切的财物本当取之于民，用之于民，却用来富有国君一人或顶层的少数人，造成民怨沸腾，怎能不亡国？

这样的结果是怎样呢？内不可以自守，外又不能战，则倾覆灭亡可立而待也。我聚集货财而灭亡，敌人得到我所积聚之货财而益强，积聚货财，是招致寇盗、让敌国富有、亡自己国家、危及自己生命的邪道，明智的君主决不肯犯此错误。

庄子说，为了对付撬箱子、掏口袋、开柜子的小偷而做防范，必定要收紧绳结、加固插闩和锁钥，这是一般人所说的聪明作法。可是一旦大强盗来了，就背着柜子、扛着箱子、挑着口袋跑了，唯恐绳结、插闩与锁钥不够牢固。大盗唯恐你不把财富集中起来，越集聚对他越好。既然是这样，那么先前所谓的聪明作法，不就是给大盗作好了积聚和储备吗？

所以说，善于藏财富是"藏于天下"，利于天下，也就是取之于民，用之于民。这是经济、政治、哲学的最高思想境界。所有财富，"我之所用，非我之所属"，这是中国文化里最重要最深刻的经济哲学。这是对"亡国富筐箧，实府库"的另一个补充说明。

王道、霸道、强道三种结果

《荀子·王制》：王夺之人，霸夺之与，强夺之地。夺之人者臣诸侯，夺之与者友诸侯，夺之地者敌诸侯。臣诸侯者王，友诸侯者霸，敌诸侯者危。

王道、霸道、强道三者之结果迥然不同：王者夺取他国之人心，霸者争夺盟国，强国夺取他国之土地。夺取人心者，使诸侯臣服；赢得盟国信任者，使诸侯与之为友；夺取土地者，诸侯皆将与之为仇敌。臣服诸侯者王，与诸侯为友者霸，与诸侯为敌者危。

《荀子·王制》：用强者：人之城守，人之出战，而我以力胜之也，则伤人之民必甚矣；伤人之民甚，则人之民必恶我甚矣；人之民恶我甚，则日欲与我斗。人之城守，人之出战，而我以力胜之，则伤吾民必甚矣；伤吾民甚，则吾民之恶我必甚矣；吾民之恶我甚，则日不欲为我斗。人之民日欲与我斗，吾民日不欲为我斗，是强者之所以反弱也。地来而民去，累多而功少，虽守者益，所以守者损，是以大者之所以反削也。诸侯莫不怀交接怨，而不忘其敌，伺强大之间，承强大之敝，此强大之殆时也。

知强大者不务强也，虑以王命，全其力，凝其德。力全则诸侯不能弱也，德凝则诸侯不能削也，天下无王霸主，则常胜矣：是知强道者也。

"用强者"，荀子首先阐述采用强道立国的恶果。欲行强道做法，总是图以武力战胜他国，则致他国人民死伤必多，他国人民死伤甚多，则他国人民恶我必甚，因此日欲与我相斗，敌国日欲与我相斗，我要拼尽武力战胜他，则吾之民死伤必甚多，吾之民死伤甚多，则吾之民憎恨我必甚，吾之民憎恨我甚，则不愿出死力而为我斗。

这个因果逻辑非常清晰，这样的结果就是，他国之民奋勇而日欲与我斗，吾之民常不欲出死力为我斗，所以强国之所以反而变弱了。

所以，荀子感叹，即使争得了地盘，扩大了疆域，而民心离去，又有什么用呢？反而是最危险的时候要来临了。土地来而民心去，负累大而收功小，所守之土地虽看似增长，而守土之人则大为减损，因此大国之所以反为削弱了。诸侯莫不私相交结，衔恨于心，而不忘与我为敌，待时而动对我发动反抗，这是强大之国最危险的时候。所以当年日本想侵略中国广大领土，必然是战线越长，越发虚弱。所以毛泽东早就预言了经历持久战后，日本必败。

"知强大者不务强也，虑以王命，全其力，凝其德。力全则诸侯不能弱也，德凝则诸侯不能削也，天下无王霸主，则常胜矣：是知强道者也。"所以，真正明白强大之道者，不以强力、武力胜人。他以王命为念，而务强大其国力，提升自己的德行。国力全，则诸侯不能使之弱；德行深厚坚定，则诸侯不能侵暴使之削弱，天下假令没有王道或霸道之主，他便可常操胜算，这是真正明白强道者也。

《荀子·王制》：彼霸者则不然：辟田野，实仓廪，便备用，案谨募选阅材伎之士，然后渐庆赏以先之，严刑罚以纠之。存亡继绝，卫弱禁暴，而无兼并之心，则诸侯亲之矣。修友敌之道，以敬接诸侯，则诸侯说之矣。所以亲之者，以不并也；并之见，则诸侯疏矣。所以说之者，以友敌也；臣之见，则诸侯离矣。故明其不并之行，信其友敌之道，天下无王霸主，则常胜矣。是知霸道者也。闵王毁于五国，桓公劫于鲁庄，无它故焉，非其道而虑之以王也。

而霸者是什么样子呢？开辟田地进行耕种，充实仓廪，加强储备，精选有才之士，然后用奖赏以激励先进，严刑罚以纠正恶行，对于濒临灭亡的国家给以帮扶使其继续存在发展，保护弱小国家，抗击侵略暴行，对于诸侯绝不存兼并之心，则诸侯皆相亲附。所以，春秋战国时候的"霸"者，是讲信义、结盟友之意，绝非现在所说的"霸道"。

霸道之国，能以信义与盟国相处，则盟国皆愿意亲附之，因为知道不会被兼并，若有兼并诸侯之心，诸侯便会疏远。因此，如果没有兼并他国之心，化敌为友，此时如果天下没有王道之国，霸道者亦可常胜。这是明白霸道者。

"闵王毁于五国，桓公劫于鲁庄，无它故焉，非其道而虑之以王也。"齐闵王被毁于五国之兵，齐桓公被鲁庄公劫持，没有其他缘故，所行不得其道，而妄想实现王道。

王道：甲兵不劳而天下服

《荀子·王制》：彼王者不然：仁眇天下，义眇天下，威眇天下。仁眇天下，故天下莫不亲也；义眇天下，故天下莫不贵也；威眇天下，故天下莫敢敌也。以不敌之威，辅服人之道，故不战而胜，不攻而得，甲兵不劳而天下服，是知王道者也。知此三具者，欲王而王，欲霸而霸，欲强而强矣。

何为王道？仁爱、信义、威力都能高于天下。仁爱高于天下各国，所以天下没有不亲睦的。信义高于天下各国，所以天下没有不以他为尊贵的。威力高于天下各国，所以天下没有敢与之为敌的。

"以不敌之威，辅服人之道，故不战而胜，不攻而得，甲兵不劳而天下服，是知王道者也。知此三具者，欲王而王，欲霸而霸，欲强而强矣。"用不可战胜之威力，而辅之以使人心服之道，不战而胜，不攻而取，不费一兵一甲天下就归服了，这是懂得称王之道的君主。《孙子兵法》："百战百胜，非善之善者也；不战而屈人之兵，善之善者也。"真正的不战而屈人之兵，最大的力量在于行王道。而强道、霸道、王道各自有其作用，知此三种作用者，求王便王，求霸便霸，求强便强。当然中国传统始终是主张虽然能强道、能霸道，但是却坚持取中道、王道，和谐万邦，构建人类命运共同体。

《荀子·王制》：王者之人：饰动以礼义，听断以类，明振毫末，举措应变而不穷，夫是之谓有原。是王者之人也。王者之制：道不过三代，法不二后王；道过三代谓之荡，法二后王谓之不雅。衣服有制，宫室有度，人徒有数，丧祭械用皆有等宜。声、则非雅声者举废，色、则凡非旧文者举息，械用，则凡非旧器者举毁，夫是之谓复古，是王者之制也。

奉行王道之人，用礼义来修养自己的言行，用礼法来决断事务，明察秋毫，举动措施因应时势而不会束手无措，"夫是之谓有原，是王者之人也"，这就是治国有了根本，这才是行王道。实行王制需要相应的王道之人，王道之人重点在于实践"礼义"。

王者的制度，治国的原则大道不能超过三代，法度不能背离后王，衣服、宫室、人员等都有相应的标准。音乐、色彩、器具都要像三代和后王的做法一样，要体现礼义风尚。荀子所谓的复古，不是简单的形式上的复古，而是把古人优秀的制度精神传承下来，彰显礼义的内涵。

就像中国当代的发展进步，一方面要吸取近代以来优良的革命精神，也必须传承好几千年来的文明底蕴，先王与后王都要重视。

《荀子·王制》：王者之论：无德不贵，无能不官，无功不赏，无罪不罚。朝无幸位，民无幸生。尚贤使能，而等位不遗；析愿禁悍，而刑罚不过。百姓晓然皆知夫为善于家，而取赏于朝也；为不善于幽，而蒙刑于显也。夫是之谓定论。是王者之论也。

王道的准则是，有德行的才会被推崇，没有才能的不能占据官位，没有功劳的不能加以赏赐，没有犯罪的不罚。朝中没有通过侥幸能占据位子的官员，百姓没有不务正业能侥幸生存的。用人则尚贤使能，法制上对狡诈、凶悍之人进行制裁，但是刑罚也不过分，让百姓知道，即使为善于私家，也能受赏于公朝，即使暗中作恶，必将大白于天下，遭到法律的制裁。

《荀子·王制》：王者之法：等赋、政事、财万物，所以养万民也。田野什一，关市几而不征，山林泽梁，以时禁发而不税。相地而衰政。理道之远近而致贡。通流财物粟米，无有滞留，使相归移也，四海之内若一家。故近者不隐其能，远者不疾其劳，无幽闲隐僻之国，莫不趋使而安乐之。夫是之为人师。是王者之法也。

王者的法度，按等级征赋税、处理好民事、利用万物生财，都是为了养育万民。这是荀子一以贯之的思想，国家治理的目标是为民着想，而非向民夺利，这也是中华民族自古就有的伟大的民本思想。

田亩收十分之一轻赋，关卡和市场只监察投机者而不征税，山林湖泽按时开放或关闭而不收税，以土地之肥瘠而收轻重不同之税，对致贡之要求要以路途远近而有区别，财物在各地区之间交换流通通畅而不滞留，四海之内若一家，统一的管理，互通有无，实现共同繁荣。

中国的一统不是单纯建立在武力征服上，而是建立在诸侯国的共同利益和共识上，只有这样，才能建立一个稳固而强大的国家，才能真正给普天下民众带来共同好处，从而赢得他们的支持。相当于现代的开放包容、合作共赢理念。荀子的理想是："一天下，财万物，长养人民，兼利天下，通达之属，莫不服从。"这样各个诸侯国之间资源共享，互通有无，建立一个庞大而统一的共同市场，以经济上的统一支撑国家政治上的统一。也就是说，各个诸侯国、各个地区之间，只有加强经济上的互惠联系，统一而强固的国家才能真正建立起来。

"四海之内若一家"，形容政治局面之协和与商业流通畅达、经济形势的繁荣。"四海之内若一家"的理念也正是我们今天"人类命运共同体"的时代要求。

四海之内是一家，共同繁荣，无论地处多么边远的国家，都使之安宁快乐，这是王道之治。

接下来，荀子讲这样一种大同的局面："故近者不隐其能，远者不疾其劳，无幽闲隐僻之国，莫不趋使而安乐之。"近处的人民，竭尽其才力为国家奉献，远方的人民，不惮奔走之劳为国家服务。虽是幽远隐僻之国民众，莫不使其获得安乐。所以，王道的治理必然深得人心，远人来服，都愿意在这样的国度中施展才能，享受财富充足的和谐安乐生活。

《荀子·王制》：北海则有走马吠犬焉，然而中国得而畜使之。南海则有羽翮、齿革、曾青、丹干焉，然而中国得而财之。东海则有紫绤、鱼盐焉，然而中国得而衣食之。西海则有皮革、文旄焉，然而中国得而用之。故泽人足乎木，山人足乎鱼，农夫不斫削、不陶冶而足械用，工贾不耕田而足菽粟。故虎豹为猛矣，然君子剥而用之。故天之所覆，地之所载，莫不尽其美，致其用，上以饰贤良，下以养百姓而安乐之。夫是之谓大神。诗曰："天作高山，大王荒之；彼作矣，文王康之。"此之谓也。

王者之治的繁荣景象，财物流通，无有滞留，所谓四海之内若一家。天南海北的物资，不必中原地区生产，中原地区却都能"得而用之"，因为货物是充分流通的。也正因为如此，职业的分工互补得以实现，各人安于自己的职业。《诗经·周颂·天作》曰："天作高山，大王荒之；彼作矣，文王康之。"讲太王开发岐山，文王继承其事业。用"天作高山"比喻丰富的物质资源，而太王、文王的工作，正在于使之充分为人所用。

礼法道一也

《荀子·王制》：以类行杂，以一行万。始则终，终则始，若环之无端也，舍是而天下以衰矣。天地者，生之始也；礼义者，治之始也；君子者，礼义之始也；为之，贯之，积重之，致好之者，君子之始也。故天地生君子，君子理天地；君子者，天地之参也，万物之揔也，民之父母也。无君子，则天地不理，礼义无统，上无君师，下无父子，夫是之谓至乱。君臣、父子、兄弟、夫妇，始则终，终则始，与天地同理，与万世同久，夫是之谓大本。故丧祭、朝聘、师旅一也；贵贱、杀生、与夺一也；君君、臣臣、父父、子子、兄兄、弟弟一也；农农、士士、工工、商商一也。

治理天下，用统一的法则贯穿，始终如一，则国家长盛不衰。天地是生命的本源，礼义是治理的本源，君子是礼义的本源。君子这个本源要想生发活力，在于不断践行礼义，加强礼义修养。君子参天地化育，经纶天地，是万物之总领，犹如民众之父母。如果没有君子，世间就没有礼义，没有君师，父子之亲也不存在，总之社会秩序一塌糊涂，这是说明君子之重要作用，也就是说真正中流砥柱人才之可贵。

人伦纲常，君臣父子等，始终都是与天地同理，一阴一阳之谓道，相互辅助，相互成就，这就是最大的根本。丧祭、朝聘等仪式，辨别贵贱、生杀予夺等治理国家的行为，以及君臣父子、士农工商等各守其位各尽其职，无不都要遵循这个统一的法则，也就是礼义的法则。

"以类行杂，以一行万"，掌握了礼义之道，在每一个不同情境上都能处理得当。所谓"始则终，终则始"，是强调礼义的施行，应该是一贯的，就像《中庸》所说，道也者不可须臾离也，可离非道也。礼义就是这样不可离的大道。

《荀子·王制》：水火有气而无生，草木有生而无知，禽兽有知而无义，人有气、有生、有知，亦且有义，故最为天下贵也。力不若牛，走不若马，而牛马为用，何也？曰：人能群，彼不能群也。人何以能群？曰：分。分何以能行？曰：义。故义以分则和，和则一，一则多力，多力则强，强则胜物；故宫室可得而居也。故序四时，裁万物，兼利天下，无它故焉，得之分义也。

人之所以"最为天下贵"，是因为在有物质基础、生命、意识的基础上，还有"义"，懂得道义、公义，正是"义"使人能"群"，即形成和谐有序的社会。荀子认为，人类正是在这个意义上区别和超越了其他物种。动物世界是弱肉强食，而人类可以建成相互配合、相互关心的和谐世界。这或可以追溯到孔子的慨叹："鸟兽不可与同群，吾非斯人之徒与而谁与？"

"群"来自"分"，"分"来自"义"。分，是指每个个体的不同定位；义，则保证了个体安于自己的定位，尽自己的能力智慧，同时照顾到别人的情感与需求，实现全赢。

日本涩泽荣一所著《论语与算盘》，讲述在经营实践中不断地走向了成功和辉煌，也是他一生实践和完成"成人"的心路历程。他反复强调真正的长远的商业利益，都要以"仁义"为原则；一位真正的企业家，要把经营和商业活动建立在伦理和道德的基础上。在涩泽看来，经营的"商才"非常重要，但"商道"更是企业和经营的灵魂。商道正是在商业中的道义、公义，企业要充分理解客户，照顾用户的需求，企业家要爱护员工，员工要为企业领导人尽力，这些都是"义"的内容。

在合理的"分"的基础上，再加上"义"之精义与内涵，"义以分则和，和则一，一则多力，多力则强，强则胜物"，则有望集中力量办大事，"裁万物，兼利天下"，为社会创造财富，利益大众，并建立清明的社会秩序。

《荀子·王制》：故人生不能无群，群而无分则争，争则乱，乱则离，离则弱，弱则不能胜物；故宫室不可得而居也，不可少顷舍礼义之谓也。能以事亲谓之孝，能以事兄谓之弟，能以事上谓之顺，能以使下谓之君。

我们生活在这个社会大家庭中，人是社会人，人要正常地生活就不能没有社会群体，在社会群体中，如果没有等级、义务的限定和制约就会发生争夺，发生争夺就会产生动乱，产生动乱就会离心离德，人们之间离心离德，群体就涣散武力，不能创造功业。所以，人类社会是不能须臾离开礼义的。因此，要做到"孝"即子女按照礼义孝敬父母，弟弟按照礼义敬爱兄长，下级按照礼义效力上级，君主按照礼义领导一个国家人民。

《荀子·王制》：君者，善群也。群道当，则万物皆得其宜，六畜皆得其长，群生皆得其命。故养长时，则六畜育；杀生时，则草木殖；政令时，则百姓一，贤良服。

圣王之制也：草木荣华滋硕之时，则斧斤不入山林，不夭其生，不绝其长也。鼋鼍鱼鳖鳅鳝孕别之时，罔罟毒药不入泽，不夭其生，不绝其长也。春耕、夏耘、秋收、冬藏，四者不失时，故五谷不绝，而百姓有余食也。污池渊沼川泽，谨其时禁，故鱼鳖优多，而百姓有余用也。斩伐养长不失其时，故山林不童，而百姓有余材也。

"君者，善群也。"君主，就是善于把百姓组织起来创造和谐社会的人，喻"得民心"的君主。"群道当，则万物皆得其宜，六畜皆得其长，群生皆得其命。"组织方式恰当，万物各得其宜，六畜得以生长，百姓都能得享天命。怎样才能达到"群道当"呢？"故养长时，则六畜育；杀生时，则草木殖；政令时，则百姓一，贤良服。"顺应时节进行养殖，六畜就兴旺；适时地砍伐种植，草木就繁荣茂盛；适时颁布政令，百姓就能被统一起来，有德才的人才会心悦诚服。荀子强调，处理人、社会和自然的关系，都必须顺"时"而为。

在此强调了不违农时对于发展农林牧渔生产之重要。不违农时，要有正确的发展生产的政策作为保障，要使生产发展，要不断地增大扩大再生产的能力。因此，不能竭泽而渔，要保持生物资源的可再生。荀子所说君者善群，不仅在于贯彻礼义道德，而且在于能够发展生产以使人民生活富足，要使百姓有余食，有余用，有余财，能不断发展生产，使百姓富足，只有百姓富足，国家才能富足。

荀子对"适时"的强调，充分表明，我们的先人们早就认识到了生态平衡和可持续发展的重要性，对自然的资源要取之以时、取之有度。中国古人还说，"树木以时伐焉，禽兽以时杀焉"，"山林非时不升斧斤"，都是强调不要竭泽而渔。

中国古人历来重视人与自然的相互依存。"天人合一"的思想，"万物并育而不相害"的理念，都是在强调人要与自然万物和谐相处。大自然是一座丰富的宝库，能够为人类提供生活生产所需的各种资源。但如果不能合理利用，再丰富的资源也有用尽的一天。

中国经过一段时间的牺牲环境的发展，但是很快又回到了环保的共识上，"既要绿水青山，也要金山银山"的思想成为主流思想，"像保护眼睛一样保护生态环境，像对待生命一样对待生态环境，推动形成绿色发展方式和生活方式，协同推进人民富裕、国家强盛、中国美丽"，这正是因为中国人传统精神中有着对环境的敬畏。

我们要继承古人"对自然要取之以时、取之有度的思想"，保持人与自然的和谐共生。反观现在世界经济、金融的观念受"消费刺激生产"理论的影响，许多方面产生过度消费、超前消费的过分行为；物质的浪费、环境的污染，导致不可控的恶性循环。各行各业都在千方百计引诱民众过度消费，费尽心机争夺市场，将人们的生存、生活的理念引到奢侈消费的方向，透支未来，透支环境。目前一些有志之士在探索一条人类与自然和谐共生之路：中国天人合一、世界大同的理念有着巨大的启发意义，能够引领世界走一条可持续发展之路，一条精神文明、物质文明平衡发展之路。

《荀子·王制》：圣王之用也：上察于天，下错于地，塞备天地之间，加施万物之上，微而明，短而长，狭而广，神明博大以至约。故曰：一与一是为人者，谓之圣人。

圣王的功用：上察天时，下通地理，参天地化育，善用万物而创造富足和谐的世界。圣王利益世间的言行，隐微而又显著，短暂却久远，狭窄而又开阔，精神博大又简约。犹如《中庸》所说，致广大而尽精微。圣王能如此，皆因其以礼义统率一切言行之故。

一件事务，在起始的时候，往往并不显眼，就如毛泽东《为人民服务》这篇文章，当时写的时候只是纪念烧炭工人张思德，但是随着时间推移，"为人民服务"的思想越发熠熠生辉。这就是"微而明"的例子。"短而长"，德行深厚、令人如沐春风的人，即使相处短暂，他的感染力可能会长时间存在，这就是短而长。狭而广，如周文王治理的土地很狭小，但是名声流传天下。神明博大以至约，圣贤智慧是参天地化育、经世济民，但是他们往往是大道至简，言语思想非常简洁通俗，行动总是能抓到核心的枢要。之所以能有这样的效果，是由于是发自公正无私、纯正善良的心，所以会产生深远、广大的效果。

《荀子·王制》：序官：宰爵知宾客、祭祀、飨食牺牲之牢数。司徒知百宗、城郭、立器之数。司马知师旅、甲兵、乘白之数。修宪命，审诗商，禁淫声，以时顺修，使夷俗邪音不敢乱雅，大师之事也。修堤梁，通沟浍，行水潦，安水臧，以时决塞，岁虽凶败水旱，使民有所耘艾，司空之事也。相高下，视肥硗，序五种，省农功，谨蓄藏，以时顺修，使农夫朴力而寡能，治田之事也。修火宪，养山林薮泽草木、鱼鳖、百索，以时禁发，使国家足用，而财物不屈，虞师之事也。顺州里，定廛宅，养六畜，闲树艺，劝教化，趋孝弟，以时顺修，使百姓顺命，安乐处乡，乡师之事也。论百工，审时事，辨功苦，尚完利，便备用，使雕琢文采不敢专造于家，工师之事也。相阴阳，占祲兆，钻龟陈卦，主攘择五卜，知其吉凶妖祥，伛巫跛击之事也。修采清，易道路，谨盗贼，平室律，以时顺修，使宾旅安而货财通，治市之事也。扣急禁悍，防淫除邪，戮之以五刑，使暴悍以变，奸邪不作，司寇之事也。本政教，正法则，兼听而时稽之，度其功劳，论其庆赏，以时慎修，使百吏免尽，而众庶不偷，冢宰之事也。论礼乐，正身行，广教化，美风俗，兼覆而调一之，辟公之事也。全道德，致隆高，綦文理，一天下，振毫末，使天下莫不顺比从服，天王之事也。故政事乱，则冢宰之罪也；国家失俗，则辟公之过也；天下不一，诸侯俗反，则天王非其人也。

阐述古代的"岗位责任制"，规定各领域官员的职责，以使官员们各司其职，各尽其责。荀子对于国家治理的方方面面，极尽周全。不仅有具体的水利、山林管理、财物流通等生产建设事务，而且有掌管音乐、基层教化这样有关精神文明教育的职位。天子则要修养完善的道德，推广礼法的实施，使礼义人文大行，社会井然有条理，如此则天下一统到礼义的精神，如此天下归心。

荀子特别提到，冢宰（相当于宰相）、辟公（诸侯）、天子如果失职会导致的恶果，这也是继承了孔子的"责备贤者"的精神，要求在上位者尤其要认识到责任重大，不敢疏忽怠慢。

《荀子·王制》：具具而王，具具而霸，具具而存，具具而亡。用万乘之国者，威强之所以立也，名声之所以美也，敌人之所以屈也，国之所以安危臧否也，制与在此，亡乎人。王、霸、安存、危殆、灭亡，制与在我，亡乎人。夫威强未足以殆邻敌也，名声未足以县天下也，则是国未能独立也，岂渠得免夫累乎？天下胁于暴国，而党为吾所不欲于是者，日与桀同事同行，无害为尧。是非功名之所就也，非存亡安危之所堕也。功名之所就，存亡安危之所堕，必将于愉殷赤心之所。诚以其国为王者之所亦王，以其国为危殆灭亡之所亦危殆灭亡。

是王是霸，是仅能安存还是濒临灭亡，都是由于是否及落实了多少上述的王道治理精神而决定的。国家是安是危，关键都取决于君主自己而不是别人。

如果国家不够威武强大，名声不足以让天下人仰慕，不能以德威屹立于世界之林，难免日患夜忧。整天与强暴的国家同盟，即使无害于成为尧这样的贤人，但也不是长治久安之法。长治久安、繁荣昌盛，关键在于以王道治国理政，全心全意为人民服务。诚心要在天下实行王道，则能把国家治理好，把自己的国家当作要灭亡的地方去对待，国家当然就会灭亡。

《荀子·王制》：殷之日，案以中立，无有所偏，而为纵横之事，偓然案兵无动，以观夫暴国之相卒也。案平政教，审节奏，砥砺百姓，为是之日，而兵刭天下劲矣。案然修仁义，伉隆高，正法则，选贤良，养百姓，为是之日，而名声刭天下之美矣。权者重之，兵者劲之，名声者美之。夫尧舜者一天下也，不能加毫末于是矣。

权谋倾覆之人退，则贤良知圣之士案自进矣。刑政平，百姓和，国俗节，则兵劲城固，敌国案自诎矣。务本事，积财物，而勿忘栖迟薛越也，是使群臣百姓皆以制度行，则财物积，国家案自富矣。三者体此而天下服，暴国之君案自不能用其兵矣。何则？彼无与至也。彼其所与至者，必其民也。其民之亲我，欢若父母，好我芳如芝兰，反顾其上则若灼黥，若仇雠；彼人之情性也虽桀跖，岂有肯为其所恶，贼其所好者哉！彼以夺矣。故古之人，有以一国取天下者，非往行之也，修政其所，天下莫不愿，如是而可以诛暴禁悍矣。故周公南征而北国怨，曰："何独不来也！"东征而西国怨，曰："何独后我也！"孰能有与是斗者与？安以其国为是者王。

王道是怎样实现的呢？国家殷盛的时候，采取中立而不偏不倚的态度，不要搞拉帮结派的外交，只是按兵不动，而对那些残暴国家之间相互争斗，采取坐山观虎斗的态度。此时重点还是励精图治，苦练内功，出台公平的政教方针，修正法律条令，锻炼广大民众，将军队炼就成天下最为威武雄壮的军队。奉行仁义之道，推崇礼义，端正法制，选贤良，令百姓衣食无忧，那么国家美名就流传天下。国势强大、军队强劲、名声美好，像尧、舜这样能够统一天下的人，也无非是做到这样而已。

摒除玩弄权术祸害国家之人，则能吸纳贤良智慧之士。刑法政令公正公平，百姓和睦协作，风俗节俭淳朴，则兵力强大，城防坚固，敌国就会自然屈服。致力于农业生产，创造积累财物，杜绝糟蹋浪费，群臣百姓都能够照章办事，国家就会越来越富足。总之，进人才，施良政，抓生产，如果能把以上的三个方面都做到，普天下都会归服我们，强暴之国的君主自然而然地就没办法对我们发动进攻了。

"何则？彼无与至也。"为什么呢？因为他已经没有办法令自己的军队和民众发动起有效的进攻了。

不能利益民众让他们生活安宁，还日夜饱受苦难，那他的民众就会亲近我们的国家，并欢若父母，反观对他们自己的国家则会视其为寇仇。即使是像桀纣那样的人，谁会去帮助对自己作恶的人，而去伤害利益自己的人呢？所以，古代有凭借一国来夺取天下的人，他们并不是前往别国掠夺，而是在自己的国内把自己的事情做好，结果他国的人都羡慕这种生活。到了这种程度，就可以在普天下铲除强暴制止凶悍了。所以周公南征而北国怨，东征而西国怨："怎么不来我们的国家征讨！"像这样得民心的国家，有什么样的国家能够与之争斗呢？能够让国家达到这种状态，就是王道的实现。

《荀子·王制》：殷之日，安以静兵息民，慈爱百姓，辟田野，实仓廪，便备用，安谨募选阅材伎之士，然后渐赏庆以先之，严刑罚以防之，择士之知事者，使相率贯也，是以厌然畜积修饰，而物用之足也。兵革器械者，彼将日日暴露毁折之中原；我将修饰之，拊循之，掩盖之于府库。货财粟米者，彼将日日栖迟薜越之中野，我今将畜积并聚之于仓廪。材伎股肱健勇爪牙之士，彼将日日挫顿竭之于仇敌，我今将来致之，并阅之，砥砺之于朝廷。如是，则彼日积敝，我日积完；彼日积贫，我日积富；彼日积劳，我日积佚。君臣上下之间者，彼将厉厉焉日日相离疾也，我将顿顿焉日日相亲爱也，以是待其敝。安以其国为是者霸。

在国家安定的时候，休养生息，关爱百姓，大力发展国内各项事业，选择才能之士治理国家，严明赏罚，创造并积蓄财富。别国每日打仗、兵器损毁不堪，我则修理兵器、储存备用；别国浪费货财粮食，我将粮食积聚于仓廪；别国的才能之士日日在战斗中消耗，我则用才智之士来为朝廷服务，建设国家。

结果当然是他国日益疲敝贫穷，我国则日益兴盛富有，他国君臣上下之间日益相互离心，我国上下之间则日日亲爱，所以"安以其国为是者霸"，能让百姓安宁的国家就能成就霸业。

《荀子·王制》：立身则从佣俗，事行则遵佣故，进退贵贱则举佣士，之所以接下之人百姓者则庸宽惠，如是者则安存。立身则轻楛，事行则蠲疑，进退贵贱则举佞悦，之所以接下之人百姓者则好取侵夺，如是者危殆。立身则愉暴，事行则倾覆，进退贵贱则举幽险诈故，之所以接下之人百姓者，则好用其死力矣，而慢其功劳，好用其籍敛矣，而忘其本务，如是者灭亡。此五等者，不可不善择也，王、霸、安存、危殆、灭亡之具也。

善择者制人，不善择者人制之。善择之者王，不善择之者亡。夫王者之与亡者，制人之与人制之也，是其为相县也亦远矣。

领导者立身只是根据一些日常的习俗，行事则尊崇寻常的惯例，任用的是平常之智的人，对黎明百姓也是用一般的恩惠，那么这样的国家勉强能生存。这是次于霸业的国家，没有精致的规划和管理，一切只是过得去。

用当代社会一些企业的状态可类比荀子所描绘的种种国家状态，能够安存的公司是大多数，没有什么高远的治理智慧，根据通常的一些公司法则进行管理，给员工基本的待遇福利，生产的产品质量勉强过得去，能够基本地维持生存。

如果以上面说的霸业来类比有关的企业，那就类似于许多的品牌企业。至于王道的企业，那是很稀少的，那必须是有足以影响后世的高尚企业文化，能够引领风尚、化民成俗。成就王道的企业类似如百年企业乃至千年企业，成就"霸业"的企业，能够短时间内成为品牌而领先市场，但是由于没有深厚的文化底蕴，而无法持久。

再看濒临危险的国家。"立身则轻楛，事行则蠲疑，进退贵贱则举佞悦，之所以接下之人百姓者则好取侵夺，如是者危殆。"立身轻率粗劣，行事迟疑多端，任用口齿伶俐的小人，对百姓巧取豪夺，这样的国家很危险，濒临灭亡的边缘。

再看灭亡的国家。"立身则愉暴，事行则倾覆，进退贵贱则举幽险诈故，之所以接下之人百姓者，则好用其死力矣，而慢其功劳，好用其籍敛矣，而忘其本务，如是者灭亡。"立身骄傲暴躁，行事倾轧陷害，任用的是阴险狡诈之人，对百姓则只想他们为自己卖命而不计他们的功劳，只是想通过他们为自己聚敛财物，而不关心他们的本业，这样的国家必然灭亡。

"此五等者，不可不善择也，王、霸、安存、危殆、灭亡之具也。"以上这五种不同的做法，是不能不好好加以选择的。这些都是或称王、或称霸、或安存、或危险乃至灭亡的原因。是王还是亡，都在于如何选择治国之路。在称王和灭亡、制服别人和被人制服之间，它们的差距也太遥远了。

义立而王：王者已于服人

先秦"王道"和"霸道"的争辩就是在春秋战国时期提出来的。孟子等认为这是两种不同的政治策略和政治原则。孟子言："以德行仁者王，以力假仁者霸。"孟子主张尊王贱霸，以王道批判和否定了霸道。针对当时的实际情况，荀子更精确的分出三个层级，提出"义立而王，信立而霸，权谋立而亡"。

义立而王，汤武是也。信立而霸，五霸是也。在执行操作层面，荀子指出为什么要奉行王道精神，以及怎样落实王道，王道治理的原则、方法是什么，并指出应当避免哪些治理误区及导致的祸患；同时指出王道治理、霸道治理与权谋治理的不同结果。最后强调儒者治国，"隆礼义而审贵贱"，上得天时，下得地利，中得人和，打造百事不废，政令行，风俗美的王道大行的国家。

其实，汉以后，这两种政治原则的界限被突破，统治者走的是"霸王道杂之"的路子。北宋的司马光认为"王霸无异道"，王道也好，霸道也好，"其所以行之也，皆本仁祖义，任贤使能，赏善罚恶，禁暴诛乱，顾名位有尊卑，德泽有深浅，功业有巨细，政令有广狭耳。非若白黑甘苦之相反也。"霸道是底蕴还不够完备的王道，就像君子之于圣人，欲修养成圣人，但由于火候功力不足而在半途，但不能说他的方向有误。所以王道和霸道并非完全对立。

在中国政治思想史上，促使王道和霸道由对立走向统一的关键人物是荀子。荀子的王霸之辨将两种不同的统一策略和治国原则结合起来，对中国传统政治思想和政治实践产生了深远影响。

义立而王的王道精神

《荀子·王霸》：故用国者，义立而王，信立而霸，权谋立而亡。三者明主之所谨择也，仁人之所务白也。挈国以呼礼义，而无以害之，行一不义，杀一无罪，而得天下，仁者不为也。拆然扶持心国，且若是其固也。所与为之者，之人则举义士也；所以为布陈于国家刑法者，则举义法也；主之所极然帅群臣而首乡之者，则举义志也。如是则下仰上以义矣，是綦定也；綦定而国定，国定而天下定。仲尼无置锥之地，诚义乎志意，加义乎身行，箸之言语，济之日，不隐乎天下，名垂乎后世。今亦以天下之显诸侯，诚义乎志意，加义乎法则度量，箸之以政事，案申重之以贵贱杀生，使袭然终始犹一也。如是，则夫名声之部发于天地之间也，岂不如日月雷霆然矣哉！故曰：以国齐义，一日而白，汤武是也。汤以亳，武王以鄗，皆百里之地也，天下为一，诸侯为臣，通达之属，莫不从服，无它故焉，以义济矣。是所谓义立而王也。

荀子提出了三条国家的形态："义立而王，信立而霸，权谋立而亡。"义立而王，坚守道义和正义，爱民敬贤，赏罚分明，实现王道大治。"信立而霸"，对人民讲信用，有诚信，在国际上守约重诺，则国家治理秩序井然，国力强大。"权谋立而亡"，当政者为了私利，把欺诈权术用在处理国内、国际事务上，这样的国家必然会灭亡。

什么是王道国家？领导国家，必须坚守礼义，谨守道德，为了得到天下而行一件不义之事，杀一个无罪之人，都绝不干。"勿以恶小而为之，勿以善小不为"。"拆然扶持心国，且若是其固也。"以坚定的心态施行礼义。选择的参与国家治理的人士，都是道义之士；国家法规刑罚，合乎道义精神；带领民众所追求的事业方向，都是正义的志向。如此就能造就正义、文明、公平、合理的社会秩序，上下都遵守道义，国家稳固富强，人民生活安定和谐。

荀子以孔子为王者师，说明谨守道义就能传至久远的道理。孔子没有权势，但是思想和言行都遵行道义，依然名震天下，名垂千古。没有权势者尚且如此，假使有权势的诸侯，能够心怀仁义，法治公平正义，处理政事合乎道义，则影响力则必然更为迅速广大，"名声之部发于天地之间也，岂不如日月雷霆然矣哉"。显著的例子就是，商汤起以亳都，武王起以镐京，皆不过百里之地，而天下为一，诸侯为臣，凡人迹所至，舟车所通，莫不从服，并无他故，为其能以道义治国。

只要国家的治理坚定统一在"道义""大义"之上，就像商汤和周武王一样，不久就能称王天下。

"王霸"并用 义信并举

《荀子·王霸》：德虽未至也，义虽未济也，然而天下之理略奏矣，刑赏已诺信乎天下矣，臣下晓然皆知其可要也。政令已陈，虽睹利败，不欺其民；约结已定，虽睹利败，不欺其与。如是，则兵劲城固，敌国畏之；国一綦明，与国信之；虽在僻陋之国，威动天下，五伯是也。

虽然没有达到高度的以德治国，以义治国，但是基本的公平正义秩序已经具备，赏罚已经很严明实施，臣民百姓都知道怎么做才是对的。政令已经发出，无论效果如何，是否利于自己，都不欺骗百姓；国家间的合约已经缔结，不论结果如何，都不欺骗友邦。也就是说，国家内对民众、外对他邦都十分讲信用。这样一来，国家强固，敌国敬畏，即使地处偏远，威名远扬四海。五霸就是这样的例子。

荀子提倡王道，但相对于特殊时期，荀子也不反对王霸道兼用。在此他对春秋五霸予以肯定。霸道在德义方面比不上王道那样广大深入，但具备一定德义的基础。守信即为守义，能不以利败得失而欺民，不以利败得失而欺骗盟友，故能以重诺守信而保持自己之强盛。

这即是荀子著名的"王霸并用"治国模式。以王道为底蕴和长远永久着眼，霸道作为一时应机的策略，令人有路可循，两者相得益彰，更为可行。

从国家的长治久安的角度来看，王道、霸道缺一不可。孔子也说："政宽则民慢，慢则纠之以猛；猛则民残，残则施之以宽。宽以济猛，猛以济宽，政是以和。"中国的这种宽猛并用、刚柔相济的传统政治文化，即使进入现代社会也有其启示意义。毛泽东在延安时期应机讲过"路线是王道，纪律是霸道"之类的话。

《荀子·王霸》：非本政教也，非致隆高也，非綦文理也，非服人之心也，乡方略，审劳佚，谨畜积，修战备，齺然上下相信，而天下莫之敢当。故齐桓、晋文、楚庄、吴阖闾、越勾践，是皆僻陋之国也，威动天下，强殆中国，无它故焉，略信也。是所谓信立而霸也。

国家治理不是基于政治教化，不是追求完备的礼义人文，不能真切地获得人心归服，但是注重国家方略，照顾百姓的休养生息，谨慎维护国家资财的蓄积，休整战备，上下之间重诺守信，这样一来，国家强固，没有他国敢于欺侮。所以齐桓公、晋文公、楚庄王、吴阖闾、越勾践，所处的都是偏僻之国，然而声威震动天下，强力称霸中国。这正是因为具备了一个"信"字。

但在《荀子·仲尼》里讲"仲尼之门，五尺之竖子，言羞称乎五伯（霸）。""言羞称乎五伯"，代表了当时主要的观点。可是，荀子不因循守旧，勇于打破条条框框，打破常规思维，提出独到的真知灼见。正显示了荀子"王霸兼用"的理论主张。对于当时凶暴短视的诸多诸侯王，如果能够施行讲信有则的霸道，那也是善莫大焉，对民生也是巨大的益处，王道对于这些习惯了争夺压榨的诸侯来说太过遥远，霸道对他们来说如果尽力够一够或许能有所建树，所以荀子倡导王道的同时并不排斥霸道，体现的是一种圆融。

荀子提出，"若是而不亡，乃霸，何也？"齐桓公这些诸侯能够称霸是因为什么呢？是因为齐桓公因时制宜，掌握了治理天下之关键要节，"曰：于乎！夫齐桓公有天下之大节焉，夫孰能亡之？倓然见管仲之能足以托国也，是天下之大知也。"齐桓公知人善任，认为管仲之能足以托国，是天下当时难得的智者，能够忘其心中之怨怒，忘掉管仲曾经差点射死他的夙仇，立为仲父而尊用之。所以齐桓公的心胸也不是一般的宽大。"诸侯有一节如是，则莫之能亡也；桓公兼此数节者而尽有之，夫又何可亡也！其霸也，宜哉！非幸也，数也。"摒弃前嫌，善用人才，因此成为五霸之一，不是侥幸，而是必然。这也是史上知人善任的典型案例。

轻礼义重功利的危害

《荀子·王霸》：絜国以呼功利，不务张其义，齐其信，唯利之求，内则不惮诈其民，而求小利焉；外则不惮诈其与，而求大利焉，内不修正其所以有，然常欲人之有。如是，则臣下百姓莫不以诈心待其上矣。上诈其下，下诈其上，则是上下析也。如是，则敌国轻之，与国疑之，权谋日行，而国不免危削，綦之而亡，齐闵、薛公是也。

故用强齐，非以修礼义也，非以本政教也，非以一天下也，绵绵常以结引驰外为务。故强、南足以破楚，西足以诎秦，北足以败燕，中足以举宋。及以燕赵起而攻之，若振槁然，而为天下大戮，后世言恶，则必稽焉。是无它故焉，唯其不由礼义，而由权谋也。

三者明主之所以谨择也，而仁人之所以务白也。善择者制人，不善择者人制之。

重功利轻义信，唯利是图，对内欺诈百姓，对外欺诈他国，如此一来，百姓也就以欺诈之心对待君主，上下相诈，就离分崩离析不远了。敌国轻视，盟国怀疑，权谋邪风日益盛行，国家就会日渐衰败。齐闵王、孟尝君，就是这样的例子。

他们在强大的齐国执政，不是用手中的权力去修明礼义，不把礼义教化作为治国之本，不靠礼义统一天下，而靠权谋、纵横之术。所以他们强大的时候，南能破楚，西能使秦国屈服，北能打败燕国，中能攻占宋国，但当燕国、赵国联合起来进攻时，就像摧枯拉朽一样。闵王身死国亡，后代谈起恶人就一定会提到他以明鉴。无它缘故，是因为他们不遵循礼义而专搞权谋。

千岁之固

《荀子·王霸》：故国者，重任也，不以积持之则不立。故国者，世所以新者也，是惮，惮非变也，改王改行也。故一朝之日也，一日之人也，然而厌焉有千岁之国，何也？曰：援夫千岁之信法以持之也，安与夫千岁之信士为之也。人无百岁之寿，而有千岁之信士，何也？曰：以夫千岁之法自持者，是乃千岁之信士矣。故与积礼义之君子为之则王，与端诚信全之士为之则霸，与权谋倾覆之人为之则亡。三者明主之所以谨择也，仁人之所以务白也。善择之者制人，不善择之者人制之。

治理一个国家是重大的任务，不以积久之道持守，则不能久立而不倾覆。君王可以相禅代，但是却可以有千岁常存之国，此是何故？荀子说，如果用历经千年而不衰的法治原则，用有着掌握恒久之道的信义之士，则有千岁长存之国。但是人无百寿之寿，而有千岁之士，此又是何故？荀子说，用"千岁之法以自守者"，便是千岁之信士。

这是荀子通达之论。治国不在于一时的人事变迁，而在于是否贯彻了千年不易的礼义大道。只要能始终持守礼义，始终能任用持守礼义的执政者，国家则可以千年而不绝。

类似的情形，中华文明能成为世界四大古文明中唯一一个绵延数千年而不绝的文明，正是因为有着礼义之道作为底蕴，虽然朝代更替，但是这种礼义传统能够绵延不断，始终能崇尚道义，选贤任能。这也给新时代中国治理提供了进一步的明鉴，要进一步在社会中落实优秀传统礼义人文的修养，完善选贤任能制度，培养更多德识兼备的人才，让这样的人才成为治国的精英。

治理一个国家之重任，及其根本精神，要"积持"，按照正确治国之道不断努力前行，正如《荀子·劝学》倡导"真积力久则入"一样。与此相比，某些西方资本主义国家的政治家可能首先关注的是选票，而中国自古以来就是首先注重的是长期的国家战略，古圣先贤们关注的更是优秀文化的不断传承，考虑的是"千年之固"的千秋伟业。

在治国方面的王道是指礼义之治。荀子讲，"隆礼贵义者其国治"，主张为政以礼，以礼正国。当然，王道并非将法治排斥在外，而纳入王道系统中的法制是符合礼义原则的法制。霸道是刑赏之治，刑赏必信；霸道不排斥德义，虽于德义有所缺略，然大节已备。

王道和霸道有优劣等差，荀子说："凡为天下之要，义为本，而信次之。"又说："为人上者，必将慎礼义、务忠信然后可。此君人者之大本也。"

《荀子·王霸》：彼持国者，必不可以独也，然则强固荣辱在于取相矣。身能相能，如是者王，身不能，知恐惧而求能者，如是者强；身不能，不知恐惧而求能者，安唯便僻左右亲比己者之用，如是者危削；綦之而亡。

治理国家，绝非独自一人所能胜任。国之强盛衰败，相当一部分取决于选用宰相。自己贤能，宰相也能干，就可以王天下。自己不够贤能，但有自知之明，去寻找有才能的人辅佐，此国家也可以强盛。自己不贤能，又不知道用心去寻求有才能的人，而任用些善于阿谀奉承的小人，国家就会危险削弱甚至灭亡。

善于用人，同样是当代国家、企业治理最核心的课题。

《荀子·王霸》：国者，巨用之则大，小用之则小；綦大而王，綦小而亡，小巨分流者存。巨用之者，先义而后利，安不恤亲疏，不恤贵贱，唯诚能之求，夫是之谓巨用之。小用之者，先利而后义，安不恤是非，不治曲直，唯便僻亲比己者之用，夫是之谓小用之。巨用之者若彼，小用之者若此，小巨分流者，亦一若彼，一若此也。故曰："粹而王，驳而霸，无一焉而亡。"此之谓也。

国家如果用大道治理，就会强大；如果小道治理就会弱小，大小道各兼有的情况则勉强得以安存。

先义而后利，则大治。"义利之辨"是中国人心目中最大的"辨"，"多行不义必自毙"。荀子用"先义而后利"还是"先利而后义"，来区别、界定"巨用之"和"小用之"这两种"用国方式"，不正是把这个"辨"当作鉴定一个政权的性质从而也成为预测它的前途的根本依据吗？要求从义利之辨的高度去观察国家的兴衰存亡。

"巨用之者，先义而后利，安不恤亲疏，不恤贵贱，唯诚能之求，夫是之谓巨用之。"所谓大治的国家，就是先考虑道义而后考虑财利，任人不分亲疏，不问贵贱，只寻求真正有才能的人，这就叫做大治的国家。

"小用之者，先利而后义，安不恤是非，不治曲直，唯便僻亲比己者之用，夫是之谓小用之。巨用之者若彼，小用之者若此，小巨分流者，亦一若彼，一若此也。"所谓从小的方面治理国家，就是先考虑财利而后考虑道义，不顾是非，不管曲直，只是任用善于阿谀奉承，依附自己的宠臣和亲信，这就叫作从小的方面治理国家。以大道治则国家王天下，小格局治国国家就灭亡。所谓小大各占一半的，也就是他既注重利，也能有些义，任用一部分贤能的人，又要任用一部分宠臣和亲信。此"大用""小用"，"小巨分流"，效果各异。

"故曰：'粹而王，驳而霸，无一焉而亡。'"所以说，纯正地以道义治国，任用贤能之人的就能称王天下；义利兼顾的就能称霸诸侯，纯利无义的国家就会灭亡。就如同一个企业为了赚钱无所不为，奶粉里添加三聚氰胺，猪肉里注水，这样的企业不可能不灭亡。

百里之地，可以取天下

《荀子·王霸》：百里之地，可以取天下。是不虚；其难者在人主之知之也。取天下者，非负其土地而从之之谓也，道足以壹人而已矣。彼其人苟壹，则其土地奚去我而适它！故百里之地，其等位爵服，足以容天下之贤士矣；其官职事业，足以容天下之能士矣；循其旧法，择其善者而明用之，足以顺服好利之人矣。贤士一焉，能士官焉，好利之人服焉，三者具而天下尽，无有是其外矣。故百里之地，足以竭势矣。致忠信，箸仁义，足以竭人矣。两者合而天下取，诸侯后同者先危。诗曰："自西自东，自南自北，无思不服。"人之谓也。

以百里之地取天下，其难者在人主之知，是指当时诸侯不明了王道的意义，而对百里之地的区区小国能征服天下抱怀疑态度。因为他们只知依靠实力兼并土地，而不明白取天下非指专门兼并土地，而在于以"道"壹人，即以王道争取人心，则兼并之土地才可以巩固。

两千多年前的荀子是这样把三种人凝聚在一起的。贤德之人、有才能的人、求利的人三种人都来了。

荀子强调以百里之地进行王道示范，其意义极为重大。设立等级爵位，可以招天下贤士；设立官职事业，可以吸引天下才能之士；设立合理法规赏罚等制度，可以吸引好利之大众来归。因此，百里之地做出示范，便可以使实力强盛而无敌天下。荀子认为尚贤使能得当而又能吸引百姓来归，那么便具备了取天下的条件。这样，百里之地亦可以发挥无比强盛之势。而力行忠信、广行仁义，二者做好了便能充分利用百里之地，争取天下人心归向。国家有强大的威势，有人心的归服，有这样两种的效果则取天下，王道成。诸侯能先行王道者必胜，而觉悟迟者则危。

以百里之地取天下，以中国共产党的奋斗经历为例，最初的根据地人口还不到全中国人口的百分之一，但是一步一步扩大直到取得了全中国的领导权。这就是善于行忠信、仁义，令天下归心的结果。有一支有着坚定理想信念、敢于牺牲的干部精英和人才队伍，给大众分田地、部队对民众秋毫无犯，种种做法让广大百姓奉若神明，送郎上前线、送子上前线的故事层出不穷，中国共产党团结了一切可以团结的人，令天下归心。

"团结一切可以团结的力量"，这是毛泽东治党治国的基本经验之一。毛泽东曾对共产党的许多干部讲：你们每天写日记不要写别的，就只写一句"团结百分之九十"就行了。毛泽东的团结大门是向所有的人敞开着的，包括犯过错误的人，反对过自己的人，可敌可友的人，以及此时此地非主要的敌人。只有一种人除外：此时此地主要的敌人。这需要有一种能够容纳五湖四海的广博胸怀和领袖气概。能够包容五湖四海、联合千军万马的人，当然是任何敌人都可以战胜的。

中国共产党的成功经历也可以说是"百里之地取天下"的现代版经典案例。

心悦诚服的力量

《荀子·王霸》：羿蜂门者，善服射者也；王良、造父者，善服驭者也。聪明君子者，善服人者也。人服而势从之，人不服而势去之，故王者已于服人矣。故人主欲得善射，射远中微，则莫若羿、蜂门矣；欲得善驭，及速致远，则莫若王良、造父矣。欲得调壹天下，制秦楚，则莫若聪明君子矣。其用知甚简，其为事不劳，而功名致大，甚易处而极可乐也。故明君以为宝，而愚者以为难。

荀子以比喻说，欲得善射之人，就要找羿与逢门，欲得善驾马之人，就要找王良造父，要令天下归服，制服秦楚这样的强国，只有依靠德行智慧高超的君子。任用修养高超的君子治国，治理则井然有序，政务不烦劳，而事功显著。这是因为，聪明君子是善于使人民悦服者。人民悦服，则执政的权势掌握在手，人民不悦服，则权势消失。

"王者已于服人"，这是检验治理是否高明的最好标准。百姓高兴不高兴，答应不答应，满意不满意，这是检验治理者智慧德行的最好试金石，古今中外概莫能外。西方有民意支持率来检测，这也是一个重要的指标。

《荀子·王霸》："夫贵为天子，富有天下，名为圣王，兼制人，人莫得而制也，是人情之所同欲也，而王者兼而有是者也。重色而衣之，重味而食之，重财物而制之，合天下而君之，饮食甚厚，声乐甚大，台榭甚高，园囿甚广，臣使诸侯，一天下，是又人情之所同欲也，而天子之礼制如是者也。制度以陈，政令以挟，官人失要则死，公侯失礼则幽，四方之国，有侈离之德则必灭。名声若日月，功绩如天地，天下之人应之如景向，是又人情之所同欲也，而王者兼而有是者也。

一般的会认为，荀子如此这般渲染君主享有的权利，而我们考察的重点应该放在，荀子是在申明君主与庶人之"人情之所同欲也"。而为什么只有王者才可兼而有之？只有圣王如舜禹才能做到"无恤亲疏，无偏贵贱，惟诚能之求"，因此才可能达到"名声若日月，功绩如天地，天下之人应之如景向（影响）"的功业。

荀子从人性化的角度切入，也即从欲望的概念来说，君主在自己的位置上要始终安享福禄，就要让天下安定、百姓幸福，自己才能收获安逸。从另一个角度来说，就怕君主欲望不够大，希望让天下归心的欲望也不是不能去追求，正如老子说，既已为人己愈多，要赢得天下，就必须为天下之人而至诚付出，从而可以满足赢得天下之"欲"。想要留下千古英名，那就要耐得一时乃至一生的寂寞，为人类千古安乐事业而奋斗。计利当计天下利，求名当求万世名，这也是欲望，但是却是利益天下千秋的欲望，也是最根本成就自身的"欲望"，是"大我"的实现。

《荀子·王霸》：无国而不有治法，无国而不有乱法；无国而不有贤士，无国而不有罢士；无国而不有愿民，无国而不有悍民；无国而不有美俗，无国而不有恶俗。两者并行而国在，上偏而国安，在下偏而国危；上一而王，下一而亡。故其法治，其佐贤，其民愿，其俗美，而四者齐，夫是之谓上一。如是则不战而胜，不攻而得，甲兵不劳而天下服。故汤以亳，文王以鄗，皆百里之地也，天下为一，诸侯为臣，通达之属，莫不从服，无它故焉，四者齐也。桀纣即厚有天下之势，索为匹夫而不可得也，是无它故焉，四者并亡也。故百王之法不同，若是所归者一也。

没有国家没有治法的，没有国家没有乱法的，没有国家没有贤士的，没有国家没有疲弱无能之士的，没有国家没有谨愿之民的，没有国家没有强悍之民的，没有国家没有好风俗的，没有国家没有坏风俗的。好坏两样相并而行，则其国存。好的多，坏的少，是为上偏，而其国安。好的少，坏的多，是为下偏，而其国危。完全上偏而王，完全下偏而亡。

法治彰明，辅佐君主的人才贤良，民众朴实敦厚，风俗美好，四者齐备，这叫做上等的齐一。这样则不战而胜，不攻而得，甲兵不劳而天下服。所以汤起于亳，武王起于鄗，都不过百里之地。天下归一，诸侯为臣，道路能够通达的地方，没有不臣服顺从的。并没有其他的缘故，只是四样都齐备而已。而桀纣虽然拥有君临天下之权位，但最终想做一个匹夫而不可得。这也没有别的缘故，就是四样一样都没有。

其法治，其佐贤，其民愿，其俗美，荀子从法治、人才、民众素质、社会风气四个方面，展开阐述国家得以安定治理的要素。这几个方面，实际上都是礼义得以实行而达到的效果。对于我们今天的启示就是，要坚定推进法治建设，要大力培养人才、任用德才兼备的人才，要培养大众淳朴诚实的品质，要建设良好的社会风气。

《荀子·王霸》：上莫不致爱其下，而制之以礼。上之于下，如保赤子，政令制度，所以接下之人百姓，有不理者如豪末，则虽孤独鳏寡必不加焉。故下之亲上，欢如父母，可杀而不可使不顺。君臣上下，贵贱长幼，至于庶人，莫不以是为隆正；然后皆内自省，以谨于分。是百王之所同也，而礼法之枢要也。然后农分田而耕，贾分货而贩，百工分事而劝，士大夫分职而听，建国诸侯之君分土而守，三公总方而议，则天子共己而止矣。出若入若，天下莫不均平，莫不治辨。是百王之所同，而礼法之大分也。

官爱民，民拥官，都是以礼来进行统领。尤其是上对于下，"如保赤子"，政令制度有丝毫不合理的地方，虽是面对孤独鳏寡者，也决不放过，一定要让面对所有民众的措施制度等都合理。如此一来，下对于上像面对自己父母那么欢喜，可以被杀却不愿意违背自己的君主。所以，至自天子以至庶人，没有不把礼义当成最高行为准则的，然后所有人又都在内心反省自己是否遵守了礼义，而谨守本分，这是历代圣王治理国家的共同之处，也是礼法之枢要啊！

有了这样礼义忠信的关系，接下来，农夫分田而耕，商贾分货而贩，百工各事其业，士大夫分职而受事，建国诸侯之君分疆而守，三公总领各个方面并共商国是，天子可以垂拱而治了。内亦如此，外亦如此，天下莫不公平协和，国事处理莫不通顺，这也是百王所共行之大道，并也是礼法之要领。

《荀子·王霸》：若夫贯日而治平，权物而称用，使衣服有制，宫室有度，人徒有数，丧祭械用皆有等宜，以是用挟于万物，尺寸寻丈，莫得不循乎制度数量然后行，则是官人使吏之事也，不足数于大君子之前。故君人者，立隆政本朝而当，所使要百事者诚仁人也，则身佚而国治，功大而名美，上可以王，下可以霸。立隆正本朝而不当，所使要百事者非仁人也，则身劳而国乱，功废而名辱，社稷必危，是人君者之枢机也。故能当一人而天下取，失当一人而社稷危。不能当一人，而能当千百人者，说无之有也。既能当一人，则身有何劳而为？垂衣裳而天下定。

治理国家的具体如财物分配使用、丧祭等种种事务，都由官人百吏所掌管，不必君主自己处理。君主要做的是，推崇治国原则得当，任用仁义之士总理百事，则不费辛劳而国家大治，功绩伟大美名远扬，上可以王，下可以霸。反之，身劳而国乱，功废而名辱，社稷必危。因此治国的关键就在用人，能任用得当之人担任宰相则天下可取，任用了错误的人则社稷倾危。用宰相这样一个人都不能得当，而能用千百人而适当，没有这样的事。所以，如能任用好辅佐自己的宰相，则尚有何事劳己身呢？天下可垂拱而治。

总之，佐贤、法治、民愿、俗美的国家兴，反之则亡。古今同理。君主的关键不在于事必躬亲，而在于设官分职，善用任用仁人治理政事，以礼义教化国民，这样国家必然昌盛。

《荀子·王霸》：主道治近不治远，治明不治幽，治一不治二。主能治近则远者理，主能治明则幽者化，主能当一则百事正。夫兼听天下，日有余而治不足者，如此也，是治之极也。既能治近，又务治远；既能治明，又务见幽；既能当一，又务正百，是过者也，过犹不及也。辟之是犹立直木而求其影之枉也。不能治近，又务治远；不能察明，又务见幽；不能当一，又务正百，是悖者也。辟之是犹立枉木而求其影之直也。故明主好要，而暗主好详；主好要则百事详，主好详则百事荒。君者论一相，陈一法，明一指，以兼覆之，兼照之，以观其盛者也。

相者，论列百官之长，要百事之听，以饰朝廷臣下百吏之分，度其功劳，论其庆赏，岁终奉其成功以效于君。当则可，不当则废。故君人劳于索之，而休于使之。

好的领导人对天下之事尽能洞察，但不要事必躬亲。治近不治远，把切身的最基本的事做好，人事、制度等安排好，自然远者也从服。把显眼之处治理好，实践好礼义制度，影响所及，隐藏的地方自然也跟着得到转化和治理。领导人做好领导者的定向、统筹等事务，安排人事专门负责而不必事事过问，从而千头万绪也能有条不紊。

这正是"无为而治"的奥妙之处。不是不作为，而是不乱作为，不越权作为，从而让天下各安其位，各尽其力。"论一相，陈一法，明一指"，找到贤良的宰相，统一法度，统一治国指导纲要，这是君主要做的关键几件事，这是"好要"的明主，善于抓住关键的明智君主。宰相是最为关键的，"故君人劳于索之，而休于使之"，用尽心思找到好的宰相，然后放手让宰相去治理。

"只有人民，才是创造世界历史的动力"

《荀子·王霸》：用国者，得百姓之力者富，得百姓之死者强，得百姓之誉者荣。三得者具而天下归之，三得者亡而天下去之；天下归之之谓王，天下去之之谓亡。汤武者，修其道，行其义，兴天下同利，除天下同害，天下归之。

欲治理好国家，从三个方面去努力：得百姓为之心甘情愿效劳力者，则国富；得百姓为之效死、愿意舍身为国者，则国强；得百姓之称誉者，则国荣。具备这三个方面，天下必将归附，这三方面全无，天下必背离。天下归附之谓王，天下背去之则亡。

汤武遵循大道，修行礼义，兴天下之同利，除天下之同害，而天下归之。诸侯在夺取天下时，要获得富国强兵和荣誉，必须得到百姓的衷心拥护。

　　得百姓之力，得百姓之死，得百姓之誉，毛泽东领导的中国革命正是如此。"最后一把米，送去做军粮；最后一尺布，用来做军装；最后一个娃，送去上战场"，这就是真正实现了得百姓之力、之死、之誉。

　　这正是全心全意为人民服务的必然回报。毛泽东指出："我们是以占全人口百分之九十以上的最广大群众的目前利益和将来利益的统一为出发点的。"（《在延安文艺座谈会上的讲话》）

清平之治与乱世之治

　　《荀子·王霸》：故厚德音以先之，明礼义以道之，致忠信以爱之，赏贤使能以次之，爵服赏庆以申重之，时其事，轻其任，以调齐之，潢然兼覆之，养长之，如保赤子。生民则致宽，使民则綦理，辩政令制度，所以接天下之人百姓，有非理者如豪末，则虽孤独鳏寡，必不加焉。是故百姓贵之如帝，亲之如父母，为之出死断亡而不愉者，无它故焉，道德诚明，利泽诚厚也。

　　乱世则不然，污漫突盗以先之，权谋倾覆以示之，俳优、侏儒、妇女之请谒以悖之，使愚诏知，使不肖临贤，生民则致贫隘，使民则极劳苦。是故，百姓贱之如尪，恶之如鬼，日欲司间而相与投借之，去逐之。卒有寇难之事，又望百姓之为己死，不可得也，说无以取之焉。孔子曰："审吾所以适人，适人之所以来我也。"此之谓也。

　　领导者提升自身德行以为表率，申明礼义制度以引导百姓，同时细致入微地爱护百姓，"有非理者如豪末，则虽孤独鳏寡，必不加焉"。如此一来，百姓自然对领导者亲如父母，可以出生入死以为报。这是因为领导者自身德行高尚，对百姓的恩泽深厚。

　　乱世不是如此做法。领导者自身行为污秽，示范给百姓的是奸诈阴险，重用德行低劣的人，压榨百姓，使百姓身心劳苦。如此的结果自然百姓视之如寇仇，恨不得早一天结束他的统治，又怎么会为这样的领导者出生入死呢？

　　《荀子·王霸》：伤国者，何也？曰：以小人尚民而威，以非所取于民而巧，是伤国之大灾也。大国之主也，而好见小利，是伤国。其于声色、台榭、园囿也，愈厌而好新，是伤国。不好修正其所以有，啖啖常欲人之有，是伤国。三邪者在匈中，而又好以权谋倾覆之人，断事其外，若是，则权轻名辱，社稷必危，是伤国者也。大国之主也，不隆本行，不敬旧法，而好诈故，若是，则夫朝廷群臣，亦从而成俗于不隆礼义而好倾覆也。朝廷群臣之俗若是，则夫众庶百姓亦从而成俗于不隆礼义而好贪利矣。君臣上下之俗，莫不若是，则地虽广，权必轻；人虽众，兵必弱；刑罚虽繁，令不下通。夫是之谓危国，是伤国者也。

危害国家的种种行为：伤国者，小人掌理国家对人民作威作福，巧取豪夺，是伤国之大灾害也。一个大国之主，而好贪小利，是谓伤国。沉迷于声色台榭园囿，是谓伤国。不廉洁自律，常欲攫取他人之所有，是谓伤国。胸中既有此三邪，又用耍权阴险之人来决断国家大事，这样的国家必然危亡。

荀子对于危害国家之种种，剖析全面而深刻。荀子也指出"上行下效"的定理，群臣看君主，百姓看群臣，上面践行礼义、公平端正，则下面风淳俗正、国家兴旺，反之就国家危殆。"君子修己以安百姓"。

《荀子·王霸》：儒者为之不然，必将曲辨：朝廷必将隆礼义而审贵贱，若是、则士大夫莫不敬节死制者矣。百官则将齐其制度，重其官秩，若是、则百吏莫不畏法而遵绳矣。关市几而不征，质律禁止而不偏，如是、则商贾莫不敦悫而无诈矣。百工将时斩伐，佻其期日，而利其巧任，如是，则百工莫不忠信而不楛矣。县鄙则将轻田野之税，省刀布之敛，罕举力役，无夺农时，如是、农夫莫不朴力而寡能矣。士大夫务节死制，然而兵劲。百吏畏法循绳，然后国常不乱。商贾敦悫无诈，则商旅安，货通财，而国求给矣。百工忠信而不楛，则器用巧便而财不匮矣。农夫朴力而寡能，则上不失天时，下不失地利，中得人和，而百事不废。是之谓政令行，风俗美，以守则固，以征则强，居则有名，动则有功。此儒之所谓曲辨也。

安定繁荣的国家，必然是有儒者治理。这样的国家，崇尚礼义，制度井然，赏罚严明，规范社会意识趋善去恶；从上到下，各安其位，各尽其职；顺应天时、地利、人和，为各行各业的发展提供良好宽厚的条件，以鼓励经济生产的繁荣。真正能够崇尚礼义的国家，"士大夫莫不敬节死制"，士大夫坚守气节、可以为持守王制而死；"百吏莫不畏法而遵绳"，官吏敬畏法制、遵守法规；"百工莫不忠信而不楛"，百工技人诚信，做工产品质量过硬；"农夫莫不朴力而寡能"，农人尽力专心于耕种。这样的国家，固若金汤，威名远扬。

荀子认为这是儒者所主导的良好治理，从精神文明的建设和物质文明的发展，全面进行了规划和引导。

百战百胜的奥秘：仁人之师

荀子系统性提出军事理论，希望能够挽狂澜于既倒，致君于圣王之道，救民于水火之中，虽屡遭波折，但荀子的系统军事理论，一是历史证明了其正确性；二是荀子留下来的理论、思想、精神及其圣贤人格和仁者胸怀，留给后人无限的启示。

上下同心，民齐则强

荀子去秦回赵，正值秦灭韩，赵国准备救韩之际。赵孝成王会见临武君与荀子。临武君通兵法，曾与荀子辩论兵法于赵孝成王前。

《荀子·议兵》：临武君与孙卿子议兵于赵孝成王前，王曰：请问兵要？临武君对曰：上得天时，下得地利，观敌之变动，后之发，先之至，此用兵之要术也。

孙卿子曰：不然！臣所闻古之道，凡用兵攻战之本，在乎壹民。弓矢不调，则羿不能以中微；六马不和，则造父不能以致远；士民不亲附，则汤武不能以必胜也。故善附民者，是乃善用兵者也。故兵要在乎善附民而已。

临武君曰：不然。兵之所贵者势利也，所行者变诈也。善用兵者，感忽悠暗，莫知其所从出。孙吴用之无敌于天下，岂必待附民哉！

孙卿子曰：不然。臣之所道，仁者之兵，王者之志也。君之所贵，权谋势利也；所行，攻夺变诈也；诸侯之事也。仁人之兵，不可诈也；彼可诈者，怠慢者也，路亶者也，君臣上下之间，涣然有离德者也。故以桀诈桀，犹巧拙有幸焉。以桀诈尧，譬之：若以卵投石，以指挠沸；若赴水火，入焉焦没耳。

临武君所秉持的理论权威是孙吴兵法，他强调：上得天时，下得地利，观察敌人的动作、态势，后敌人而发，先敌人而至，此用兵之要道也。

荀子说，不然，用兵攻战之本，在乎能齐一人民。士民若不亲附，则汤武虽仁，不能必胜。所以善附民的，便是善用兵的。临武君接着说，兵所贵者，是有利形势和条件。所行者，是兵不厌诈，善于隐蔽，变化多端。孙武吴起所以无敌于天下，用此道也。岂是必须要让民众归附呢！

荀子说，不然，我所说者，是仁人之兵，是称王天下者的志向，临武君所贵者，是权谋势利，所行者，是攻夺变诈，是诸侯所从事之事。仁人之兵，是不可能被欺诈的。能被欺诈的，是军心懈怠、疲弱的军队，是君臣上下之间离心离德、人心涣散的军队。如果说以桀这种君王的军队来欺诈类似的军队，或者能侥幸有用；若以桀的军队来欺诈尧的军队，这譬如是以卵投石，以手指搅沸汤，刚放进就要烫焦！

带领军队、带领团队的最高境界：上下一心。现代一句话可以阐释荀子的意思，"军民上下如一人，试看天下谁能敌"。

《荀子·议兵》：故仁人上下，百将一心，三军同力；臣之于君也，下之于上也，若子之事父，弟之事兄，若手臂之扞头目而覆胸腹也，诈而袭之，与先惊而后击之，一也。且仁人之用十里之国，则将有百里之听；用百里之国，则将有千里之听；用千里之国，则将有四海之听，必将聪明警戒和传而一。

故仁人之兵，聚则成卒，散则成列，延则若莫邪之长刃，婴之者断；兑则若莫邪之利锋，当之者溃，圜居而方止，则若盘石然，触之者角摧，案角鹿埵陇种东笼而退耳。且夫暴国之君，将谁与至哉？彼其所与至者，必其民也，而其民之亲我欢若父母，其好我芬若椒兰，彼反顾其上，则若灼黥，若雠仇；人之情，虽桀跖，岂又肯为其所恶，贼其所好者哉！是犹使人之子孙自贼其父母也，彼必将来告之，夫又何可诈也！

故仁人用国日明，诸侯先顺者安，后顺者危，虑敌之者削，反之者亡。诗曰："武王载发，有虔秉钺；如火烈烈，则莫我敢遏。"此之谓也。

"人心是最大的政治"。仁人治国，上下团结，百将一心，三军同力，臣之对君，下之对上，好像子之事父，弟之事兄，与手臂之捍卫头目保护胸腹一般。无论是诈而袭之，还是与先惊扰他而后攻击他，是不能发生任何作用的。且仁人素日深得人心，治理十里之国，方圆百里之外的情形都能了解，治理百里之国，方圆千里之外的情形都能了解；治理千里之国，则四海之内的情形都能了解，必将对天下情形保持耳聪目明、高度警戒，全国和顺一体。

故仁人之兵，相聚则成队伍，散则成行列；其伸延则像莫邪之长刃，触之者立断；其锐利，则若莫邪之利锋，当之者立溃；安置不动，则若磐石之固，触之者溃不成军！残暴之国的君主如果向外侵伐，跟随的必是他的民众，但是他的人民现在却亲附我，欢然若亲近父母一般；喜好我，芬然若椒兰一般；彼反视他的君上，则若大仇人。一般常情，虽如桀跖般凶恶，岂会替所憎恶的人，而贼害其所喜好的人呢？这无异是使人之子孙戕害他的父母。所以他们一定会来维护我，又怎么会欺诈我呢？

所以仁人治国日益明达，诸侯先顺服者安，后顺服者危，与之为敌者遭削弱，与之反抗者亡。仁者无敌，固如是也。

荀子讲话入木三分、有的放矢，他应该是已经发现当时赵国问题之所在，才在孝成王和临武君面前讲起了这番话，劝赵王要以仁义之道统领军事。荀学的军事思想里充满正义与仁义，胜过了所谓兵家的变诈攻伐之术。

仁义虽然往往一时没有那么功利的效果，但是却是持久决定兴衰的关键。同理，关于民心所向的正义战争与民心所背的霸权主义战争，也可以以仁义与否来评判。

毛泽东评价说：霸权主义的战争逻辑只能是："捣乱，失败，再捣乱，再失败，直至最终灭亡——这就是帝国主义和世界上一切反动派对待人民事业的逻辑"。中国的军队是人民的军队，称中国人民解放军、人民子弟兵。军队的士兵自人民中来，战争为了保卫人民，得到人民的拥戴和支持，这才是我们战无不胜的根本保证。

决定战争胜负的因素，不在于武力是否强大，抗美援朝的胜利就是充分的证明，关键是在于民心所向，即民众是否拥护。即使你凭藉器械的优势，取得一时的胜利，如果没有民众的拥戴，最终还是要失败。有了民众坚定的拥护，方略正确，弱可以转化为强，败能转化为胜。

王道用兵的系统军事理论

《荀子·议兵》：请问王者之兵，设何道何行而可？

孙卿子曰：凡在大王，将率末事也。臣请遂道王者诸侯强弱存亡之效，安危之势：君贤者其国治，君不能者其国乱，隆礼贵义者其国治，简礼贱义者其国乱；治者强，乱者弱，是强弱之本也。上足印则下可用也，上不印则下不可用也；下可用则强，下不可用则弱，是强弱之常也。隆礼效功，上也；重禄贵节，次也；上功贱节，下也，是强弱之凡也。好士者强，不好士者弱；爱民者强，不爱民者弱；政令信者强，政令不信者弱；民齐者强，民不齐者弱；赏重者强，赏轻者弱；刑威者强，刑侮者弱；械用兵革攻完便利者强，械用兵革窳楛不便利者弱。重用兵者强，轻用兵者弱；权出一者强，权出二者弱，是强弱之常也。

荀子认为王者之兵，核心在于君王，将帅是末，王者诸侯强弱存亡、安危之势的背后是什么决定的呢？是否有贤能的国君，是否隆礼贵义，这才是强弱的根本。在上位者足以被仰仗依靠，在下位者可以被重用，这样的国家就强，反之就弱。崇尚礼义，重视战功，这是最高的强国强军之道；次一等的是重视爵禄、看重气节；最下是只重战功而轻视节操。

礼义是最高的修养，一旦有了礼义的深刻信念，一心为公为民，就可以做到勇于牺牲乃至舍生取义；名节次一等，因为这还是关于个人的名誉，带着自私的因素；最下等的当然就是只重名利，如果官兵都是这种人组成，那么国家岂能不败？

在上位者能够做到好士、爱民、守信、使民齐一、重奖赏激励、刑罚威严、兵器完备，那么则国家强盛，反之，国家必弱。

荀子针对当时的各国的实际情况，把天下的军队分为：盗兵与和齐之兵。盗兵包括亡国之兵、危国之兵、锐士之兵；和齐之兵，包括霸者的节制之兵和王者之兵，并作以分析比较。

《荀子·议兵》：齐人隆技击，其技也，得一首者，则赐赎锱金，无本赏矣。

是事小敌毳，则偷可用也，事大敌坚，则涣然离耳。若飞鸟然，倾侧反复无日，是亡国之兵也，兵莫弱是矣。是其去赁市佣而战之几矣。

齐国的军队，好像是在市场上雇人去打仗一样，以价钱多少来论杀敌首级的功绩。当敌人小而弱时，还有用，当敌人强大的时候，为了自己保命就涣然而逃，这是最弱的兵，叫亡国之兵。

《荀子·议兵》：魏氏之武卒，以度取之，衣三属之甲，操十二石之弩，负服矢五十个，置戈其上，冠胄带剑，赢三日之粮，日中而趋百里，中试则复其户，利其田宅，是数年而衰，而未可夺也，改造则不易周也，是故地虽大，其税必寡，是危国之兵也。

魏国的军队是以个人的能力来取用，条件要求极高，穿上重重的铠甲，拿着强弩，若是通过测试，就给与免除傜役田宅税这样的优待。后来他们即使精力衰弱也保持他的优遇。所以魏国虽然地很大，国家的税收却很少，这是危国之兵。

《荀子·议兵》：秦人其生民郏阸，其使民也酷烈，劫之以势，隐之以阸，忸之以庆赏，酋之以刑罚，使天下之民，所以要利于上者，非斗无由也。阸而用之，得而后功之，功赏相长也，五甲首而隶五家，是最为众强长久，多地以正，故四世有胜，非幸也，数也。

秦国人民生活困厄，但使役人民却很严酷，民众想要过上好点的生活，除了参军战斗再也没有其它的路了。立军功者给与重赏。秦民骁勇善战，所以四朝能保持强大，不是侥幸，是理当如此。

荀子对秦军有一番客观的分析和评价，它的善战善胜，国富兵强，是因为有一套切实有效的制度，所以保持四朝强大，但是役使人民酷烈，威胁利诱，驱民于斗，鄙陋无文，缺少圣王之礼乐教化。

以上的军队，荀子皆称之为盗兵，世俗人所谓的善于用兵者，像齐国的田单、楚国的庄硚、秦国的商鞅、燕国的缪蚔等人在荀子的评价中，皆为"盗兵"。荀子虽然说秦军是锐士之兵，但其实也是列为盗兵之列。荀子是要求更高的，是以"修礼义"、行王道的高标准而言的。

《荀子·议兵》：故齐之技击，不可以遇魏氏之武卒；魏氏之武卒，不可以遇秦之锐士；秦之锐士，不可以当桓文之节制；桓文之节制，不可以敌汤武之仁义；有遇之者，若以焦熬投石焉。兼是数国者，皆干赏蹈利之兵也，佣徒鬻卖之道也，未有贵上安制綦节之理也。诸侯有能微妙之以节，则作而兼殆之耳。故招近募选，隆势诈，尚功利，是渐之也；礼义教化，是齐之也。故以诈遇诈，犹有巧拙焉；以诈遇齐，辟之犹以锥刀堕太山也，非天下之愚人莫敢试。

荀子把汤武的仁义之兵，和春秋时代的霸主之兵，皆列为和齐之兵，但是以王者之兵为理想，霸者之兵虽然也进入和齐之兵的领域，却是没有礼义的教化，可以霸而不可以王，差强人意，但是不是彻底否定。这是荀子尊王而不黜霸的理念，观点鲜明，具有很强的指导意义。

《荀子·议兵》：故王者之兵不试。汤武之诛桀纣也，拱把指麾，而强暴之国莫不趋使，诛桀纣若诛独夫。故《泰誓》曰："独夫纣。"此之谓也。故兵大齐则制天下，小齐则治邻敌。故齐之田单，楚之庄蹻，秦之卫鞅，燕之缪蚳，是皆世俗所谓善用兵者也，是其巧拙强弱，则未有以相君也。若其道一也，未及和齐也；掎契司诈，权谋倾覆未免盗兵也。齐桓、晋文、楚庄、吴阖闾、越勾践是皆和齐之兵也，可谓入其域矣，然而未有本统也，故可以霸而不可以王；是强弱之效也。

王者用兵，百战百胜。汤武之诛桀纣，所到之处，强暴之国没有不为他所驱使的。桀纣，都是当时的天子，而汤武起兵，是诛伐国人所共弃之独夫。军队精诚一心，则威震天下。

故齐之田单、楚之庄蹻、秦之卫鞅、燕之缪蚳，这些都是世俗所称为善于用兵的人，论其巧拙强弱，并无很大差别，谁也不能压服谁，他们用兵的方法是一样的，也都不能使军队达到精诚一致，只会搞欺诈和权谋以打败敌军，不免仍是盗兵。齐桓、晋文、楚庄王、吴阖闾、越勾践之兵，可以说进入了和谐齐心之初步境界，然亦未立仁义之根本。故可以霸，而不可以王。

为将之道，敬通神明

荀子也提出为将之道。孝成王和临武君请问荀子王者之兵，荀子告以"凡在大王，将帅末事也"。于赵国而言的"长平之败"与"邯郸之胜"都说明"凡在大王"。但具体指挥作战，或守或攻，运筹帷幄或决胜千里，将帅作用重大。荀子以"六术""五权""三至""五无圹"阐释领军用兵之道。

《荀子·议兵》：孝成王、临武君曰善！请问为将？

孙卿子曰：知莫大乎弃疑，行莫大乎无过，事莫大乎无悔，事至无悔而止矣，成不可必也。故制号政令欲严以威，庆赏刑罚欲必以信，处舍收藏欲周以固，徙举进退欲安以重，欲疾以速；窥敌观变欲潜以深，欲伍以参；遇敌决战必道吾所明，无道吾所疑：夫是之谓六术。

《孙子兵法·始计》："将者，智信仁勇严也。"荀子以"知弃疑，行无过，事无悔，成不可必"为原则而提出六术，作为将领的基本守则。

军令的颁布要威严；奖赏刑罚要有信用；营垒仓库要周密且坚固；进退要安全稳重且行动迅速；窥探、应对敌情变化，自己要隐蔽潜藏得深，要反复比较勘察；遇到敌人，与之决战，必须根据我所明了的情况而行动，不要根据自己有疑虑的情形而行动。这便谓之打仗的六术。

《荀子·议兵》：无欲将而恶废，无急胜而忘败，无威内而轻外，无见利而不顾其害，凡虑事欲孰而用财欲泰：夫是之谓五权。

不要为保住将位怕被撤职；不要急于求胜，而忘掉遭遇挫败的可能；不是只在内部行威，而对外敌轻忽；不要只见其利，而看不到行动可能的危害；凡虑事要深思熟虑，而用财物奖赏时要宽泰，这便谓之五权，五种权衡的原则。

这对于当代企业家修养，也有借鉴意义。

《荀子·议兵》：所以不受命于主有三：可杀而不可使处不完，可杀而不可使击不胜，可杀而不可使欺百姓：夫是之谓三至。

有三事不接受主上命令的：身可杀，而不可使军队处不安全的地区；身可杀，不可使打不可胜的强敌；身可杀，而不可使欺百姓，这便谓之三至。可杀而不可使他的军队处于不安全的境地，可杀而不能使他攻击不能得胜的敌人，表面上看来，似乎是抗命，其实是效忠君王，使其免遭挫败，立于不败之地。只有明君才可明白其理。

《荀子·议兵》：凡受命于主而行三军，三军既定，百官得序，群物皆正，则主不能喜，敌不能怒：夫是之谓至臣。

最能运筹帷幄、整饬军队、安邦定国的大臣，荀子称为"至臣"。受命于主而行三军，军队安定强大，百官各尽其职，国事公正稳妥，主上的恩宠不能使之喜，敌人的进犯不能使之怒。这样的大臣中心有所定主，非外物所能摇动，这便谓之至臣。

《荀子·议兵》：虑必先事，而申之以敬，慎终如始，终始如一：夫是之谓大吉。凡百事之成也，必在敬之；其败也，必在慢之。故敬胜怠则吉，怠胜敬则灭；计胜欲则从，欲胜计则凶。战如守，行如战，有功如幸，敬谋无圹，敬事无圹，敬吏无圹，敬众无圹，敬敌无圹：夫是之谓五无圹。

为将之道的要领，在于一个敬字，用敬字来战胜人类的惰性、傲慢、欲望，谨慎思虑，始终如一，则大吉。事情成功是因为一个"敬"字，失败是因为一个"慢"字。诚敬胜过怠惰则吉利，深谋远虑胜过只顾眼前功利则事情顺利，反之则不吉、不利。战斗要像守备，行军要像战斗，立功要以一种侥幸所得之心面对。

完全是一种战战兢兢如履薄冰、不敢丝毫轻忽的心态，如此才能立于军事的不败之地。诸葛一生惟谨慎，是军事上始终谨慎细密的典型。

面对计谋策划，面对军务处理，面对下属将官，面对兵众，面对敌人，都是始终以恭敬之心来对待，做到"五无圹"。这是荀子心目中理想的将军的典型。面对敌人，也要以恭敬之心，要敢于战斗但是不要轻敌，要了解敌方的策略，知己知彼方能百战不殆。

荀子认为如果能够慎行六术、五权、三至、五无圹，处之以恭敬无懈怠，则可以成为通于神明之将帅。

王者之军制　仁义之师

所谓王者之军制，荀子列出一些原则如下：

将死鼓，御死辔，百吏死职，士大夫死行列。

闻鼓声而进，闻金声而退，顺命为上，有功次之；令不进而进，犹令不退而退也，其罪惟均。

人师：不杀老弱，不猎禾稼，服者不禽，格者不舍，奔命者不获。凡诛，非诛其百姓也，诛其乱百姓者也；百姓有扞其贼，则是亦贼也。以故顺刃者生，苏刃者死，奔命者贡。微子开封于宋，曹触龙断于军，殷之服民，所以养生之者也，无异周人。故近者歌讴而乐之，远者竭蹶而趋之，无幽闲辟陋之国，莫不趋使而安乐之，四海之内若一家，通达之属莫不从服，夫是之谓人师。诗曰："自西自东，自南自北，无思不服。"此之谓也。

王者有诛而无战，城守不攻，兵格不击，上下相喜则庆之，不屠城不潜军，不留众，师不越时。故乱者乐其政，不安其上，欲其至也。

"议兵"篇贯彻的是仁义为上思想。因此，征服敌国，杀贼诛乱，使敌国之百姓，不但不产生仇恨报复之心，反而莫不欣然归服，"自西自东，自南自北，无思不服"，四海之内若一家，这是王道精神的体现。且主张军事统帅应是"人师"，"军事"因此也是教化的一部分，除暴扬善，弘扬正气，教育部队不欺老弱，不损百姓财产，荀子称为"人师"，这在当时非常具有进步意义，给人以正向启迪。

《荀子·议兵》：陈嚣问孙卿子曰：先生议兵，常以仁义为本；仁者爱人，义者循理，然则又何以兵为？凡所为有兵者，为争夺也。

孙卿子曰：非汝所知也！彼仁者爱人，爱人故恶人之害之也；义者循理，循理、故恶人之乱之也。彼兵者所以禁暴除害也，非争夺也。故仁者之兵，所存者神，所过者化，若时雨之降，莫不说喜。是以尧伐驩兜，舜伐有苗，禹伐共工，汤伐有夏，文王伐崇，武王伐纣，此四帝两王，皆以仁义之兵，行于天下也。故近者亲其善，远方慕其德，兵不血刃，远迩来服，德盛于此，施及四极。诗曰："淑人君子，其仪不忒，其仪不忒，正是四国。"此之谓也。

和平之师，仁者用兵，是期于息诸战乱，除暴安良，让黎民百姓免于被欺压蹂躏。

荀子的学生陈嚣，曾经向他的老师提出关于战争的目的问题，并同荀子进行了讨论。陈嚣说：用兵进行战争，用兵打仗都是为了争夺，争夺就是战争的目的。荀子批驳了陈嚣对战争的看法。

荀子说：军事以仁义为本；仁者爱人，义者循理。所以厌恶别人扰乱理法，仁者用兵是为了禁暴除害，不是为了争夺和杀人。

所以仁人之兵，所到之处，人服之如神明，所经过处莫不从化，有如时雨的降临，没有不喜悦的。故尧舜禹汤文武，都是以仁义之兵行于天下。所以近处的人亲爱他的善行，远处的人仰慕他的德义；纵有战争，兵不血刃，远近都来顺服，盛德施及四方。

在军事上，应该有充分的准备。譬如一个人，必须有一把刀，但永远不主动杀人。人需要自卫，而不是去伤害人，也不接受别人对自己的伤害。这是我们中国的特色，所有的兵家思想、军事哲学，以及《孙子兵法》《太公兵法》及老子思想都是一样的。不侵略他人，但也绝对不接受别人的侵略。并不是毫无原则地反战，相反地，认为军备一定要充足。有了足够的军事武力，才可以达到维持国际社会的道德与和平。和平社会，没有一个强大的武力作为后盾，是站不住的。万一发生战争，必须要用兵，是不得已而为之，并不是逞强好胜。所以，最高军事思想，是不得已而为自己防备。做人的道理也是一样，中国做人原则是古语讲的，"害人之心不可有，防人之心不可无"。

《荀子·议兵》：李斯问孙卿子曰：秦四世有胜，兵强海内，威行诸侯，非以仁义为之也，以便从事而已。

孙卿子曰：非汝所知也！汝所谓便者，不便之便也；吾所谓仁义者，大便之便也。彼仁义者，所以修政者也；政修则民亲其上，乐其君，而轻为之死。故曰：凡在于军，将率末事也。秦四世有胜，諰諰然常恐天下之一合而轧己也，此所谓末世之兵，未有本统也。故汤之放桀也，非其逐之鸣条之时也；武王之诛纣也，非以甲子之朝而后胜之也，皆前行素修也，所谓仁义之兵也。今女不求之于本，而索之于末，此世之所以乱也。

李斯举出秦国为例，认为用加强军力的方法，四朝都很强盛，所以质疑荀子的仁义思想治理国家。荀子的回答则是坚持道德的仁义之师，当面驳斥李斯的言论。

荀子指出，李斯你所知道的，是一时之强大，不会带来长远的根本的利益；我所说的仁义，是带来远久的利益和强大。什么叫作仁义？仁义是用来修明政治的；政治修明，则民亲爱其长上，乐于拥戴其君，而愿意为他效死。所以说胜败兴衰根本都在君，将帅是末。秦虽然是四朝强大，但常有不安之感，唯恐天下诸侯联合起来，共谋倾覆自己，这便叫做末世之兵，没有根本，也就是没有仁义的底蕴。所以汤灭桀，并不是逐之于鸣条之时，武王之诛纣，并不是到甲子那天，而后一战而胜。是因为素日所行，都是修明善政，这便可谓之仁义之兵。今天你李斯不求之于本，而求之于末，而以眼前功利为得计，这就是这个时代混乱的原因。

荀子在此让李斯知道何为王者的兼人之术，肯定"礼"才是真正的强国之本，威行之道，由之可以得天下，不由之所以社稷倾覆。

所以后代的学者指责荀子说，李斯以荀卿之学乱天下，这是有失公允的，也是对荀学的思想没有前后贯通之故。

赏庆刑罚的不足

《荀子·议兵》：凡人之动也，为赏庆为之，则见害伤焉止矣。故赏庆、刑罚、势诈，不足以尽人之力，致人之死。为人主上者也，其所以接下之百姓者，无礼义忠信，焉虑率用赏庆、刑罚、势诈，除阸其下，获其功用而已矣。大寇则至，使之持危城则必畔，遇敌处战则必北，劳苦烦辱则必奔，霍焉离耳，下反制其上。故赏庆、刑罚、势诈之为道者，佣徒鬻卖之道也，不足以合大众，美国家，故古之人羞而不道也。

大凡人们的行动，为了赏赐和表扬就会去做，一看对自己有损害就罢手不干了。所以赏赐表扬、行刑处罚、权谋诡诈这一套不足以让人们全力以赴，舍生忘死。现在为人君者，对待百姓没有礼义忠信，大抵只是使用赏赐表扬、行刑处罚、权谋诡诈来控制臣民，获得他们的效力。如此这般，强大的敌寇来了，让他们去守危城，就一定会叛变；让他们去抵抗敌人进行战斗，就一定会败北；让他们费尽苦力干卑贱的事，就一定会离去。他们涣散逃离背叛君主，就等于臣民反过来制服了他们的君主。

所以，赏赐表扬、行刑处罚、权谋诡诈这一类做法，实际上是以雇佣买卖功利交换，让人产生交易心理，时时在盘算得失。这种做法不足以团结大众，美化风俗，古圣王以此为耻而不用。但是战国时期的社会上却充斥着这样一种风气，荀子直指其要害及恶果；他择善固执，并明示正确的方向。

《荀子·议兵》：故厚德音以先之，明礼义以道之，致忠信以爱之，尚贤使能以次之，爵服庆赏以申之，时其事，轻其任，以调齐之，长养之，如保赤子。政令以定，风俗以一，有离俗不顺其上，则百姓莫不敦恶，莫不毒孽，若祓不祥；然后刑于是起矣。是大刑之所加也，辱孰大焉！将以为利邪？则大刑加焉，身苟不狂惑戆陋，谁睹是而不改也哉！

圣王是怎样做的呢？他们提高道德言行来为人民作表率，彰明礼制道义来为人们作指导，致力于忠诚守信给民众以关爱。崇尚贤德，任用能人，给以相应的爵位待遇，明确表扬赏赐以激励人们；根据季节安排劳作，减轻人们负担，让人们的生活得到持久的安养，如保护自己的孩子。政令既定，风俗既一，间或有违反风俗、大逆不道的，百姓恨恶之，犹如大不祥之物，必拔除之而后快，刑罚这时才会用上。

这样的时候，大刑之所加，对人之耻辱，还有比这更严重的么？为了得到一点眼前利益，遭受大刑，普通人若不是狂惑愚陋，哪有见此危辱而不亟谋改正的呢！

荀子将道德礼义教化的根本性作用，解释得入木三分。越是礼义道德深入人心，民众越是不敢、耻于作乱，人人皆有向上之心，何必要跟整个社会的风气作对？如此的社会治理起来就十分容易。

《荀子·议兵》：然后百姓晓然皆知循上之法，像上之志，而安乐之。于是有能化善、修身、正行、积礼义、尊道德，百姓莫不贵敬，莫不亲誉；然后赏于是起矣。是高爵丰禄之所加也，荣孰大焉！将以为害邪？则高爵丰禄以持养之；生民之属，孰不愿也！雕雕焉！县贵爵重赏于其前，县明刑大辱于其后，虽欲无化，能乎哉！故民归之如流水，所存者神，所为者化。而顺，暴悍勇力之属为之化而愿，旁辟曲私之属为之化而公，矜纠收缭之属为之化而调，夫是之谓大化至一。诗曰："王犹允塞，徐方既来。"此之谓也。

如此，百姓都知道遵循法度，遵纪守法，安分守已。如果能善于教化他人、修身、正行、奉行礼义、崇尚道德，百姓就尊敬他，拥戴他，跟随他。百姓积极从事正业，这时候有奖赏厚禄加之。人间的荣光，还有比这更大的吗？普通人谁不仰慕呢？标准明确，前面摆着贵爵重赏，后面摆着明刑大辱，谁不愿意向好的、有利的方向发展呢？故人民归附如水之向下一般，所存者神，所为者化。暴悍凶狠之人，被感化而变得忠厚老实，偏颇、邪僻、偏私的一类人都会被感化而变得大公无私，骄傲自大、尖刻伤人的一类人都会被感化而变得宽容平和，夫是之谓教化之效果。诗曰："王犹允塞，徐方既来。"王道大兴，远方莫不怀服。

所以说，"礼者治辨之极也"，当以礼义为本，赏罚不足以真正创造文明和谐的社会。赏罚的落点还应是礼义，是引导民众向着礼义努力。

王者之道 以德兼人

对纷争混乱的春秋战国时期，先秦诸子于忧患中积极探索改变现状的途径。怎样由分裂走向统一？荀子顺应历史潮流，在吸取各家之长避免各家之短的基础上，提出"法后王，统礼义，一制度"的政治主张，阐述了系统的统一国家的理论。

他提出："凡兼人者有三术：有以德兼人者，有以力兼人者，有以富兼人者。"在当时的现实情况下，战国时代的君王，大都怀有兼并他国、成为霸主的雄心，如何扩充自己的势力去兼并他人？荀子适应时代的心理，以德为尊，因势而利导，提出兼并他国的三种方法，王者以德兼人，得地而权愈重，兼人而兵愈强；霸者以力兼人，得地而权愈轻，兼人而兵愈弱；富者兼人以财，得地而权愈轻，兼人而国愈贫。这是荀子对时代所做的震聋发聩的智慧德音，施行王者之道的宝贵思想，以百姓的安乐为立足点与出发点。

《荀子·议兵》：凡兼人者有三术：有以德兼人者，有以力兼人者，有以富兼人者。彼贵我名声，美我德行，欲为我民，故辟门除涂，以迎吾入。因其民，袭其处，而百姓皆安。立法施令，莫不顺比。是故得地而权弥重，兼人而兵俞强，是以德兼人者也。非贵我名声也，非美我德行也，彼畏我威，劫我势，故民虽有离心，不敢有畔虑，若是则戎甲俞众，奉养必费。是故得地而权弥轻，兼人而兵俞弱，是以力兼人者也。非贵我名声也，非美我德行也，用贫求富，用饥求饱，虚腹张口，来归我食。若是，则必发夫掌窌之粟以食之，委之财货以富之，立良有司以接之，已期三年，然后民可信也。是故得地而权弥轻，兼人而国俞贫，是以富兼人者也。故曰以德兼人者王，以力兼人者弱，以富兼人者贫，古今一也。

以德兼人者：邻国之民贵我名声，美我德行，想做我人民，故大开门闾，扫除道路，来迎接我进去。我即因顺民众，治理其地，而百姓尽皆安乐。立法施令，民众莫不顺附。所以得人之地而威权更重，兼人之国而兵更强，是以德兼人者也。周朝立国和治理即是如此。

以力兼人者：邻国之民不是贵我名声，不是美我德行，而只畏服我的威力、我之权势，人民虽有离心而不敢存背叛之实际打算，为了控制人民必须加强管理队伍和警戒威慑，因而治理更加耗费财力，所以得人之地，而威权更轻，兼人之国，而兵更弱，是以力兼人者也。近代西方一些强国在海外掠夺大量殖民地，而最终因消耗国力、当地人民反抗，殖民地纷纷独立，宗主国势力也逐渐式微。这也是以力兼人并不能长治久安的例证。

以富兼人者：邻国之民不是贵我名声，不是美我德行，而只因贫于财而求富，因饥于食，而欲求饱，而求我给以衣食。若是，则充分满足他们的衣食要求，如此两三年后可以取得民之信赖。但是因此虽然得地多而权更轻，兼人之国而国更贫，是以富兼人者也。

故曰以德兼人者王，以力兼人者弱，以富兼人者贫。只有以德兼人，才能生生不息，获得久远的繁荣安宁。

兼并易　凝聚人心难

一般人以为兼并他国是很难的，其实凝聚民众、民心才是真正的难。凝聚人心，齐一百姓，让百姓安居乐业，循仁蹈义，忠君孝友，发愤图强，实现持久和平与发展，王者之事毕矣。

《荀子·议兵》：兼并易能也，唯坚凝之难焉。齐能并宋，而不能凝也，故魏夺之。燕能并齐而不能凝也，故田单夺之。韩之上地，方数百里，完全富足而趋赵，赵不能凝也，故秦夺之。故能并之，而不能凝，则必夺；不能并之，又不能凝其有，则必亡。能凝之，则必能并之矣。得之则凝，兼并无强。古者汤以薄，武王以滈，皆百里之地也，天下为一，诸侯为臣，无他故焉，能凝之也。故凝士以礼，凝民以政；礼修而士服，政平而民安；士服民安，夫是之谓大凝。以守则固，以征则强，令行禁止，王者之事毕矣。

兼并别的国家，荀子以为不是最难。把征服的国家民众牢固凝聚起来，才是不容易的事。

在战国时期，国家间的"兼并"经常发生。所以说"兼并易能也，唯坚凝之难焉。""齐能并宋，而不能凝也，故魏夺之。"宋国发生内乱，齐闵王举兵攻灭宋国，宋国民心涣散，遂至城池不守。但随后燕国又攻打齐国，齐国几乎亡国。魏国乘机占领了齐之前兼并的宋国。然而，"燕能并齐，而不能凝也，故田单夺之。"燕国虽然占领了齐国，但不得民心，所以齐国名将田单，又收复齐国失地七十余城。荀子在齐时与田单有过交往，并且鼓励田单不负使命。

"韩之上地，方数百里，完全富足而趋赵，赵不能凝也，故秦夺之。"赵国曾兼并韩国上党，但不能凝聚人心，最后上党还是落入秦国人之手。"故能并之，而不能凝，则必夺；不能并之，又不能凝其有，则必亡。"能吞并但不能凝聚当地的民众和人心，增加了土地但更增加了负担，治理不力，长此以往打消耗战而陷入泥潭。又不能把被征服土地的人民照顾好，让人民安居乐业，只能增加仇恨，激起反抗，引得自身削弱或灭亡。

"能凝之，则必能并之矣。"能凝聚百姓和人心，必然能兼并其他国土，乃至实现天下一统。"得之则凝，兼并无强。"得人心就能凝聚力量。搞侵略，搞欺凌，搞霸权，自己不可能变得强盛。

古代商汤的亳城，周武王时代的鄗城，都不过是方圆百里的小地方，而天下的诸侯们都服从王朝的命令，心甘情愿地做臣属，为什么？就是因为能够凝聚人心，靠的是勤修礼义，施行仁政。

"故凝士以礼，凝民以政；礼修而士服，政平而民安；士服民安，夫是之谓大凝。"凝聚人心不是武力、不是霸权；凝聚人心依靠为人民谋福利，施行礼义教化。"以守则固，以征则强，令行禁止，王者之事毕矣。"一个国家靠发愤图强，促进和平与发展，才能坚不可摧，令行禁止，王者之事毕矣。两千年前是如此，今天以至未来，亦复如是。

荀子在考察秦国之后，肯定秦国兵力最强，"四世有胜"，不是偶然的。但是，这是"末世之兵，未有本统"，却没有稳固的根本。荀子指出，兼并容易，"坚凝"难。所以主张"凝士之礼，凝民以政"，这样才能像商汤、周武那样真正一统天下。这也是暗示秦国未能像商、周一样，统一天下并能长治久安。

当时，李斯对秦国显赫的军功，颇有倾倒之意，这也是大部分人的见解，看到眼前耀眼的成绩而为之迷惑。荀子很清楚地把秦国的未来结局进行深入的剖析，而迷信武力、羡慕一时功名，欲以威行霸道者，实宜清醒。荀子以礼义衡量、王道精神予以评鉴，秦国乃是末世之兵。因为只有礼义才是强国之本，功名之总。

政教之善：礼、智、圣、贤、士

中华第一赋

荀子《赋篇》在中国文学史上有很特别的地位，是以"赋"名篇的最早作品。

"赋"最初当为一种与歌唱不同的、有节奏的朗诵形式。"赋"，最早在《周礼注疏》上提及："赋之言铺，直铺陈今之政教善恶。"道出了赋的内容是为讽谏。由于年代久远，关于赋的记载不详，但亦代代相传，直到荀子根据这种形式，明确地写出了正式成文的《赋篇》。

《赋篇》包括《礼》《知》《云》《蚕》《箴》五赋，以及《佹诗》和小歌各一首，全文共一千三百多字。篇幅不长，但其文化蕴涵却丰富绵远。它像诗一样全篇押韵，但句式又如散文般没有固定的格式，所以它是介于诗歌与散文之间的一种文体。后来"赋"这种文体虽然发生了很大变化，但其基本形体是以荀赋为基础。

采用隐语的方式，明谜暗指，这是《赋篇》的特色。"隐"是先秦时期特有的一种文学体裁。刘勰《文心雕龙·谐隐》诠释"隐"："隐者，隐也遁辞以隐意，谲譬以指事也。"隐，就是隐藏事物的本貌并用其他的物来暗示所要表达的意义。谐隐合于大义而又用在恰当的时机，很有讽谏作用。至于后来，逐渐运用于朝堂之上，其幽默诙谐的特点用于外交宫廷讽谏等活动。

前五首文中对"礼""知"的铺叙，意在宣扬荀子的政治主张。对"云""蚕""针"的描画，也别具深意。如云"德厚而不捐""功被天下而不私置"，蚕"养老长幼""功立而身废"，针"下覆百姓、上饰帝王"，都寄寓着作者的主张。荀子之铺叙，是为强调礼智圣贤士对治国兴邦的重要性。《佹诗》和《小歌》，是感慨政治昏暗、君主昏庸、贤士不被重用的现实，讽谏君王甚至是后世君王要远奸妄佞、善用贤臣。

值得一提的是，荀子的《赋篇》与本书开头所阐述的《成相》篇相呼应，同样适宜朗诵，是一种"不歌而诵"（不配乐歌唱而朗诵）的文体。二者文学表达上有所不同，但目的趣向一致，都是为了表达政治思想。

礼：盛赞礼之功用

《荀子·赋篇》：爰有大物，非丝非帛，文理成章。非日非月，为天下明。生者以寿，死者以葬。城郭以固，三军以强。粹而王，驳而伯，无一焉而亡。臣愚不识，敢请之王。王曰：此夫文而不采者与？简然易知而致有理者与？君子所敬而小人所不者与？性不得则若禽兽，性得之则甚雅似者与？匹夫隆之则为圣人，诸侯隆之则一四海者与？致明而约，甚顺而体，请归之礼。礼。

在这里，有一个大东西，非丝非帛，非日非月，有纹有理，而焕然成章，为天下带来光明。生者以此得其长寿，死者以此得以安葬，城郭得以固，三军得以强。能够充分运用它可以称王，驳杂而用之也能够称霸，完全脱离它将遭致灭亡。臣下愚钝不识此物，请问之于君王。君王曰：它有文采而不流于华丽吧？简明易懂却极有条理吧？为君子所敬重而为小人所忽视吧？人性不得之则近于禽兽、得之则雅致端正吧？普通人崇尚它可以修成贤圣，诸侯崇尚它则会统一天下吧？极明亮而简约，非常顺畅而得体。请把它归结为礼吧。

《礼赋》为五赋之首，盛赞礼之功用，"匹夫隆之，则为圣人。诸侯隆之，则一四海"，"粹而王，驳而伯，无一焉而亡"。荀子主张"王道"和"礼治"为天下大治之根本法要——这也正是荀子之《赋篇》的核心要旨所在，亦是此"五赋"之首而"盛赞礼之功用"的独具用心。

智：君子之智　定国安邦

《荀子·赋篇》：皇天隆物，以示下民，或厚或薄，常不齐均。桀、纣以乱，汤、武以贤。涽涽淑淑，皇皇穆穆。周流四海，曾不崇日。君子以修，跖以穿室。大参乎天，精微而无形。行义以正，事业以成。可以禁暴足穷，百姓待之而后泰宁。臣愚不识，愿问其名。曰：此夫安宽平而危险隘者邪？修洁之为亲而杂污之为狄者邪？甚深藏而外胜敌者邪？法禹、舜而能弇迹邪？行为动静，待之而后适者邪？血气之精也，志意之荣也。百姓待之而后宁也，天下待之而后平也。明达纯粹而无疵也，夫是之谓君子之知。知。

上天降下一种事物给与万民，或丰或薄，常不齐均。夏桀、商纣因之而混乱，商汤、周武因之而贤明。有的混沌肃静，有的清清明明，遍行天下，日日不休。君子用以修养身心，盗跖用以破门凿墙。宏大足以参天，精微却致无形。德行道义靠它端正，事情功业靠它办成。可以用来禁止暴行，可以用来致富脱贫；百姓群众依靠了它，然后才能太平安定。臣下我愚钝，愿闻其名。

回答说：它能使宽厚平和者得以安宁而使阴险狭隘者处于危险吧？亲近

勤于修身者而远离言行杂污者吧？深藏于心中而对外能战胜敌人吧？是效法禹舜从而踏其足迹前行吧？行为动静必须依此而能与理相应吧？它是血气的精华、思想的花朵。百姓期待得到它而后得以安宁，天下期待得到它而后得以治平。其用明智练达，其质纯洁精粹而无暇，此便谓之君子之智。

智是每个人都有的，君子用之安邦定国，盗贼用之祸乱社会。君子是德与智、礼与智的结合，因而为世所敬仰。

云：圣人之德　如云雨泽润天下

《荀子·赋篇》：有物于此，居则周静致下，动则慕高以钜。圆者中规，方者中矩。大参天地，德厚尧、禹。精微乎毫毛，而充盈乎大宇。忽兮其极之远也，攭兮其相逐而反也，卬卬兮天下之咸蹇也。德厚而不捐，五采备而成文。往来惛惫，通于大神，出入甚极，莫知其门。天下失之则灭，得之则存。弟子不敏，此之愿陈，君子设辞，请测意之。曰：此夫大而不塞者与？充盈大宇而不窕，入郄穴而不偪者与？行远疾速而不可托讯者与？往来惛惫而不可为固塞者与？暴至杀伤而不亿忌者与？功被天下而不私置者与？托地而游宇，友风而子雨。冬日作寒，夏日作暑。广大精神，请归之云。云。

有物于此，停留时则静静弥漫在天空之下，上升运动则极高而至巨。其圆中规，其方中矩。其博大参乎天地，德行敦厚如尧禹。精微似毫毛，充盈大如寰宇。忽而驰至极远，旋转时又相互追逐来回往返，它高高聚集泽被天下。德行敦厚从而不遗弃庶众，五彩缤纷斐然成文。来来往往变化莫测出神入化，出入迅速不知其从何而来。天下失之，枯旱而灭，得之则润泽而存。

君子设此隐辞，请您猜测它的名字。答曰：它宏大而不壅塞吧？充满大宇而无间隙，入于隙穴而不觉狭窄吧？行远迅速而无法托人带口信吧？往来隐蔽而不能被蔽塞吧？突然而至杀伤万物而无所顾忌吧？功劳泽被天下却从不自以为有德吧？它依托大地而畅游寰宇，它以风为友以雨为子，冬天它现凝寒，夏天彰显酷暑。至广至大，至精至神，请名之曰云。

本段"云之赋"，亦可喻圣人之修炼，圣人之德行丰沛如云施雨行，泽被天下。

蚕：春蚕到死丝方尽

《荀子·赋篇》：有物于此，儳儳兮其状，屡化如神。功被天下，为万世文。礼乐以成，贵贱以分。养老长幼，待之而后存。名号不美，与暴为邻。功立而身废，事成而家败。弃其耆老，收其后世。人属所利，飞鸟所害。臣愚而不识，请占之五泰。五泰占之曰：此夫身女好而头马首者与？屡化而不寿者与？善壮而拙老者与？有父母而无牝牡者与？冬伏而夏游，食桑而吐丝，前乱而后治，夏生而恶暑，喜湿而恶雨。蛹以为母，蛾以为父。三俯三起，事乃大已。夫是之谓蚕理。蚕。

有物于此，它的样子赤裸，屡经蜕变奇妙如神。其功劳泽被天下，成为万代的文饰。礼乐靠它完成，贵贱靠它区分，无论老幼靠它抚养，若论名号，与"暴"字为邻（残暴的残与蚕字同音）。功劳建立而自身作废，事业成功而家庭破败。它的老一辈被丢弃，它的后代被收留。人类受利益，却时被飞鸟所伤害。愚臣不识此为何物，请求五泰帮我占卜。

占曰：它身体像女人一样柔软而头像马头吧？它屡屡蜕化却不长寿吧？它壮年被善待却在老年被抛弃吧？它有父母却没有雌雄分别吧？它冬季潜伏夏季活动，食桑叶却吐丝，前面混乱而后有条理，夏季生长却厌恶暑热，喜欢潮湿却厌恶雨水。蛹为其母，蛾为其父，多次伏眠又多次苏醒蜕变，事情才能完成。此之谓蚕所展示的道理。

蚕，在中国古代，是事关民生的大事情，在社会经济生活和文化历史上有非常重要的作用。《诗经》三百零五首诗中就有二十次提到桑树，遍及风雅颂诸篇，桑叶就是为了养蚕织丝绸。"三俯三起，事乃大已。"也说是修养成为贤圣君子之不易，或可喻为贤人政治之重要意义。因为蚕事对于中国古代社会生活的尤为重要，荀子借蚕喻理，更易引发共鸣。

箴（针）：合纵连横　只为天下康宁

《荀子·赋篇》：有物于此，生于山阜，处于室堂。无知无巧，善治衣裳。不盗不窃，窬而行。日夜合离，以成文章。以能合从，又善连衡。下覆百姓，上饰帝王。功业甚博,不见贤良。时用则存,不用则亡。臣愚不识,敢请之王。王曰:此夫始生钜,其成功小者邪?长其尾而锐其剽者邪?头铦达而尾赵缭者邪?一往一来,结尾以为事。无羽无翼,反覆甚极。尾生而事起,尾而事已。簪以为父,管以为母。既以缝表,又以连里。夫是之谓箴理。箴。

有物于此,生在山岗,却登堂入室。无智亦无巧,而善于制作衣裳。不窃亦不盗,而以穿孔为行。日夜忙碌缝合裂缺,用以成就纹饰华章。它能合纵,又善于连横。在下衣覆百姓,在上修饰帝王。功劳甚大而从不炫耀贤良。有时用它,就在身旁,不用它时,它就隐藏。臣愚昧,不知其详,敢请问于君王。

君王曰:它初始很大、制作成功时却很小吧?它尾很长末端却锐利吧?头尖锐而尾细长吧?它来来往往,尾打结儿开始做事。它无羽无翼,却翻来覆去动作极快。有了长尾事情开始,尾打结事情结束。簪是其父亲,管是其母亲。既以缝衣之表,又以缝衣之里,此之谓箴的道理。

箴,缀衣箴也。此即借箴为针。文中先说箴之经历打磨、砥砺而成就;其本领与功业是,"日夜合离,以成文章","下覆百姓,上饰帝王",却不炫耀其功;"时用则存,不用则亡",指默默无闻、无怨无悔的付出。"儒者在本朝则美政,在下位则美俗"。儒者在朝廷中任职,能美化朝政;作为普通百姓,能移风易俗、美化社会风气。儒者位居人下时,这不正像箴,"有时用它,就在身旁,不用它时,它就隐藏"吗?荀子暗喻儒者士君子之德行。荀子借妇功之针线活儿而表达对贤人政治的期盼。

古者妇女,无论贵贱,皆有针线织补等妇功之事。荀子托辞于箴,言其物虽微,而功用至重。

佹诗:黯世之赋

《荀子·赋篇》:天下不治,请陈佹诗:天地易位,四时易乡。列星殒坠,旦暮晦盲。幽晦登昭,日月下藏。公正无私,反见从横。志爱公利,重楼疏堂。无私罪人,憼革贰兵。道德纯备,谗口将将。仁人绌约,敖暴擅彊。天下幽险,恐失世英。螭龙为蝘蜓,鸱枭为凤皇。比干见刳,孔子拘匡。昭昭乎其知之明也,郁郁乎其遇时之不祥也。拂乎其欲礼义之大行也,暗乎天下之晦盲也。

皓天不复，忧无疆也。千岁必反，古之常也。弟子勉学，天不忘也。圣人共手，时几将矣。与愚以疑，愿闻反辞。其《小歌》曰：念彼远方，何其塞矣！仁人绌约，暴人衍矣。忠臣危殆，谗人服矣。

琁、玉、瑶、珠，不知佩也。杂布与锦，不知异也。闾娵、子奢，莫之媒也。嫫母、力父，是之喜也。以盲为明，以聋为聪，以危为安，以吉为凶。呜呼上天，曷维其同！

因为诗中揭露了各种奇异反常的现象，所以称之为"佹诗"。

天下不治，请陈述诡异之诗：贤愚颠倒，如同天地颠倒了位置，四季颠倒了时序；百官弛废，如列星陨坠。阴暗小人登显位，光明君子在下藏。公正无私，反遭毁谤。"志爱公利，重楼疏堂"，心里热爱国家、大公无私，希望担任重要官职，却被认为是为追求"重楼疏堂"的奢华享受才谋求高位。不以私心加罪别人，却被作为敌人来防。道德纯粹完备，谗言却锵锵不休。仁人被废遭穷困，骄横暴徒逞凶狂，天下幽暗凶险，恐失旷世之英豪。蛟龙被当作壁虎，鸱枭被看成凤凰。王子比干被剖腹，孔子被困在陈匡，他们的智慧昭昭乎光明也，他们的时运郁郁乎不祥。欲行礼义于天下，正逢晦暗昏聩人不识。天下黯然，何时行其光明？忧虑无边啊。千载定有反复时，自古常理是这样。弟子努力去学习，上天不会把你忘。圣人拱手来等待，即将重见好时光。弟子说："我因愚昧而疑惑，希望听您反复说。"

荀子《小歌》说：想念远方之国，何其拥塞阻隔啊！仁德之遭弃落穷困，暴虐之人得意多自在。忠臣危殆，谗人得势矣。

美玉琼瑶与宝珠，弃而不知佩；粗布与锦相混杂，不知区别开。美如闾娵与子都，没人给他们做媒。丑如嫫母与力父，这种人却被人喜爱。以盲者为明，以聋者为聪，以危殆为安，以吉祥为凶，呜呼上天！怎能和他们同道？

荀子的境遇也反映出当时楚国的现状。所以《佹诗》开篇便描绘大自然黑白颠倒、四时失序的现象，进而描述贤良之士受诬陷、奸佞谗臣却肆意行事的现状。文中以比干、孔子为例，也引申为其他圣贤怀才不遇、满腔治国的热情遭受冷遇的情状。然荀子一方面看透时弊，一方面对未来充满信心，坚信光明一定会重现于世，正义必将会战胜邪恶。

第九章

既仁且智：领导力修炼

如何做个优秀的君主，用现代话来说，如何做一个优秀的领导人，赢得大众的心，让人人找到生命的方向，在高度幸福感的驱使下发挥无穷的创造力？

政者，正也——"正身"为政教之始。中国文化首先强调领导者的品德与能力。人民群众是历史的创造者，但是需要有既仁且智的领袖引领、领导、教化，带领广大人民团结一心，战胜困难，不断从胜利走向胜利。

荀子所言"大儒"，就具备这样的修养。大儒，实指文韬武略、经世济民、大机大用，"上马杀敌下马赋诗""行礼义，安天下"之圣贤，大儒是要有大德大功的，而非后世所言狭义的只以道德、文学修养标榜的"儒生""儒家"。

大儒善于用人，能决别众人品德之高下，而定职位之等次，量众人才能之大小而授职位，使贤与不贤者各得其位，能与不能各得其官。大儒智慧通透无碍，万事得其所宜，对随时的事变因应都无不得当。

大儒的德业光辉是怎样的呢？居穷舍漏屋，无置锥之地，王公贵族也不能跟其争名。只要有百里之地，而千里之大国不能与他争胜负。国君莫不希望以其为臣。降伏暴乱之国，齐一天下，没有谁能推翻他的，这才可见大儒之智慧与德业。

正如现代禅文化倡导者王绍璠先生所倡导的企业家的四个标准，可以作为内圣外王的"大人之学"或曰"大儒"的"试金石"，而为当今以及未来时代精英的成就提供清晰的锻造路径：第一，要具备思想家底蕴，是哲学之王；第二，要有回归社会的愿景和行动；第三，具备中西文化修养和现代管理知识；第四，要拥有全方位的健康（包括生理和心理的健康）及高尚的道德情操。

大儒的事功：行礼义　安天下

《儒效》篇阐述大儒的作用，肯定了大儒"法后王，统礼义，一制度"的政治主张、"谲德而后定次"的用人路线及"志安公、行安修"的道德品质。唯有重用大儒才能达到"天下为一，诸侯为臣"的局面。

大儒的美德：行礼义，安天下

《荀子·儒效》：大儒之效：武王崩，成王幼，周公屏成王而及武王，以属天下，恶天下之倍周也。履天子之籍，听天下之断，偃然如固有之，而天下不称贪焉。杀管叔，虚殷国，而天下不称戾焉。兼制天下，立七十一国，姬姓独居五十三人，而天下不称偏焉。教诲开导成王，使谕于道，而能掩迹于文武。周公归周，反籍于成王，而天下不辍事周；然而周公北面而朝之。天子也者，不可以少当也，不可以假摄为也；能则天下归之，不能则天下去之，是以周公屏成王而及武王，以属天下，恶天下之离周也。成王冠，成人，周公归周，反籍焉，明不灭主之义也。周公无天下矣；乡有天下，今无天下，非擅也；成王乡无天下，今有天下，非夺也；变势次序节然也。故以枝代主而非越也；以弟诛兄而非暴也；君臣易位而非不顺也。因天下之和，遂文武之业，明主枝之义，抑亦变化矣，天下厌然犹一也。非圣人莫之能为。夫是之谓大儒之效。

荀子《儒效》开篇以周公为例，阐述了大儒的作用。荀子认为，大儒可安天下，能明礼义，不愧为受人景仰的圣人。

管叔是周武王之弟，周公之兄，武王死后，他与别人一起背叛周王朝，周公平叛时杀了他。此即后面说周公"以弟诛兄"的事。以周公为例说明"大儒"的品性，明显重在"无私心"和"护道义"：连天子位都不想要，是"无私心"的最高体现和确证；维护的是传统礼制（嫡长子继位），这是当时的最大道义。这是用周公后来的德操，反证他"当年"居心纯正。也说明了重行与果，这当是内圣与事功综合的考量。大儒是理论联系实际的，否则成了空谈。

汉初贾谊评价周公说："文王有大德而功未就，武王有大功而治未成，周公集大德大功大治于一身。孔子之前，黄帝之后，于中国有大关系者，周公一人而已。"孔子是大儒，他不仅传播六经，还是功绩卓越的从政者，是打过仗的兵家，同时他是杰出辩才、纵横家。真正的圣贤是大机大用、全机全用的。

很明显，荀子所言"大儒"，实指文韬武略、经世济民、大机大用，"上马杀敌下马赋诗""行礼义，安天下"之圣贤，大儒是要有大德大功大治的，而非后世所言狭义的只以道德、文学修养标榜的"儒家"。

《荀子·儒效》：秦昭王问孙卿子曰："儒无益于人之国。"孙卿子曰："儒者法先王，隆礼义，谨乎臣子而致贵其上者也。人主用之，则势在本朝而宜；不用，则退编百姓而悫；必为顺下矣。虽穷困冻馁，必不以邪道为贪。无置锥之地，而明于持社稷之大义。嗅呼而莫之能应，然而通乎财万物，养百姓之经纪。势在人上，则王公之材也；在人下，则社稷之臣，国君之宝也；虽隐于穷阎漏屋，人莫不贵之，道诚存也。仲尼将为司寇，沈犹氏不敢朝饮其羊，公慎氏出其妻，慎溃氏逾境而徙，鲁之粥牛马者不豫贾，修正以待之也。居于阙党，阙党之子弟罔不分，有亲者取多，孝弟以化之也。儒者在本朝则美政，在下位则美俗。儒之为人下如是矣。

荀子针对秦昭王"儒无益于人之国"问话作回答。荀子说，儒者是法先王、隆礼义的人，他们做王公则能使政治分明，信义达于四海；居穷巷，则可使民俗淳美，人人向化，所以儒者对于国家是有用的。

儒者要做到"法先王，隆礼义"，当你是老百姓的时候，就安分守己；当你为官的时候，就好好为人民服务；当你是领导的时候，就用智慧去引领人民和国家。即使"无置锥之地"，始终"持社稷之大义"。知时知位，在什么山上唱什么歌。范仲淹"处江湖之远则忧其民，居庙堂之高则忧其君"，正是这种精神。

君子已经具备道德素养与领导能力，可为王公之材，可为社稷之臣，国君之宝；即使隐于穷阎漏屋，人亦贵之，是因为他们的智慧足以掌握大道。以至于随时放下个人的名位、利益，而始终以国家大义为重。

千百年来有的人误会了荀子此说，以为缺少了"骨气"。恰恰相反，此正显示了君子可伸可屈的品德，以及应机利物的应变能力。正如稻盛和夫"阿米巴"变形虫理论，人不是一成不变的，而且要知觉敏锐，随时根据情况需要，伸缩自在，变化自如。以变应变，以变制变，随机而变，以有效应对环境的变化，使整体效能最大化，实现全赢。

孔子既能在德行上率先垂范，在执行国家法律的时候又十分严正，所以当他担任鲁国司寇的时候，下面的官员及百姓不令而从，自觉归服，自觉按国家法律行事，或者又恐惧法律制裁的，在孔子到来之前就逃之夭夭。孔子居于阙里，阙里的子弟网鱼，分渔获的时候，凡有父母的，特别多给一些，这正是孔子的孝悌精神感染了乡里的百姓。

《荀子·儒效》：王曰："然则其为人上何如？"孙卿曰："其为人上也，广大矣！志意定乎内，礼节修乎朝，法则度量正乎官，忠信爱利形乎下。行一不义，杀一无罪，而得天下，不为也。此若义信乎人矣，通于四海，则天下应之如谨。是何也？则贵名白而天下治也。故近者歌讴而乐之，远者竭蹶而趋之，四海之内若一家，通达之属莫不从服。夫是之谓人师。诗曰：'自西自东，自南自北，无思不服。'此之谓也。夫其为人下也如彼，其为人上也如此，何谓其无益于人之国也！"

儒者处于高位会是怎样呢？荀子说，儒者为人上那功绩就广大了，他内心志意坚定，在朝堂上敬行礼节，法度严明。对下忠信诚恳，爱护并且处处利民，因此深得民众信任。

"行一不义，杀一无罪，而得天下，不为也。此若义信乎人矣，通于四海，则天下应之如谨。"做一不义之事，杀一无罪之人，而可以得天下，也决不肯为。礼义之道大行，赏罚之规分明，则可贵之美名远扬，而天下莫不仰慕。所以近处的人，欣然接受他的领导，远处的人，不辞辛劳趋而归服，四海之内若一家，凡舟车所至，人力所通之处，没有不顺从信服的，像这样，便可谓之"人师"，不仅是领导者，还能作为人民的老师，教化百姓。

中国古代还有一句话，"经师易得，人师难求"。相比单纯研究经论的老师，能够在行为处事上成为榜样的"人师"是远为更加难得的。

《荀子·儒效》：先王之道，人之隆也，比中而行之。曷谓中？曰：礼义是也。道者，非天之道，非地之道，人之所以道也，君子之所道也. 君子之所谓贤者，非能遍能人之所能之谓也；君子之所谓知者，非能遍知人之所知之谓也；君子之所谓辩者，非能遍辩人之所辩之谓也；君子之所谓察者，非能遍察人之所察之谓也；有所止矣。相高下，视硗肥，序五种，君子不如农人；通货财，相美恶，辩贵贱，君子不如贾人；设规矩，陈绳墨，便备用，君子不如工人；不恤是非然不然之情，以相荐樽，以相耻怍，君子不若惠施、邓析。若夫谲德而定次，量能而授官，使贤不肖皆得其位，能不能皆得其官，万物得其宜，事变得其应，慎墨不得进其谈，惠施、邓析不敢窜其察，言必当理，事必当务，是然后君子之所长也。

"先王之道，人之隆也，比中而行之。曷谓中？曰：礼义是也。"这是荀子对"曷谓中"，即什么叫作恰当，也就是什么是中道的回答。礼义最恰当地体现了先王之道，它为君子所奉行。君子行礼义，能使世间的一切众生各得其所，达到天下大同，所以他们的所作所为是合乎中道的。

"君子之所谓贤者，非能遍能人之所能之谓也；君子之所谓知者，非能遍知人之所知之谓也；君子之所谓辩者，非能遍辩人之所辩之谓也；君子之所谓察者，非能遍察人之所察之谓也；有所止矣。"君子不是说所有领域的事都能干，所有世间知识都了解，所有的辨析都分明，所有的观察都到位，在知识技能上是有所局限的，跟工人农人商人等相比，在行业能力上比不过他们，然而君子之所长体现在哪里呢？

"若夫谲德而定次，量能而授官，使贤不肖皆得其位，能不能皆得其官，万物得其宜，事变得其应，慎墨不得进其谈，惠施、邓析不敢窜其察，言必当理，事必当务，是然后君子之所长也。"君子所长，能够决别众人品德之高下，而定职位之等次，量众人才能之大小而授官职，使贤与不贤者各得其位，能与不能各得其官，万物得其所宜，事变因应都能得当，慎到墨翟不能宣传他们的言论，惠施邓析不能表现他们的诡辩，言谈合乎道理，处事合乎要求，这是君子所擅长的。简而言之，君子是杰出的治理人才，能够定国安邦、让社会和谐有序的人。

理论联系实际　成就务实事功

《荀子·儒效》：凡事行，有益于理者，立之；无益于理者，废之。夫是之谓中事。凡知说，有益于理者，为之；无益于理者，舍之。夫是之谓中说。事行失中，谓之奸事；知说失中，谓之奸道。奸事、奸道，治世之所弃，而乱世之所从服也。若夫充虚之相施易也，"坚白""同异"之分隔也，是聪耳之所不能听也，明目之所不能见也，辩士之所不能言也，虽有圣人之知，未能偻指也。不知无害为君子，知之无损为小人。工匠不知，无害为巧；君子不知，无害为治。王公好之则乱法，百姓好之则乱事。而狂惑戆陋之人，乃始率其群徒，辩其谈说，明其辟称，老身长子，不知恶也。夫是之谓上愚，曾不如相鸡狗之可以为名也。诗曰："为鬼为蜮，则不可得，有腼面目，视人罔极。作此好歌，以极反侧。"此之谓也。

"凡事行，有益于理者，立之；无益于理者，废之。夫是之谓中事。凡知说，有益于理者，为之；无益于理者，舍之。夫是之谓中说。"行事是否合乎理，是否利于社会的治理，这是君子选择做事的标准，也就是君子所实行的中道，体现了务实精神，这正是荀子之学说对中国社会的治理与发展产生了重大影响及贡献的内在原因所在。

《黄帝内经》真正的宗旨要点，即在《举痛论篇》中所说的三要义：

"善言天者，必有验于人。善言古者，必有合于今。善言人者，必有厌于己。如此则道不惑而要数极，所谓明也。"

"善言天者，必有验于人。"必须要在人事上有实际应用，以及实验经历。"善言古者，必有合于今。"汲取古人智慧，一定要跟现在的形势结合起来，能够利益当下，不是简单的复古、泥古不化。"善言人者，必有厌于己。"善于谈论人事的，自己必然要有充分的感悟体验。中国文化始终是强调知行合一、理论与实践相结合的。

正如顾炎武说："孔子删述六经，即伊尹太公救民水火之心。故曰'载诸空言，不如见诸行事'……愚不揣有见于此，凡文之不关于六经之指当世之务者，一切不为。""当世之务"，密切联系社会的现实问题，可以说是经世致用学者的为学宗旨。

朱之瑜，号舜水，明朝中国五大学者之一，东渡日本传播中国文化，开创日本水户学。他的学问和德行得到了日本朝野人士的礼遇和尊重。朱之瑜在讲学时摒弃了儒家学说中的空洞说教，提倡"实理实学、学以致用"，认为"学问之道，贵在实行，圣贤之学，俱在践履"，他的思想对日本水户学有很大影响。以舜水学说为宗旨的"江户学派"一直影响到"明治维新"，为日本的繁荣与进步做出了贡献。朱舜水说："大人君子，包天下以为量，在天下则忧天下，在一邦则忧一邦，惟恐生民之不遂。"他们把天下、邦国、生民之事都作为"当世之务"的具体内容。

李颙，明清之际哲学家，李颙在理学上的造诣，与黄宗羲、孙奇逢并称为"海内三大鸿儒"。他说："学人贵识时务……道不虚谈，学贵实效，学而不足以开物成务，康济时艰，真拥衾之妇女耳，亦可羞已！"这种崇尚实效的精神，与理学的空谈学风，形成鲜明界限。明清之际中国兴起一股务实之风，这也是明清之际荀学热再次升温的动力之一：社会之需要，学者之推动。

关于"知行"问题，毛泽东对其进行了科学的扬弃，并把马克思主义一切从实际出发的理论同中国古代"知行统一"思想结合起来，提出"理论与实践"的命题，指出："我们的结论是主观和客观、理论与实践、知和行的具体的历史的统一。"并科学阐明了知和行的关系："实践、认识、再实践、再认识，这种形式，循环往复以至无穷，而实践和认识之每一循环内容，都比较地进到了高一级的程度。"这是辩证唯物论的知行统一观。

"事行失中，谓之奸事；知说失中，谓之奸道。奸事、奸道，治世之所弃，而乱世之所从服也。"如果不以中道行事，不遵循礼义，谓之奸事、奸道，此所以乱世之根也。

乱世之说，工匠不知，无害为巧；君子不知，无害为治。若知，反而是乱法、乱世之祸因也。这就是"偏见比无知更可怕"。荀子所谓中事中说，以"有益""无益"为准则，其所指斥"充虚之相施易也，'坚白''同异'之分隔"等，原就是惠施邓析等人的的主张。而《非十二子》，对惠施邓析的批判即是其一，认为他们"辨而无用，多事而寡功"。

中道行事，礼义为本，理论联系实际，成就务实之事功。在实践中总结升华理论，理论进一步指导实践，体现先王之道，为后世树立典范。

成圣的途径与方法

荀子的学问是非常实用的，而且通过自己方向正确、方法得当、锲而不舍的努力，终能改变人生命运，乃至利民利国，为社会国家做出贡献。

《荀子·儒效》：我欲贱而贵，愚而智，贫而富，可乎？

曰：其唯学乎。彼学者，行之，曰士也；敦慕焉，君子也；知之，圣人也。上为圣人，下为士、君子，孰禁我哉！乡也混然涂之人也，俄而并乎尧禹，岂不贱而贵矣哉！乡也效门室之辨，混然曾不能决也，俄而原仁义，分是非，圆回天下于掌上，而辩黑白，岂不愚而知矣哉！乡也胥靡之人，俄而治天下之大器举在此，岂不贫而富矣哉！

今有人于此，屑然藏千溢之宝，虽行贷而食，人谓之富矣。彼宝也者，衣之不可衣也，食之不可食也，卖之不可偻售也，然而人谓之富，何也？岂不大富之器诚在此也？是杆杆亦富人已，岂不贫而富矣哉！故君子无爵而贵，无禄而富，不言而信，不怒而威，穷处而荣，独居而乐！岂不至尊、至富、至重、至严之情举积此哉！

"我欲贱而贵，愚而智，贫而富，可乎？曰：其唯学乎。彼学者，行之，曰士也；敦慕焉，君子也；知之，圣人也。"荀学的进步意义首先在于提出，任何一个人只要愿意，都可以通过学习与接受教育，完善人格，提高修为，以至逐步达到士、君子、圣人的人生境界。

从凡夫到出类拔萃、卓尔不群的人才、精英、君子、圣人，"其唯学乎"。"乡也混然涂之人也，俄而并乎尧禹，岂不贱而贵矣哉！乡也效门室之辨，混然曾不能决也，俄而原仁义，分是非，圆回天下于掌上，而辩黑白，岂不愚而知矣哉！"智慧开发了，所有的道理都懂了，就像禅宗有一句话描述开悟后的境界："没有谁能瞒得了你了！"佛学中形容开悟后看世界是"掌中观世界"，像看手掌的指纹一样清晰。致力于学问，任何人都能开发出这样的智慧，便可与尧禹并肩，这不是由贱而变为贵了吗？学问增进，仁义是非的道理清晰明辨，不是由愚变为智了吗？"俄而"是形容"士隔三日当刮目相看"，有突然间脱胎换骨的味道，真切地追求学问，就是能有如此的功效。

"乡也胥靡之人，俄而治天下之大器举在此，岂不贫而富矣哉！"掌握了治理天下的智慧，岂不是天下财富都运于掌中了吗？开发智慧之后，转而起用，大机大用，平治天下之大本领，都在其一身，岂不是贫变为富了吗！

"贱而贵，愚而智，贫而富"，机会对于任何人都是平等的，"上为圣人，下为士、君子，孰禁我哉"，这是中国文化宝贵的民主和平等思想，任何人只要肯上进，都可以从一介凡夫升华成士人、君子乃至圣人，没有人能够禁止的，机会是向所有人公平开放的。这也是真正"有教无类"的思想。当代就需要这样的理念，中国的任何地方，不管繁华都市还是偏远山区，只要有这样的志向，致力于新时代的礼义学问，我们的下一代就都能成为栋梁之材。

"涂之人可以为禹"

正如《孟子·告子章句下》所言："人皆可以为尧舜"一样，《荀子·性恶》言："涂之人可以为禹"。荀子着重强调的是后天的教育作用。

"曷谓也？曰：凡禹之所以为禹者，以其为仁义法正也。然则仁义法正有可知可能之理，然而涂之人也，皆有可以知仁义法正之质，皆有可以能仁义法正之具，然则其可以为禹明矣。"

荀子所说的"涂之人可以为禹"，路上的任何一个行人，都有成为大禹的潜质，因为所有的人都有可以"知仁义法正"的本质，具备这一"资质"，所以只要努力，就都能成为像大禹那样深明"仁义法正"的人。圣人也都不是天生的，也是后天学问积累养成的。

儒释道三教同出一源，有着相通的本质，佛教中同样认为"人人皆有佛性"，都有成佛的潜质。释迦牟尼睹明星悟道时言："奇哉奇哉！一切众生皆具如来智慧德相，但以妄想执著不能证得。"

荀子所言"贫而富"，实际更是指内在充实之谓大富。"今有人于此，屑然藏千溢之宝，虽行贷而食，人谓之富矣。彼宝也者，衣之不可衣也，食之不可食也，卖之不可偻售也，然而人谓之富，何也？岂不大富之器诚在此也？是杆杆亦富人已，岂不贫而富矣哉！"假设有人家有万贯，即便他眼下行乞，人们还会以为他富有。这个"大宝"是什么？不能穿不能吃，还不能当商品出卖，而人家却说他富有，是为什么呢？就是因为通过不断的学问，智慧德行开发出来了，富润屋、德润身，"德者本也，财者末也"，可以"变大地为黄金、搅长河为酥酪"。

《永嘉禅师证道歌》曰："穷释子，口称贫，实是身贫道不贫，贫则身常披缕褐，道则心藏无价珍。无价珍，用无尽，利物应机终不吝。"正如王绍璠先生语："珍宝未为宝，心性乃真宝，此为得道之人也。"

君子内在充实之谓美，而无须依赖于外在之富丽华贵。"故君子无爵而贵，无禄而富，不言而信，不怒而威，穷处而荣，独居而乐！岂不至尊、至富、至重、至严之情举积此哉！"肯学习，肯努力，肯实践，君子无官也高贵，无俸禄也富有，不多言也能取信于人；不怒而自有威严；身处困境也尊荣；独处也安乐。岂非因最尊贵、最富有、最隆重、最威严之效应，都叠积于君子身上了吗？用现代话来说，这样的君子，能量十足，气场强大。

《荀子·儒效》：故曰：贵名不可以比周争也，不可以夸诞有也，不可以势重胁也，必将诚此然后就也。争之则失，让之则至；遵道则积，夸诞则虚。故君子务修其内，而让之于外；务积德于身，而处之以遵道。如是，则贵名起如日月，天下应之如雷霆。故曰：君子隐而显，微而明，辞让而胜。诗曰："鹤鸣于九皋，声闻于天。"此之谓也。鄙夫反是：比周而誉俞少，鄙争而名俞辱，烦劳以求安利，其身俞危。诗曰："民之无良，相怨一方，受爵不让，至于己斯亡。"此之谓也。

内存的充实之美，实至而后名归。所以说，贵美之名不可以通过争夺得到，不可以妄自夸大而据有，不可以凭借势力地位威胁而得到，必定是通过修身遵道而得。

"君子隐而显，微而明，辞让而胜。诗曰：'鹤鸣于九皋，声闻于天。'此之谓也。"君子只管正心修身，遵道而行，谦退不争，虽然隐居陋巷，名声必然也如日月之明，如雷霆之响。"鄙夫反是：比周而誉俞少，鄙争而名俞辱，烦劳以求安利，其身俞危。诗曰：'民之无良，相怨一方，受爵不让，至于己斯亡。'此之谓也。"小人则相反。呼朋引伴、极力争夺为自己营造名声，日夜经营为自己求得安乐，结果名声越恶劣，处境越危险。

人类的历史告诉人们，那些放得下一己私利，为了生民安乐、文明延续而忘我奉献的人，即使在当世遭遇穷困，终究会穿越绵延的历史而始终活在人们的心中。荀子自身即是例证之一。那些初心不良、只是为了个人安乐而汲汲营营的各色人等，即使在当时如何显赫，也必然深深被淹没在历史的尘埃中。正所谓"尔曹身与名俱灭，不废江河万古流。"

《荀子·儒效》：故能小而事大，辟之是犹力之少而任重也，舍粹折无适也。身不肖而诬贤，是犹伛伸而好升高也，指其顶者愈众。故明主谲德而序位，所以为不乱也；忠臣诚能然后敢受职，所以为不穷也。分不乱于上，能不穷于下，治辨之极也。诗曰："平平左右，亦是率从。"是言上下之交不相乱也。

能力小而担当大任，犹如力气小而举千斤，弄得自己一身伤。自己不贤却妄称自己贤能占据高位，犹如弯腰驼背之人强而登高，登得愈高，看到他的人越多，嘲笑的人也越多。说明君子美德与能力要相互匹配，相得而益彰。否则，于己于人无益不说，会导致自己的灾难发生。人生有三个基本错误是不能犯的：一是德薄而位尊，二是智小而谋大，三是力小而任重。

第一错：德薄而位尊，"修养浅薄却身居高位"，自己贪污腐败、格局狭小却占据国家要员职位，后果可想而知；第二错：智小而谋大。一个人心胸视野很小，却要谋划国家民族发展，岂不是祸国殃民，也让自己身败名裂？第三错：力小而任重，能力不足却承担大任，只能治理一个乡村的能力，要去治理一个省，当然把自己压垮了，也损害了公共利益。

中国古人早就指出，德不配位，能不称职，必遭大患。"故明主谲德而序位，所以为不乱也；忠臣诚能然后敢受职，所以为不穷也。分不乱于上，能不穷于下，治辩之极也。"明智的领导人观人德行并据此来安排官职，是为了不混乱；忠诚之士自觉有能力胜任，才会接受官职，这是为了不让自己陷入困境。职位的安排不混乱，官员们不会因不胜任职务而陷入困境。左右贤才任用都很公平合理，人民都很顺从。这样的一个领导团队，领导力、凝聚力、战斗力、执行力俱强。这是治理的最高境界了。

《荀子·儒效》：以从俗为善，以货财为宝，以养生为己至道，是民德也。

行法至坚，不以私欲乱所闻：如是，则可谓劲士矣。行法至坚，好修正其所闻，以桥饰其情性；其言多当矣，而未谕也；其行多当矣，而未安也；其知虑多当矣，而未周密也；上则能大其所隆，下则能开道不己若者：如是，则可谓笃厚君子矣。修百王之法，若辨白黑；应当时之变，若数一二；行礼要节而安之，若生四枝；要时立功之巧，若诏四时；平正和民之善，亿万之众而搏若一人：如是，则可谓圣人矣。

区分"民德""劲士""君子""圣人"之别，指出通过学习以不断自我提升的路径和方法。"以从俗为善，以货财为宝，以养生为己至道，是民德也。"跟随世俗观念，重财货，所想的是自己的养护，这是普通大众。

"行法至坚，不以私欲乱所闻，如是，则可谓劲士矣。"行动守法，意志坚定，不以私欲扰乱所闻之道，可谓劲士，志向坚定的士人。这是找到人生方向，致力于走上礼义之道的人。

"行法至坚，好修正其所闻，以桥饰其情性；其言多当矣，而未谕也；其行多当矣，而未安也；其知虑多当矣，而未周密也；上则能大其所隆，下则能开道不己若者，如是，则可谓笃厚君子矣。"乐于修正自己，言论合于理而未十分圆融，行为基本合于理而未完全妥当，智慧思虑合于理而未至周密，一句话，修行还未到家，但可谓诚笃厚重的君子。

"修百王之法，若辨白黑；应当时之变，若数一二；行礼要节而安之，若生四枝；要时立功之巧，若诏四时；平正和民之善，亿万之众而搏若一人，如是，则可谓圣人矣。"对圣王之法，透彻明了于心；应时而变，像数一二这种简单数字一样任运随心；敦行礼义，像伸出自己的四肢那么熟练得体；因时建立事功，若四时轮替一样巧妙。平齐政事，和谐大众，使亿万之众精诚团结如一人。如是，可谓圣人。圣人者，内圣外王，安邦定国，体用齐彰。

《荀子·儒效》：井井兮其有理也，严严兮其能敬己也，分分兮其有终始也，厌厌兮其能长久也，乐乐兮其执道不殆也，照照兮其用知之明也，修修兮其用统类之行也，绥绥兮其有文章也，熙熙兮其乐人之臧也，隐隐兮其恐人之不当也：如是，则可谓圣人矣。此其道出乎一。曷谓一？曰：执神而固。曷谓神？曰：尽善挟治之谓神，万物莫足以倾之之谓固。神固之谓圣人。

形容圣人的光辉，"井井兮其有理也"，待人接物条理井然，"严严兮其能敬己也"，端正恭敬自持，有修养的人，首先是对待自己、对待自心的恭敬，不欺，不懈怠，"分分兮其有终始也"，行事有始有终，慎终如始，"猒猒兮其能长久也"，坚定于礼义修养之道长久如一，"乐乐兮其执道不殆也"，执道而行，乐在其中，决不懈怠，如同孔子说"乐而忘忧，不知老之将至"，"照照兮其用知之明也"，心体亮如明镜，观照世间，智慧通明，"修修兮其用统类之行也"，行事遵循规则法度，随心所欲而不逾矩，"绥绥兮其有文章也"，言行彰显礼义文采，"熙熙兮其乐人之臧也"，见到别人的美德心生欢喜，"隐隐兮其恐人之不当也"，唯恐别人的行为不当，希望他能变得更好。圣人的无私德行，就是如此的充沛丰满，无论从哪个角度来看，都是完美的。

那么，圣人是怎样"炼"成的呢？

"此其道出乎一。曷谓一？曰：执神而固。曷谓神？曰：尽善挟治之谓神，万物莫足以倾之之谓固。神固之谓圣人。"圣人的核心特点："神固之谓圣人"。何谓神？"尽善挟治"，内心止于至善，处事尽善而周洽，事事无碍，能多快好省地利益世间利乐众生，乃至事成功遂，人们都认为是水到渠成，不知这样的成效从何而来，便谓之神，像我们现代话来说"简直神了"。何谓固？曰：坚定持守礼义，万物莫足倾动其所守，孟子说富贵不能淫、贫贱不能移、威武不能屈，便谓之固。既神且固，便谓之圣人。圣人能坚守大道，吾道一以贯之，不为外界任何的挫折而改移，外能开物成务、兼善天下。

怎样才能达到"执神而固"的妙用，《庄子·百里奚》有个寓言可以相互启发证明。

列子向伯昏无人学习射箭。三年以后，列子凝神而立，如同木偶。拉弓满弦，搁一杯水在臂肘之上，肘如直角，而后发箭。前箭后箭，重叠靶心。伯昏无人说："这是为射而射，并非不射之射。"于是带着列子登上高山，脚踏危石，下临百丈深渊，背身后退，脚掌两分，半垂在外，邀请列子像他一样站着，重新射箭。列子伏在地上，汗流直至脚踵。伯昏无人说："至人上窥青天，下潜黄泉，挥斥八极，神气不变。如今你惊惧得目眩神迷，恐怕再也没有信心百发百中了吧？"

为射而射，只是小成之技。不射之射，才是大成之技。也即庄子讲"无用之用，方是大用"。静态的神技，如果不能恰当因应动态的外境，就不是真正的神技。外境无干扰和危险时，能够淡定、凝神，正常发挥技术。但外境有干扰和危险时，难以凝神，无法淡定，技术完全走样。非"执神而固"也。动静如一，险夷如一，才是真正执神而固。

外境有干扰和危险时，都能镇定自若，如同干扰危险不存在。这种超级淡定，在庄子称之"宇泰定"。透过了生死，就能在任何时候、任何地方，不为任何干扰所惑。庄子认为："人之生也，气之聚也；聚则为生，散则为死。"体悟到生死只是气聚气散，参透了生死，则潇洒自若，聚散无忧。

达到圣人的境界，干什么呢？"尽善挟治"，用完善的治理，引领大众走向美好生活，开创和谐社会。

《荀子·儒效》：圣人也者，道之管也：天下之道管是矣，百王之道一是矣。故诗书礼乐之道归是矣。诗言是其志也，书言是其事也，礼言是其行也，乐言是其和也，春秋言是其微也，故风之所以为不逐者，取是以节之也，小雅之所以为小雅者，取是而文之也，大雅之所以为大雅者，取是而光之也，颂之所以为至者，取是而通之也。天下之道毕是矣。乡是者臧，倍是者亡；乡是如不臧，倍是如不亡者，自古及今，未尝有也。

圣人也者，道之枢要也。天下之道，当以圣人为枢要而代表之，百王之道，亦一皆以圣人为归，而莫能有二矣。圣人的教化是什么呢？以《诗》《书》《礼》《乐》《春秋》为载体。

诗之所言乃是圣人之志，书之所言乃是圣人之事，礼之所言乃是圣人之行，乐之所言乃是圣人之和，春秋所言乃是圣人之微言大义。《国风》之所以不至于淫荡，是因为有圣人之道以节之；小雅之所以成其为小雅者，取圣人之道以文饰之也；大雅之所以成其为大雅者，取圣人之道以广大之也；颂之所以达到极致者，取圣人之道以贯通之也。天下大道都在这里，向道者就美好，背道者就灭亡。

《荀子·儒效》：客有道曰：孔子曰："周公其盛乎！身贵而愈恭，家富而愈俭，胜敌而愈戒。"

应之曰：是殆非周公之行，非孔子之言也。武王崩，成王幼，周公屏成王而及武王，履天子之籍，负扆而立，诸侯趋走堂下。当是时也，夫又谁为恭矣哉！兼制天下立七十一国，姬姓独居五十三人焉；周之子孙，苟不狂惑者，莫不为天下之显诸侯。孰谓周公俭哉！武王之诛纣也，行之日以兵忌，东面而迎太岁，至汜而汜，至怀而坏，至共头而山隧。霍叔惧曰："出三日而五灾至，无乃不可乎？"周公曰："刳比干而囚箕子，飞廉、恶来知政，夫又恶有不可焉！"遂选马而进，朝食于戚，暮宿于百泉，旦厌于牧之野。鼓之而纣卒易乡，遂乘殷人而诛纣。盖杀者非周人，因殷人也。故无首虏之获，无蹈难之赏。反而定三革，偃五兵，合天下，立声乐，于是武象起而韶护废矣。四海之内，莫不变心易虑以化顺之。故外阖不闭，跨天下而无蕲。当是时也，夫又谁为戒矣哉！

有传言孔子如此评价周公，身份愈尊贵而愈恭敬，家境愈富有而愈节俭，愈是能胜强敌愈是戒慎。荀子则说，此恐不是周公之行，也不是孔子之言。

荀子说，周公辅佐成王的时候，居天子之位，诸侯来朝者，奔走于堂下，当在此时，周公向谁表达恭敬呢？掌管天下，建立了七十一国，而自家的姬姓占了五十三人，凡是周家之子孙，只要不是狂妄愚蠢的，几乎没有不成为天下显名诸侯的，谁说周公节俭谦退呢？在武王诛纣时，其举兵正是兵家所忌之日，武王之弟霍叔不免有恐惧，说兵出三日而天灾五至，是不是不可行啊？周公说：纣王无道，剜比干之心，囚禁箕子，而飞廉、恶来如此闻名的恶人却主持国政，吊民伐罪，有何不可！遂辅佐周武王，整齐队伍，陈师牧野，商纣之兵卒纷纷倒戈，周师便借着殷人之戈而诛纣，逼迫商纣王自杀。所以杀纣者，并非周人，而是殷人。所以对于周师来说，无斩首获虏之功，亦无蹈险犯难之赏。返国后，束甲藏戈，整合天下，更定礼乐。四海之内，莫不改容换貌，从顺于周之治化。夜不闭户，普天之下，如同一家，国土没有界限，这时候的周公，又需要恐惧警戒什么呢？

周公毫无个人名利的牵绊，一心只是为了天下安定、人民安乐，所以勇于承担任何需要他担任的职责，即使一段时间冒着被人指责"篡位"的风险，也不退缩。荀子指出，在掌管国家、面对敌手的时候，一味强调周公恭敬、谦退、戒惧的说法不符合真实的周公。以霹雳手段行菩萨心肠，所有真正的杰出人士都是如此。

然而，周公的确又是恭敬、俭朴、戒惧的，这是指他的修养。他作《尚书·多士》《尚书·无逸》诸文，句句以骄奢为成王戒。《史记·鲁世家》亦记载周公告诫伯禽，不要骄傲，又自述"一沐三握发，一饭三吐哺"，恭敬勤劳以待人，犹恐失天下之士。

"喜怒哀乐之未发，谓之中"，圣人如周公有着纯正的内心，但是"发而皆中节，谓之和"，所发出来的言行，该怒该喜，都合乎尺度，结果是能警醒恶人，转恶为善，能安定天下，令生民安乐。

圣人之德通神明

《荀子·儒效》：造父者，天下之善御者也，无舆马则无所见其能。羿者，天下之善射者也，无弓矢则无所见其巧。大儒者，善调一天下者也，无百里之地，则无所见其功。舆固马选矣，而不能以至远，一日而千里，则非造父也。弓调矢直矣，而不能射远中微，则非羿也。用百里之地，而不能以调一天下，制强暴，则非大儒也。

造父，是天下之善驾车者，若没有车马，便无处表现出他的才能。羿是天下善射箭者，若没有弓矢，便无处表现出他的技巧。大儒是最善于调和平定天下者，若没有百里之地，便无处表现他的功效，英雄得有用武之地。有了用武之地，却不能展现拿手本领，那就是自己修为不到了。对于大儒来说，有了百里之地却不能调和平定天下，制止暴乱，那就不是大儒了。大儒不是学究，不是畏惧行动的温良君子，而是能够带来人间和谐、安定天下的大才。

《荀子·儒效》：彼大儒者，虽隐于穷阎漏屋，无置锥之地，而王公不能与之争名；在一大夫之位，则一君不能独畜，一国不能独容，成名况乎诸侯，莫不愿得以为臣。用百里之地，而千里之国莫能与之争胜；笞棰暴国，齐一天下，而莫能倾也。是大儒之征也。其言有类，其行有礼，其举事无悔，其持险应变曲当。与时迁徙，与世偃仰，千举万变，其道一也。是大儒之稽也。其穷也俗儒笑之；其通也英杰化之，嵬琐逃之，邪说畏之，众人媿之。通则一天下，穷则独立贵名，天不能死，地不能埋，桀跖之世不能污，非大儒莫之能立，仲尼、子弓是也。

大儒者，只要有用武之地，就能调一天下、驯服强暴。

大儒是如何表现的呢？居穷舍漏屋，无置锥之地，王公贵族也不能跟其争名。只要有百里之地，而千里之大国不能与他争胜负。国君莫不希望以其为臣。降伏暴乱之国，齐一天下，没有谁能推翻他的，这才可见大儒之效验、大儒之智慧与德业。

无论是道德人格、学问才能还是治国本领，"大儒"都勘称世人的楷模，是世人效法的榜样，这种既有德又有位的圣人是理想人格的最高境界。圣人即是内修道德，外治天下的圣贤之人。

大儒的标准："其言有类，其行有礼，其举事无悔，其持险应变曲当。与时迁徙，与世偃仰，千举万变，其道一也。"言论合乎法度，行为合乎礼义，做事恰当而无遗悔，历险境能应变得当。与时俱进，和光同尘，时事虽有千万种变化，但其所持之道一贯。

荀子以仲尼、子弓为典范，"其穷也俗儒笑之；其通也英杰化之，嵬琐逃之，邪说畏之，众人媿之。通则一天下，穷则独立贵名，天不能死，地不能埋，桀跖之世不能污，非大儒莫之能立，仲尼、子弓是也。"当其失意时，处于穷困，遭到俗儒的嘲笑。但当他事业亨通得志时，英杰都被他感化，怪诞鄙陋之人闻而逃避，异端邪说者畏惧，普罗大众随之而改过迁善。他通达时能齐一天下，不得志时独善其身而贤名远播，天地运转永远不能埋没他，桀跖之世也不能污其名。德操流芳千古，非大儒莫能为之，就是像仲尼、子弓这样的人。

《荀子·儒效》：故有俗人者，有俗儒者，有雅儒者，有大儒者。不学问，无正义，以富利为隆，是俗人者也。逢衣浅带，解果其冠，略法先王而足乱世术，缪学杂举，不知法后王而一制度，不知隆礼义而杀诗书；其衣冠行伪已同于世俗矣，然而不知恶；其言议谈说已无异于墨子矣，然而明不能别；呼先王以欺愚者而求衣食焉；得委积足以掩其口，则扬扬如也；随其长子，事其便辟，举其上客，亿然若终身之虏而不敢有他志：是俗儒者也。法后王，一制度，隆礼义而杀诗书；其言行已有大法矣，然而明不能齐法教之所不及，闻见之所未至，则知不能类也；知之曰知之，不知曰不知，内不自以诬，外不自以欺，以是尊贤畏法而不敢怠傲：是雅儒者也。法先王，统礼义，一制度；以浅持博，以古持今，以一持万；苟仁义之类也，虽在鸟兽之中，若别白黑；倚物怪变，所未尝闻也，所未尝见也，卒然起一方，则举统类而应之，无所儗㤰；张法而度之，则晻然若合符节：是大儒者也。

故人主用俗人，则万乘之国亡；用俗儒，则万乘之国存；用雅儒，则千乘之国安；用大儒，则百里之地，久而后三年，天下为一，诸侯为臣；用万乘之国，则举错而定，一朝而伯。

荀子洞察人们举止修为的力度和深浅，分有俗人、俗儒、雅儒、大儒。

不事学问，不重公平正义，只图财货自利，这是世俗众生。

穿着儒者之服，肤浅地效法先王而扰乱当今天下学术，学说乖谬，举动乱杂，足以淆乱世人耳目，靠着宣说先王的一些理念来糊口，不知尊礼义，重诗书，阿谀谄媚，附庸权贵，以求衣食，而没有其他的志向。这是俗儒。在当前中国传统文化复兴的过程中，一些不能亲身实践、活学活用传统文化的所谓国学传播者，只是机械地复述古人的思想，不能经世致用，对有钱有权者低头以求衣食，与这里所说的俗儒很类似。

效法后王，调一古今制度，尊隆礼义，知而能行，言行基本合于礼法。但遇着礼法所不及的，还不能举一反三，融会贯通。然而能做到知之为知之，不知为不知，不自欺，不欺人，尊贤畏法，这是雅儒。

效法先王，通晓礼义之根本，调一古今制度，能古为今用，以近知远，以微知明，以一知万。对于仁义之道，身处乱世亦能明辨黑白，身处险境亦不退缩，能用通贯礼义之精神而应对之，绝无疑滞，随心所欲而不逾矩。对于偏离正道的事物或形势，能够用纲领法纪来规范引导，这是大儒。此大儒者，正是荀子所标榜的，也正是当今社会所亟须的将帅之才。与佛教里面的"转轮圣王"类似。

主国者用俗人，则上下交争利，则万乘之大国，能招致灭亡；用俗儒，则万乘之大国，仅能自保；用雅儒，则千乘之大国，可使基本安定；用大儒，虽百里之地，经过三年治理，就可以一统天下，诸侯臣服。若是治理万乘之国，则举手便可安定国家，立时而赢得天下。人主如遇大儒而不用，是君主之过失；

若自认为是大儒，但在其位而不能安邦富国，则不为大儒。

真正的人才就是这样的大儒，博古通今又能古为今用，能经纶天下令生民富足幸福，能移风易俗令礼义遍行天下。这也跟我们现在所标榜的只是在道德修养层面强调的"儒家"大不同。南怀瑾先生曾指出当前所谓"国学热"及青少年国学教育的一些误区，认为如果一讲到复兴传统文化，只是能让孩子背诵一些古诗词，培养几个像李白那样的诗人，那就离真正的优秀传统文化相差太远。传统文化精神最有力之处是能够经世济民，修己以安人，修己以安天下。

秉持公心　砥砺修为

《荀子·儒效》：人论：志不免于曲私，而冀人之以己为公也；行不免于污漫，而冀人之以己为修也；甚愚陋沟瞀，而冀人之以己为知也：是众人也。志忍私，然后能公；行忍情性，然后能修；知而好问，然后能才；公修而才，可谓小儒矣。志安公，行安修，知通统类。如是则可谓大儒矣。大儒者，天子三公也；小儒者，诸侯、大夫、士也；众人者，工农商贾也。礼者、人主之所以为群臣寸尺寻丈检式也。人伦尽矣。

按照修养的深浅，人世间就有各色人等的区分。思想没有脱离偏邪自私，却希望别人说自己公正；行为污浊随意，而希望别人说自己修为高洁；极愚昧无知，而希望人说自己智慧，这是一般大众的心理。心中好名好利但是言行却低劣自私，自相矛盾，所以一辈子只能是小人。

不断克服私心，修炼公正之心，化解自身种种不足，然后品德修养不断提高；不自恃其聪明，而好学好问，不断增长才能；去私为公，不断修正品行，又有才能，这可谓小儒。思想公正无私，行动上尽于完美，明通礼法之根本，这样就可谓大儒。大儒可以做天子及三公，小儒可以做诸侯大夫或士。众人就是工农商贾之类。而人主所以能衡量人群高低等级者，是以礼法为标准。

荀子对人群的这种分类，从"德"和"能"综合来考量，并以德为首要，这种思想对用人制度的影响至今。如今的公务员队伍挑选人才重视"德能勤绩廉"，正是荀子等先人所倡导的用人思想的延续。当然，应当更进一步传承荀子等先贤所倡导的"礼义"精神的底蕴，让真正有深厚德行修养、公而忘私的人才进入领导岗位，这才是国家社会之福。

荀子以修养高低分出了大儒小儒及小人。不过纵观荀子的思想，他始终注重如何对小人等修养相对不足的人群加以因势利导，使其加强自修而成为君子乃至圣贤。他列出小儒雅儒大儒等的区别，让人有阶可攀。

荀子最值得称道的是他不像后来宋明理学家那样空谈道德，以至于陈义太高，他明白小人跟所有人一样都喜好名利，所以从获得名利的用心出发进行引导，阐明要获得持久的名利，就要好行礼义，而不是任由自己的恶性延续；要以大众之利为利，才是真正长久的自利。

其实孟子也有类似的观点。他认为要维护好自身和家族的利益，就要关心爱护更广大的社会人群，他说"推恩足以保四海，不推恩无以保妻子"，认为要把对身边人的恩惠推广到利益广大社会，才能保持作为国家领导者的利益名声，不推行这种恩惠，则最后连自己妻子的利益都保证不了。这是一种很应机的因势利导。

《荀子·儒效》：君子言有坛宇，行有防表，道有一隆。言政治之求，不下于安存；言志意之求，不下于士；言道德之求，不二后王。道过三代谓之荡，法二后王谓之不雅。高之下之，小之巨之，不外是矣。是君子之所以骋志意于坛宇宫廷也。故诸侯问政，不及安存，则不告也。匹夫问学，不及为士，则不教也。百家之说，不及后王，则不听也。夫是之谓君子言有坛宇，行有防表也。

君子言语有界限，行为有准则，道有专重。言及治道，不低于让社会安定与生存的理想，言及志向不低于一个士的标准，言及道德修养不背于近当代圣王的标准。为政之道偏离夏商周三代的主旨，则流散而无根，言法度而背离后王为不正。君子的言行修养，或高些或低些，但总不偏离此基本界限范畴。所以诸侯问政，最起码要追求的是安存之道，否则便不告诉他如何治理天下；庶人问学，起码要有追求成为士之志向，否则便不必教他；百家之说，而不以后王为则，便不足听取他。这便谓之君子立言有其封界，行动有其准则。

君子立身行事，有内在的原则，虽然外在可以和光同尘，但是基本的操守和志向不会改移。孔子说"三十而立",也正是立下了人生的坚定志向,要成为一个道德完善、内圣外王的人。

荀子主张"法后王",从继承和发展周礼的立场看,法后王包括文王、武王、周公和孔子等有可考据历史的圣贤。当然,"法先先王"与"法后王"并不矛盾,内在是统一的,后王是继承了先王的大道的,治理天下之大道的精神底蕴是从先王传承而来,但是后王因为距离当时代更近,礼制规范等更加切合当世,所以"法后王"在具体治国的实践上更是切中时代要求。

所以说,先王是定下了礼义的大原则,可以世代传承的,到21世纪的今天的中国,依然还是应该传承这样的精神。当然今天来说,文武周公孔子等都已成了"先王",当代治国不能照搬那时的一些规范,但是大的精神原则还是一样。

君子,天下大治的源头

《荀子·君道》:有乱君,无乱国;有治人,无治法,羿之法非亡也,而羿不世中;禹之法犹存,而夏不世王。故法不能独立,类不能自行;得其人则存,失其人则亡。法者、治之端也;君子者、法之原也。故有君子,则法虽省,足以遍矣;无君子,则法虽具,失先后之施,不能应事之变,足以乱矣。不知法之义,而正法之数者,虽博临事必乱。故明主急得其人,而暗主急得其势。急得其人,则身佚而国治,功大而名美,上可以王,下可以霸;不急得其人,而急得其势,则身劳而国乱,功废而名辱,社稷必危。故君人者,劳于索之,而休于使之。书曰:"惟文王敬忌,一人以择。"此之谓也。

有致乱之君,无生来就乱之国。有致治之人,没有一定能致治之法。羿之箭法并未消亡,但后人却不能像羿那样百发百中,禹之治国之法犹存,但夏不能世世代代称王,所以法不能独立而为治,礼必待人而后行。得其人则治,失其人则亡。

此强调法律是由人来制定、完善、执行的。强调人的重要性和主动性,法律不可能离开人而单独有所建树,得到了善于治国的人才,国家才能兴旺。

但是，关于此观点，多被后人有所误会，以为中国只讲"人治"，而无"法治"。恰恰相反，这是真正意义上的以人为本的治理。如果贯通《荀子》全篇，则能领会其重视人的因素之要义。

那么，我们怎样来理解"有治人，无治法"的思想内涵呢？

我们知道，荀子强调在国家政治生活中要"隆礼重法"，礼与法作为治国手段，缺一不可。作为社会主体的人在其中的位置如何呢？此正是儒法两家的分歧。儒家更重视人的作用，认为："文武之政，布在方策，其人存，则其政举；其人亡，则其政息。"（《中庸》）"徒法不能以自行。"（《孟子离娄上》）

政令法度依赖于人的实施，政令法度的治乱走向完全取决于为政者的品格。法家则重视法的作用，认为只要完全遵循这一标准，即使智力一般的人也能把事情处理得公正恰当，令人信服；否则就会因丧失客观标准而引致混乱。

荀子继承了儒家"为政在人"的思想，否定法家完全只是"垂法而治"的主张，如他批评慎到"蔽于法而不知贤"。弥补法家完全取决于法而排斥贤能的缺陷，提出"有治人，无治法"的以人为本的、人治主义思想。法律是君子所制定，又要靠君子来实施。而且，任何法规都不可避免地存在着某些漏洞，在具体实施过程中，对这些未有详细说明的地方，只能靠君子根据律例进行类推比附来处理。（有时法则越细致反而漏洞会越多。）正是由于有了人的参与，所以能在很大程度上弥补法的不完善性。这是真正的以人为本、是最高境界的发挥法律的作用的路径和方法。因此荀子总结说："故有良法而乱者，有之矣；有君子而乱者，自古及今，未尝闻也。"

执法者必须能够"知法之义"，知道法律的根本宗旨而严格执法或是适时作一些合理变通，而不是机械地死守一些条文表述，这样一来"临事接民"才能不仅做到合法，而且合情合理，这一思想直至今天仍有积极意义。

如果真正按照荀子的良好初衷去做，真正地把握其精神实质，会实现人治与法治的完美结合。其前提是，执法者和管理者能够精勤修身、崇尚礼义，具有正义的品格。否则，当个人的智慧不足或私欲、邪见、偏见掺杂其中时，在实践过程中，就会不可避免地产生凌驾于法之上的人为因素，多了"人治"的成分，少了"法治"的要素。这也是一般误会荀子的地方。

荀子强调在上位者要勤于修身，以君道、臣道、儒效标准等严格要求，在此基础上再强调礼法并治。无论如何，荀子为人治与法治的结合，提出了一个王道精神下的理想的境界。即使没能执行完好，但也为此指明了方向，而且由此影响了中国社会至今，今天仍然在倡导德主刑辅，与隆礼重法精神一致。这种精神也在通过中国治理模式的外溢，对世界其他国家产生影响。比如说中国执政者被要求要有严格的"以人民为中心"的意识（这无疑符合最高的"礼义"精神的内涵），中国的这种治国思想在国际社会被广泛熟知。

"故明主急得其人，而暗主急得其势。"所以明主唯以得人才为要事，昏君唯以得势位为急。得到了贤人，则身暇逸而国家治，功业广大，声名优美，上可以王，下可以霸。以得势位为急，身劳苦而国家乱，功业废弛，声名污辱，社稷必危。《尚书》中说："惟文王敬忌，一人以择。"只有文王恭敬戒惧，亲至渭水访求人才，终于迎来了姜太公。

《荀子》全书一以贯之地重视人的关键作用，这正是中国文化人本思想的根本体现。明智的君主，着力于贤能之士的拣择；而昏庸之君，则强化自己的专擅之权，如此则不可免地会导致对君子的排斥和奸佞宵小之辈的亲近。

原清则流清

《荀子·君道》：合符节，别契券者，所以为信也；上好权谋，则臣下百吏诞诈之人乘是而后欺。探筹、投钩者，所以为公也；上好曲私，则臣下百吏乘是而后偏。衡石称县者，所以为平也；上好覆倾，则臣下百吏乘是而后险。斗斛敦概者，所以为啧也；上好贪利，则臣下百吏乘是而后丰取刻与，以无度取于民。故械数者，治之流也，非治之原也；君子者，治之原也。官人守数，君子养原；原清则流清，原浊则流浊。故上好礼义，尚贤使能，无贪利之心，则下亦将綦辞让，致忠信，而谨于臣子矣。如是则虽在小民，不待合符节，别契券而信，不待探筹投钩而公，不待冲石称县而平，不待斗斛敦概而啧。故赏不用而民劝，罚不用而民服，有司不劳而事治，政令不烦而俗美。百姓莫敢不顺上之法，象上之志，而劝上之事，而安乐之矣。故傮歈忘费，事业忘劳，寇难忘死，城郭不待饰而固，兵刃不待陵而劲，敌国不待服而诎，四海之民不待令而一，夫是之谓至平。诗曰："王犹允塞，徐方既来。"此之谓也。

验合符节，辨别契券，此等做法原是用以为讲信用的。在上者若是喜好权谋，则臣下百吏诞诈之人便借这些做法而行欺。抽签抓阄，此等方法原是为达到公正。在上者若是喜好曲私，则臣下百吏便借此方法行其偏私。衡石磅秤，所有这些器物或方法，本都是用来保证公平公正，但是只要用的人心不正，就会被用来作恶。

"故械数者，治之流也，非治之原也；君子者，治之原也。"各种器具方法，只是治理国家之末，非治之源头。君子才为治之大本。一般官人遵守法数、因循定制，君子则关注治理的本源。本源清，则支流亦清，本源浊，则支流亦浊。故在上者好礼义，尊贤使能而无贪利之心，则在下者亦会相应做到辞让与忠信而谨于履行为臣之职分。有了礼义廉耻，符节契券、采筹投钩这些方法即使不用，社会上人与人之间也会守信公正。

"赏不用而民劝，罚不用而民服，有司不劳而事治，政令不烦而俗美"，建立了礼义的文明，社会风俗和美，人人自动好礼尚义，奋发有为。因为王道思想精神的影响，达到没有管理的管理，从官吏到百姓，几乎达到自觉自治自律的情形，这是真正"心的管理"，领导者修炼一颗自立立人、敬天爱人之心，用心去爱护、鼓励跟随自己的人，则为下者无不从服、各尽其力，这就是管理的最高境界。

《荀子·君道》：故君子之于礼，敬而安之；其于事也，径而不失；其于人也，寡怨宽裕而无阿；其为身也，谨修饰而不危；其应变故也，齐给便捷而不惑；其于天地万物也，不务说其所以然，而致善用其材；其于百官之事伎艺之人也，不与之争能，而致善用其功；其待上也，忠顺而不懈；其使下也，均遍而不偏；其交游也，缘类而有义；其居乡里也，容而不乱。是故穷则必有名，达则必有功，仁厚兼覆天下而不闵，明达用天地理万变而不疑，血气和平，志意广大，行义塞于天地之间，仁智之极也。夫是之谓圣人；审之礼也。

君子对于礼义，以恭敬之心安于礼义的践行；处理事情，应对迅捷而不失误；对于他人，宽容无怨，不曲意逢迎；对于自己，谨慎地加强修养而不险诈；应对变故，应对自如而不迷惑；对于天地万物，不务求说明它们形成的原因，而只是充分合理利用它们；对于百官及各种从业者，不与之争能，善于任用他们充分发挥能力建立功业；对待上面忠诚敬顺不懈怠，对下面一视同仁不偏私；交朋结友有规范讲道义；居乡里，对人宽容而不乱。君子在困顿的时候能够贤名远扬，如果受到重用则必然有功于社会。君子的仁爱宽厚普照天下无止境，其智虑明达应对万变内心无疑。他心平气和志向远大，德行道义崇高，充塞天地，仁义和智慧达到了巅峰。

这是圣人的涵养、气魄，对人对事，无一不完美，归根结底还是贯彻了礼义。

君者，民之原也

《荀子·君道》：请问为国？曰闻修身，未尝闻为国也。君者仪也，民者景也，仪正而景正。君者盘也，民者水也，盘圆而水圆。君者盂也，盂方而水方。君射则臣决。楚庄王好细腰，故朝有饿人。故曰：闻修身，未尝闻为国也。

君者，民之原也；原清则流清，原浊则流浊。故有社稷者而不能爱民，不能利民，而求民之亲爱己，不可得也。民不亲不爱，而求为己用，为己死，不可得也。民不为己用，不为己死，而求兵之劲，城之固，不可得也。兵不劲，城不固，而求敌之不至，不可得也。敌至而求无危削，不灭亡，不可得也。危削灭亡之情，举积此矣，而求安乐，是狂生者也。狂生者，不胥时而落。故人主欲强固安乐，则莫若反之民；欲附下一民，则莫若反之政；欲修政美俗，则莫若求其人。

《大学》有言，身修而后家齐，家齐而后国治。能否治理好国家，能否治理好企业，就看领导人的修身养德、智仁勇的修养如何。领导人就像标杆，民众就像标杆的影子，标杆正，影子自然也正。

有许多的领导者，总是想着如何让员工卖力、遵守纪律，但是却对于自己身为领导的必要修养，都没有达到。比如不关心员工的身心健康，不能制定合理的作息制度，一味要业绩，这就是领导修养的不足，当然不能让员工全心全意为公司出力。

"有社稷者而不能爱民，不能利民，而求民之亲爱己，不可得也。"领导者首先要利民、爱民，然后民众才能回报对自己的信任和维护。王绍璠先生说，"什么是好的企业管理？就是女员工例假的时候多些关心。"这是以一种很生动切实的方式在讲企业管理的艺术。领导者对员工极尽爱护，员工岂会不卖力为企业服务？

"故人主欲强固安乐，则莫若反之民；欲附下一民，则莫若反之政；欲修政美俗，则莫若求其人。"领导者要让国家强大坚固，就要赢得广大民心，要让民众一心归服，就要用良政来利益民众。如何来建立良政？如何让社会风俗趋于良善？最重要的就是领导者自己要勤于修身立德，以大儒为榜样，同时要用君子贤人治国，有一批德才兼备的人才，成为国家的栋梁。对于现代企业管理，道理同样如此。选好人才是首要的事。

得人者昌，失人者亡

《荀子·君道》：彼或蓄积而得之者不世绝。彼其人者，生乎今之世，而志乎古之道。以天下之王公莫好之也，然而是子独好之；以天下之民莫为之也，然而是子独为之。好之者贫，为之者穷，然而是子犹将为之也，不为少顷辍焉。晓然独明于先王之所以得之，所以失之，知国之安危臧否，若别白黑。是其人也，大用之，则天下为一，诸侯为臣；小用之，则威行邻敌；纵不能用，使无去其疆域，则国终身无故。故君人者，爱民而安，好士而荣，两者无一焉而亡。诗曰："介人维藩，大师为垣。"此之谓也。

善于治国的人，每一个时代都不会断绝。那么如何辨别最宝贵的人才呢？他们虽然生于当今之世，却有志于传承古先圣王治国之大道，就像张载所说"为往圣继绝学，为万世开太平"这样的抱负。这样的先王之道，好权的王公贵族或者普通的大众是看不上的，但是真正的贤才独自好之，并且默默躬身实践，即使穷困潦倒也不改志。他如此沉心于先王的大道，因此对于国家治理的机要，洞若观火，无不曲得其当。像这样的人才重用之，可以统一天下，使诸侯臣服；即使小用之，可威震邻敌；即是不能用他，让他留在自己国土上，也可以让国家不会发生大的变故。因此荀子总结为君之道最关键的两条，爱民和好士。

荀子提出的领导者和大众的关系，千百年来影响了中国治理。唐太宗总结隋朝灭亡的教训，他曾说："古人云：'君犹器也，人犹水也，方圆在于器，不在于水。'故尧舜率天下以仁，而人从之；桀、纣率天下以暴，而人从之。天下所行，皆从上之所好。"（《贞观政要》）此正是荀子所强调的"为君之道"，荀子有言："君者仪也，民者景也，仪正而景正。君者盘也，民者水也，盘圆而水圆。君射则臣决。楚庄王好细腰，故朝有饿人。"荀子这段话在数百年之后，不但被一代杰出君王李世民亲自说出，而且实际践行，并取得显著效验，足见荀子思想之深刻及可操作性。

李世民通过励精图治成就"贞观之治"。他不断总结历史经验教训，一些理念对后世影响很大。诸如，"水能载舟，也能覆舟"；"兼听则明，偏信则暗"；"用人如器，各取所长"；"国以人为本，人以衣食为本"；"凡营衣食，以不失时为本"等，千百年来成为人们经常引用的政治格言。

李世民吸取汉文帝的经验，重视"去奢守俭"，"积德累业"，以固国本。他即位之初，有人建议"耀兵振武，慑服四夷"，但他采纳魏征主张，"偃革兴文，布德施惠，中国既安，远人自服"；宣布对所有的少数民族"爱之如一"。因此政策，促进了同周边部族的融合和对外经济文化交流。盛唐气象，由此开始。李世民被域外远国称为"天可汗"，即"国际领袖"的意思。唐辖之域被称为"中土大唐"，有诗说"一半胡风似汉家"（唐代陈陶《陇西行四首》）。李世民的治国方略，充分体现了荀子之学的王道精神，由此所创生的"软实力"，深刻影响了周边国家。

管理之道与用人之法

《荀子·君道》：道者，何也？曰：君之所道也。君者，何也？曰：能群也。能群也者，何也？曰：善生养人者也，善班治人者也，善显设人者也，善藩饰人者也。善生养人者人亲之，善班治人者人安之，善显设人者人乐之，善藩饰人者人荣之。四统者俱，而天下归之，夫是之谓能群。

人要想生存和发展必须过一种群体的生活，君主和国家领导人的职责就是将自然分散状态下的人们组织成秩序井然的群体，形成和谐的社会国家。怎样做才能使人群和谐一体呢？作为君主，必须做好四个方面的工作：一是善于"生养人"，用现代化来说就是搞好民生，能充分解决人们的生产和生活问题，释放生产力，创造社会财富；二是善于人事治理，使人人各得其职，各尽其事；三是显设人，即根据德行来排定职位的高低，根据能力授予官职大小，使贤德智慧之人能得到重用；四是藩饰人，指人们车服、器物的装饰有一定等差，"上以饰贤良而明贵贱，下以饰长幼而明亲疏"，实质上是按照等级（即能量授职之级别）来规定人们的待遇内容，实行合理的待遇等级，既能够鼓励先进也能够策励后进。

做到以上四点的结果是，获得"亲、安、乐、荣"，即百姓亲爱他，并努力让他得到安宁、快乐、尊荣。因为这样的领导者能为万民带来幸福。

《荀子·君道》：不能生养人者，人不亲也；不能班治人者，人不安也；不能显设人者，人不乐也；不能藩饰人者，人不荣也。四统者亡，而天下去之，夫是之谓匹夫。故曰：道存则国存，道亡则国亡。省工贾，众农夫，禁盗贼，除奸邪：是所以生养之也。天子三公，诸侯一相，大夫擅官，士保职，莫不法度而公：是所以班治之也。论德而定次，量能而授官，皆使人载其事，而各得其所宜，上贤使之为三公，次贤使之为诸侯，下贤使之为士大夫：是所以显设之也。修冠弁衣裳，黼黻文章，雕琢刻镂，皆有等差：是所以藩饰之也。

如果君主不能做到上述四点，有失君职，就会丧国失位，沦为匹夫。可见所谓的"匹夫"，并不特指生来低贱的普通百姓，而是说即使贵为君王，如果德才不备，治理国家混乱不堪，那么也就沦为匹夫，一个普通百姓。中国传统文化的精神，是以德行和为大众利益做出的贡献来衡量一个人是否尊贵，而不是先天性的权势地位。

"道存则国存，道亡则国亡。"省抑商贾，鼓励农人，禁止盗贼，诛除奸邪，便是养育万民、发展民生事业的方法。天子下设有太师太傅太保三公，诸侯有国相一人，大夫官有专责，士人谨守自己的职位，各人行使职责无不依据法度公正而行，这便是人事结构安排和人事治理的方法。进一步，按照德行安排等级，权衡才能而授官职，皆使人任其事，而各得其所宜。上贤使之为三公，次贤使之为诸侯，下贤使之为士大夫，这便是任用人的方法。衣服修饰等都有一定的差别，如同当代博士服、学士服有不同的设计。

"论德而定次，量能而授官"，是千古不易的用人原则，让有德有才的人士成为社会领导者，是一个社会能够得到有序治理的关键。

《荀子·君道》：故由天子至于庶人也，莫不骋其能，得其志，安乐其事，是所同也；衣暖而食充，居安而游乐，事时制明而用足，是又所同也。若夫重色而成文章，重味而成珍备，是所衍也。圣王财衍，以明辨异，上以饰贤良而明贵贱，下以饰长幼而明亲疏。上在王公之朝，下在百姓之家，天下晓然皆知其所以为异也，将以明分达治而保万世也。故天子诸侯无靡费之用，士大夫无流淫之行，百吏官人无怠慢之事，众庶百姓无奸怪之俗，无盗贼之罪，其能以称义遍矣。故曰：治则衍及百姓，乱则不足及王公。此之谓也。

在一个有序治理的国家中，自天子至庶人没有谁不充分施展自己的才能，实现自己的志向，舒心愉快地从事自己的工作，这是所有的人都一样的。穿得暖吃得饱，住得安适，玩得快乐，事情办得及时，制度清楚明白，财物用度充足，这是所有的人都一样的。人人安居乐业，一个治理得好的社会基本都能达到这个水平。而不同的是什么呢？自上而下的衣冠饮食等进行不同的修饰或者配置，圣王这么做，是为了区分名分职位，让贤良得到突出，贡献大者获得更多的待遇，如此才能达到最好的治理，并不是为了强调权势高低、等级森严。

在合理的用人、赏罚等制度下，天子诸侯无奢侈之用度，士大夫无放荡之行为，百吏官人无怠慢之情形，普通民众中没有奸诈怪僻的恶习，没有偷盗抢劫的罪行，这就可以说是道义得到了普及。所以说："国家安定，那就会让财富惠及普通民众；国家一旦混乱，就连王公天子也会生活拮据。"说的就是这个道理。

如何让天下归心

《荀子·君道》：至道大形：隆礼至法则国有常，尚贤使能则民知方，纂论公察则民不疑，赏克罚偷则民不怠，兼听齐明则天下归之；然后明分职，序事业，材技官能，莫不治理，则公道达而私门塞矣，公义明而私事息矣：如是，则德厚者进而佞说者止，贪利者退而廉节者起。书曰："先时者杀无赦，不逮时者杀无赦。"人习其事而固，人之百事，如耳目鼻口之不可以相借官也。故职分而民不慢，次定而序不乱，兼听齐明而百姓不留：如是，则臣下百吏至于庶人，莫不修己而后敢安止，诚能而后敢受职；百姓易俗，小人变心，奸怪之属莫不反悫：夫是之谓政教之极。故天子不视而见，不听而聪，不虑而知，不动而功，块然独坐而天下从之如一体，如四肢之从心：夫是之谓大形。诗曰："温温恭人，维德之基。"此之谓也。

最好的政治原则的伟大成效是，推崇礼义和法治，国家就会有常规；尚贤使能，则人民就知所趋向。是非公平明审，则人民不惑。奖励勤能，责罚偷懦，则人民不懈怠。兼听齐明，则天下就会归顺。然后量能授职，凭着德才各安其位，用人的原则严格公正，堵塞不正手段安排职位的做法。如此，则德厚者升进，而佞媚者被遏止；贪图财利的人被压制而廉洁奉公的人被提拔。

让人们在自己工作岗位上尽职尽责，社会秩序就不会混乱；岗位职责分明，工作就不会拖拉扯皮。从大官小吏直到平民百姓就无不要提高自己的修养才能履行好自己的职责，真正有了才能以后才敢接受官位；民众改变了习俗，小人转变了思想，奸邪怪僻之流无不转向诚实谨慎，这叫作政治教化的最高境界。

这种情况基本就是无为而治了，所以天子目不视而见，耳不听而聪，不思虑而知，身子不动而功效彰显，天下从服，社会运转井然有序，如人身四肢之听从其心。这就是最好的政治原则的伟大成效。《诗经》上说："温柔谦恭的人，是以道德为根本。"

"不动而功"，并不是什么也不干，恰恰相反，是以最人性化的制度，最得人心的治理，充分发挥了所有民众的积极性和创造性。这即是心的管理的最高境界。这就是真正的无为而治。

其实，所谓的"不动而功"，其背后还有一个更高的准则，即是：领导者内心始终凝定，能做到"忙"而不"乱"，"定"而不"散"，每天日理万机，而能定慧等持，智慧起用而好像心里没有"动"过。专注应对，合道而行，则事半功倍，做到"不动而功"。这是符合最高的智慧、最高的道德修为的，这样的领导者必然广得人心。

天下大事必作于细

《荀子·强国》：积微：月不胜日，时不胜月，岁不胜时。凡人好敖慢小事，大事至然后兴之务之，如是，则常不胜夫敦比于小事者矣。是何也？则小事之至也数，其县日也博，其为积也大；大事之至也希，其县日也浅，其为积也小。故善日者王，善时者霸，补漏者危，大荒者亡。故王者敬日，霸者敬时，仅存之国危而后戚之。亡国至亡而后知亡，至死而后知死，亡国之祸败，不可胜悔也。霸者之善箸焉，可以时托也；王者之功名，不可胜日志也。财物货宝以大为重，政教功名反是，能积微者速成。诗曰："德輶如毛，民鲜克举之。"此之谓也。

功效的彰显在于不断积累微小的努力。一般人喜欢怠慢小事，大事来了，才努力去做。这样，就常常不如那些每天认真对待小事、不以善小而不为的人。这是为什么呢？因为小事来得频繁，办理小事的时间就多，它积累起来的成果大；大事到来得稀少，办理大事的时间就少，它积累起来的成果小。当然这是以"量"的积累来做一个推理，阐明"小事"的重要性、"天下大事必作于细"的道理。所以在每一天每件事上用心办理的君主就能称王天下，出了漏洞再去补救的君主就危险。《诗经》上说："道德轻得像毛发，可是很少有人能举起它。"说的即是积微而成至著之功。

如果轻视小事，大事也难以做好；如果没有把小事处理好，可能引发大的祸患。认真谨慎对待处理小事，认真对待每一秒钟时间，不让自己懈怠，这是君子之道。诸葛亮认为要不以善小而不为，即是指无论大事小事，都要用认真的心态去对待，用心做到极致，小事也能做出真正的高度。教育孩子从小要用认真的心态对待吃饭、打扫房间这样的平常小事，用心成了习惯，长大遇到大事，也必然有认真之心。

老子曰："天下难事必作于易，天下大事必作于细。是以圣人终不为大，故能成其大。"

谋划大事难事，要从小处和容易处考虑。天下的难事，都是先从容易的地方做起；天下的大事，都是从细微的小事做起。"天下大事必作于细"，任何想成就事业的人，都应谨记之、笃行之。所以说，"不动而功"，"无为而无不为"，完全是辩证的统一，执其一端，是谓偏颇。

既智且仁，国之大宝

《荀子·君道》：为人主者，莫不欲强而恶弱，欲安而恶危，欲荣而恶辱，是禹桀之所同也。要此三欲，辟此三恶，果何道而便？曰：在慎取相，道莫径是矣。故知而不仁，不可；仁而不知，不可；既知且仁，是人主之宝也，王霸之佐也。不急得，不知；得而不用，不仁。无其人而幸有其功，愚莫大焉。

为人主者，要让国家强盛安宁、自己声名荣耀，究竟采取什么办法最便利？在于慎重地选取宰相。

对于宰相的人选，有智慧而没有仁德不行；有仁德而没有智慧也不行；既有智慧又有仁德，这便是君主的宝贵财富，是成就王业霸业的助手。君主不急于求得贤良的相才，是不明智；得到了贤良相才而不重用，是不仁义。没有德才兼备的宰相而希望取得王霸之功，没有比这更愚蠢的了。

用人之大忌

《荀子·君道》：今人主有大患：使贤者为之，则与不肖者规之；使知者虑之，则与愚者论之；使修士行之，则与污邪之人疑之，虽欲成功，得乎哉！譬之，是犹立直木而恐其景之枉也，惑莫大焉！语曰：好女之色，恶者之孽也；公正之士，众人之痤也；修道之人，污邪之贼也。今使污邪之人，论其怨贼，而求其无偏，得乎哉！譬之，是犹立枉木而求其景之直也，乱莫大焉。

让贤能的人去做事，却让不贤的人去规范做事的效果；让明白人考虑如何解决问题，却让愚蠢的人去评估解决问题的方法；让品德美好的人去做事，却让污秽邪恶的人在一旁说三道四。是非颠倒了，这怎么可能成功呢？打个比方来说，好像是竖起了一根笔直的木头却又担心它的影子弯，世界上没有比这更加糊涂的事了。

俗话说，美女的姿色，可能是坏人行恶的对象；公正的贤士，往往为一些普通人所嫉恨；遵循道义的人，可能被污秽邪恶者所嫌弃。使污邪之人，去评量他所怨恨之人，而想求事务的处理无所偏颇，怎么能做得到呢？所以，既然用了贤人，就应用人不疑，真正敬重并且重用。反之如果"举枉措诸直"，让品行不正的人来监督品行端正的人，则是非颠倒，秩序大乱。

求贤若渴，还要用贤不疑，这才是优秀领导者所为。优秀领导者必须有识人的慧眼。

取人之道　参之以礼

《荀子·君道》：故古之人为之不然：其取人有道，其用人有法。取人之道，参之以礼；用人之法，禁之以等。行义动静，度之以礼；知虑取舍，稽之以成；日月积久，校之以功，故卑不得以临尊，轻不得以县重，愚不得以谋知，是以万举而不过也。故校之以礼，而观其能安敬也；与之举措迁移，而观其能应变也；与之安燕，而观其能无流慆也；接之以声色、权利、忿怒、患险，而观其能无离守也。彼诚有之者，与诚无之者，若白黑然，可诳邪哉！故伯乐不可欺以马，而君子不可欺以人，此明王之道也。

荀子再用古代圣王的榜样来说明，他说古代的君主任用人有一定的法度，挑选人的时候，用礼义去检验，任用人，是用职位的等级来匹配。对他们的品行道义举止言谈，用礼义来衡量；对于才能和处理事情如何取舍，则看其做事的成效，在日积月累的做事中考核其功效。故德智低的人不能凌驾指挥德智高的人。这样就不会有失误。

"校之以礼，而观其能安敬也"，以礼为衡量标准，观察其是否心志安定、用心恭敬。"与之举措迁移，而观其能应变也"，用变化不定的事务来考量他，看他应变能力如何。比如说一个企业要考察一个经理人，这段时间让他处理人才招聘事务，过段时间让他去开拓市场。真正的大才，必然能经得住变动，能灵活得体处置突发事件。"与之安燕，而观其能无流慆也"。让他处于安闲的地方，看他是否会放任自流。"小人闲居为不善"，能在安闲之时仍能保持清醒和精进，很不容易。"接之以声色、权利、忿怒、患险，而观其能无离守也。"用声色、权利、令人愤恨之事、险难之事来考验他，看他是否能尽忠职守。荀子列举了评价一个人最根本素质的要点，如此能观察到一个人是否是真正的大才。正如孟子所说，"视其所以，观其所由，察其所安，人焉廋哉？人焉廋哉？"

经过这样的考验，真正有德才的和的确没德才的人，就会像白与黑一样判然分明，谁还能对他歪曲诬陷呢？马是好是坏欺骗不了伯乐，人是贤是愚欺骗不了君子，英明领导人的一大标配素质就是善于识人、用人。

禅文化之智慧薪传，尤为重视人才的选拔和锤炼。宋代《禅林宝训》记载，五祖法演说："利益众生，传授祖道的关键在于选得真正良材。然而知人善用，古今都是难事，即使对圣贤来说也不是易事。听其言谈似乎有才德，而恐其所行未保合理，只求其所行而又恐遗失其人之才智。因此想要了解一个人的真才实学必须与他多交往，时间久了便会加深了解。熟悉他的底细，详知他的志向，观察他的行履，及其器量与才干，然后才能真正知晓此人是守道存德者，还是韬光秘用者，若是沽名钓誉者一看便看穿，难以隐瞒。即使他做得深潜隐密，亦能窥见其幽深源底。

即使这样细致观察打探，也不是一朝一夕就能了解一个人的行径的。所以南岳怀让见六祖得法之后，仍跟随六祖十五年。马祖参南岳怀让，印证之后，仍跟随了怀让十余年。因此可知先德上授下受之际决非浅根薄德之人所能传承的，所谓见与师齐，减师半德，见过于师，方堪传授。如同用此一盆水倒入另一个盆中，无欠无余，这样的人才能荷担大法，如种田能手收存好种，种好才能丰收。这个一听二详三探四观的选材方法得到验证之后，岂容花言巧语、善察颜色、便佞偏僻之徒得到重用呢？"

《荀子·君道》：人主欲得善射，射远中微者，县（悬）贵爵重赏以招致之。内不可以阿子弟，外不可以隐远人，能中是者取之；是岂不必得之之道也哉！虽圣人不能易也。欲得善驭，及速致远者，一日而千里，县贵爵重赏以招致之。内不可以阿子弟，外不可以隐远人，能致是者取之；是岂不必得之之道也哉！虽圣人不能易也。欲治国驭民，调壹上下，将内以固城，外以拒难，治则制人，人不能制也；乱则危辱灭亡，可立而待也。然而求卿相辅佐，则独不若是其公也，案唯便嬖亲比己者之用也，岂不过甚矣哉！故有社稷者，莫不欲强，俄则弱矣；莫不欲安，俄则危矣；莫不欲存，俄则亡矣。古有万国，今有十数焉，是无他故，莫不失之是也。故明主有私人以金石珠玉，无私人以官职事业，是何也？曰：本不利于所私也。

人主想得善射之人，必定悬贵爵重赏以招致之。内不可以任人唯亲只用自己身边人，外不可以屏蔽与自己距离远之人，只须能合此要求，便加选取，这是当然的道理，即使圣人对此也不能否定。想要善驾车，能一日走千里的人，必定悬贵爵重赏以招致之，是同样的道理。

要想选取治理国家的大才，求取卿相辅佐，却偏不像求善射与善驭者那样用公正无偏的方式，而只用些宠爱的小臣或亲近依附自己的人，岂不轻率太甚了吗？

所以，国家衰败的症结出于用人之偏颇不公。荀子指出，古来有无数的国家，至今不过十余国，推原其故，那些消失的国家，没有不是败在用人不公的。所以明智的君主可以以私情赠给人以金石珠玉，却决不会用偏私的方式给人以官位权柄。这是何故呢？因为这样对于其所私爱之人也很不利，轻则能力不称、治理无方，重则徇私枉法、祸害国家，落入法网。

所以古人的智慧，早就把德不配位、能不称职的后果说明白了，古往今来所谓"跑官买官"之流，实在是害己害人，误家误国。

《荀子·君道》：彼不能而主使之，则是主暗也；臣不能而诬能，则是臣诈也。主暗于上，臣诈于下，灭亡无日，俱害之道也。夫文王非无贵戚也，非无子弟也，非无便嬖也，倜然乃举太公于州人而用之，岂私之也哉！以为亲邪？则周姬姓也，而彼姜姓也；以为故邪？则未尝相识也；以为好丽邪？则夫人行年七十有二，齫然而齿堕矣。然而用之者，夫文王欲立贵道，欲白贵名，以惠天下，而不可以独也。非于是子莫足以举之，故举是子而用之。于是乎贵道果立，贵名果白，兼制天下。立七十一国，姬姓独居五十三人。周之子孙，苟非狂惑者，莫不为天下之显诸侯，如是者能爱人也。故举天下之大道，立天下之大功，然后隐其所怜所爱，其下犹足以为天下之显诸侯。故曰：唯明主为能爱其所爱，暗主则必危其所爱。此之谓也。

其人无能，而任用之，是昏庸的君主；臣下无能，却妄称自己有才能，是臣欺诈。上面君主昏庸，下面臣子欺诈，离灭亡也就不远了。乱送官位职务，对于君臣都是有害无益的。

周文王任人唯贤，能够担当相国重任的非姜太公莫属，周文王就选择了跟他并不相识而且又老又丑的姜太公，并重用之。于是果然成就了一番伟大的政治功业，留下了尊贵的名声，天下归心。

"立七十一国，姬姓独居五十三人。……故曰：唯明主为能爱其所爱，暗主则必危其所爱。此之谓也。"周朝让天下王道大行，然后方能私其所爱怜之人，周姓子孙只要不是资质特别低劣的，都能成为天下显名的诸侯。所以大公才是最大的私。故古语说：惟明主为能爱其所爱，暗主必危害其所爱。

团队的力量

《荀子·君道》：墙之外，目不见也；里之前，耳不闻也；而人主之守司，远者天下，近者境内，不可不略知也。天下之变，境内之事，有弛易齵差者矣，而人主无由知之，则是拘胁蔽塞之端也。耳目之明，如是其狭也；人主之守司，如是其广也；其中不可以不知也，如是其危也。然则人主将何以知之？曰：便嬖左右者，人主之所以窥远收众之门户牖向也，不可不早具也。故人主必将有便嬖左右足信者，然后可。其知惠足使规物，其端诚足使定物，然后可；夫是之谓国具。

是指领导者要善于用人，建立完善的组织管理体系，虽非耳目所及却能明察甚至预知事态变化，是善于用人的缘故。忠于职守、智慧通达、端正诚实、德才兼备，值得君主信赖，能够定国安邦，这才是"国具"，国家的栋梁之材。

《荀子·君道》：人主不能不有游观安燕之时，则不得不有疾病物故之变焉。如是，国者，事物之至也如泉原，一物不应，乱之端也。故曰：人主不可以独也。卿相辅佐，人主之基杖也，不可不早具也。故人主必将有卿相辅佐足任者，然后可。其德音足以填抚百姓，其知虑足以应待万变，然后可；夫是之谓国具。四邻诸侯之相与，不可以不相接也，然而不必相亲也，故人主必将有足使喻志决疑于远方者，然后可。其辩说足以解烦，其知虑足以决疑，其齐断足以距难，不还秩，不反君，然而应薄扞患，足以持社稷，然后可，夫是之谓国具。故人主无便嬖左右足信者，谓之暗；无卿相辅佐足任使者，谓之独；所使于四邻诸侯者非其人，谓之孤；孤独而晻，谓之危。国虽若存，古之人曰亡矣。诗曰："济济多士，文王以宁。"此之谓也。

在两千多年前的社会治理中，荀子非常实事求是，客观上君主会有"不在岗"时，"一物不应，乱之端也"。怎么办？建立团队——打造完备的"卿相辅佐"队伍。

道德声望足以安抚领导百姓，智虑足以应付万变，是谓国家的栋梁之材。

四邻诸侯之与本国相交往，不可以不善为接洽，也不可以不加防范。就需要这样的人才，其辞辩足以解析烦难的情势，智慧足以决别疑难的问题，机敏决断足以排除外来大难，不营私、不叛国，而应付紧迫、抵御祸患的能力足以维护国家的政权，是谓国家的栋梁之材。

荀子强调作为一个优秀的领导者，一是要高尚的道德情操，道德声望足以领导百姓；二是要有足够的智慧能力，机敏果断随时应对一切变化并能够妥善处理；三是要兼顾外部环境或国际环境，刚柔并济，协调处理好国内及国际关系。

君主没有足可信赖的亲信侍从，没有足可胜任的卿相辅佐，派到邻国的使者不称职，君主必然孤立无援，信息错乱，治理昏暗，国家必然危险。《诗经》上说："人才济济多精英，文王因此得安宁。"可见人才于国家社稷安危之重要。

任用人才的原则

《荀子·君道》: 材人：愿悫拘录，计数纤啬，而无敢遗丧，是官人使吏之材也。修饬端正，尊法敬分，而无倾侧之心，守职修业，不敢损益，可传世也，而不可使侵夺，是士大夫官师之材也。知隆礼义之为尊君也，知好士之为美名也，知爱民之为安国也，知有常法之为一俗也，知尚贤使能之为长功也，知务本禁末之为多材也，知无与下争小利之为便于事也，知明制度，权物称用之为不泥也，是卿相辅佐之材也，未及君道也。能论官此三材者而无失其次，是谓人主之道也。若是则身佚而国治，功大而名美，上可以王，下可以霸，是人主之要守也。人主不能论此三材者，不知道此道，安值将卑势出劳，并耳目之乐，而亲自贯日而治详，一日而曲辨之，虑与臣下争小察而慕偏能，自古及今，未有如此而不乱者也。是所谓视乎不可见，听乎不可闻，为乎不可成，此之谓也。

"材人：愿悫拘录，计数纤啬，而无敢遗丧，是官人使吏之材也。"诚实勤劳，计算查点时精打细算而不敢有所遗漏，这是一般官吏与差役这样的人才。

"修饬端正，尊法敬分，而无倾侧之心，守职修业，不敢损益，可传世也，而不可使侵夺，是士大夫官师之材也。"加强道德修养而端正身心，谨守职责，遵循法典，不敢有所增减，这是士大夫和群臣百官这样的人才。

"知隆礼义之为尊君也，知好士之为美名也，知爱民之为安国也，知有常法之为一俗也，知尚贤使能之为长功也，知务本禁末之为多材也，知无与下争小利之为便于事也，知明制度，权物称用之为不泥也"。重视礼义、尚贤爱士、爱民重民，尚贤使能，务本抑末，不与民争利，熟悉并执行各种制度，是卿相辅佐之材。

能衡量这三种人才，授之以合适的官职，而无失尊卑轻重之次序，是君主之道。君主若能合理任用贤才，身不劳碌而国家大治，功劳大而美名远扬，上可以实现王道，下可以实现霸道。反之，自古至今国家未有不乱的。

良辅力助天下治

将荀子中的"臣道"归于管理之道，其一，因为大臣本身也是一人之下、万人之上的管理团队组成人员之一；其二，可以为最高领导者甄选优秀辅佐人才提供参考。

国治在于得人。正如《荀子·君道》中讲的，"明主急得其人。""急得其人，则身佚而国治，功大而名美，上可以王，下可以霸。"

孔子十分感慨"才难"。"才难"的根本原因是"德难"。蕅益大师说，"叹才难而赞至德，正因德难，故才难耳。倘纣有圣德，则武王并九人，方将同为纣之良臣，又何至以乱臣称哉。亢龙有悔，武王之不幸也甚矣"（蕅益大师《论语点睛》）。

孔子叹息人才难得，赞叹圣王的至德，所以能感召人才。为什么说人才难得？蕅益大师说"正因德难"，修得真正的德行很难，所以才会"才难"。纣王当时如具圣德，武王和他的九位臣民、臣子，当为纣之良臣，就不会推翻他了。

这也正是中国文化精神的了不起：始终是强调要有德之人才能带领百姓创造美好生活。我们古今中外的历史，任何一代，真正平定天下的，就几个人而已。正是认识到真正大才不在多，然对社会的意义却不可谓不大。当年汉高祖靠三杰，张良、萧何、陈平打天下，韩信还只是战将。汉光武中兴时，真正中心人物也不过几个人。在国外历史中，如意大利文艺复兴三杰，但丁、彼特拉克、薄伽丘，是文艺复兴的先驱者，被称为"文艺复兴三颗巨星"，也称为"文坛三杰"，文艺复兴先驱也只三个人而已。

每一个时代的治乱，最高思想的决策，都不过几个人而已。不只是国家大事，治理企业也是一样。真正的关键几个人，团结一心，把事业干起来了。《易经》上说："二人同心，其利断金。"两个人志同道合，心性高度契合一致，理想愿景高度一致，真正的同仁同志，这股精神力量无坚不摧、攻无不克。

所以，要想开创事业者，要想建功立业者，掌握了这个规律，就知道，一开始不在乎人多，而在乎"一心"，是否理念相契，是否有为了共同的目标"虽千万人吾往矣"的精神；同时，还要懂得运用智慧的方法，知时知位，知进退取舍，也就是得天时地利人和，则事终将成矣。

为臣之道

《荀子·臣道》：人臣之论：有态臣者，有篡臣者，有功臣者，有圣臣者。内不足使一民，外不足使距难，百姓不亲，诸侯不信，然而巧敏佞说，善取宠乎上，是态臣者也。上不忠乎君，下善取誉乎民，不恤公道通义，朋党比周，以环主图私为务，是篡臣者也。内足使以一民，外足使以距难，民亲之，士信之，上忠乎君，下爱百姓而不倦，是功臣者也。上则能尊君，下则能爱民，政令教化，刑下如影，应卒遇变，齐给如响，推类接誉，以待无方，曲成制象，是圣臣者也。故用圣臣者王，用功臣者强，用篡臣者危，用态臣者亡。态臣用则必死。篡臣用则必危，功臣用则必荣，圣臣用则必尊。故齐之苏秦、楚之州侯、秦之张仪，可谓态臣者也。韩之张去疾、赵之奉阳、齐之孟尝，可谓篡臣也。齐之管仲、晋之咎犯、楚之孙叔敖，可谓功臣矣。殷之伊尹、周之太公，可谓圣臣矣。是人臣之论也，吉凶贤不肖之极也，必谨志之而慎自为择取焉，足以稽矣。

人臣之论：有态（阿谀奉承）臣者，有篡臣者，有功臣者，有圣臣者。

对内不足以统一民众，对外不足以抵御外敌；百姓不亲近他，诸侯不信任他；但他巧言令色，博得推宠，这是阿谀奉承之臣。

上不忠君，下却骗取声誉，不顾道义，拉党结派，图谋私利，是图谋篡夺大权的篡臣。

对内足以统一民众，对外足以抵御外敌；民众亲近他，士人信赖他；上忠于君主，下爱护于民，这是建功立业之臣。

上能尊君，下能爱护百姓，对国家的政策法令和道德教化，能为民众做榜样，能敏捷迅速应对突发事件，处理事务精准得当，处处能够以身作则，这是圣贤之臣。

以历史为证，诸如齐国的苏秦、楚国的州侯、秦国的张仪，是阿谀奉承的臣子。

韩国的张去疾、赵国的奉阳君、齐国的孟尝君（《史记》记载，孟尝君见忌于齐闵王，闵王欲尽灭孟尝，孟尝恐，入魏。魏昭王以为相，西合于秦赵与燕，共伐破齐。及齐襄王立，孟尝中立，为诸侯，无所属，襄王畏孟尝而与连和，所以荀子以为篡臣），是谓篡夺君权的臣子。

齐国的管仲、晋国的咎犯、楚国的孙叔敖（楚之贤国相，施教导民，吏无奸邪，盗贼不起。三得相而不喜，三去相而不愠。事迹见《史记·循吏传》），是为国立功的臣子。

历史上郑国有名的宰相子产就是功臣之列，对郑国有了不起的贡献。孔子对子产的评价很高。《论语·公冶长》子谓子产，"有君子之道四焉：其行己也恭，其事上也敬，其养民也惠，其使民也义。"子产身居高位，上能辅佐君主，对君主恭敬有礼，下能庇佑子民，惠泽百姓，力保郑国在晋国和楚国两个大国之间安然无虞，不负德才兼备之名臣的盛名，是有君子之德的政治家，孔子十分赞叹他的"君子之道"。

商朝的伊尹、周朝的太公，是谓圣明的臣子。

　　君主要明辨并慎重地亲自选用大臣。任用不同之臣导致不同结果，君主必当谨慎。

　　《荀子·臣道》：从命而利君谓之顺，从命而不利君谓之谄；逆命而利君谓之忠，逆命而不利君谓之篡；不恤君之荣辱，不恤国之臧否，偷合苟容，以持禄养交而已耳，谓之国贼。君有过谋过事，将危国家、殒社稷之惧也，大臣父兄有能进言于君，用则可，不用则去，谓之谏；有能进言于君，用则可，不用则死，谓之争；有能比知同力，率群臣百吏而相与强君挢君，君虽不安，不能不听，遂以解国之大患，除国之大害，成于尊君安国，谓之辅；有能抗君之命，窃君之重，反君之事，以安国之危，除君之辱，功伐足以成国之大利，谓之拂。故谏、争、辅、拂之人，社稷之臣也，国君之宝也，明君所尊厚也，而暗主惑君以为己贼也。故明君之所赏，暗君之所罚也；暗君之所赏，明君之所杀也。伊尹、箕子可谓谏矣，比干、子胥可谓争矣，平原君之于赵可谓辅矣，信陵君之于魏可谓拂矣。传曰："从道不从君。"此之谓也。

　　故正义之臣设，则朝廷不颇；谏争辅拂之人信，则君过不远；爪牙之士施，则仇雠不作；边境之臣处，则疆垂不丧。故明主好同而暗主好独，明主尚贤使能而飨其盛，暗主妒贤畏能而灭其功。罚其忠，赏其贼，夫是之谓至暗，桀、纣所以灭也。

　　听从命令而有利于君国，谓之顺；听从命令而于君国不利，谓之谄媚；违抗命令而有利于君国，谓之忠；违抗命令而于君国不利，谓之篡夺。

　　不顾君上之荣辱，不顾国政之成败，只顾迎合君主、无原则地苟且求安，以此来保住自己的俸禄、去豢养结交的党羽，谓之国家的奸贼。

　　君有过错，导致国家将危险、政权将灭亡，这时大臣、父兄中如果有人能向君主进呈意见，意见被采用当然很好，不被采用就离去，这叫作劝谏；如果有人能向君主进呈意见，意见被采用当然很好，不被采用就殉身，这叫作苦诤。

　　如果有人能联合有智慧的人同心协力，率领群臣百官一起强迫君主、纠正君主，君主虽然心怀不快，而不能不听，遂以解国家之大患，除国家之大害，而终使君上尊荣国家安宁，谓之辅佐；如果有人能抗拒君主的命令，借用君主的权力，纠正君上之失误，以救国家之危殆，除君上之耻辱，功劳足够用来成就国家的重大利益，这叫作匡正。

所以劝谏、苦谏、辅助、匡正的人，是维护国家政权的大臣，是国君的宝贵财富，是英明的君主所尊敬优待的，但愚昧的主子、糊涂的国君却把他们看作自己的敌人。所以英明的君主所奖赏的人，却是愚昧的君主所惩罚的对象；愚昧的君主所奖赏的人，却是英明的君主所杀戮的对象。故谏诤辅拂之人，是社稷安危所系之人，国君之宝也，明君之所尊厚，而暗君惑主认为危害自身。

古代如伊尹、箕子可以称为劝谏。伊尹谏太甲，箕子谏纣。

比干、子胥可以称为苦谏。比干为纣叔父，纣暴虐无道，比干坚持进谏，纣怒杀比干，挖其心。子胥，春秋时楚国大夫伍奢的次子，受楚平王迫害而逃到吴国，为吴国大夫。他帮助吴王阖闾攻破楚国，成就霸业。吴王夫差时，他屡次不顾老命极力劝阻夫差，夫差怒，赐剑逼他自杀，结果吴国被越国所灭。

平原君对于赵国来说，可以称为起到辅助之功。平原君即赵胜，战国时赵惠文王的弟弟。他曾三任赵相。赵孝成王七年，秦围赵都邯郸，他组织力量坚守，后又向楚、魏求救，终于击败秦军，保存了赵国。

信陵君对于魏国来说，可以称为拂逆君上以匡扶国家之难。信陵君即魏无忌，战国时魏安釐王的异母弟弟。秦围赵都邯郸，赵求救于魏，魏王派晋鄙救赵，后又畏秦而让晋鄙按兵不动。信陵君数谏魏王无效，便设法窃得兵符，击杀晋鄙，夺取兵权，于公元前 257 年至邯郸救赵胜秦。后十年，为上将军，曾联合五国击退秦军对魏国的进攻。"从道不从君"，必要的时候，为了定国安邦，不听君上的命令。

故正义之臣得到重用，则朝廷不偏邪失正。劝谏、苦谏、辅佐、匡正的人受信任，君主的过错就不会太过分；勇猛有力的武士被起用，仇敌就不敢兴风作浪；边境之臣，安排得力，则四方疆陲可保不失。明君团结朝野共同理政，而愚昧的君主却是孤家寡人。明主尚贤使能，任用有才能的人并欣赏他们的功绩，阴暗愚昧的君主嫉贤妒能，害怕有才能的人而想办法埋没他们的功绩。罚其忠，赏其贼，可谓极端昏庸，桀纣因此灭亡。

荀子认为人臣有四等：态臣、篡臣、功臣、圣臣。人臣进言之道也有四种，谏、诤、辅、弼。态臣、篡臣是祸乱国家的臣子，用之则亡；而功臣、圣臣则是安邦定国的臣子。大臣面对国君，能够谏、净、辅、拂，是社稷之臣，是国君之宝。表达了对"从道不从君"的为臣之道的赞同。

作为臣子和下级，在发现君主和上级有问题的时候，要尽到劝谏的职责，而不是一味的附和。这是中国传统文化的重要传统之一。中国历史上谏净辅拂之臣很多，他们以社稷安康为念，必要时做好了舍生取义的准备。所以，认为中国传统文化是"奴性文化""专制文化"，完全是对中国文化的误解乃至污蔑。明朝海瑞为劝说皇帝勤政，抬着棺材上殿准备以死进谏，就是这种勇于谏净的体现。

汉成帝时期的朱云犯颜直谏皇帝以诛佞臣，也是谏净之忠臣的例子。

《汉书·朱云传》记载，朱云上书求见成帝，当时公卿大臣都在皇帝面前。朱云说："如今的朝廷大臣，对上不能辅助皇上，对下不能有益于百姓，都是空占着职位而不做事的人。需要斩一人杀一儆百。"成帝问："你要斩的是谁呀？"朱云答道："安昌侯张禹。"成帝大怒道："你一个小官居于下位而毁谤上级，在朝廷上侮辱我的老师，罪死不赦！"御史把朱云拿下，朱云攀住殿上的栏杆，栏杆被他拉断。朱云大呼道："微臣我得以和龙逢（夏桀时忠臣，因谏被杀）、比干在九泉之下交往，也就满足了，只是不知圣朝将会怎样？"御史便把朱云拉了下去。这时左将军辛庆忌摘掉官帽，解下官印和绶带，在大殿之上叩头，说："朱云一向以狂傲直率之名著称于世。假如他说的有理，就不可诛杀；他说的不对，也应该包容他。臣斗胆以死相争！"辛庆忌叩头流血。成帝终于放了朱云。后来要修治栏杆，成帝说："不要换了！就把旧栏杆修修，用它来表彰直臣。"

《荀子·臣道》：事圣君者，有听从，无谏争；事中君者，有谏争，无谄谀；事暴君者，有补削，无挢拂。迫胁于乱时，穷居于暴国，而无所避之，则崇其美，扬其善，违其恶，隐其败，言其所长，不称其所短，以为成俗。曰："国有大命，不可以告人，妨其躬身。"此之谓也。

事君之道，服务于圣明君主的，只管听从配合而无劝谏苦净；服务于中等智慧德行之君，君主处事有不足之处，臣子有谏净而无谄谀。服务于暴君的，只可以弥补其缺点，却不能强行纠正。被逼迫受挟制地生活在乱世，走投无路地居于暴君之国，而又无法避开此处境，那就只有推扬其美德与善行，隐讳其败德，言其所长，而不称其所短，尽量因势利导，自己可以免于祸患，也能为国家做些积极有意义的事。做无谓的牺牲毫无必要。孔子说，"邦无道，危行言逊"，就是这个意思。上面说到朱云这样的大臣敢于犯颜直谏，还是因为皇帝并非那种绝对昏庸无道之人。

《荀子·臣道》：事人而不顺者，不疾者也；疾而不顺者，不敬者也；敬而不顺者，不忠者也；忠而不顺者，无功者也；有功而不顺者，无德者也。故无德之为道也，伤疾、堕功、灭苦，故君子不为也。

奉命做事而不见其功，是因为不够积极，尽了最大的努力仍不见其功，是因为缺乏恭敬心；有了恭敬心还不见其功，是因为不够忠诚；有了忠诚还不见其功，是因为品德不够。如果没有德行作为引领，那么积极性会不足，功劳也会被埋没，故君子不会不注重道德人品的修养提高。

这里的德，正是荀子一直强调的礼义。作为君子，在尽职尽责的同时，要让礼义的精神在国土上推广开来，让自己所辅佐的君主爱好礼义、施行礼义，让自己的国家人民幸福、风俗优美。

《荀子·臣道》：有大忠者，有次忠者，有下忠者，有国贼者：以德复君而化之，大忠也；以德调君而辅之，次忠也；以是谏非而怒之，下忠也；不恤君之荣辱，不恤国之臧否，偷合苟容，以之持禄养交而已耳，国贼也。若周公之于成王也，可谓大忠矣；若管仲之于桓公，可谓次忠矣；若子胥之于夫差，可谓下忠矣；若曹触龙之于纣者，可谓国贼矣。

人臣事君，有大忠的人，有次忠的人，有下忠的人，又有做国贼的人。

用自己的道德礼义熏陶君主而感化他，是大忠。用自己的人品道德来调养君主而补充君主的不足，是次忠。用自己正确的观点劝阻君主的错误却因此触怒君主，是下忠。不顾君主的荣辱，不顾国家的得失，只是苟且迎合君主，以谋求自己的地位，以此来保住俸禄，豢养自己结交的党羽，这便是国之奸贼。像周公之对于成王，可以说是大忠了。像管仲之对于齐桓公，可以说是次忠。像伍子胥之对于夫差，可以说是下忠。像曹触龙之对于纣，可以说是国贼。

仁者必敬人

《荀子·臣道》：仁者必敬人。凡人非贤则案不肖也。人贤而不敬，则是禽兽也；人不肖而不敬，则是狎虎也。禽兽则乱，狎虎则危，灾及其身矣。《诗》曰："不敢暴虎，不敢冯河。人知其一，莫知其它。战战兢兢，如临深渊，如履薄冰。"此之谓也。故仁者必敬人。

敬人有道：贤者则贵而敬之，不肖者则畏而敬之；贤者则亲而敬之，不肖者则疏而敬之。其敬一也，其情二也。若夫忠信端悫而不害伤，则无接而不然，是仁人之质也。忠信以为质，端悫以为统，礼义以为文，伦类以为理，喘而言，臑而动，而一可以为法则。《诗》曰："不僭不贼，鲜不为则。"此之谓也。

仁德的人一定会敬重别人。一般说来，一个人不贤能，是无才德之人。不尊重贤能之人，就如同禽兽一般；但他如果无才德你因而也不尊重他，那就等于是在戏弄老虎。人像禽兽般会胡作非为，如果轻侮虎狼，灾必及其身。《诗经》上说："不敢空手打老虎，不敢空手把河渡。人们只知这一点，不知另有大害处。为人处世要谨慎啊！战战兢兢，如临深渊，如履薄冰。"所以讲究仁德的人定会尊重别人。

敬人自各有其不同之道：对贤能的人要怀着仰慕之心来尊敬，对没德才的人要怀着防备他的心情来尊重；对贤能的人可以亲近地去尊敬，对没德才的人却可以敬而疏远之。都是表示恭敬，但用情却是两样。至于做人要忠诚守信正直老实而不伤害人，则是在任何情况下都不能不这样做的，这是做一个好人的本质特征。做人要以忠诚守信为实质，以正直老实为统率，以礼制道义来规范，以伦理法律为原则。做到了这些，言谈举止，都可以成为别人效法的榜样。

《荀子·臣道》：恭敬，礼也；调和，乐也；谨慎，利也；斗怒，害也。故君子安礼，乐乐，谨慎而无斗怒，是以百举不过也。小人反是。

恭敬是礼的表现，调和是乐之效用，谨慎于身有利，斗殴发怒是身之害。故君子安于礼义，乐于调和，谨慎言行而无斗怒，所以无论何时何地都无过失，小人则与此相反。

《荀子·臣道》：通忠之顺，权险之平，祸乱之从声，三者，非明主莫之能知也。争然后善，戾然后功，出死无私，致忠而公，夫是之谓通忠之顺，信陵君似之矣。夺然后义，杀然后仁，上下易位然后贞，功参天地，泽被生民，夫是之谓权险之平，汤、武是也。过而通情，和而无经，不恤是非，不论曲直，偷合苟容，迷乱狂生，夫是之谓祸乱之从声，飞廉、恶来是也。传曰："斩而齐，枉而顺，不同而壹。"《诗》曰："受小球大球，为下国缀旒。"此之谓也。

推行忠诚而达到国事顺遂，通过权变化险为夷而达到局势平安，迎合君意阿谀奉承直到引发祸乱，这三件事，非贤明之主，没有能了解清楚的。通过和君主谏诤然后才能行善，通过违背君主的意愿然后才能立功，豁出性命而没有私心，极为忠诚而阔然公正，这就叫推行忠诚而达到国事顺遂，信陵君就类似于这种人。夺不义，然后能成其义，杀不仁，然后能成其仁；变易君臣，然后能成其贞；功业与天地并列，恩泽施加到民众，这就叫作通过权变化险为夷而达到局势平安稳定，商汤和周武王就是这样的人。附和君主而不讲原则，不顾是非，不论曲直，苟且地迎合君主以谋求地位，迷惑昏乱而狂妄无知，这就叫做逢迎君意一直要弄到祸乱降临，飞廉、恶来就是这种人。

如何能使"群贤毕至"

礼义备而君子归之

荀子指出，君子能够持有公正之心，才能让贤士进、奸人退。感召君子要修礼义，"礼义备而君子归之"。对当代来说，在吸引人才、稳住人才方面，这篇有很大的启发意义。

《荀子·致士》：衡听、显幽、重明、退奸、进良之术：朋党比周之誉，君子不听；残贼加累之谮，君子不用；隐忌雍蔽之人，君子不近；货财禽犊之请，君子不许。凡流言、流说、流事、流谋、流誉、流愬，不官而衡至者，君子慎之。闻听而明誉之，定其当而当，然后士其刑赏而还与之，如是则奸言、奸说、奸事、奸谋、奸誉、奸愬莫之试也，忠言、忠说、忠事、忠谋、忠誉、忠愬莫不明通，方起以尚尽矣。夫是之谓衡听、显幽、重明、退奸、进良之术。

广泛平衡地听取意见，不只听一面之词；发现隐居的贤士；推崇贤明的人；摒退奸邪之人；进用贤良之人，这些用人的原则，很多的领导者心里都知道重要，然而要做到，却不是那么容易。

"朋党比周之誉，君子不听"，拉帮结派者来赞誉自己，君子不听；"残贼加累之谮，君子不用"，残害他人的诬陷之词，君子不采用；对妒忌、阻塞贤能的人，君子不亲近；用财货进行贿赂，君子不答应。那些没有根据的流言、说辞、计谋、称誉等，君子慎重对待。对于听到的要仔细分辨，然后决定其是否恰当，再决定是赏是罚，这样一来，各种阴谋之言不能得逞，忠诚之言才会通畅而行。

总之，如何能识良言、致良才？君子必须要内心公正，心明眼亮，如此则忠良人士脱颖而出，奸邪言行不得行其道。

《荀子·致士》：川渊深而鱼鳖归之，山林茂而禽兽归之，刑政平而百姓归之，礼义备而君子归之。故礼及身而行修，义及国而政明，能以礼挟而贵名白，天下愿，令行禁止，王者之事毕矣。《诗》曰："惠此中国，以绥四方。"此之谓也。川渊者，龙鱼之居也；山林者，鸟兽之居也；国家者，士民之居也。川渊枯则龙鱼去之，山林险则鸟兽去之，国家失政则士民去之。

渊深则鱼聚，政治清明则百姓归服，礼义昌明则君子归心。用礼义之道施行政治治理，则天下从服，文明大行，令行禁止，这就实现了王道之治。

"国家失政则士民去之"，国家政治治理如果一团糟，贤士和民众都避之唯恐不及。要想众人都愿意来归附，就要有良好的政治环境，能提供良好的创业环境和发挥才能的空间。

《荀子·致士》：无士则人不安居，无人则土不守，无道法则人不至，无君子则道不举。故土之与人也，道之与法也者，国家之本作也，君子也者，道法之总要也，不可少顷旷也。得之则治，失之则乱；得之则安，失之则危；得之则存，失之则亡。故有良法而乱者有之矣，有君子而乱者，自古及今，未尝闻也。传日："治生乎君子，乱生乎小人。"此之谓也。

"有良法而乱者有之矣，有君子而乱者，自古及今，未尝闻也"，荀子认为国家治理最核心的是德才兼备的人才。跟片面强调法制相比，人才更为关键。只要有贤良人才在治理岗位，在推行王道和法治，那么国家安定；低劣之人居高位，即使法制再完备，国家也危险。

《荀子·致士》：人主之患，不在乎不言用贤，而在乎诚必用贤。夫言用贤者口也，却贤者行也，口行相反而欲贤者之至，不肖者之退也，不亦难乎！夫耀蝉者务在明其火，振其树而已，火不明，虽振其树，无益也。今人主有能明其德，则天下归之，若蝉之归明火也。

"诚必用贤"，这是强调国家启用贤才的无可替代的重要性。很多领导者口中也强调要用人才，但是真正落实与否，则是另一回事。实际上，要任用贤才并不容易操作。这意味着要有识别贤才的眼光，有认识品德才能低劣之人的能力，因为很多的奸邪之人，有着高超的掩饰之术。而要让已在高位的庸才奸人之类退下，往往领导者要具有非凡的决心。

《荀子·致士》：临事接民而以义，变应宽裕而多容，恭敬以先之，政之始也；然后中和察断以辅之，政之隆也；然后进退诛赏之，政之终也。故一年与之始，三年与之终。用其终为始，则政令不行而上下怨疾，乱所以自作也。《书》曰："义刑义杀，勿庸以即，女惟曰未有顺事。"言先教也。

面临政事、接触民众时，根据道义、针对实际，宽广而包容地对待民众，用恭敬心去引导他们，这是政治的第一步；以中正和平之心，观察判断治理的事务，这是政治的最重要环节。然后再行惩罚、奖赏，这是政治的最后一步。

故治理的第一年实施第一步，第三年才实施最后一步。如果把最后一步用作为第一步，那么政策法令就不能实行，而官民上下也会怨恨，先赏罚而后德教，是动乱产生的原因。《尚书》说："即使是合法的刑罚，也不要在没有教化前立即执行，只能说还没有理顺政事。"言当以德教为先，首先要做到以礼义恭敬面对人民，施以义政。

孔子曰："圣人之治化也，必刑政相参焉。太上以德教民，而以礼齐之，其次以政焉。导民以刑，禁之刑，不刑也。化之弗变，导之弗从，伤义以败俗，于是乎用刑矣。"(《孔子家语·刑政》)圣人治理教化民众，必须是刑罚和政令相互配合使用。最好的办法是用道德来教化民众，并用礼来统一思想，其次是用政令。用刑罚来教导民众，用刑罚来禁止他们，目的是不用刑罚。对经过教化还不改变，经过教导又不听从，损害义理又败坏风俗的人，只好用刑罚来惩处。

《荀子·致士》：程者，物之准也；礼者，节之准也。程以立数，礼以定伦，德以叙位，能以授官。凡节奏欲陵，而生民欲宽，节奏陵而文，生民宽而安。上文下安，功名之极也，不可以加矣。

度量衡，是测量物品的标准；礼制，是确定礼义法度的标准。根据度量衡来确定物品的数量，根据礼制来确定长幼尊卑之伦；根据德行定级授职，考其才能，而授大小不等的职位。"凡节奏欲陵，而生民欲宽，节奏陵而文，生民宽而安。"礼义法度，要严格完善，而对待人民要宽饶；礼义法度完善，治理就文明；人民生计宽裕，社会就安定。"上文下安，功名之极也，不可以加矣。"上文明，下安定，这是立功成名的最高境界。

《荀子·致士》：师术有四，而博习不与焉：尊严而惮，可以为师；耆艾而信，可以为师；诵说而不陵不犯，可以为师；知微而论，可以为师。故师术有四，而博习不与焉。水深而回，树落则粪本，弟子通利则思师。《诗》曰："无言不雠，无德不报。"此之谓也。

成为老师的要领有四个，不包括博学。一是有尊严而能使学生产生敬畏之心，可以成为老师。二是年老而有威信，可以成为老师。三是诵讲经典而不违反圣贤之意，可以成为老师。四是懂得精微的道理而又能加以阐述，可以成为老师。

水深了就会有漩涡，树叶落下等于给树根施了肥，弟子学业通达顺利了，就会想到受教于老师。《诗经》："无言不雠，无德不报。"好的德行都会有响应和回报。

《荀子·致士》：赏不欲僭，刑不欲滥，赏僭则利及小人，刑滥则害及君子。若不幸而过，宁僭无滥；与其害善，不若利淫。

僭赏，赏过其功；滥刑，刑过其罪。奖赏不要过分，刑罚不要滥用。奖赏太过分，好处就会落到道德不良的小人头上；刑罚一滥用，道德高尚的君子也可能受到牵连。

若不幸而难免发生失误，宁可过分奖赏也不可滥用刑罚；与其伤害到好人，不如让小人也得点儿利。荀子的赏罚理念体现其极富悲心：能做到赏罚得当固然好，如果做不到，宁可误赏，不可误罚。指出"不害善"的重要。因为害善之失大，滥用奖励失小，故《尚书》云："与其杀不辜，宁失不经。"

第十章

正本清源：为天下正名

《论语·子路》记载，在去卫国前，子路问孔子，卫君等待您来施政，您准备先做什么？孔子说：首先是正名，要正名定分，端正思想。

"名不正，则言不顺，言不顺，则事不成，事不成，则礼乐不兴，礼乐不兴，则刑罚不中；刑罚不中，则民无措手足。"思想立场若不端正，接下来的行动必然偏颇。

荀子也重视先"正名"，重视思想的拨乱反正。破除对当时迷信天象、迷信天降福祸的风气，荀子石破天惊地提出要"明于天人之分"，人可以"制天命而用之"，其思想智慧的革命意义，深远积极影响了后世的进步。

《非相》《非十二子》《正论》等篇，都是在摒除世人邪见邪说，树立正知正见。为顺应构建王道大一统理论实践体系的时代需要，荀子"正名"以正本清源，破邪立正，一统到礼义忠信的文化上来，别有深意。

荀子"正名"，始终是本着为人间立大道的心，为建立一个礼义文明的世界而宣讲、呼吁。"以仁心说，以学心听，以公心辨"，这是荀子"正名"的原则和用心所在。

本章着力阐述荀学之正知正见的理论系统，也就是确立正确的人生观价值观世界观等的同时，统一思想、统一义理、统一礼义法度，达到名实相符，理法相通，从而也使得整个荀学思想理论体系完备而实用，易操作而显效。

千古纶音：我命在我不在天

楚考烈王八年（公元前255年）秋，令尹春申君请荀子从齐国来到楚国。

楚考烈王以最高的国家级礼遇迎接。而且楚王还要选择吉日，行望祭大礼，他要拜谢天地。

可是，荀子认为，重要的是，国家应当推崇礼义和法度。《荀子·礼论》说："礼有三本：天地者，生之本也；先祖者，类之本也；君师者，治之本也。"礼有三宝，对上敬天，对下敬地，还要尊敬祖先和尊崇君王。荀子是带着希望实践他的治理社会的理想抱负而来到楚国的，但楚国有着崇信鬼神和巫术的民俗。这次荀子入楚之后，对楚王行望祭大礼，春申君为六国合纵占卜吉凶等事，荀子不以为然。

荀子认为，民俗有美恶之分。楚国崇信鬼神和巫术，卜尹大夫是大巫师，楚王和春申君凡事要请他占卜，他岂不是凭借天神而凌驾于君王和令尹之上吗？所以荀子决定离开都城，去任兰陵县令，落实他以人为本的治理智慧，也许对楚国的作用会更大。所幸他的志向，得到了春申君的支持。

楚考烈王八年（公元前255年）冬月，北风凛冽，天寒地冻，荀子冒严寒赴兰陵上任。正当遇上兰陵境内大旱三年，田地荒芜，百姓骨瘦如柴，尸横遍野，作为一县之长的荀子，十分痛心百姓的生存问题。

就在那时，荀子接到楚王要立即设坛，代楚王祭天求雨，以解民忧的旨意。荀子一面努力寻找水源，一面在祭祀的大典上展开了向老百姓的宣讲：

这就是荀子《天论》开篇所讲：

天行有常，不为尧存，不为桀亡。应之以治则吉，应之以乱则凶。强本而节用，则天不能贫；养备而动时，则天不能病；修道而不贰，则天不能祸。故水旱不能使之饥，寒暑不能使之疾，袄怪不能使之凶。本荒而用侈，则天不能使之富；养略而动罕，则天不能使之全；倍道而妄行，则天不能使之吉。故水旱未至而饥，寒暑未薄而疾，袄怪未至而凶。受时与治世同，而殃祸与治世异，不可以怨天，其道然也。故明于天人之分，则可谓至人矣。

天道有常，不因尧之仁而存，不因桀之暴而亡。应之以治则吉，应之以乱则凶。开门见山，直接点题，人应当遵循天地运行规律、利用规律。本篇是关于天人之际的学问，但究天人之际，是为了更好地认知天人关系，以为百姓谋福利为终极目标。

关于天人的学问，是中国历代思想家所关心的。对天人、天道的体悟与理解，可以说是人世间一切学问的基础。出世间的学问，与世间学问，是一体两面，不二的。司马迁说他的《史记》是一部"究天人之际"的书。董仲舒答汉武帝策问时说，他讲的是"天人相与之际"的学问。宋朝邵雍说："学不际天人，不足以谓之学。"古代思想家都把关于"天人之际"的学问看作是最高的学问，也是一切学问的基础。

上知天文，下知地理，中通人事，这是中国传统文化精神一直以来的追求。

对于天人关系学问大都以"天人合一"来概括。但荀子又独树一帜，明确提出"天人相分"。天人相分与天人合一，是一个事物的两个方面，具有内在的统一性。由对天人相分的明确洞察，才能达成真正的天人合一的境界。没有天人相分的认识基础，所谓的天人合一，就只是一句人云亦云的口号。

在天人相分的层面，荀子指出，天是天，人是人，天道和人道有各自运行的规律。天和天道的本质是自然，人和人道的本质是道德。如果放弃人的主观能力，依赖和企求外在的上天赐福，这就走向迷信上去了，认为万事皆天定，人就不需要努力了。

所以，如果"天人合一"是建立在天有神祇般的力量主宰人世间的祸福，那么这种天人合一就是思想的糟粕，是桎梏。

荀子强调人本位的自信，强调后天努力。他提出"天人相分"，正是积极发挥人的能动性的理论基础，强调"明天人之分"是人的智慧价值的体现。荀子指出，天不是神秘莫测、变幻不定的，而是有其不变的规律。也并不以人的意志为转移，"不为尧存，不为桀亡"。认识"天"的自然规律，人不可以违背，而要严格地遵循。这样就将天和人的边界，分得很清楚。天行有常，以天下大治之道回应就吉祥，以亡国之道回应就成乱世，就凶险。

《天论》正是为解决天下治理和民生等问题而开展的论述：第一个问题就是讲经济。为什么有时候经济繁荣，有时候经济凋敝？这是人为的作用，如果政府鼓励发展农业生产，不违农时，又厉行节约，天也不能使人贫穷。第二个问题是讲人的健康与寿命。顺应自然，懂得养生，人的身体就会健康。第三个问题是讲做人处世。有的人顺利，有的人坎坷，这和人的修为有关。

如果一辈子"修道而不贰"，遵道而行，不出差错，严格要求自己的言行符合于道，如此做人处世，天也不能使他遭殃。

"故水旱不能使之饥"，如果尽人事、早储备，丰年有足够粮食储备，水涝旱灾之年就不会造成饥荒。"寒暑不能使之疾"，严寒酷暑不一定能使人生病，如果一个人平时注重养生之道，强健体魄，就有抵御寒暑的体能。"祅怪不能使之凶，"自然界的反常现象不一定能使人遭殃。"祅"同"妖"，在上古是指灾祸。天反时为灾，地反物为妖，"怪"指奇异的现象。什么情况下才会造成饥饿、疾病、灾祸呢？荀子说：农本荒废而用度奢侈，天不能使人富裕。养生不足而运动缺少，天不能使人健康。背道而驰、恣意妄为，天不能使人吉祥。所以"水旱未至而饥，寒暑未薄而疾，祅怪未至而凶。"如果这样的政府、这样的行事方式，水旱灾害没有发生也会闹饥荒，严寒酷暑没有迫近也会生病，反常现象没有出现也会遭殃。"受时与治世同，而殃祸与治世异，不可以怨天，其道然也。"他们遇到的天时和太平之世相同，而灾祸却与太平之世不同。对此，不可以埋怨上天，而是取决于执政者自己选择的道路。"故明于天人之分，则可谓至人矣。"所以明白天道与人事的分野，则为最有智慧的人了。"明于天人之分"是《天论》的核心观点。

荀子提出的"天人相分"思想，照亮了人类靠自己的劳动与智慧创造美好生活的光辉道路，在人类思想史上可以说是光芒万丈。在中国古代思想家中，真能继承大禹治水精神，敢于面对自然界并与之争胜的是荀子。荀子对于"心"的实证，对于"道"的体悟，对于实践的努力拼搏，激发了他顿悟"明于天人之分"的智慧。

"故明于天人之分，则可谓圣人矣。"荀子以"明于天人之分"的圣人之智，成就的不只是一位千古思想家，更是一位深谙政治经济治理的实践家。

积极发挥人的智慧能力

《荀子·天论》：不为而成，不求而得，夫是之谓天职。如是者，虽深，其人不加虑焉；虽大，不加能焉；虽精，不加察焉，夫是之谓不与天争职。天有其时，地有其财，人有其治，夫是之谓能参。舍其所以参，而愿其所参，则惑矣。

"不为而成，不求而得"，如《论语》所云"天何言哉，四时行焉，百物生焉"，天之本职就是如此，不为尧存，不为桀亡。所以，人的智慧和能力再深远再大，都无法改变天之职能，此便谓之不与天争职。

但是人可以与天地"参"。"天有其时，地有其财，人有其治，夫是之谓能参。舍其所以参，而愿其所参，则惑矣。"一个"参"字，充分体现着人类的智慧和勇敢，体现着中国文化的自信和担当。

其一，参，叁也。是参与、参加的意思。谓天、地、人三者能相互配合。人类能够赞襄天地对万物的化育过程，具备了参与天地创造的德性和能力。人能够合理运用天时，合理运用大地生出的财货，为人类的幸福安乐和可持续发展服务。如果人不能主动运用天地给与的基础条件而创造，那就是太消极愚昧了。

其二，"参"，也可引申为后世禅文化顿悟智慧的方法，即参话头的"参"，参究。"参天地化育"，如何能够实现人的这种伟大功能？这就是智慧的开发，要开发大脑智慧。"参"，在这里是参究、参悟，要能对世间出世间的根本问题，持续地凝心参究，并生起必欲一探究竟的持续的内心渴求，从而"引爆激情，顿开智慧"，洞察自性本自具有的圆明透彻的智慧，也是洞察世界的本质，这也即《易经·说卦传》"穷理尽性以至于命"，也如《中庸》言："惟天下至诚，为能尽其性；能尽其性，则能尽人之性；能尽人之性，则能尽物之性；能尽物之性，可以赞天地之化育；可以赞天地之化育，则可以与天地参矣。"

早在几千年前，中国先人就有了这样伟大的胸襟、崇高的境界，摒弃了狭隘的"人类中心主义"立场，而是以天地之道为立场，顺应天地之道，尽人类的智慧和德行，创造和谐美好和可持续发展的世界。"参天地化育"曾经是对迷信天地赐福的有力纠偏，而在现代社会，也是对现代人、尤其是西方文化中普遍的、根深蒂固的"人类中心主义"，是一个有力的矫正。人必须能顺应天地规律，不能片面地以人类自我为中心，否则就是是另一种"人祅"了。现代西方知识界的精英当中，也有不少人在反思"人类中心主义"，认为那些只为一己之利而不惜牺牲环境，甚至不惜牺牲子孙后代福祉的做法，给当今世界带来了许多难以解决的问题。

"赞天地之化育"，须是至诚之人、达到圣人境界的人，才能够穷尽其奥妙，泽被天地中的众生万物。

中华文明之所以能长时间引领世界，其根源来自中国文化"参天地而化育"的内在动力。儒道释汇归为中国禅文化，以禅文化参话头的实证方法，使"参天地化育"变得至简至易至妙，以此可成为当代人开发大脑、开启智慧，创造美好社会的契机。中国古人提出"参天地而化育"命题的时候，佛教尚未进入中国，但是其经纬天地、参悟天地大道的智慧，与禅文化的参究精神异曲同工。

历史上的一切文明成果，一切伟大的发明创造，无一不是用心用脑参究的成果，无一不是参话头而得。尧舜禹十六字心法"人心惟危，道心惟微，惟精惟一，允执厥中"，实质即是参话头，如此则一切合乎中道。

从尧舜禹，到老子、庄子、孔子、荀子等诸子百家，无一不是用心用脑参究宇宙及生命实相。直到十八世纪以前，中华民族引领世界一千多年，无一不是智慧、勤劳的中华民族用心用脑的伟大成果。说到智慧，就是参话头而得。

我们反思，当我们失去了用心用脑的伟大品质，丢掉了用心用脑深入参究"话头"的方法，懒于思考的时候，我们落后了，挨打了，经历了深重的灾难了。我们要振兴，要复兴，要超越过往的辉煌，唯此一办法——恢复到用心用脑的精神，恢复到用心用脑的民族，恢复到用心用脑的个体。参话头当是一个支点，禅文化是一个杠杆，当撬动参话头这个支点，引爆激情，提升内蕴，顿开智慧的时候，当是中华民族屹立于世界之林，更多地为人类做出贡献，引领未来的时候。

荀子提出"明于天人之分"的思想，把人作为"自觉的人"，同自然界分开来，人应该发挥主动作用，积极地利用自然规律和自然条件，去改造、利用自然，使之为人类造福。其伟大贡献在于强调人立于天地之间，可以洞明天地运行规律，最大限度的发展人类智慧，合理利用天地的运行而可持续地造福人类，这是他在中国思想史上的一个重要贡献。荀子这种"明于天人之分"的思想，为他进一步提出"制天命而用之"的思想搭建了一个坚实的基础。

顺天而行　行无不当

荀子说"惟圣人不求知天"。其实所谓的"不求知天"，恰恰是反对主观臆测、任意造说或冥思苦索地追求神秘主义的"知天"。人是可以知天的，知道天的运作规律。

《荀子·天论》：列星随旋，日月递照，四时代御，阴阳大化，风雨博施，万物各得其和以生，各得其养以成，不见其事，而见其功，夫是之谓神。皆知其所以成，莫知其无形，夫是之谓天功。唯圣人为不求知天。

天职既立，天功既成，形具而神生，好恶喜怒哀乐臧焉，夫是之谓天情。耳目鼻口形能各有接而不相能也，夫是之谓天官。心居中虚，以治五官，夫是之谓天君。财非其类以养其类，夫是之谓天养。顺其类者谓之福，逆其类者谓之祸，夫是之谓天政。暗其天君，乱其天官，弃其天养，逆其天政，背其天情，以丧天功，夫是之谓大凶。圣人清其天君，正其天官，备其天养，顺其天政，养其天情，以全其天功。如是，则知其所为，知其所不为矣；则天地官而万物役矣。其行曲治，其养曲适，其生不伤，夫是之谓知天。

列星相随旋转，日月递相临照，四时循环代行，阴阳变化，风雨博施，万物都得其和以生，都得其养以成，不见和调长养之迹，但见其功，此便谓之天地的神妙。都知道天地之功，而不知道其成之于无形，此便谓之天功。惟圣人为能求之于己，而不求之于不可知之天。

天地谨遵职守，成就天功，人亦形体全备而神智皆生，好恶喜怒哀乐都藏于形神之中，此便谓之天情，即上天赋予人的情感功能。耳目口鼻形态与物相接，各有其用处，此便谓之天官，即上天赋予的器官职能分工。

心居中虚之地，以管制耳目口鼻形态五官，此便谓之天赋的心之主导之功能。利用其他物类，来供养人类，此便谓之天赋的对人的养护。顺着人类的需求则能造福，逆着人类的需求则可以致祸，此便谓之上天赋予的治理之道。

圣人，就是顺应天地规则，利用天地之养，依顺民情，达到顺应天道的大治。如是则知何者为人在所当为，何者为所不应为。则天地各尽其所事，而万物得以尽其所用。其行事通畅，养育百姓无不适当，生命不至有所人为损伤，此便谓之知天。

《荀子·天论》：故大巧在所不为，大智在所不虑。所志于天者，已其见象之可以期者矣；所志于地者，已其见宜之可以息者矣；所志于四时者，已其见数之可以事者矣；所志于阴阳者，已其见和之可以治者矣。官人守天，而自为守道也。

所以一个真正的大巧者，就懂得有所为有所不为，真正的大智者，就懂得有所思有所不思，而取舍的基本原则就在于一方面顺应"天道"，尊重天、地、四时、阴阳的规律，应时而为，顺天而行；另一方面则坚持正确的"人道"，而杜绝"人祅"之"祸"，这就是"官人守天，而自为守道"的深刻意义所在。

在此，荀子所谓天，有广狭二义，就狭义言之，天只包括日月、星辰、阴阳、风雨、水旱、寒暑，寒暑且有时另称为时而与天地并列。就广义言之，则天并包天地万物，且泛及人之身心，故有天情、天官、天君等名目。

人祸之害　甚于天灾

《荀子·天论》：星队木鸣，国人皆恐。曰：是何也？曰：无何也！是天地之变，阴阳之化，物之罕至者也。怪之，可也；而畏之，非也。夫日月之有蚀，风雨之不时，怪星之党见，是无世而不常有之。上明而政平，则是虽并世起，无伤也；上暗而政险，则是虽无一至者，无益也。夫星之队，木之鸣，是天地之变，阴阳之化，物之罕至者也；怪之，可也；而畏之，非也。

流星坠落、树木鸣叫，国人都害怕，说这是为什么呢？荀子说，这没有什么。这种现象是自然界的变异、阴阳二气的变化，只不过是世界上很少出现的现象罢了。太阳有日食，月亮有月食，狂风暴雨不合时节地突然袭击，奇怪的星相偶然出现，这是无论哪个时代都常有的。

这些自然现象虽然有些属于偶然发生的自然灾变，用我们现在常用的话语来说，就是所谓"几十年一遇"乃至"百年一遇"的灾变，但荀子却以为，对于这些"灾变"，你可以感到奇怪，但是无需畏惧，因为只要应对得当，依然可以逢凶化吉。

只要抓好国家的治理，加强生产，节约用度，注意储备，同时坚定地行礼义大道，政通人和，那么上天也不能使人困窘，也无法为祸人世。君主英明而政治安定，那么即使这些异象同时出现，也没有什么妨害；君主愚昧而政治腐败，那么这种现象即使一样都没出现，也不会带来什么好处。

荀子在《天论》中论述"人祅"，可谓振聋发聩。作为先秦时期的最后一位儒学大师，荀子把孟子的"仁政""民贵君轻"思想提升到一个新的高度的同时，能够切实落实于实践。当孟子对现实的的谴责还停留在"狗彘食人食而不知检，涂有饿莩而不知发"的层面上，"循循善诱"地从"性善论"角度提倡"今王与百姓同乐，则王矣""不嗜杀人者能一之"的仁政理想时，荀子的"人祅"论则从现实所存在的弊端和本质上阐述得淋漓尽致。

《荀子·天论》：物之已至者，人祅则可畏也：楛耕伤稼，楛耨失岁，政险失民；田秽稼恶，籴贵民饥，道路有死人：夫是之谓人祅。政令不明，举错不时，本事不理，勉力不时，则牛马相生，六畜作祅：夫是之谓人祅。礼义不修，内外无别，男女淫乱，则父子相疑，上下乖离，寇难并至：夫是之谓人祅。祅是生于乱。三者错，无安国。其说甚尔，其菑甚惨。勉力不时，则牛马相生，六畜作祅，可怪也，而亦可畏也。传曰："万物之怪书不说。"无用之辩，不急之察，弃而不治。若夫君臣之义，父子之亲，夫妇之别，则日切磋而不舍也。

荀子所言的"人祅"，专指与"天地之变、阴阳之化"（天道）并列而存的人事暴戾政治恶果现象，即现在所讲的"人祸"。

荀子对"人祅"之"凶"清楚进行剖析。严酷役使百姓，百姓苦不堪言，导致国家农事荒芜，政治险恶凶暴使民不聊生，饿莩遍地，乃至牛马相生，六畜作乱，国家的礼仪法理全失，朝廷内外没有分别，男女淫乱，父子互相猜疑，上下乖离。也就是说全国上上下下、里里外外全乱套了，内忧外患纷至沓来。

天地之变不足畏，唯人祸则可畏。这是荀子一种高瞻远瞩的历史教训及其预警的强大穿透力，透过两千多年的时空隧道，至今依然发出振聋发聩般的威力。对于天地异象，不必大惊小怪，而对于人祸则应努力地避免，所以要致力于修养"君臣之义，父子之亲，夫妇之别"，也就是礼义忠信的修养，"则日切磋而不舍也"，日日精进地修为，这才能避免人祸。

人的积极能动性最为重要

《荀子·天论》：大天而思之，孰与物畜而制之！从天而颂之，孰与制天命而用之！望时而待之，孰与应时而使之！因物而多之，孰与骋能而化之！思物而物之，孰与理物而勿失之也！愿于物之所以生，孰与有物之所以成！故错人而思天，则失万物之情。

荀子以气势磅礴的语句，宣示了多么了不起的积极进取精神！一言以蔽之，与其一味地推崇上天、盼望上天赐福，不如主动掌握它的规律，对其加以合理利用，让天更加造福生民。同样地，与其被动地等着万物为人提供便利，还不如合理地主动应用万物。

"制天命而用之"，这是我国古代思想史上第一次提出的利用大自然，控制大自然的破坏的伟大号召，也是人类第一次对天人关系所作的科学的说明。这段阐述，气势磅礴，自信担当，体现了中国文化参天地化育的精神。荀子强调天人之分，又十分强调人定胜天。

荀子的《天论》，在两千多年前写就的一篇政论劝世箴言，其中体现出来的敏锐而深远的视野，敬天重人的哲学处世观，悲悯宽厚的人道民本胸怀，以及实事求是、顺应民心、顺应"天道"、坚定不移、不卑不亢、积极有为的精神，令今人深思，值得鉴戒！

荀子明确地既不把天当作主宰万物最高的人格神，也不是高于一切的理念或绝对精神。荀子充分认识到自然界（道）的作用，这里所谓"天命"就是自然界的作用及其规律与变化。他坚决反对对自然或天顶礼膜拜，消极乞求它的恩赐和降福的愚昧无知的迷信，而主张人类要积极地去驾驭、控制它（驾驭其规律，控制其破坏，即所谓"制""理"），使它为人类服务（"用之"），对某些规律，甚至要发挥人的才能去改变（"骋能而化之"）。这实际上是迄今人类在自然界中所作所为的基本概括。

在荀子之前没有人提出"制天命而用之"这一强音。

人与自然的关系，概言之有三种类型：第一种类型是，人从自然，认为自然是伟大的，人类是渺小的，人类只有顺从自然而无力改变自然，希望通过祭祀自然天地，来获得大自然的恩惠。主要存在于人类文明的蒙昧时期，人类能力弱小，面对诸多困难而无能为力。

第二种类型是，自然从人。认为人类具有无限大的能力，人主宰自然界发展和运行，主要体现在人类文明极大发展的近代工业文明。人类欲望无限膨胀，甚至认为自然可以被人类无限度的攫取。事实是，人类饱尝随意改变和破坏自然的恶果。如今的气候变暖、地球生态恶化，都是这种无限攫取大自然的恶果。这反过来也让人类反思，逐步意识到保护自然与自然和平和谐相处多么重要。

因此，人类在思考人类与自然的关系上，正逐渐过渡到第三种类型——认为人与自然可以和谐相处，自然有其运行规律，人在尊重这些规律的基础上，依据自然规律来为人类服务。实际上，中华文明在处理人和自然关系方面，几千年前早已认识到了人与自然和谐相处的原则和方法，明确提出"明于天人之分"这一命题，进而提出"制天命而用之"（"制"也包含了"敬"的意思，即尊重），在清楚"天人有别"的同时又能实现"天人合一"，这正是人与自然关系升华为既和谐又惠及人类的思维方法与行动方案。

毛泽东很欣赏荀子"制天命而用之"的哲学观。"制天命而用之"的哲学观，毛泽东概括为"人定胜天"。毛泽东曾经从中国教育史的角度，对传统文化中的人民性做过集中概括。他说："中国教育史有人民性的一面。孔子的有教无类，孟子的民贵君轻，荀子的人定胜天，屈原的批判君恶……谈中国教育史，应当提到他们。"

毛泽东从"愚公移山""人定胜天"的奋斗观中汲取智慧。从无到有，从小到大，由弱到强，由简到巨，缔造新中国，创造了中华民族乃至世界历史上辉煌的篇章。

《荀子·天论》：百王之无变，足以为道贯。一废一起，应之以贯，理贯不乱。不知贯，不知应变。贯之大体未尝亡也。乱生其差，治尽其详。故道之所善，中则可从，畸则不可为，匿则大惑。水行者表深，表不明则陷。治民者表道，表不明则乱。礼者，表也。非礼，昏世也；昏世，大乱也。故道无不明，外内异表，隐显有常，民陷乃去。

历朝历代都没有改变的宗旨，谓之道统，可以一以贯之的大道。一废一起，都从大道出发，因此不会混乱。荀子说，当时的礼义道统有所败坏，但是主要精神尚未消失，乱世只是源于对道统理解运用的偏差，治世则是充分掌握了道统的精髓，也就是掌握规则并能良好地运用规则。大到国家政策，小到个人行为，都要有道可从。

在水中游泳，要靠标志来知道水的深浅；标志不明，就会使人溺水。用此比喻来说明"治民者表道，表不明则乱"。治道要有标准，标准不明确，民众无所适从，就会造成社会混乱。

礼就是治理社会的标准。没有礼，没有社会规范和秩序，就是昏暗的世道，则会引起大乱。"故道无不明，外内异表，隐显有常，民陷乃去。"治道既要明确，又要一以贯之，不能朝令夕改，这样才可以让老百姓言行有标准参考，不会动辄得咎。所以，相应地，要建立起礼义文明秩序，国家的典章制度，衣冠文物，礼仪风俗，也都要有明确的指导性安排，让人能够跟从学习。

中道者，明大道也

《荀子·天论》：万物为道一偏，一物为万物一偏。愚者为一物一偏，而自以为知道，无知也。慎子有见于后，无见于先。老子有见于诎，无见于信。墨子有见于齐，无见于畸。宋子有见于少，无见于多。有后而无先，则群众无门。有诎而无信，则贵贱不分。有齐而无畸，则政令不施，有少而无多，则群众不化。书曰："无有作好，遵王之道；无有作恶，遵王之路。"此之谓也。

万物只是道的一部分，一物又只是万物的一部分。愚昧的人只认识了某一事物的某一方面，就自以为掌握道了，其实很无知。"学无止境"，越学越觉得不足。学问浅薄的人才会显摆。

接下来荀子对诸子进行批判，认为他们都是"为一物一偏，而自以为知道"。慎子只看到后退的一面，没有看到前进的一面。老子提倡以柔弱胜刚强，只看到委曲忍让的一面，没有看到主动担当的一面。墨子"尚同"，墨子只见到齐的一面，没有见到不齐的一面；宋子见到欲少的一面，没有见到欲多的一面。

荀子说，这些偏颇的思维，都将产生不利的后果。精英如果一味谦退，不走上前台主持领导教化，普通人民将欲为善，亦无门路可入。只一味低调无名，而不主动有所作为从而享受尊崇，则贵贱无所分别。有齐而无畸，地位完全平等，则政令则无法实施，"势位齐则政令不施"。只立足于要人民寡欲，而不鼓励民众满足基本的物质需求，"不富无以养民情"，不能以此为基础而化导民众。《尚书》上说："不要有所偏好，要遵循王道；不要有所偏恶，要遵循王道。"

非十二子：破邪方能立正

《非十二子》篇是研究先秦时代诸子百家思想的重要文献。荀子破斥"十二子"而推崇仲尼、子弓，是为"总方略，齐言行"，提出"兼服天下"的治理方案，实现"一天下，财万物，长养人民，兼利天下"这一宏伟远大目标。

为了实现这一目标，荀子明确提出了"上则法舜、禹之制，下则法仲尼、子弓之义"的主张。所谓"齐言行""一天下"，乃是战国末期时代发展的大势所趋，荀子旗帜鲜明地指出这一趋势并预先提供指导方案。显然，非十二子之说，是时代的需要，也恰恰证明了荀子察时务、善治世之明智。

"非十二子"与倡圣人之德

《荀子·非十二子》：假今之世，饰邪说，文奸言，以枭乱天下，矞宇嵬琐使天下混然不知是非治乱之所在者，有人矣。纵情性，安恣睢，禽兽行，不足以合文通治；然而其持之有故，其言之成理，足以欺惑愚众；是它嚣魏牟也。忍情性，慕溪利跂，苟以分异人为高，不足以合大众，明大分，然而其持之有故，其言之成理，足以欺惑愚众：是陈仲史鰌也。不知壹天下建国家之权称，上功用，大俭约，而僈差等，曾不足以容辨异，县君臣；然而其持之有故，其言之成理，足以欺惑愚众：是墨翟宋钘也。尚法而无法，下修而好作，上则取听于上，下则取从于俗，终日言成文典，反纟川察之，则偶然无所归宿，不可以经国定分；然而其持之有故，其言之成理，足以欺惑愚众：是慎到田骈也。不法先王，不是礼义，而好治怪说，玩琦辞，甚察而不惠，辩而无用，多事而寡功，不可以为治纲纪；然而其持之有故，其言之成理，足以欺惑愚众；是惠施邓析也。略法先王而不知其统，犹然而犹材剧志大，闻见杂博。案往旧造说，谓之五行，甚僻违而无类，幽隐而无说，闭约而无解。案饰其辞，而只敬之，曰：此真先君子之言也。子思唱之，孟轲和之。世俗之沟犹瞀儒、嚾嚾然不知其所非也，遂受而传之，以为仲尼子弓为兹厚于后世：是则子思孟轲之罪也。

荀子直言不讳，指出当时存在的社会现象，粉饰邪说，美化奸诈的言论，枭乱天下，让天下人不知道是非之标准、治乱之本根。荀子批判"饰邪说，文奸言，以枭乱天下"之人。下面就指出其六种情形：

其一，任性情所为而不知礼义，与禽兽无异，故曰"禽兽行"。其不足合于古之文义，通于治道。而其言论能成文理，足以欺惑愚众。

其二，抑制性情，偏离大道，离世独行，不循礼法，以与众不同为高尚，不能和广大民众打成一片，不能彰明忠孝之大义。

其三，"墨翟、宋钘"之类的论调，只强调每个人劳苦耕作，不能制定国家统一的管理、分工制度，劳苦而效果微小。

其四，口中崇尚法治实际上不顾法治，媚俗而没有中心思想，整日空谈误国，实际治理国家毫无办法。

其五，不尊崇一以贯之的圣贤之道，喜欢偏僻邪说，语言怪异，长于诡辩，看上去像很明察道理实际上毫无用处，将事务搞得纷繁复杂而没有什么实际功用。

其六，大致上效法先王而不得要领，自以为是，理论乖僻、隐晦而不够通达，子思倡导，孟轲附和。

值得注意的是，诸子百家争鸣，相互辨驳，尤其荀子更为直截了当、入木三分。其实都是以利益现世为初心。如果离开当时现实的土壤，只看其批驳的表相，不问其所以然，就完全误会了我们中国古代伟大的先贤的用心良苦。因而，综观荀子"非十二子"，重点非十二子之理论本身，而着重在于其学说是否有利当时"大一统"的前夕以利于构建凝聚人心、平治天下的理论体系。这恰恰说明了荀子以有益于世法而展现的大勇猛、大无畏之气魄，而至臻于"智仁勇"三位一体的境界。

荀子批判了以上六种学说之后，总结指出圣人之德行，并明确提出了孔子、子弓是这样的代表：

《荀子·非十二子》：若夫总方略，齐言行，壹统类，而群天下之英杰，而告之以大古，教之以至顺，奥窔之间，簟席之上，敛然圣王之文章具焉，佛然平世之俗起焉。则六说者不能入也，十二子者不能亲也。无置锥之地，而王公不能与之争名，在一大夫之位，则一君不能独畜，一国不能独容，成名况乎诸侯，莫不愿以为臣，是圣人之不得势者也，仲尼子弓是也。

重点是"总方略，齐言行，壹统类"，制定总的治国方略，齐同人们的言行，统一礼义法则，汇聚天下之英杰，告之以古圣先贤德智修养，教化他们依顺大道，不管在何时何处，圣王之礼义法度具全，太平盛世风俗兴起，正气立则邪气消，因此以上六种学说不能立足于世。虽无立锥之地，王公贵族不能与之争名，各诸侯国争相恭请，这是没有取得治国权势的圣人，以孔子、子弓为代表。

《荀子·非十二子》：一天下，财万物，长养人民，兼利天下；通达之属莫不从服，六说者立息，十二子者迁化，则圣人之得势者，舜禹是也。今夫仁人也，将何务哉？上则法舜禹之制，下则法仲尼子弓之义，以务息十二子之说。如是则天下之害除，仁人之事毕，圣王之迹着矣。"

统一天下，充分利用万物资源，利养人民，让天下得利，治理达到的地方没有不归服的。六种学说停止流传，十二子归化。这是有治理权势的圣人，舜禹为代表。

当下仁人之要务，就是上效法舜禹之治国之制，下效法仲尼子弓修德之义，如此则兴利除害，圣王之功勋卓越。这就是"内圣外王"的最显著表现。

《管子》对"一天下，财万物，长养人民，兼利天下"也有明晰的阐述："以天下之财，利天下之人；以明威之振，合天下之权；以遂德之行，结诸侯之亲；

以好佞之罪，刑天下之心；因天下之威，以广明王之伐；攻逆乱之国，赏有功之劳，封贤圣之德，明一人之行，而百姓定矣。"

《荀子·非十二子》：信信、信也，疑疑、亦信也。贵贤、仁也，贱不肖、亦仁也。言而当、知也，默而当，亦知也，故知默犹知言也。故多言而类，圣人也；少言而法，君子也；多言无法，而流湎然，虽辩，小人也。故劳力而不当民务，谓之奸事，劳知而不律先王，谓之奸心；辩说譬谕，齐给便利，而不顺礼义，谓之奸说。此三奸者，圣王之所禁也。知而险，贼而神，为诈而巧，言无用而辩，辩不惠而察，治之大殃也。行辟而坚，饰非而好，玩奸而泽，言辩而逆，古之大禁也。知而无法，勇而无惮，察辩而操僻，淫大而用之，好奸而与众，利足而迷，负石而坠，是天下之所弃也。

"信信、信也，疑疑、亦信也。贵贤、仁也，贱不肖、亦仁也。"信可信者，疑可疑者，意虽不同，皆归于信，因为并不是先入为主地坚持谬误。《论语》曰："知之为知之，不知为不知，是知也。"

"言而当，知也，默而当，亦知也，故知默犹知言也"。该说的时候说，事情遭遇困境需要发声的时候，别人有思想困难需要解决的时候，就该发声，帮助他人。该默的时候默，别人没有听我建议的想法，人微言轻的场合说了等于没说，就需要保持沉默，总之无论语默无不恰当。

"故多言而类，圣人也；少言而法，君子也；多言无法，而流湎然，虽辩，小人也。"圆融无碍，"言满天下无口过"，是圣人；寡言而合乎法度，是君子；言多而无法度，小人。

劳心费力却不能符合百姓需要，是奸邪之事；好用智虑却不能尊崇先王之道，是奸邪之心；巧舌如簧，反应敏捷，但是不顾礼义，这是奸邪之说。这三种奸邪的表现是治国的极大祸害，是古人特别加以禁止的。

反过来也可以看出荀子倡导的治国主旨，要符合民众需要，要尊崇古圣先贤之道，要归于礼义。

"知而无法，勇而无惮，察辩而操僻，淫大而用之，好奸而与众，利足而迷，负石而坠，是天下之所弃也。"有聪明却无法纪，有悍勇却无必要的敬畏，明察善辩却行为邪僻，骄奢淫逸，好行奸邪之行而党羽众多，就像走得快却方向迷失，走向堕落只会更快。以上这些是要抛弃的。

兼服天下之心

《荀子·非十二子》：兼服天下之心：高上尊贵，不以骄人；聪明圣知，不以穷人；齐给速通，不争先人；刚毅勇敢，不以伤人；不知则问，不能则学，虽能必让，然后为德。遇君则修臣下之义，遇乡则修长幼之义，遇长则修子弟之义，遇友则修礼节辞让之义，遇贱而少者，则修告导宽容之义。无不爱也，无不敬也，无与人争也，恢然如天地之苞万物。如是，则贤者贵之，不肖者亲之；如是，而不服者，则可谓诪怪狡猾之人矣，虽则子弟之中，刑及之而宜。诗云："匪上帝不时，殷不用旧；虽无老成人，尚有典刑；曾是莫听，大命以倾。"此之谓也。

如何让天下人之心归服？其主旨在于修养人格、道德，"兼服天下之心"是必然之结果。当杜绝了以上种种不当的言行之后，进一步阐述如何修"德"。

随时放下尊贵的"位子"，不骄慢，像楚国孙叔敖所说"我的爵位越高，我的态度越卑恭"；自己有识有智，不逞强好胜而使人窘迫，"智而能容愚"，这才是真正的大智，自以为有智慧而看不起别人，恰恰是没有大智；言行迅速敏捷，而不逞聪明、出头争胜；刚毅勇猛而不伤害无辜者。不知就问，不会则学，谦虚恭敬，礼让三先。在日常生活中，无一事放逸，对一切人本着爱敬包容之心，像天地对待万物那样。则天下归矣。

具体的修行方法，正如《法华经》中观世音菩萨对待众生，"应以何身得度，即现何身而为说法"，"应以长者身得度者，即现长者身而为说法；应以宰相身得度者，即现宰相身而为说法；应以居士身得度者，即现居士身而为说法"。在《荀子·非十二子》中是这样讲的："遇君则修臣下之义，遇乡则修长幼之义，遇长则修子弟之义，遇友则修礼节辞让之义，遇贱而少者，则修告导宽容之义。无不爱也，无不敬也，无与人争也，恢然如天地之苞万物。"因人而宜因时而宜，修为臣之义、修长幼之义、子弟之义、礼节辞让之义、告导宽容之义。天下没有我不爱的人，天下没有我不敬的人，没有争讼、争夺，超越名利，心包太虚，践行中道。"如是，则贤者贵之，不肖者亲之；如是，而不服者，则可谓讹怪狡猾之人矣，虽则子弟之中，刑及之而宜"。如是，群贤聚集，不贤者也被感化而亲近之，这种情况下如仍有作恶多端者只能绳之以法了。

《荀子·非十二子》：古之所谓仕士者，厚敦者也，合群者也，乐富贵者也，乐分施者也，远罪过者也，务事理者也，羞独富者也。今之所谓仕士者，污漫者也，贼乱者也，恣孳者也，贪利者也；触抵者也，无礼义而唯权势之嗜者也。

古之所谓处士者，德盛者也，能静者也，修正者也，知命者也，箸是者也。今之所谓处士者，无能而云能者也，无知而云知者也，利心无足，而佯无欲者也，行伪险秽，而强高言谨悫者也，以不俗为俗，离纵而跂訾者也。

在古代，"士"，代表着具有修齐治平之愿景与愿行的人，是社会精英。他们既是国家政治的直接参与者，同时又是优秀人文精神的推动者、传承者。这是中华文明所独具特色的一个普遍受到人们尊敬的社会精英群体。

《论语·子路》子贡问："何如斯可谓之士矣？"孔子曰："行己有耻，使于四方不辱君命，可谓士矣。"知耻而后勇，严于律己，忠君爱国，能力突出的人，称为"士"。

荀子说：古之所谓仕士者，"厚敦者也，合群者也，乐富贵者也，乐分施者也，远罪过者也，务事理者也，羞独富者也。"敦厚诚朴，爱众合群，安于富贵，乐于布施，远离罪过，行事有条理，耻于个人独富而能兼济天下。这是古代的士。"乐富贵"这条并不容易，很多人在富贵中就迷失了，患得患失，财富越多越发无所适从。而士人对待富贵能以平常心对待，并且慷慨布施，所以富而好礼，富贵了也能安乐。

接下来，荀子开始批判说，"今之所谓仕士者，污漫者也，贼乱者也，恣孳者也，贪利者也；触抵者也，无礼义而唯权势之嗜者也。"今之士大夫，污秽卑鄙，行为放肆贼乱，唯利是图，不修礼义而唯嗜好权势。

再比较古今的隐士。"古之所谓处士者，德盛者也，能静者也，修正者也，知命者也，箸是者也。"古之隐士，道德充沛，身心静定，修养端正，乐天知命，宣扬正义。是真正的有德隐士。"今之所谓处士者，无能而云能者也，无知而云知者也，利心无足，而佯无欲者也，行伪险秽，而强高言谨悫者也，以不俗为俗，离纵而跂訾者也。"今之所谓隐士，无能但是却自夸有能，无知而自夸智慧，贪利不厌但假充淡泊名利，行为阴险诈伪却自我标榜诚实严谨，以不随顺大众为习俗，背离常道而特立独行。是沽名钓誉之人。

《荀子·非十二子》：士君子之所能不能为：君子能为可贵，而不能使人必贵己；能为可信，而不能使人必信己；能为可用，而不能使人必用己。故君子耻不修，不耻见污；耻不信，不耻不见信；耻不能，不耻不见用。是以不诱于誉，不恐于诽，率道而行，端然正己，不为物倾侧：夫是之谓诚君子。诗云："温温恭人，维德之基。"此之谓也。

因此，荀子指出士君子之德行标准，有三不能。君子能做到品德高尚具备使人尊重的素质，但不能让别人一定会尊重自己；自己能做到忠信但不能做到让别人一定信任自己；有才能能为别人所用，但不能做到必然为别人所用。

君子能做到自律、自知、自明，但是结果如何，并不能保证。所以孔子才会说："人不知而不愠，不亦君子乎"，做得再好，别人也可能不了解，但是君子不会生气，能够做到"但问耕耘，莫问收获"。能反求诸己，则不怨天尤人。君子所感到羞耻的是没有修养，不能做到讲诚信，不能有充分的能力，至于别人承认不承认，并不是自己所要顾虑的。因此真君子是毁誉不动，宠辱不惊；率道而行，端然正己；不以物喜，不以己悲。真君子的盛德之美，堪为楷模。《诗经》云："温良谦恭之人，以德行为根本。"

士君子之容，相好庄严

《荀子·非十二子》：士君子之容：其冠进（峻），其衣逢，其容良；俨然，壮然，祺然，蕼然，恢恢然，广广然，昭昭然，荡荡然，是父兄之容也。其冠进，其衣逢，其容悫；俭然，恀然，辅然，端然，訾然，洞然，缀缀然，瞀瞀然，是子弟之容也。

吾语汝学者之嵬容：其冠绕，其缨禁缓，其容简连；填填然，狄狄然，莫莫然，瞡瞡然，瞿瞿然，尽尽然，盱盱然；酒食声色之中，则瞒瞒然，瞑瞑然；礼节之中，则疾疾然，訾訾然；劳苦事业之中，则佪佪然，离离然，偷儒而罔，无廉耻而忍謑诟，是学者之嵬也。

士君子之容，相好庄严。帽子高耸，衣服宽舒，面容和蔼可亲，庄重，伟岸，安泰，洒脱，宽宏，开阔，明朗，坦荡，做父兄的应该是这个样子。帽子高耸，衣服宽大，面容谨慎诚恳，俭朴，温顺，亲热，端正，勤劳，谦恭，顺从，谨言慎行，做子弟的应该是这个样子。

而那些所谓的"学者"的怪模样：帽子向前歪戴着，帽带系得稀松，面容傲慢自大，自满自足；言行轻浮，情绪起伏不定；骄傲自满，酒食声色之中，神情迷乱，沉溺其中；在需要行礼节的场合，骂骂咧咧，口出怨言；担当劳苦事业时，懒懒散散，躲躲闪闪，苟且偷安并且满不在乎，无廉耻而对别人的诟病毫无反思之意，是学者之丑态。

《荀子·非十二子》：弟陀其冠，神禫其辞，禹行而舜趋：是子张氏之贱儒也。正其衣冠，齐其颜色，嗛然而终日不言，是子夏氏之贱儒也。偷儒惮事，无廉耻而耆饮食，必曰君子固不用力：是子游氏之贱儒也。彼君子则不然：佚而不惰，劳而不侵，宗原应变，曲得其宜，如是然后圣人也。

帽子戴得歪斜欲坠，说话磨磨叽叽，又索然无味，学禹的跛行，学舜的快走，这是子张一派的贱儒。子张，即颛孙师，字子张。春秋末陈国阳城人。"子张之儒"，为"儒家八派"之首。衣冠整齐，面色严肃，终日沉默不语，这是子夏一派的贱儒。"子夏之儒"也是孔子之后的儒家流派之一。苟且偷安懒惰怕事，没有廉耻之心而热衷于吃吃喝喝，总是说"君子本来就不用从事体力劳动"，这是子游一派的贱儒。子游，姓言，名偃，字子游，亦称"言游"。荀子指出各家为当时之世所不容的不足之处，以他们为例纠正当时的社会风气。

由君子之容，到君子之行，处处彰显大美之德。"彼君子则不然：佚而不惰，劳而不侵，宗原应变，曲得其宜，如是然后圣人也。"真正的君子，安闲却不懒惰，劳苦却不懈怠，坚持原则又能随机应变，各方面问题处理得恰到好处，符合时宜。洒脱自在，圆融无碍，堪为圣人。

此段虽言君子之容，其实质还是在言君子德行之大美。结合本章对十二子的批判，点出真正的圣者，必然是内圣外王，能经世济民而非装模做样。"诚于中必形于外"，内秀必然外彰；内心纯正平和有底蕴，外表必然谦和端庄有威仪。但内若无明一片，即使容貌再华美，服饰再华贵，也是"金玉其外，败絮其中"。内在充实之谓美。君子言谈举止、待人接物、行住坐卧、形象仪容，都应相好庄严，堪为天下法式。

荀子批判"子张之儒""子夏之儒""子游之儒"等，并非门户之见。在当时社会大变革的战国时代，如果儒生还只是一味地闭门读书，不问世事，因循守旧，就有些不合时宜了。荀子则相反，他在稷下讲学，继承孔子的衣钵，积极投身于社会变革之中，紧跟时代步伐，尽力拯救时代之弊。荀子曾做过兰陵令，有理论有实践。他的学生韩非、李斯等人也跟随老师投身实践，为日后的一统打下了坚实的理论基础和实践基础。荀子是思想家、是政治家、又是实战派。真正继承和发扬孔子之学的人，是荀子。

另外，从《荀子》之《非相》《非十二子》，也反映出当时学术氛围的宽松，正是这种氛围造就了百家争鸣、百花齐放的局面，造就了中国灿烂的轴心时代的辉煌。

君子谨于善恶之辩

在《非相》篇，荀子指出"相人，古之人无有也，学者不道也。"而重点是如若人不修礼义不行礼义，则"人有三不吉祥""人有三必穷"。进而指出"法后王"之重要，因为"传者久则论略，近则论详。略则举大，详则举小"。荀子又指出君子"必辩"，能诲人不倦，努力让有利于时代进步的优秀思想文化流传开来。阐明君子之德，圣人之道，在自修，在利他，在治世。

君子"必辩"，诲人不倦

《荀子·非相》：相人，古之人无有也，学者不道也。古者有姑布子卿，今之世梁有唐举，相人之形状颜色，而知其吉凶妖祥，世俗称之。古之人无有也，学者不道也。故相形不如论心，论心不如择术；形不胜心，心不胜术；术正而心顺之，则形相虽恶而心术善，无害为君子也。形相虽善而心术恶，无害为小人也。君子之谓吉，小人之谓凶。故长短小大，善恶形相，非吉凶也。古之人无有也，学者不道也。

盖帝尧长，帝舜短；文王，周公短；仲尼长，子弓短。昔者卫灵公有臣曰公孙吕，身长七尺，面长三尺，焉广三寸，鼻目耳具，而名动天下。楚之孙叔敖，期思之鄙人也，突秃长左，轩较之下，而以楚霸。叶公子高，微小短瘠，行若将不胜其衣然。白公之乱也，令尹子西，司马子期，皆死焉，叶公子高入据楚，诛白公，定楚国，如反手尔，仁义功名善于后世。故事不揣长，不挈大，不权轻重，亦将志乎尔。长短大小，美恶形相，岂论也哉！且徐偃王之状，目可瞻马。仲尼之状，面如蒙倛。周公之状，身如断菑。皋陶之状，色如削瓜。闳夭之状，面无见肤。傅说之状，身如植鳍。伊尹之状，面无须麋。禹跳汤偏。尧舜参牟子。从者将论志意，比类文学邪？直将差长短，辨美恶，而相欺傲邪？

古者桀纣长巨姣美，天下之杰也。筋力越劲，百人之敌也，然而身死国亡，为天下大僇，后世言恶，则必稽焉。是非容貌之患也，闻见之不众，议论之卑尔。今世俗之乱君，乡曲之儇子，莫不美丽姚冶，奇衣妇饰，血气态度拟于女子；妇人莫不愿得以为夫，处女莫不愿得以为士，弃其亲家而欲奔之者，比肩并起；然而中君羞以为臣，中父羞以为子，中兄羞以为弟，中人羞以为友；俄则束乎有司，而戮乎大市，莫不呼天啼哭，苦伤其今，而后悔其始，是非容貌之患也，闻见之不众，议论之卑尔！然则，从者将孰可也！

"相人，古之人无有也，学者不道也。"荀子以许多实际例子，表明许多相貌不佳者却是德智具备的圣贤，而许多相貌伟岸者却德行失范。所以不能以相貌论一个人的短长，而应看其是否通过努力修行礼义、有功于世。

荀子明确提出"相形不如论心，论心不如择术"，以容貌分人不如看一个人的内心是善是恶，看一个人的内心更不如看行动，是否在力行礼义。荀子指出长相突出却成为天下耻辱的根本在于"闻见之不众，议论之卑尔"，见识不广，认识卑下，在于错误的人生观。

《荀子·非相》：人有三不祥：幼而不肯事长，贱而不肯事贵，不肖而不肯事贤，是人之三不祥也。人有三必穷：为上则不能爱下，为下则好非其上，是人之一必穷也；乡则不若，偝则谩之，是人之二必穷也；知行浅薄，曲直有以相县矣，然而仁人不能推，知士不能明，是人之三必穷也。——人有此三数行者，以为上则必危，为下则必灭。诗曰："雨雪瀌瀌，宴然聿消，莫肯下隧，式居娄骄。"此之谓也。

因此，荀子指出："人有三不祥"。人如果不肯做符合自己身份、地位的事，"幼而不肯事长，贱而不肯事贵，不肖而不肯事贤"，必将陷于"不祥"。在上位者不能爱下，下位者好非议其上位者；当面不顺从，背后又谩骂上级；德智浅薄，辨别是非能力不足，却不能让贤，必然陷入穷困之境。这种吉凶观全然抛弃了神秘主义，完全取决于人是否找准自己的定位，并付诸努力。

《荀子·非相》：人之所以为人者何已也？曰：以其有辨也。饥而欲食，寒而欲暖，劳而欲息，好利而恶害，是人之所生而有也，是无待而然者也，是禹桀之所同也。然则人之所以为人者，非特以二足而无毛也，以其有辨也。今夫狌狌形状亦二足而无毛也，然而君子啜其羹，食其胾。故人之所以为人者，非特以其二足而无毛也，以其有辨也。夫禽兽有父子，而无父子之亲，有牝牡而无男女之别。故人道莫不有辨。

对于基本的生理、生活欲求，君子小人相同，禹桀相同。然而人之所以区别于动物，之所以为人者，在于"有辨"，在于人人有各自的职责和定位，父慈子孝，上敬下忠。

《荀子·非相》：辨莫大于分，分莫大于礼，礼莫大于圣王；圣王有百，吾孰法焉？曰：文久而灭，节族久而绝，守法数之有司，极礼而褫。故曰：欲观圣王之迹，则于其粲然者矣，后王是也。彼后王者，天下之君也；舍后王而道上古，譬之是犹舍己之君，而事人之君也。故曰：欲观千岁，则数今日；欲知亿万，则审一二；欲知上世，则审周道；欲审周道，则审其人所贵君子。故曰：以近知远，以一知万，以微知明，此之谓也。

夫妄人曰："古今异情，其所以治乱者异道。"而众人惑焉。彼众人者，愚而无说，陋而无度者也。其所见焉，犹可欺也，而况于千世之传也？妄人者，门庭之间，犹可诬欺也，而况于千世之上乎？

圣人何以不可欺？曰：圣人者，以己度者也。故以人度人，以情度情，以类度类，以说度功，以道观尽，古今一也。类不悖，虽久同理。

故乡乎邪曲而不迷，观乎杂物而不惑，以此度之。五帝之外无传人，非无贤人也，久故也。五帝之中无传政，非无善政也，久故也。禹汤有传政而不若周之察也，非无善政也，久故也。传者久则论略，近则论详，略则举大，详则举小。愚者闻其略而不知其详，闻其详而不知其大也。是以文久而灭，节族久而绝。

"辨莫大于分，分莫大于礼，礼莫大于圣王"，讲到对事物的分别没有比区分名分更重要的了，讲到区分名分则没有比礼更重要的了，讲到守礼则没有比圣王更重要的了。

荀子认为，无论是古今的圣王，都能为国家礼义制度的建立提供最根本的指导。但是至于具体采用哪个时代的礼义制度，荀子主张要"法后王"，从近当代圣王那里取法，也就是通过对周朝治理的了解，可以了解圣王治理天下的大道。因为远古圣王、即"先王"所制定具体的礼仪制度等随着时间流逝已经失传，只有近代的圣王所制定的国家治理制度基本保存完好，足可以成为当今治国理政的实际借鉴。

对于荀子认为古今圣王都提供了治国的大道，但有人却认为，古代和今天的情况各异，治理的大道不一样。这么一说，一般愚昧大众就迷惑了，但是圣人不会被迷惑，因为他仍知道古今治理大道是一样的。

不能按照古圣王的治理之道来指导今天的治理。荀子则认为，这只是一般愚昧无知之人的见解。圣人不会被迷惑，能通达古代圣王的治理智慧，因为他们有着"以己度人"的智慧心法，能够自知，而且知人。

"圣人何以不可欺？曰：圣人者，以己度者也。故以人度人，以情度情，以类度类，以说度功，以道观尽，古今一也。"圣人因为自知，因此也能知人。正如老子所说，以身观身，以国观国，以天下观天下，从自身就可以推己及人而知道他人。所以圣人知道古今大道如一，能够通达一以贯之的大道，今天的治理形式随着时代有不同表现，但是本质跟古时候的治理一样，都是王道大治，天下归心，因为"类不悖，虽久同理"。

以圣王之道为准，就可以观察分别一切的治理是正道还是邪道，能够不为邪曲之道所迷，不为杂乱的表象所惑，"乡乎邪曲而不迷，观乎杂物而不惑"。

《荀子·非相》：凡言不合先王，不顺礼义，谓之奸言；虽辩，君子不听。法先王，顺礼义，党学者，然而不好言，不乐言，则必非诚士也。故君子之于言也，志好之，行安之，乐言之，故君子必辩。凡人莫不好言其所善，而君子为甚。故赠人以言，重于金石珠玉；观人以言，美于黼黻文章；听人以言，乐于钟鼓琴瑟。故君子之于言无厌。鄙夫反是：好其实不恤其文，是以终身不免埤污佣俗。故易曰："括囊无咎无誉。"腐儒之谓也。

讲话头头是道，雄辩滔滔，但不合乎正道，不合乎古代先王的教导，不合乎礼义，是为邪说，君子不听。故应以圣王为榜样，以此为准绳。一方面，君子不随波逐流，而是尊崇先王礼义大道。但是另一方面，顺礼义而不善教化，非对大道真正诚敬服膺之士。因此，为了宣扬正道正法正义，志向上好追求礼义，行动上安于贯彻礼义，以宣传礼义为乐，君子必然乐于宣传礼义大道。于言无厌，诲人不倦。

"君子赠人以言，重于金石珠玉"，赠人以良言，比金石珠宝还宝贵；"听人以言，乐于钟鼓琴瑟"，听到良言，比听到美妙音乐还快乐，所以君子之于言无厌。腐儒则反之，"好其实不恤其文，是以终身不免埤污佣俗。"他们只注重现实功利，而不顾及礼义精神的传播，一辈子也免不了粗俗。

荀子用《易经》"括囊无咎无誉。"比喻那些闭口不言的人，像扎紧了口的袋子，只求无过、不求赞誉。说的是那些愚腐、无担当的儒生。所以，真正的大道君子非"自了汉"，君子于挽救世道能义无反顾。

因此，荀子所说的"君子必辩"，都是大是大非之原则性问题，乃至民族文化前途命运。

毛泽东与蒋介石在西安事变之后的一"辩"，既是漂亮的一"辩"，也是为今人提供明辨是非的"世纪美文"。

1936 年 12 月 26 日，蒋介石刚刚以联共抗日的条件换得性命离开西安，惊魂未定，便在洛阳发表了一个声明，即《对张杨的训词》。毛泽东把它称做"中国政治文献中一篇有趣的文章"，并写了《关于蒋介石申明的申明》。

蒋介石不得不为自己挽回丢失在西安的面子，于是他在申明中称西安事变系受"反动派"包围所致。这"反动派"指什么是很清楚的，可是蒋介石含含糊糊，对他所谓的"反动派"究竟是一些什么人物不作说明。所以毛泽东需要再申明一下。

毛泽东针对蒋介石的"模糊法"而采取"明确法"，即指出蒋介石所谓"反动派"实指什么，然后揭明蒋介石肆意攻击革命势力的实质。

"不知道蒋氏字典中的'反动派'三字作何解释。"毛泽东写道，"西安事变的发动，确系受下列数种势力的影响：（一）张杨部队及西北革命人民的抗日怒潮的高涨；（二）全国人民的抗日怒潮的高涨；（三）国民党左派势力的发展；（四）各省实力派的抗日救国的要求；（五）共产党的抗日民族统一战线的主张；（六）世界和平阵线的发展。"

蒋氏"反动派"三字的外延清楚了。于是毛泽东接着说："蒋氏所说的'反动派'，不是别的，就是这些势力，不过人们叫作革命派，蒋氏则叫作'反动派'罢了。""因此，我们劝蒋氏将其政治学字典修改一下，将'反动派'三字改为'革命派'三字，改得名副其实，较为妥当。"（《毛泽东选集》第一卷，人民出版社 1991 年版）

蒋介石本来想用"反动派"诬指共产党。但经过毛泽东的指证，共产党只是促进西安事变的六种势力之一，并且放在第五位。张杨部队、国民党左派、各省实力派都在共产党前面，难道这些人都是"反动派"吗？如果蒋介石把这些势力看作"反动派"，那就不仅是继续与共产党为敌，而且还把他统治下的张杨两军、国民党左派、各省实力派及全国人民和世界和平阵线都推到对立面去了。（萧诗美《毛泽东智慧》）

这就是君子"必辩"的重要意义所在。毛泽东随时提笔，针对种种错误思潮、针对革命的前途形势等，写下振聋发聩的文章，这都是"君子必辩"。

而于今天，"君子必辩"，也意味着构建我们的国际话语体系。要讲好中国故事，包括文化故事，制度故事，历史故事，抗疫故事，等等。"舆论阵地，我们不占领，别人就会占领。"

说话之难

《荀子·非相》：凡说之难，以至高遇至卑，以至治接至乱。未可直至也，远举则病缪，近世则病佣。善者于是间也，亦必远举而不缪，近世而不佣，与时迁徙，与世偃仰，缓急、嬴绌，府然若渠匽檃栝之于己也。曲得所谓焉，然而不折伤。

故君子之度己则以绳，接人则用抴。度己以绳，故足以为天下法则矣；接人用抴，故能宽容，因众以成天下之大事矣。故君子贤而能容罢，知而能容愚，博而能容浅，粹而能容杂，夫是之谓兼术。诗曰："徐方既同，天子之功。"此之谓也。

君子"必辩"，实质上是一种领袖才能。正是基于君子"必辩"，也须下一番真功夫。进而指出"谈说之难"："凡说之难，以至高遇至卑，以至治接至乱。未可直至也，远举则病缪，近世则病佣。"论说的难处，极高明的道理对着极卑庸的人讲，极高明的治理之道对着错乱的人讲。很多道理不可直截了当地讲出来。举远古的事例恐怕流于谬误；举当世的事例恐怕流入俗套。

"善者于是间也，亦必远举而不缪，近世而不佣，与时迁徙，与世偃仰，缓急、嬴绌，府然若渠匽檃栝之于己也。曲得所谓焉，然而不折伤。"善言善辩者，必取其中道，以远古举例子不错谬，以近世举例子不落入俗套。讲话的内容贴近现实，与时俱进，演说有时和缓，有时急切，有时详细，有时简略。讲话要适合听众的认知程度而达到预期的效果。因此君子必有"辩才"。"曲得所谓焉，然而不折伤"，讲话善于因势利导，有时会迂回曲折，让人容易接受，正如《道德经》言："曲则全"。

说话得当是很难的，荀子这里指出来了。荀子的学生韩非子，在《韩非子·说难》中进一步发挥了荀子之说。"凡说之难：非吾知之有以说之之难也，又非吾辩之能明吾意之难也，又非吾敢横失而能尽之难也。""凡说之难：在知所说之心，可以吾说当之。"说什么不难，难在面对不同人的心态，怎么说才能把道理尽可能说出来让对方接受，才最难。

直截了当，黑白分明，往往不能起到应有的效果。不仅说话如此，处理事情乃至搞革命，也是如此。

毛泽东认为，政治上两点间最短的距离往往不是直线。毛泽东的政治智慧集中体现在他关于统一战线的理论和实践中。他曾说，中国共产党拥有战胜敌人的三个主要法宝，统一战线乃是其中的第一大法宝。

统一战线之所以必要，是基于敌强我弱这一基本事实。毛泽东认定：只有统一战线的策略才是马克思列宁主义的策略，才是弱中求强，以弱胜强，由弱变强的唯一法宝。

与统一战线策略相反的另一种策略，毛泽东称作"关门主义的策略"。

"关门主义的策略是孤家寡人的策略"，是"革命队伍中的幼稚病"。他们幻想"革命的力量要纯粹又纯粹，革命的道路要笔直又笔直"。

毛泽东一针见血：关门主义的这种"纯粹"和"笔直"的想法，关门主义"为渊驱鱼""为丛驱雀"，把"千千万万"和"浩浩荡荡"都赶到敌人那一边去，只会博得敌人的喝彩，实际上帮助了敌人，而使革命陷入困境，走上失败的道路。关门主义的可笑之处在于他们不懂得，"革命的道路，同世界上一切事物活动的道路一样，总是曲折的，不是笔直的。革命和反革命的阵线也可能变动，也同世界上一切事物的可能变动一样"。

政治策略说到底就是要善于处理这种"直"与"曲"的关系。所谓"以屈求伸""以迂为直""以退为进""将欲取之，必先与之"等策略智慧，都是围绕"曲""直"二字做文章。

毛泽东知道什么时候应当强硬，什么时候需要妥协，目的是革命的成功，人民的解放。这是中道。

这就是中庸之道。该怎样就怎样，打破框框，打破一切常规，没有僵化、没有教条，该进则进、该退则退，打得过就打、打不过就跑。就这样简单，可就这么简单的背后，却是有着"大不简单"的智慧蕴含其中，因而毛泽东总是能够指挥军队创造绝处逢生、化险为夷、出奇制胜的奇迹。

"故君子之度己则以绳，接人则用抴。度己以绳，故足以为天下法则矣；接人用抴，故能宽容，因众以成天下之大事矣。"严以律己，则德行日高，行为世范；宽以待人，则群众响应，事业易成。君子足以为天下楷模，能成天下之大事。"故君子贤而能容罢，知而能容愚，博而能容浅，粹而能容杂，夫是之谓兼术。诗曰：'徐方既同，天子之功。'此之谓也。"此为君子之德行，君子心胸开阔，以贤能容无能之人，以聪慧容纳愚昧之人，以博闻容寡闻之人，以道德纯粹容品行善恶交织之人，此兼容摄服大众之法。也为后世之人提供了一个能够成就君子善辩、善言的方法。古今中外许多的优秀政治家，都是有很强的演讲艺术，语言很有感染力、说服力的。

《荀子·非相》：谈说之术：矜庄以莅之，端诚以处之，坚强以持之，譬称以喻之，分别以明之，欣驩芬芗以送之，宝之，珍之，贵之，神之。如是则说常无不受。虽不说人，人莫不贵。夫是之谓为能贵其所贵。传曰："唯君子为能贵其所贵。"此之谓也。

谈话的艺术：态度庄重，端正诚恳，坚定地鼓励他，善用比喻，用分析的方法来开导，颜色和悦。"宝之，珍之，贵之，神之"，让谈话显得宝贵、珍重、神奇，这样的谈话很容易让人接受。谈话即使不能使人高兴，人们也没有不尊重他的。这就是能够让自己贵重的东西得到尊重。"唯君子为能贵其所贵"，君子对于自己的观点、计划，是很自信、很珍重的，自己有信心，就更能说服别人。

善于说话者，能在谈笑间让人接受一项很重大的建议。《列子·说符》的一个故事，晋文公准备攻打卫国，公子锄知道此事仰天大笑，晋文公问："你为什么笑？"公子锄说："我是笑我的邻居，他送妻子回娘家，在路上碰到一个采桑的妇女，就去和采桑妇搭讪，可是当他回头看自己的妻子时，发现竟然也有人正准备勾引她。我正是为这件事而发笑。"公子锄对时局有所判断，善用比喻，启发晋文公明白了他的话意，停止了行动，率领军队回国。果然还没到国都，已经有人在攻伐晋国北部边境地区了。公子锄以其智慧的"说话"，止息了一次讨代卫国的战争，同时也保存了晋国的力量以应对外国的攻伐。

《荀子·非相》：君子必辩。凡人莫不好言其所善，而君子为甚焉。是以小人辩言险，而君子辩言仁也。言而非仁之中也，则其言不若其默也，其辩不若其呐也。言而仁之中也，则好言者上矣，不好言者下也。故仁言大矣：起于上所以道于下，政令是也；起于下所以忠于上，谋救是也。故君子之行仁也无厌，志好之、行安之、乐言之；故言君子必辩。小辩不如见端，见端不如见本分。小辩而察，见端而明，本分而理；圣人士君子之分具矣。

以"仁"为小人与君子说话之分野。言而非仁不若其呐。"言而仁之中也，则好言者上矣，不好言者下也。"说的话本乎仁义，那么好言是值得推崇的，不好言是不值得推崇的。"故仁言大矣：起于上所以道于下，政令是也；起于下所以忠于上，谋救是也。"上面对下面的政令，下面对上面的建议，都要以仁义为中心。"故君子之行仁也无厌，志好之、行安之、乐言之"，君子竭尽全力传播践行仁义之道。

"小辩不如见端，见端不如见本分。小辩而察，见端而明，本分而理；圣人士君子之分具矣。"辩论小事不如揭示头绪，揭示头绪不如抓住事物本质，君子之辩应直指核心，如"龙衔海珠，游鱼不顾"，以致达到"本分而理"之境界。什么是本分，即是礼义，即是道。

《荀子·非相》：有小人之辩者，有士君子之辩者，有圣人之辩者：不先虑，不早谋，发之而当，成文而类，居错迁徙，应变不穷，是圣人之辩者也。先虑之，早谋之，斯须之言而足听，文而致实，博而党正，是士君子之辩者也。听其言则辞辩而无统，用其身则多诈而无功，上不足以顺明王，下不足以和齐百姓，然而口舌之均，应唯则节，足以为奇伟偃却之属，夫是之谓奸人之雄。圣王起，所以先诛也，然后盗贼次之。盗贼得变，此不得变也。

说话、辩论，可以看到一个人的底蕴。有小人之辩、士君子之辩、圣人之辩。

圣人之辩：应机教化，游刃有余，尽显礼义，如珠子走盘，圆融无碍。

士君子之辩：不打无准备之仗，有备而来，言而有实，知识渊博，立论公正。

小人之辩：善于辞令而无原则，多狡诈而无功，表面上却谈吐不凡、眩人耳目，谓奸人中的突出者。于是，"圣王起，所以先诛也，然后盗贼次之。盗贼得变，此不得变也。"对这种人杀无赦，因为"巧言令色鲜矣仁"，社会危害大，偏见比无知祸患更深，宁要无知，不要偏见。孔子诛杀少正卯，就是因为其心达而险、言伪而辩、行辟而坚。

总之，君子之辩，说话之术，重在于初发心。根本用心在于践行礼义，利益大众。循道而善辩，君子志好之、行安之、乐言之。"一言可以兴邦"，圣人之辩，安邦定国。

澄清"集体无意识"

《正论》篇杂取世俗之论，而力加以辟正，分为以下十个方面：一为"主道利周"，二为"桀纣有天下汤武篡而夺之"，三为"治古无肉刑"，四为"汤武不能禁令"，五为"尧舜禅让"，六为"尧舜不能教化"，七为"太古薄葬"，八为"见侮不辱，使民不斗"，九为"见侮不辱，不合王制"，十为"人之情欲寡"，对这些观点有力批驳的同时，也充分肯定了尧舜等圣明君主。此篇与《天论》《解蔽》诸章相互发明，很有价值。

领导者"明明德"的重要性

《荀子·正论》：世俗之为说者曰："主道利周。"

是不然。主者、民之唱也，上者、下之仪也。彼将听唱而应，视仪而动；唱默则民无应也，仪隐则下无动也；不应不动，则上下无以相有也。若是，则与无上同也！不祥莫大焉。故上者、下之本也。上宣明，则下治辨矣；上端诚，则下愿悫矣；上公正，则下易直矣。治辨则易一，愿悫则易使，易直则易知。易一则强，易使则功，易知则明，是治之所由生也。上周密，则下疑玄矣；上幽险，则下渐诈矣；上偏曲，则下比周矣。疑玄则难一，渐诈则难使，比周则难知。难一则不强，难使则不功，难知则不明，是乱之所由作也。

故主道利明不利幽，利宣不利周。故主道明则下安，主道幽则下危。故下安则贵上，下危则贱上。故上易知，则下亲上矣；上难知，则下畏上矣。下亲上则上安，下畏上则上危。故主道莫恶乎难知，莫危乎使下畏己。传曰："恶之者众则危。"书曰："克明明德。"诗曰："明明在下。"故先王明之，岂特玄之耳哉！

有一种说法认为"人主之道，要对民众隐秘才有利。"荀子说，此言不然，君主是民众的号召者，上级是下级的表率。臣民们要根据号召来响应，看着表率来行动。发号召的人不说话，民众的行动就没有根据；表率隐蔽，下属就无从行动。臣民不响应、不行动，君主和臣民就无法上下相协调了。这样，就和没有君主一样，没有比这更不吉利的事了。

君主是臣民的根基。君主公开透明，下面的治理就条理清晰；君主端正诚实，臣民们就老实忠厚；君主公正无私，臣民们就平易正直。治理有条理，民众就容易统一；民众忠厚老实，就容易被差遣；民众简易正直就容易了解。民众容易统一，国家就强盛；臣民容易差遣，君主就容易建功立业；民众状态容易了解，君主对下面一切就都清楚明白。这样一来国家也就得到了良好治理。

环环相扣，逻辑清晰，上位者的透明、公正、诚信，带来下面的良好秩序，国家大治。

反之，若君主隐蔽秘密，臣民就疑惑迷乱；君主阴暗险恶，臣民就虚伪欺诈；君主偏私不公正，臣民就会拉帮结派。臣民疑惑迷乱就难以统一，虚伪欺诈就难以号召，拉帮结派就难以了解。臣民难以统一，国家就不会强盛；臣民难以号召，君主就不能建立功业；臣民难以了解，君主就会对下面的情况不明白。祸乱也就由此而开始萌生了。荀子在这里也点出了现代意义上的"民主"思想，要让人民参与到国家的治理中，发动广大人民，与人民打成一片，而不是只有少数人，脱离群众，搞暗中操作。

所以，君主的治理措施以透明为有利，而以秘密为不利，以公开为有利而以隐蔽为不利。要光明正大，不要阴谋诡计。君主的治理措施公开透明，那么臣民就安逸；君主的统治措施秘密隐蔽，那么臣民就危险。臣民能过上安逸的生活，君主就会被尊重；臣民生活在危险之中，君主就会受鄙视。君主的政治意图容易被了解，那么臣民就亲爱君主；君主的措施难以被了解，那么臣民就害怕君主。臣民亲爱君主，君主就安逸；臣民害怕君主，君主就危险。

尚书曰："克明明德。"诗曰："明明在下。"领导人要修养美好的德行，坦荡无私，才能号召天下。

天下必由有德者居之

《荀子·正论》：世俗之为说者曰："桀纣有天下，汤武篡而夺之。"

是不然。以桀纣为常有天下之籍则然，亲有天下之籍则不然，天下谓在桀纣则不然。

古者天子千官，诸侯百官。以是千官也，令行于诸夏之国，谓之王。以是百官也，令行于境内，国虽不安，不至于废易遂亡，谓之君。圣王之子也，有天下之后也，势籍之所在也，天下之宗室也，然而不材不中，内则百姓疾之，外则诸侯叛之，近者境内不一，遥者诸侯不听，令不行于境内，甚者诸侯侵削之，攻伐之。若是，则虽未亡，吾谓之无天下矣。

有一种说法是，桀纣曾拥有天下，汤武篡夺了他们的天下。荀子认为此言不然，认为桀纣曾经有过统治的地位，那是对的，但认为他们拥有天下，那就不对了。古时天子有千官，诸侯有百官。用这千官，让政令行于诸夏之国，叫作王。用这百官，让政令行于境内，国虽不甚安定，而不至于灭亡，叫作君。而桀纣作为圣王的后代，为天下之宗主，然而缺少才能，缺少正行，内则百姓痛恨，外则诸侯背叛，甚至诸侯起而攻伐他，像他们这种情况，可以说天下已非其所有了，再也不是像他们的先辈那样以圣明治理而拥有天下了。

《荀子·正论》：圣王没，有势籍者罢不足以县天下，天下无君；诸侯有能德明威积，海内之民莫不愿得以为君师；然而暴国独侈，安能诛之，必不伤害无罪之民，诛暴国之君，若诛独夫。若是，则可谓能用天下矣。能用天下之谓王。

汤武非取天下也，修其道，行其义，兴天下之同利，除天下之同害，而天下归之也。桀纣非去天下也，反禹汤之德，乱礼义之分，禽兽之行，积其凶，全其恶，而天下去之也。天下归之之谓王，天下去之之谓亡。故桀纣无天下，汤武不弑君，由此效之也。汤武者，民之父母也；桀纣者、民之怨贼也。今世俗之为说者，以桀纣为君，而以汤武为弑，然则是诛民之父母，而师民之怨贼也，不祥莫大焉。以天下之合为君，则天下未尝合于桀纣也。然则以汤武为弑，则天下未尝有说也，直堕之耳。

圣王既已亡没，享有势位者疲弱不足以治理天下，天下陷于无君无主的状态，这时，有德行有威望的诸侯，海内民众莫不愿拥戴之以为君上，而恰恰此时暴君统治之国放纵奢侈，民不聊生，有德的诸侯起而讨伐，对民众秋毫无犯，诛暴乱之君如诛独夫，如是就可说能拥有天下。能拥有天下之谓王，汤武就是这样的例子。

汤武之有天下，并非是夺来的，而是修道行义，兴天下之同利，除天下之同害，天下之人都归附之。桀纣之亡，并不是丢掉了天下，而是反禹汤之德，乱礼义之分，禽兽之行，极其凶暴，极其罪恶，天下之人皆背弃之。

"天下归之之谓王，天下去之之谓亡"。荀子认为，天下共同归心，这就是王道的实现，这才是真正的君王；天下共背弃而去，这就是亡国，这是民贼。"故桀纣无天下，汤武不弑君"，荀子说出了中国古代政治伦理的重要理念，拥有天下不是指名义上占据领导地位，必须是有着相当德行的君主才能算是真正意义上的君主。这跟后来一些阿谀奉承的人，把在君主位子上的任何帝王都称为"圣上"，是很不同的。荀子反对这样的是非不分，对于在君主之位但行为暴虐的，可以进行推翻。汤武者，民之父母也，桀纣者，民之怨贼也。所以，说汤武弑君是说不通的，是对汤武的污蔑。

中国传统政治伦理中，"民心"始终是个核心的理念，民心即天心，合民心即合天道，是否得普天下的民心是判断政治是否合法、是否合道的标准，这是中国政治文明的优秀之处。这种传统理念浸润在中华民族血脉中，传承至今，也必将作为优秀传统继续传承下去。

《荀子·正论》：故天子唯其人。天下者，至重也，非至强莫之能任；至大也，非至辨莫之能分；至众也，非至明莫之能和。此三至者，非圣人莫之能尽。故非圣人莫之能王。圣人备道全美者也，是县天下之权称也。

荀子进一步表明，是否能称为天子，只看这位君王是否智慧德行充足。故一定要选择一个理想的人来担任天子。因为治理天下的任务极其繁重而重要，非极强大的智慧者难以胜任其位；天下的范围极其广大，非至为明辨之人不能合理分工、用好人才；天下的民众极其众多，非至高明之人，不能够让众人协调一致、有效协作。

此三者，非圣人莫能尽有其长，故非圣人莫能为天下之王。

所以说，如果不是圣人就没有资格称王并治理天下。圣人是道德完备全美者，就像悬置天下的一杆秤。

刑罚得当是治世的"标配"

《荀子·正论》：世俗之为说者曰："治古无肉刑，而有象刑：墨黥，慅婴，共、艾毕，菲、枲屦，杀、赭衣而不纯。治古如是。"是不然。以为治邪？则人固莫触罪，非独不用肉刑，亦不用象刑矣。以为人或触罪矣，而直轻其刑，然则是杀人者不死，伤人者不刑也。罪至重而刑至轻，庸人不知恶矣，乱莫大焉。凡刑人之本，禁暴恶恶，且惩其未也。杀人者不死，而伤人者不刑，是谓惠暴而宽贼也，非恶恶也。故象刑殆非生于治古，并起于乱今也。

有种说法认为古代没有严酷的肉刑，而只有一些象征性的刑罚。荀子认为并非如此。犯了重罪却只用很轻的刑罚，相当于对施暴者宽厚，会造成很大的混乱。荀子认为，犯重罪而只给与象征性的刑罚，这是当时代出现的，是当时社会混乱的表现，而不是古人治国的做法。

《荀子·正论》：治古不然。凡爵列、官职、赏庆、刑罚，皆报也，以类相从者也。一物失称，乱之端也。夫德不称位，能不称官，赏不当功，罚不当罪，不祥莫大焉。昔者武王伐有商，诛纣，断其首，县之赤旆。夫征暴诛悍，治之盛也。杀人者死，伤人者刑，是百王之所同也，未有知其所由来者也。刑称罪，则治；不称罪，则乱。故治则刑重，乱则刑轻，犯治之罪固重，犯乱之罪固轻也（参考杨京）。书曰："刑罚世轻世重。"此之谓也。

治理得好的古代并不是这样的。凡是爵位、官职、奖赏、刑罚都体现相应的回报，大善大赏，小善小赏，大恶大罚，小恶小罚。任何一件事情赏罚失当，那就是祸乱的开端。德行和地位不相称，能力和官职不相称，奖赏和功劳不相当，刑罚和罪过不相当，给国家带来祸患。从前周武王诛纣，断纣之头，悬挂在红旗上。这是讨伐暴君、惩罚元凶，是政治上的盛事。杀人者死，伤人者刑，历代圣王所共同遵循的一贯措施。

刑罚和罪行相当，社会才能治理好；刑罚和罪行不相适应，社会就会混乱。荀子指出，在治理得好的时代犯罪，处罚严重；混乱的时代犯罪，处罚相对较轻。正如《尚书》上说，刑罚有的时代轻、有的时代重。

这也是治世与乱世在刑罚上的区别。刑罚得当是治世的"标配"，乱世连刑罚也会紊乱。唐代杨倞认为，治世刑必行则不敢犯，所以治世刑罚实际情况是很重、执行很严；乱世刑不行则人易犯，所以乱世实际的情况是刑罚普遍较轻。从另一个角度看，治世家给人足，犯法者少，有犯则众恶之，惩罚因此当重；乱世人迫于饥寒，犯法者多，不可尽用重典，当轻也。

治理天下不能有教条主义

《荀子·正论》：世俗之为说者曰："汤武不善禁令。"曰："是何也？"曰："楚越不受制。"是不然。汤武者、至天下之善禁令者也。汤居亳，武王居鄗，皆百里之地也，天下为一，诸侯为臣，通达之属，莫不振动从服以化顺之，曷为楚越独不受制也！

彼王者之制也，视形势而制械用，称远迩而等贡献，岂必齐哉！故鲁人以榶，卫人用柯，齐人用一革，土地刑制不同者，械用、备饰不可不异也。故诸夏之国同服同仪，蛮、夷、戎、狄之国同服不同制。封内甸服，封外侯服，侯卫宾服，蛮夷要服，戎狄荒服。甸服者祭，侯服者祀，宾服者享，要服者贡，荒服者终王。日祭、月祀、时享、岁贡、终王，夫是之谓视形势而制械用，称远近而等贡献；是王者之制也。

彼楚越者，且时享、岁贡，终王之属也，必齐之日祭月祀之属，然后曰受制邪？是规磨之说也。沟中之瘠也，则未足与及王者之制也。语曰："浅不足与测深，愚不足与谋智，坎井之蛙，不可与语东海之乐。"此之谓也。

有种说法认为，汤武的禁令有时不能行，因为楚越边陲之国，不接受其礼制。荀子说，此言不然。汤武之为王，是最善施行禁令的。汤居于亳，武王居于鄗，都不过百里之地，而天下为一，诸侯为臣。凡是道路能够通达的地方，没有一处不归服的，怎么能说楚越独不接受圣王礼制呢？

要知道彼王者之立制度，根据山川形势与风俗而制造器械用具，根据和王畿的距离远近，规定进贡的等级差别。哪里定要齐同呢？所以鲁人以碗，卫人用盂，齐人用酒器一革，因地理环境、风俗习惯不同，器械用具也不可不异。

所以诸夏之国服事天子而礼节规范相同，而南蛮、东夷、西戎、北狄这些地方，虽然也服事天子，但礼仪却不同。王畿之内为甸服，每天要供祭品；王畿之外为侯服，每月要供祭品，如此等等，总之是据各地不同的情形来制造器械用具，根据远近的不同来规定进贡的等级差别。这恰是王者之礼制。

楚越两国，是属于按季、年进贡祭品一类的国家，何必定要使之与日祭月祀一类的国家一样，然后才可以说他们是接受礼制了呢？这是不合事理的说法。

原则必须为一，但是具体操作起来因地制宜，因人制宜，决不可机械教条。当代的"一国两制"做法，也是如此。

"禅让天下"是个伪命题

《荀子·正论》：世俗之为说者曰："尧舜擅让。"是不然。天子者，势位至尊，无敌于天下，夫有谁与让矣？道德纯备，智惠甚明，南面而听天下，生民之属莫不震动从服以化顺之。天下无隐士，无遗善，同焉者是也，异焉者非也。夫有恶擅天下矣。

世俗之为说者曰："尧舜以天下相禅让。"荀子认为此言不然，用现代话来说，是个伪命题。尧舜这样的天子势位最为尊贵，天下没有人能与他相比敌，他又能将天下让给谁呢？道德美好而完备，智慧和仁爱之心也普照天下。南面而听天下之政，生民没有不归服的，因为政治清明，所以天下没有隐士，没有遗留不用的善士，跟天子所引领的方向一致则是正确的，相反则不对，这么清明的治理，又怎么有所谓尧舜禅让天下的说法呢？

《荀子·正论》：曰："死而擅之。"是又不然。圣王在上，决德而定次，量能而授官，皆使民载其事而各得其宜。不能以义制利，不能以伪饰性，则兼以为民。圣王已没，天下无圣，则固莫足以擅天下矣。天下有圣，而在后子者，则天下不离，朝不易位，国不更制，天下厌然，与乡无以异也；以尧继尧，夫又何变之有矣！圣不在后子而在三公，则天下如归，犹复而振之矣。天下厌然，与乡无以异也；以尧继尧，夫又何变之有矣！唯其徙朝改制为难。故天子生则天下一隆，致顺而治，论德而定次，死则能任天下者必有之矣。夫礼义之分尽矣，擅让恶用矣哉！

那么，说尧舜身死而禅让天下，可以吗？这话也不对。圣王健在的时候，天下大治，圣王过世，天下若是没有圣人，那么就谈不上将天下禅让给其他人了。接下来天下若还有圣人，则普天之下人心不离，国家治理与先王在时无以异，也就是说以尧继尧，那又怎么说是有变化呢？依然是王道治理呀。即使圣王的后代不圣明，但是三公圣明，天下依然归心，依然是王道治理，制度与过去一样，所以又有什么变化呢？

所以说，圣明天子的治理，天下同心归服，根据德行来定位次，已经培养好了德行深厚的继任者，所以即使天子去世了，能担当天下者必有人矣。只要礼义得到了贯彻，又哪里需要谈什么禅让不禅让呢！

荀子之意是说，不变的是"王者之制"，是王道治理的精神，更替的是"王"，是人而已，比如尧传给舜。人替换了，但王制始终如一传承下来，礼义之大分做到了，这也是"千年之固"的核心要义。正如荀子所一贯主张的，天下唯有有德者能持有，不存在禅让不禅让一说，民心的归服是可以禅让的吗？显然不能。所以，一以贯之的礼义大道得以施行，这是圣贤所追求的。

荀子借禅让天下这个争论，再次强调了政治文明最核心的标准是贯彻礼义精神，得民心才是真正的领导者。

《荀子·正论》：曰："老衰而擅。"是又不然。血气筋力则有衰，若夫智虑取舍则无衰。

曰："老者不堪其劳而休也。"是又畏事者之议也。天子者势至重而形至佚，心至愉而志无所诎，而形不为劳，尊无上矣。衣被则服五采，杂间色，重文绣，加饰之以珠玉；食饮则重大牢而备珍怪，期臭味，曼而馈，伐皋而食，雍而彻乎五祀，执荐者百余人，侍西房；居则设张容，负依而坐，诸侯趋走乎堂下；出户而巫觋有事，出门而宗祝有事，乘大路趋越席以养安，侧载睪芷以养鼻，前有错衡以养目，和鸾之声，步中武象，趋中韶护以养耳，三公奉軶、持纳，诸侯持轮、挟舆、先马，大侯编后，大夫次之，小侯元士次之，庶士介而夹道，庶人隐窜，莫敢视望。居如大神，动如天帝。持老养衰，犹有善于是者与？不老者、休也，休犹有安乐恬愉如是者乎？故曰：诸侯有老，天子无老。有擅国，无擅天下，古今一也。夫曰尧舜擅让，是虚言也，是浅者之传，陋者之说也，不知逆顺之理，小大、至不至之变者也，未可与及天下之大理者也。

有人说天子因为年老力衰而禅让。荀子认为这话也不对，人的血气筋力有衰老之时，而智慧是没有衰老的。又有人说天子老了，不堪重任而退休，荀子认为这是害怕劳累的人的议论。圣贤天子势位高而形体安，精神恬愉，尊贵无以复加，也有很优厚的保健条件，所以荀子认为，无论从自身还是外在条件来看，圣贤天子能够做到尽享天年，当然在生之年都能有足够的精力治理天下。

事实上的确也有修养到位的圣贤，身心通透，如老子所说，专气致柔能如婴儿，始终精力健旺，思维缜密。王绍璠先生说，修养高的人，是"不锈钢蜡烛"，"点亮别人而不燃烧自己"。

圣贤的教化也有边际

《荀子·正论》：世俗之为说者曰："尧舜不能教化。"是何也？曰："朱象不化。"是不然也：尧舜至天下之善教化者也。南面而听天下，生民之属莫不振动从服以化顺之。然而朱象独不化，是非尧舜之过，朱象之罪也。

尧舜者、天下之英也；朱象者天下之嵬，一时之琐也。今世俗之为说者，不怪朱象，而非尧舜，岂不过甚矣哉！夫是之谓嵬说。羿蜂门者、天下之善射者也，不能以拨弓曲矢中微；王梁造父者、天下之善驭者也，不能以辟马毁舆致远。尧舜者、天下之善教化者也，不能使嵬琐化。何世而无嵬？何时而无琐？自太皥燧人莫不有也。故作者不祥，学者受其殃，非者有庆。诗曰："下民之孽，匪降自天。噂沓背憎，职竞由人。"此之谓也。

有人说，尧舜不能搞好教化，因为尧之子丹朱与舜之弟象，都没有被尧舜教化好。荀子认为此言不然。尧舜是天下最善教化的了，南面而听天下之政，凡是生民之类，没有不归服的，至如丹朱与象独不化顺，这是丹朱与象本身太过顽劣，不是尧舜不能教化之罪。尧舜是天下英主，丹朱与象是一时偶有之劣行之人。不怪丹朱与象他们太恶劣，而非议尧舜，岂不是太过分么？

羿与逢蒙，这两人是天下最善射箭的，然不能以歪弓弯箭射中目标。王良造父这两人是天下最善驾车的，然不能以瘸马坏车而行远。尧舜这两圣人，是天下最善于教化人民的，然不能使劣民从化。何时没有劣民，何时没有道德猥琐的人呢？自作孽不可活，圣贤对于后进，必然尽心帮助教导，但是圣贤的教化也有边际，能转化到何种程度，还要看各人自身的禀性、各人愿意改进的意愿。圣贤的教化当时效果不彰，也或者是因为当时的教化，要过了许久才能发生功效。

从讨论尧舜教化的这个主题，另一个侧面也说明了中国历代的治理都重视大众教化这一史实。

从葬礼看世道之治乱

《荀子·正论》：世俗之为说者曰："太古薄背，棺厚三寸，衣衾三领，葬田不妨田，故不掘也；乱今厚葬饰棺，故抇（意同掘）也。"是不及知治道，而不察于抇不抇者之所言也。

凡人之盗也，必以有为，不以备不足，则以重有余也。而圣王之生民也，皆使富厚优犹知足，而不得以有余过度。故盗不窃，贼不刺，狗豕吐菽粟，而农贾皆能以货财让。风俗之美，男女自不取于涂，而百姓羞拾遗。故孔子曰："天下有道，盗其先变乎！"虽珠玉满体，文绣充棺，黄金充椁，加之以丹矸，重之以曾青，犀象以为树，琅玕、龙兹、华觐以为实，人犹莫之抇也。是何故也？则求利之诡缓，而犯分之羞大也。

夫乱今然后反是。上以无法使，下以无度行；知者不得虑，能者不得治，贤者不得使。若是，则上失天性，下失地利，中失人和。故百事废，财物诎，而祸乱起。王公则病不足于上，庶人则冻馁羸瘠于下。于是焉桀纣群居，而盗贼击夺以危上矣。安禽兽行，虎狼贪，故脯巨人而炙婴儿矣。若是则有何尤抇人之墓，抉人之口而求利矣哉！虽此裸而薶之，犹且必抇也，安得葬薶哉！彼乃将食其肉而龁其骨也。夫曰：太古薄背，故不抇也；乱今厚葬，故抇也。是特奸人之误于乱说，以欺愚者而淖陷之，以偷取利焉。夫是之谓大奸。

传曰："危人而自安，害人而自利。"此之谓也。

有人说古代治理时期，实行薄葬，所以也没有什么盗墓者，而今天实行厚葬，所以盗墓者多。荀子认为这是对古代圣王治理时情形的误解。古代之所以无盗墓者，因为圣王治理使天下民风淳朴，人民不取不义之财，即使是进行厚葬，也不会发生盗墓的事。而现在相反，"上失天性，下失地利，中失人和"，民众贫穷，上下争利，所以风俗大乱，盗贼横行。

一般人从表面现象来议论是非对错或者历史曲直，只有从治乱的根本处着眼，才能看到真相。

一味逆来顺受不是中道

《荀子·正论》：子宋子曰："明见侮之不辱，使人不斗。人皆以见侮为辱，故斗也；知见侮之为不辱，则不斗矣。"应之曰："然则以人之情为不恶侮乎？"

曰："恶而不辱也。"曰："若是，则必不得所求焉。凡人之斗也，必以其恶之为说，非以其辱之为故也。今俳优、侏儒、狎徒詈侮而不斗者，是岂钜知见侮之为不辱哉。然而不斗者，不恶故也。今人或入其央渎，窃其猪彘，则援剑戟而逐之，不避死伤。是岂以丧猪为辱也哉！然而不惮斗者，恶之故也。虽以见侮为辱也，不恶则不斗；虽知见侮为不辱，恶之则必斗。然则斗与不斗邪，亡于辱之与不辱也，乃在于恶之与不恶也。夫今子宋子不能解人之恶侮，而务说人以勿辱也，岂不过甚矣哉！金舌弊口，犹将无益也。不知其无益，则不知；知其无益也，直以欺人，则不仁。不仁不知，辱莫大焉。将以为有益于人，则与无益于人也，则得大辱而退耳！说莫病是矣。"

子宋子曰："明白被人侵侮并非耻辱之义，则可使人不相争斗。人都以被侵侮为辱，故相争斗。若是知道被侵侮之为不辱，那就不会斗争了。"

回答说："如是这样的话，你是否认为人之常情，并不憎恨别人的侵犯？他说：虽嫌恶，而不以为辱。"

荀子以唱戏的滑稽演员来举例，他们相互笑骂侮辱却并不相互打斗，是因为他们不憎恨对方的侮辱。有人偷你的猪，你定会操起剑戟追赶窃贼，置死伤于不顾，你不怕争斗，是因为你憎恨窃贼。所以，争斗不争斗，不在于是否感到耻辱，而在于是否有憎恨。宋子不能消除人们受到侵犯的憎恨，却努力劝人说：别把受到侵犯看成耻辱。荀子认为这大错特错。王道是中道，不是霸道也不是窝囊，不是一味逆来顺受。以智慧取舍，根据事情的是非曲直来取舍判断，该怎样就怎样，行于中道。

"义"是荣辱是非的关键

《荀子·正论》：子宋子曰："见侮不辱。"应之曰："凡议，必先立隆正，然后可也。无隆正则是非不分，而辨讼不决，故所闻曰："天下之大隆，是非之封界，分职名象之所起，王制是也。"故凡言议期命是非，以圣王为师。而圣王之分，荣辱是也。是有两端矣。有义荣者，有势荣者；有义辱者，有势辱者。志意修，德行厚，知虑明，是荣之由中出者也，夫是之谓义荣。爵列尊，贡禄厚，形势胜，上为天子诸侯，下为卿相士大夫，是荣之从外至者也，夫是之谓势荣。流淫污僈，犯分乱理，骄暴贪利，是辱之由中出者也，夫是之谓义辱。詈侮捽搏，捶笞膑脚，斩断枯磔，借靡后缚，是辱之由外至者也，夫是之谓势辱。是荣辱之两端也。

故君子可以有势辱，而不可以有义辱；小人可以有势荣，而不可以有义荣。有势辱无害为尧，有势荣无害为桀。义荣势荣，唯君子然后兼有之；义辱势辱，唯小人然后兼有之。是荣辱之分也。圣王以为法，士大夫以为道，官人以为守，百姓以成俗，万世不能易也。

今子宋子则不然，独诎容为己，虑一朝而改之，说必不行矣。譬之，是犹以砖涂塞江海也，以焦侥而戴太山也，蹎跌碎折，不待顷矣。二三子之善于子宋子者，殆不若止之，将恐得伤其体也。

宋子曰："受到侮辱而不感到耻辱。"荀子回答说："凡讨论问题，一定要确立一个标准才行，无此标准则是非不分，很难得出结论。故吾人闻古人说，天下最高的标准、判断是非的界限，职务分工、名物制度的起源，就是古代圣王之礼制。所以，凡是发言立论或判断事物，其是非标准都要以圣王、以礼义为准绳。"

荣辱各有两种，以言荣，有义荣，有势荣。以言辱，有义辱，有势辱。

义荣：志意修正，德行美厚，智虑明晰，是荣之由自身出来的，简言之，力行大义，必然获得世人称道和荣耀，这便谓之"义荣"。

势荣：爵位尊贵，贡禄优厚，势位出众，上为天子诸侯，下为卿相士大夫，是荣之从外面来的，这便谓之"势荣"。

义辱：行为放荡，污秽卑鄙，犯分乱理，骄横凶暴、唯利是图，是辱之由自身出来的，简言之，行为不义，这便谓之"义辱"。

势辱：受人责骂侮辱，受杖刑被鞭打，绳捆索绑，遭受苦刑，是辱之由外来的，这便谓之"势辱"。

故君子可以有势辱，不可以有义辱。小人可以有势荣，不可以有义荣。有势辱，无害他为尧一般的圣明。有势荣，无害他为桀一般的残暴。义荣、势荣，唯君子然后能兼而有之。义辱、势辱，唯小人然后能兼而有之。

这是荣辱之分野。圣人定为法则，士大夫遵为正道，官人奉为操守，百姓相习以成俗，万世不能改易也。

今宋子则不然，独委曲自己受辱，企图改变世间荣辱的标准，此理论行不通。譬如捏个泥团去填海，让三尺的矮人驮泰山，结果是立即就会跌倒在地而粉身碎骨。按照宋子那样，世间无是非标准，只要一味忍耐就太平了，这是反人性的，扭曲的，必然不能达致天下的和谐。

强行遏制欲望不是治理正道

《荀子·正论》：子宋子曰："人之情欲寡，而皆以己之情，为欲多，是过也。"故率其群徒，辨其谈说，明其譬称，将使人知情之欲寡也。

应之曰："然则亦以人之情为目不欲綦色，耳不欲綦声，口不欲綦味，鼻不欲綦臭，形不欲綦佚？此五綦者，亦以人之情为不欲乎？"

曰："人之情，欲是已。"

曰："若是，则说必不行矣。以人之情为欲，此五綦者而不欲多，譬之，是犹以人之情为欲富贵而不欲货也，好美而恶西施也。"

"古之人为之不然。以人之情为欲多而不欲寡，故赏以富厚而罚以杀损也。是百王之所同也。故上贤禄天下，次贤禄一国，下贤禄田邑，愿悫之民完衣食。今子宋子以是之情为欲寡而不欲多也，然则先王以人之所不欲者赏，而以人之欲者罚邪？乱莫大焉。今子宋子严然而好说，聚人徒，立师学，成文典，然而说不免于以至治为至乱也，岂不过甚矣哉！"

宋子认为，人之本性是寡欲的，认为人欲壑难填是错误的。所以他率其群徒，巧饰其说，想要让人们懂得人在本性上的基本需要很少的道理。

那么请问宋子："人们难道目不企求极美之色，耳不企求极美之声，口不企求极美之味，鼻不企求极香之气，自体不企求最大的安逸？这五种极好的享受，你真的以为人都不想吗？"

宋子说："人的本性，是想要这些享受的。"

回答说："如果这样，那么你的理论怕是一定行不通了。人的本性想要这五种极好的东西，却又不想要很多，譬如人的本性想富贵，但又不想要钱财；喜爱美色，而厌恶西施。古人施政便不然。他们认为人在本性上希望好东西越多越好，故用财富来奖赏，用减少财富来处罚。今宋子以为古人在本性上需要得很少，而不想多要，那么古代圣贤难道是用人们不想要的东西来奖赏，用人们想要的东西来处罚吗？这真是逻辑混乱啊！"

荀子的思想和立论，原则清楚，逻辑清晰，充满人性化，让人无可辩驳。立论的严谨，荀子与墨子有异曲同工之处。墨子曰："言必立仪""言必有三表"。何为"三表"？"有本之者，有原之者，有用之者。于何本之？上本之于古者圣王之事；于何原之？下原察百姓耳目之实；于何用之？发以为刑政，观其中国家百姓人民之利。此所谓言有三表也。"根据圣王行事的示范、百姓的亲身感受、政治赏罚的落实是否利于人民三个方面来判定言论是否合理，三位一体，都是体现在礼义荣辱和民心得失上。

荀子"凡议，必立隆正"，即如墨子之所谓"言必立仪"；说"先王之分，荣辱是也"，即如墨子之所谓"本之于古者圣王之事"；说"此五綦者，亦以人之情为不欲乎？"即如墨子之所谓"原察百姓耳目之实"。

此说明古之逻辑学之严谨；也予以说明墨子之辩证法在荀子那里有所传扬与发挥运用。中国古代非但不是没有逻辑学，而是早已有着十分严谨而科学的辩证、逻辑思维智慧。

新时代起　必先正名

本篇阐述荀子的名辩思想，对名与实（客观存在）的关系作了深入探讨。梁启超认为该篇反映了荀子的逻辑学。

"远方异俗之乡，则因之而为通。"有了"正名"，统一了文字思想，无论远近人群，都能达成相互的沟通，言"正名"极其重要之理。名，是代表言语文字的，言语文字是代表思想的。名不正，则言语文字没有正确意义，而是可以为非，非可以为是矣，社会思想就混乱了。然而，当春秋战国之时，所谓名家者流，如惠施、邓析、公孙龙之伦，皆所谓"作为绮辞以乱先王之成名者"，荀子认为有王者起，必将有循于旧名，有作于新名，此为《正名》篇之所作缘由。

新的时代开启，必先正名乎。

以公心辩　以正天下人心

《荀子·正名》：故王者之制名，名定而实辨，道行而志通，而慎率民则一焉。故析辞擅作名以乱正名，使民疑惑，人多辨讼，则谓之大奸；其罪犹为符节度量之罪也。故其民莫敢托为奇辞以乱正名，故其民悫，悫则易使，易使则公。其民莫敢托为奇辞以乱正名，故壹于道法而谨于循令矣，如是则其迹长矣。迹长功成，治之极也，是谨于守名约之功也。

今圣王没，名守慢，奇辞起，名实乱，是非之形不明；则虽守法之吏，诵数之儒，亦皆乱也。若有王者起，必将有循于旧名，有作于新名。然而所为有名，与所缘以同异，与制名之枢要，不可不察也。

圣王之制定名称，一经确定，实际事物能得以分辨，定名的原则得以推行，人们的思想籍以得到沟通，圣王可以带领民众而统一行动了。如果有人擅造事物之名而扰乱正名，使民多所疑惑，辩讼纷起，则谓之大奸，其罪名和伪造符节与度量衡同样严重。（符节，类似于现代的护照。古代出入关门时，需要携带用竹片制成、上书文字、剖分为二、官府和持符人双方各持一半的凭证。过关时要把两片符节进行合符，证明是合法凭证后，即被放行。）

所以，在圣王领导下，民众没有谁敢制造怪僻的词句来扰乱正名，民众朴实，易于领导，就能成就功业。民众没人敢制造怪僻的词句来扰乱正名，认真地遵行道义法度，谨慎地遵守政令。如是，国家就能长治久安了。长治久安，功业成就，达到国家治理的最高境界。此功效来源于整个社会严格地执行统一的名称。

"今圣王没，名守慢，奇辞起，名实乱，是非之形不明；则虽守法之吏，诵数之儒，亦皆乱也。"今圣王既没，人们对共同名称的遵守松懈了，奇诡之词，纷然而起，名实淆乱，名称和事物的对应混乱了，是非之真相不明，即使是遵守法度的官吏、讲述典章制度的儒生，也都淆乱不清。"若有王者起，必将有循于旧名，有作于新名。然而所为有名，与所缘以同异，与制名之枢要，不可不察也。"如果再有圣王出现，一定要对旧名有所遵循，并要创制一些新的名称。如是，对于为什么事物要有名称，对不同的事物制定不同名称的依据，以及制定名称的关键到底是什么，不可不注意审察。

《荀子·正名》：夫民易一以道而不可与共故，故明君临之以势，道之以道，申之以命，章之以论，禁之以刑。故其民之化道也如神，辨说恶用矣哉！今圣王没，天下乱，奸言起，君子无势以临之，无刑以禁之，故辨说也。实不喻然后命，命不喻然后期，期不喻然后说，说不喻然后辨。故期、命、辨、说也者，用之大文也，而王业之始也。名闻而实喻，名之用也。累而成文，名之丽也。用丽俱得，谓之知名。名也者，所以期累实也。辞也者，兼异实之名以论一意也。辨说也者，不异实名以喻动静之道也。期命也者，辨说之用也。辨说也者，心之象道也。心也者，道之工宰也。道也者，治之经理也。心合于道，说合于心，辞合于说，正名而期，质请而喻。辨异而不过，推类而不悖，听则合文，辨则尽故。以正道而辨奸，犹引绳以持曲直；是故邪说不能乱，百家无所窜。有兼听之明，而无备矜之容；有兼覆之厚，而无伐德之色。说行则天下正，说不行则白道而冥穷，是圣人之辨说也。《诗》曰："颙颙卬卬，如珪如璋，令闻令望。岂弟君子，四方为纲。"此之谓也。

真理往往掌握在少数人那里，先知先觉者要带领后知后觉者。不能要求一般大众都要聪明过人。但只要能够团结起来，为了共同的目标而奋斗就可了。所以明君之治国，运用在位之势，把道理讲明白，把责任与义务讲清楚，把章法制度制定完善，把赏罚明白告知，教化人民在先，礼法并治，治道如神，辩说何所用哉！

可是，今圣王没，天下乱，奸言起，君子没有势位以统领，没有刑罚以禁之，此所以不得不用言辞来明理。这种情况下，命名、辩论、解说，建立起清晰的语言表达，统一思想，也是成就王业的起点。

"名闻而实喻，名之用也。累而成文，名之丽也。用丽俱得，谓之知名。"不仅名称定下来，而且能形成文章，集中地表达思想，这是真正懂得和运用各种名称了。

"名也者，所以期累实也。辞也者，兼异实之名以论一意也。辨说也者，不异实名以喻动静之道也。期命也者，辨说之用也。辨说也者，心之象道也。心也者，道之工宰也。"人们之所以用名称，是为了表达实事；用语言，是为了用不同事物的概念来阐释清楚一个意思。辩论和解释，是为了通过名实的相符来阐明动静是非之道。约定和命名，是为辩论和解释提供方便。辩论和解释，是心对大道认知的表述。心灵，是大道最好的主宰。

"道也者，治之经理也。心合于道，说合于心，辞合于说，正名而期，质请而喻。辨异而不过，推类而不悖，听则合文，辨则尽故。"大道，是政治的永恒法则。思想符合大道，解释表达了思想，言词圆满了解释，名称正确并符合相互约定，根据实际而加以理解，辨别不同的事物不失误，推论类似的事物而不悖理；听起来合乎礼法，辩论时也能说清个所以然。

"以正道而辨奸，犹引绳以持曲直；是故邪说不能乱，百家无所窜。有兼听之明，而无备矜之容；有兼覆之厚，而无伐德之色。说行则天下正，说不行则白道而冥穷，是圣人之辨说也。《诗》曰：'颙颙卬卬，如珪如璋，令闻令望。岂弟君子，四方为纲。'此之谓也。"

用正道辨别奸言奸说，如拉出墨线来判别曲直。是故邪说不再能混淆视听，百家之怪论无处躲藏。有兼听的明智，而无趾高气扬、骄傲自大之态；有兼容并包的宽宏大量，而无自夸自美之色。学说付诸实践，就会天下平正；学说不能付诸实践，就倡明大道而自己甘于默默无闻，这就是圣人对于辩说的态度。《诗经》上说："态度温和志高昂，品德如珪又如璋，美好声誉有名望。和乐平易的君子为天下人做榜样。"此言有圣人之德者，其心乐易，有辩说而无矜伐也。

荀子关于言语辩说的这篇文字，层次分明，逻辑清晰。荀子所谓的"正名"，当然不只是名称和概念的确定，也包括观念和思想的统一。在清楚认知世界、认识心和物的基础上，确定的语言系统，为创造统一而安定的社会，提供了不可或缺的"软件"条件，也是后来秦朝能够统一文字的基础。

春秋战国时期，诸侯争雄、众说蜂起，百家争鸣，其核心要义是"辩"。所谓"鸣"者，特点即"辩"也。

墨子"善辩"。他在《墨子·小取》曾言："夫辩者，将以明是非之分，审治乱之纪，明同异之处，察名实之理，处利害，决嫌疑。焉摹略万物之然，论求群言之比。以名举实，以辞抒意，以说出故。以类取，以类予。"辩论的目的，是要分清是非，审察治乱的规律，搞清同异的地方，考察名实的道理，断决利害，解决疑惑。于是要探求万事万物本来的样子，分析、比较各种不同的言论。用名称反映事物，用言词表达思想，用推论揭示原因。按类别归纳，按类别推论。

"明是非之分，审治乱之纪"，这是君子辩论的目的，并非为辩而辩。有一故事，说的是墨子为阻止公输盘的不义之战，所进行的辩论：

公输盘为楚造云梯之械，成，将以攻宋。子墨子闻之，起于鲁，行十日十夜而至于郢，见公输盘。

公输盘曰："夫义子何命焉为？"

子墨子曰："北方有侮臣者，愿借子杀之。"

公输盘不说。

子墨子曰："请献十金"

公输盘曰："吾义固不杀人。"

子墨子起，再拜，曰："请悦之。吾从北方闻子为梯，将以攻宋。宋何罪之有？荆国有余地而不足于民，杀所不足而争所有余，不可谓智。宋无罪而攻之，不可谓仁知而不争，不可谓忠。争而不得，不可谓强。义不杀少而杀多，不可谓知类。”

公输盘服。子墨子曰：“然，胡不已乎？”

公输盘曰：“不可，吾既已言之王矣。”（《墨子·公输》）

墨子为了阻止战争，“行十日十夜”，见到了公输盘，他早已料定“造云梯之械”的公输盘会用“道义”来粉饰自己，就先提出了一个不正当的要求——“北方有辱臣者，愿借子杀之”，见公输盘不高兴，墨子火上加油，“请献十金”，拿钱让公输盘去杀人，在墨子的诱导和激将下，公输盘脱口说出“吾义固不杀人”，墨子趁机连用五个比喻，以排山倒海之势，指明公输盘的不智、不仁、不忠、不强、不知类，全盘批判了公输盘的行为，义正词严地指出公输盘的“义”，实质是“义不杀少而杀众”，令他无从辩驳。但公输般表面虽“服”，内心并不放弃自己的主张。但是从这个故事，我们可以读到墨子这样的贤者为了天下安宁，该“辩”的时候必然挺身而出。

孟子亦“善辩”，甚至辩无不胜，所向披靡。如《梁惠王下》记载的“王顾左右而言他”的故事：

孟子谓齐宣王曰：“王之臣有托其妻子于其友而楚游者，比其反也，则冻馁其妻子，则如之何？”王曰：“弃之”。曰：“士师不能治士，则如之何？”王曰：“已之”。曰：“四境之内不治，则如之何？”王顾左右而言他。

孟子还善于“执中”而辩，他说“执中无权，亦犹执也”。“杨子取为我，拔一毛而利天下，不为也”是极端自私的，而“墨子兼爱，摩顶放踵利天下，为之”用博爱代替自私，不利于宗法制度。所以孟子反对执着，“子莫执中，执中为近之，执中无权，犹执一也。所恶执一者，为其赋道也，举一而废百也”。他运用“执中有权”法，摆脱了辩论中的两难的困境。

孟子“善辩”是形势使然。他生当“杨墨之道不息，孔子之道不著”的战国中期，为了捍卫儒家道统，推行其政治主张，“欲正人心，息邪说，距诐行，放淫辞”，不得不与各种人物进行面对面的论辩。孟子说：“予岂好辩哉？予不得已也！"

如果说孟子"善辩"是"不得已也"而为之，那么荀子"善辩"则是积极而主动的。他说"君子必辩"。此《正名》即荀子之辩学，亦称逻辑学，此段详论辩说之道，荀子以为"君子必辩"，但只是辩明是非，而绝不与人争胜，逞口舌之快。而且是出于公心，论辩学说非指向个人。故曰"有争心者勿与辩也"。又曰"不恤是非，不论曲直，以期胜人为意，是役夫之知也"，因为一有求胜之意，便不能平其心以听察人言了。

十分具有历史性意义的是在稷下学宫，荀子对孟子学说，尤其是性善论展开的论辩。荀子历史上第一次提出了人性恶的理论，这是一个伟大的理论创新，他揭示出人类文明的起源是"化性起伪"。人只有经过"化性起伪"，也就是用人为的方法不断改变恶的本性，才能一步一步地走向更加文明，创造出和谐的社会。

《文心雕龙·论说》中说："一人之辨，重于九鼎之宝；三寸之舌，强于百万之师。"一个人论辩的价值，比国宝九鼎还贵重；三寸之舌的力量，比百万雄师还强大。刘勰对中国历史上的尤其是诸子论辩的评价，提升到了前所未有的高度。

《荀子·正名》：辞让之节得矣，长少之理顺矣，忌讳不称，祅辞不出；以仁心说，以学心听，以公心辨；不动乎众人之非誉，不治观者之耳目，不赂贵者之权势，不利传辟者之辞；故能处道而不贰，吐而不夺，利而不流，贵公正而贱鄙争，是士君子之辨说也。《诗》曰："长夜漫兮，永思骞兮。大古之不慢兮，礼义之不愆兮，何恤人之言兮。"此之谓也。

辩说中有辞让之礼节，顺长幼人伦之理，忌讳之语不乱说，奇谈怪论不出口；用仁爱之心去解释，用求学之心去倾听，用公正之心去辩论。不因众人的非议、赞誉而动摇，不修饰辩辞来哗众取宠，不请客送礼去买通高官，不肆意传播邪说者的言辞。故能立身正道而没有二心，宣说正见而意志坚定，言辞流利而不庸俗不堪，以公正为贵而以粗鄙的争执为贱，这是士君子的辩说。《诗经》上说："长夜漫漫，时时深长反省，对上古大道不怠慢，不出礼义上的过犯，何必担忧飞短流长？"

简言之，士君子之辩的可贵，是因为辩的背后，是礼义忠信的大道，是对真理的追求。

《荀子·正名》：君子之言，涉然而精，俛然而类，差差然而齐。彼正其名，当其辞，以务白其志义者也。彼名辞也者，志义之使也，足以相通则舍之矣；苟之，奸也。故名足以指实，辞足以见极，则舍之矣。外是者谓之讱，是君子之所弃，而愚者拾以为己宝。故愚者之言，芴然而粗，啧然而不类，諾諾然而沸。彼诱其名，眩其辞，而无深于其志义者也。故穷藉而无极，甚劳而无功，贪而无名。故知者之言也，虑之易知也，行之易安也，持之易立也；成则必得其所好而不遇其所恶焉。而愚者反是。《诗》曰："为鬼为蜮，则不可得；有靦面目，视人罔极。作此好歌，以极反侧。"此之谓也。

君子之言，深刻而精微，中肯而有条理，错落有致而旨归齐一。运用正确的语言，得当的言辞，努力阐释清楚自己的思想。

所使用的名称、辞句，是表达思想、学说的工具，用来传情达意、表达思想理论，能够有效交流就可以了。但如果乱用，就是一种奸邪。

故名足以指实，辞足以表达主旨，就可以了。语言晦涩难懂，君子所鄙弃，而愚者却视之为宝。故愚者之言，恍惚而粗陋，艰深而无条理，啰唆而嘈杂。使用诱惑人的语言，搬弄辞藻，其思想学说肤浅。搬弄各种词句而没有主旨，劳而无功，贪求声名却名声扫地。

智者之言，道理通俗易懂，持之则有助于立身处世。而愚者则与此相反。也就是有智者所说的，任何的学问，如果不能帮助到人类的身心健康、社会和谐进步，都是最终会被抛弃的。孔子也主张不语怪力乱神。

人性与人情　欲望与礼义

《荀子·正名》：凡语治而待去欲者，无以道欲而困于有欲者也。凡语治而待寡欲者，无以节欲而困于多欲者也。有欲无欲，异类也，生死也，非治乱也。欲之多寡，异类也，情之数也，非治乱也。欲不待可得，而求者从所可。欲不待可得，所受乎天也。求者从所可。所受乎心也。所受乎天之一欲，制于所受乎心之多，固难类所受乎天也。人之所欲，生甚矣；人之所恶，死甚矣。然而人有从生成死者，非不欲生而欲死也，不可以生而可以死也。故欲过之而动不及，心止之也。心之所可中理，则欲虽多，奚伤于治！欲不及而动过之，心使之也。心之所可失理，则欲虽寡，奚止于乱！故治乱在于心之所可，亡于情之所欲。不求之其所在，而求之其所亡，虽曰我得之，失之矣。

谈论治理国家的道理，想靠去除人们欲望的话，不但无法引导欲望，反而会被欲望所困。想靠减少人们欲望而实现良好治理，不但无法节制欲望，反而会被更多欲求所困。有欲望之与无欲望，是生与死的区别，但无关治或乱的问题。只要活着就永远会有欲望；除非死了才没有欲望。欲望多与欲望少，与各人天性有关，也无关治或乱的问题。

"欲不待可得，而求者从所可。"人的欲望并不是因为得到了想要的东西后才产生，只要自以为能得到就会去求取。"欲不待可得，所受乎天也""求者从所可，受乎心也。"欲望不必等物到手才会产生，而是出于人的天性，自以为欲望能实现就会去求取，这是因为受到思想的支配。

譬如，你认为做学问非常重要，就会去追求学问；你认为钱很重要，就会去追求钱；你认为有价值的才会去追求。当然是对于有可能实现的目标，如果根本没有可能，也不会去追求（当然这里面又有很深的道理，所谓超越极限，那又是一种观点）。所以一个人的追求是受思想支配的。

"所受乎天之一欲，制于所受乎心之多，固难类所受乎天也。"天生的欲望只是一种生存的欲望，比较单纯。但由思想引起的欲望就多了，这就是欲壑难填的道理，也是人痛苦的根源。欲望适度是进步的动力，过分就是痛苦。

"人之所欲，生甚矣；人之所恶，死甚矣。然而人有从生成死者，非不欲生而欲死也，不可以生而可以死也。"人的生存欲望是很强烈的，人憎恶死亡的心情也是很强烈的，这是"所受乎天之一欲"。然而，现实中也有宁愿放弃生而求死的人，如舍生为义的革命烈士，也有如自杀者等。舍生而死的原因有很多，有的是重气节而不愿苟且偷生，有的是生活的压力使然，也有的是不堪忍受屈辱，等等，这都是"所受乎心也"。

欲受制于心，人的思想能左右欲望。"欲过之而动不及，心止之也"。一个人的欲望很多，但不会追求全部欲望的实现（事实上也不可能），是因为思想会制止他的行动。譬如银行员工每天经手很多钱，但几乎没有人会把这些钱拿回家，因为这是犯罪，"心止之也"。"心之所可中理，则欲虽多，奚伤于治！"只要法合理，欲望再多，对治理国家又有什么伤害呢？另一种情况是，"欲不及而动过之，心使之也。"欲望不多，但行动超过了欲望，也是受思想的指使，比如攀比或虚荣心理导致过度消费，这也是"心使之也"。"心之所可失理，则欲虽寡，奚止于乱！"如果思想认可的欲望违背了理，即使欲望再少，又如何止得住乱呢？

"故治乱在于心之所可，亡于情之所欲。"所以是治是乱，根本取决于人的思想上认可的东西是否合理是否平衡，而不在于人的欲望。

国家的治理取决于人们的欲望是否合情合理，而国家的覆亡来源于人们有很多不合情理的欲望。不看欲望是否合情合理而只是奢谈欲望的有无和多寡，这是不懂治理而自取灭亡。也就是说，探求国家治乱的根源，要从思想上去找原因，如只从人们欲望的有无或多少上入手，是本末倒置。

心是一切善恶的出发点，也是社会治理有序与否的关键，荀子的分析切中肯綮，入理入情，十分深刻而精彩。这就是"心的管理"是最根本的管理。

孔子所说"见利思义"，与荀子关于欲望的思想一致。人追逐利益欲望是天生的，只是同时要想到是否符合道义，是否危害他人和社会的利益。这对于新时代是有益的启示。物质文明越发发达，以义导利，是社会有序的必要内容。

《荀子·正名》：性者，天之就也；情者，性之质也；欲者，情之应也。以所欲为可得而求之，情之所必不免也。以为可而道之，知所必出也。故虽为守门，欲不可去，性之具也。虽为天子，欲不可尽。欲虽不可尽，可以近尽也；欲虽不可去，求可节也。所欲虽不可尽，求者犹近尽；欲虽不可去，所求不得，虑者欲节求也。道者，进则近尽，退则节求，天下莫之若也。

人性，是天然造就的；情感，是人性本质就具有的感受；欲望，是情感对外物的反应。认为欲望可以满足而去追求，这是人的情感自然的表现。认为可欲之事可行就去做，这是人的心智必定会作出的选择。人类从蒙昧时代走向文明时代的过程中，不断解决各种问题、想方设法去满足各种欲求，智力不断提高，于是有各种发明创造。

　　"故虽为守门，欲不可去，性之具也。虽为天子，欲不可尽。欲虽不可尽，可以近尽也。欲虽不可去，求可节也。所欲虽不可尽，求者犹近尽。欲虽不可去，所求不得，虑者欲节求也。"即使是个清苦的看门人，他的欲望也不可能完全去除，因为这是人的天性所固有的。即使是高贵的天子，也无法满足他的全部欲望；欲望虽然不可能全部满足，却可以努力接近于满足；欲望虽然不可能都去除，但人的追求却是可以节制的。欲望虽然不可能全部满足，追求的人还是可以最大限度地去接近于满足；欲望虽然不可能都去除，但如果追求不到，人的心智就会考虑节制自己的追求。

　　所以"道"是这样的：进则可以接近于使欲望满足，退则可以节制自己的欲望，进退皆不失礼义，天下没有比这样做更好的了。

　　《荀子·正名》：凡人莫不从其所可而去其所不可。知道之莫之若也，而不从道者，无之有也。假之有人而欲南，无多；而恶北，无寡。岂为夫南者之不可尽也，离南行而北走也哉？今人所欲，无多；所恶无寡，岂为夫所欲之不可尽也，离得欲之道而取所恶也哉？故可道而从之，奚以损之而乱！不可道而离之，奚以益之而治！故知者论道而已矣，小家珍说之所愿皆衰矣。

　　所有的人无不遵循自己所赞同的东西，而拒绝自己所反对的东西。懂得"道"是最好的东西而又不遵循"道"，这种人是没有的。假如有人想到南方去，他会不顾路有多远都会去；如果讨厌去北方，他会不管路有多近都不会去。他难道会因为向南的路永无尽头就不努力向南，就离南而去了北吗？既然人们欲想得到的根本不怕多，所厌恶的根本不在于其很少，难道会因为那欲得的是无限的多，就离开欲望而去追求他所厌恶的东西吗？

　　因此，顺着人性的特点，合理追求欲望，才是合乎道的做法。

　　《荀子·正名》：凡人之取也，所欲未尝粹而来也；其去也，所恶未尝粹而往也。故人无动而可以不与权俱。衡不正，则重县于仰而人以为轻，轻县于俛，而人以为重，此人所以惑于轻重也。权不正，则祸托于欲而人以为福，福托于恶而人以为祸，此亦人所以惑于祸福也。道者，古今之正权也，离道而内自择，则不知祸福之所托。

　　人们想要争取什么，从来不可能完全地得到；想要舍弃什么，从来也没法完全抛弃。所以人们的一举一动，无不经过反复考量。考量的秤不准，称量的东西的轻重也不会准确，人们对轻重的判断就会迷惑。同样，衡量行为的准则不正确，就会把最终导致祸患的东西当成幸福，最终创造幸福的东西当成灾祸。这就好比幸福是靠奋斗来的，奋斗是需要艰苦卓绝的付出的，但如果不明理，就以为奋斗的过程很痛苦所以就不喜好，当成祸害。这就使得人们在祸福之间发生迷惑。所以说，道者，是自古至今衡量行为的正确与否的标准；背离道而妄自抉择，就分不清祸福，心也无所依凭了。

　　《荀子·正名》：易者，以一易一，人曰无得亦无丧也。以一易两，人曰无丧而有得也。以两易一，人曰无得而有丧也。计者取所多，谋者从所可。以两易一，人莫之为，明其数也。从道而出，犹以一易两也，奚丧！离道而内自择，是犹以两易一也，奚得！其累百年之欲，易一时之嫌，然且为之，不明其数也。有尝试深观其隐而难察者，志轻理而不重物者，无之有也；外重物而不内忧者，无之有也。行离理而不外危者，无之有也。外危而不内恐者，无之有也。

　　在交换过程中，以一换一，人们就会说无赚无亏；以一换二，就会说占了便宜；以二换一，就会说没占着便宜吃了亏。善于计算的人选择数量上的多，善于谋划的人追求事情的可行性。以二换一，没有人会愿意干，因为大家都懂得一些数学道理。遵循正道而行动，就好像以一换二一样，哪里会有什么损失呢？合道之行，就能既得义，也得利。

　　背离正道而在内心妄自抉择，就好像以二换一，你会得到什么呢？内心轻视礼义道理，却能不看重物欲，这是没有的事；看重外在的物质利益而内在不焦虑的，也是没有的事。行违道义而不给自己造成危险，是没有的事；遇到危险而不内心恐惧的，也是没有的事。背离正道，造成的结果就是危险，而且内心焦虑惊恐。

　　事实也的确如此，往往很多人即使得到功名利禄、荣华富贵却不能安身立命，仍然活在迷惑焦虑中。

《荀子·正名》：心忧恐则口衔刍豢而不知其味，耳听钟鼓而不知其声，目视黼黻而不知其状，轻暖平簟而体不知其安。故向万物之美而不能嗛也，假而得间而嗛之，则不能离也。故向万物之美而盛忧，兼万物之利而盛害。如此者，其求物也，养生也？粥寿也？故欲养其欲而纵其情，欲养其性而危其形，欲养其乐而攻其心，欲养其名而乱其行。如此者，虽封侯称君，其与夫盗无以异；乘轩戴绕，其与无足无以异。夫是之谓以己为物役矣。

心忧而恐惧的人，即使嘴里吃着牛羊肉食也不知其味，耳朵听着钟鼓之妙音也不闻其声，眼睛看着锦衣刺绣也不觉好看，身着细软安坐竹席也不觉舒适。即使一时享尽世间美好之物，却不能感觉快乐。即使暂时占尽各种利益，忧恐却充满心间，如此看来，一味追求物质利益究竟是要保养生命还是在伤害生命呢？

因此想要适当满足欲望最终却成了放纵欲望，想要颐养性情反倒伤害了身体，想要获得乐趣反倒侵害了心灵，想要护持名节结果却成了行为混乱之人。如此一来，即使封为诸侯，南面称君，他和盗贼无异；虽戴着礼帽乘坐轩车，他仍然和一无所有之人无异，此谓自己为外物所奴役了！

不能正确对待欲望，过则为殃。

《荀子·正名》：心平愉，则色不及佣而可以养目，声不及佣而可以养耳，蔬食菜羹而可以养口，粗布之衣，粗䌷之履而可以养体，局室、庐庾、藁蓐、尚机筵而可以养形。故无万物之美而可以养乐，无势列之位而可以养名。如是而加天下焉，其为天下多，其和乐少矣，夫是之谓重己役物。无稽之言，不见之行，不闻之谋，君子慎之。

反之，如心志和平愉快，即使美色不如一般的也可以给养其目，声乐不如一般的也可以给养其耳，粗茶淡饭也可以给养其口，粗麻之履也可以给养身体。狭窄的房间、芦苇做帘子、芦苇稻草做的草垫子、破旧的几张竹席，也可以给养形体。没有万物中那些美好的东西也可以得到快乐，无官爵地位也可以获得名望。如此内足于己、无羡于外之人，把天下交给他治理，他就会为天下操劳的多，为自己的享乐考虑的少。此谓之自重者而不为外物所奴役。

《小窗幽记·集峭篇》云："心为形役，尘世马牛；身被名牵，樊笼鸡鹜。"

如果心灵被外物所驱使，人就像活在世间的牛马；如果人被名声所束缚，就像关在笼中的鸡鸭一样没有自由。心是人的主宰，如果人的行为离开心的正确指导，只是满足各种感官刺激，如同形体指挥思维，与动物无别。求名却被名声牵着走，身心不得自在，如同笼中鸟般失却了自由的心性。

见得思义，以心使耳目，则欲望在合理范围内，身心愉悦，社会也能得到有序运转，世间有情有义。

"无稽之言，不见之行，不闻之谋，君子慎之。"无根据之言，没有见过的行为，阴谋诡计，君子不轻信、不轻为。道不远人，君子只是走平常的大道，不合人性、素隐形怪的种种理念和做法，君子谨慎涉足。

荀子"正名"，始终是本着为人间立大道的心，为端正社会人心而拨乱反正，为建立一个礼义文明的天下而呼吁。"以仁心说，以学心听，以公心辨"，这是荀子"正名"的原则和用心所在。

"当人民还不觉悟的时候，把革命果实送给人家是完全可能的。""从来没有不经过打扫而自动去掉的灰尘。"毛泽东对端正大众及社会思想的重要性的论断，始终是那么振聋发聩、发人深省。如果不能使大众有正确的思想，有对人生、社会的正确见地，那么大众就会是非不分，就可能以敌为友，以善为恶，以恶为善，就可能终日干着违背道义、规律的事给自己、给社会带来祸患，却自以为走在正确的道路上。这就是孔子、荀子等古圣先贤都重视"正名"的原因所在。

现时代虽然物质愈加丰富，但是相应地也有很多错误的社会观念，比如对物质的过度崇拜，对个人主义的追捧，对工具理性的一味依赖，在影响着人们获得更加幸福的生活，扰乱着人们精神的安宁，不利于人类的可持续发展。中国人对优秀传统文化的种种误解、对民族文化的不自信，也不利于我们在传承优秀传统的基础上开创未来的美好生活。这也是当代同样需要"正名"——端正思想、拨乱反正的原因。

我们的这本书，也正是希望通过走进荀子及其他往圣先贤的智慧，重新发现中国文化自信，为寻求当代人的物质与精神的平衡之道，为帮助当代人探寻安身立命之处，为弘扬优秀的中华文化精神，贡献一点我们的思考，出一点绵薄之力。

中国文化精神发展的五个时代
及引领人类未来文明的契机

中华民族的文化自伏羲画卦以来，历经三皇五帝，通过夏商汇万川而成巨流，始成于周朝。周公旦备万法于一身，使得周朝文化蔚为大观，而后孔子又"从周"集当时各种思想文化之大成，渊渊如海，与其师从过的老子一起，为中国文化思想的发展路向奠定了万年基调。中华历史文化精神绵延五千年乃至七千余年，前后至少经历了五次大的和合交融。总体而言，先有诸子百家争鸣而内部交融，中有本土文化与外来佛学内外交融，后又经儒释道合成之禅文化、与理学及心学等内部相互交融，一直到现代东渐之西学和马克思主义、毛泽东思想交相辉映，并与新经济时代西方科学文明及商业文明内外融和，最终将促成今天以及未来百年间的中国文化新的复兴和光大。

第一个内部交融时代：诸子百家　荀子　汉代经学

中华文化第一次大融合是内部交融时期，大致时间为公元前 770 年（春秋时期）至公元前 206 年（西汉），约 570 年。

中国文化精神发展的首次高峰阶段，是通过先秦诸子百家的交融汇归而奠基。春秋战国时期，道家、儒家、墨家、名家、法家、阴阳家等诸家思想百花齐放，异彩纷呈；最富生命力的智慧，极其灿烂的文化都在这个时期繁荣昌盛，争奇斗妍；各种思想、各种学术相互碰撞、相互冲突、相互交流、相互融合，最后归结于荀子；又从荀子学问的传承演变与汉代经学接轨，影响了中国两千年。

先秦诸子之首老子与孔子的出世，既开启了诸子百家的先河，又创造了百家融会的契机。自此以后，道家、儒家、墨家、名家、法家、阴阳家等各家思想和学问相继而起，蓬勃发展，其中庄子、孟子又各自继承孔老之学，从不同的角度合会贯通，并从而发扬光大。到了荀子，又聚万流于一体，融百家为一道。

荀子在战国末期的学术思想中"最为老师"，集先秦诸子思想之大成，并深刻影响了西汉经学的形成和导向，也深远地影响了中国两千年。真正代表孔子的是荀子，而非孟子。荀子是真正儒家的传承，甚至有些荀子的学生曾赞叹说，荀子超过孔子。我在《心的回归》一书中，已经把荀子的精神写出来了。我们需要还原百家之学的本来面目，才能看清楚各家之间的相互融合和发展。

在中国文化历史上，无论是人为的还是历史特定的作弄，孔子毕竟拥有过无比的辉煌和非常的名誉，虽然在他生平之世，不那么如意自在，几乎颠沛半生。"天不生仲尼，万古如长夜"，这是后世今文经学家对他的赞叹；"六经皆史，孔子述而不作"，这是古文经学家对他的评价。

然而三百年后，真能继承和发扬这股万代"光和热"的思想体系的荀子，却没有他先辈的幸运和荣耀。这位在齐襄王时稷下学宫中最为老师的名世之士、王者之师，他所著的书"陈王道甚易行"，但"却疾世莫能用"；他所说的话"凄怆可痛"；他为人的一生"卒终于闾巷而功业不得见于世"。

他的门下弟子更为其抱不平，甚至赞颂他德高智胜于孔子："孙卿不及孔子，是不然。""今之学者，得孙卿之遗言余教，足以为天下法式表仪；所存者神，所过者化。观其善行，孔子弗过，世不详察，云非圣人，奈何！"

西汉之世，虽有刘向、董仲舒等美言推崇，但在后世更悠长的年代中，尤以宋明之世，荀子始终被歧视为异端，摈斥于道统之外。

殆至近代，谭嗣同更倡言："二千年来之政，秦政也；二千年来之学，荀学也。"虽为直言，稍嫌牢骚过甚，有失史实，且比之秦政，殊失公允。然虽如此，却也道出了荀学的深刻影响及重要性一面。

　　其实，几千年来，在中国文化的历史舞台上独领风骚的，真正做到庄子所说的"内圣外王之道"，并为统治帝王所奉行的，不是所谓的"孔孟之道"，也不是常说的"外示儒术，内用黄老"，而是"儒术诚行，天下大富"的钟鼓之节——荀子之学。

　　失落的荀子，当有其时代背景与历史因素，我们也可由刘向、杨倞等人的序言中找到蛛丝马迹，看到一点精湛智慧的本来面目。孔子而后五百年，西汉刘向校对《孙卿书》时，改名为《孙卿书书录》，其序言说："孙卿善为诗、书、礼、易、春秋；至齐襄王时，孙卿最为老师；齐尚修列大夫之缺，而孙卿三为祭酒焉。""李斯尝为弟子，已而相秦。及韩非，又浮丘伯，皆受业，为名儒。""至汉兴，江都相董仲舒亦大儒，作书美孙卿。""孙卿卒不用于世，老于兰陵，疾浊世之政，亡国乱君相属，不遂大道而营于巫祝，信玑祥，鄙儒小拘，如庄周等又滑稽乱俗；于是推儒墨道德之行事，兴坏序列，著数万言而卒。"

　　"如人君能用孙卿，庶几乎王；然世终莫能用，而六国之君残灭，秦国大乱卒以亡。观孙卿之书，其陈王道甚易行，疾世莫能用；其言凄怆，甚可痛也。呜乎！使斯人卒终闾巷而功业不得见于世。哀哉！可为零涕。其书比于传记，可以为法？"

　　刘向在序言中，尽情倾泻了对于荀子的推崇和赞许，毫无掩饰毫无保留地流露出对于荀子的感叹和遗憾，同时也给后世留下了整理完好的、闪烁着智慧光芒的《荀子》。

　　七百年后，唐代杨倞改《孙卿书》为《荀卿子》，其序言中说："仲尼定礼乐，作春秋；然后三代遗风驰而复张；而无时无位，功烈不得被于天下，但门人传述而已。陵夷至于战国，则孔氏之道几乎息矣；有志之士所为痛心疾首也。故孟轲阐于前，荀卿振其后。但其立言指事，根极理要，敷陈往古，掎挈当世，拔乱兴理，易于反掌；真名世之士，王者之师。又其书亦所以羽翼六经，增光孔氏，非徒诸子之言也。盖周公制作之，仲尼祖述之，荀孟赞成之。所以胶固王道，至深至备，虽春秋之四夷交侵，战国三纲驰绝，斯道竟不坠矣。"

　　杨倞乃真知荀子者，真得荀子精旨者。尤有甚者，他敢于揭露孔子在唐以前所处的历史文化中的地位和所起的作用："无时无位，但门人传述而已。"

以及"陵夷至战国，则孔氏之道几乎息矣。"完全道出了孔子之学败落与萧条的景象。这是一般尊崇孔子者无法接受的真实情况，他们何曾想过孔子的智慧事业也曾有如此不济和无奈之时，孔子的风光是在元代才得以提高。

在这种前提之下，杨倞对于荀子的认同和肯定，毋宁说他是中兴孔门心传智慧的圣者，因而才称荀子为名世之士、王者之师。后人无暇读此序言，更蔽于所知，昧于道统，苟从世论，犹以孔孟之学为中国文化薪传之道统，遂使荀子之名千百年落寞至今，也无怪乎有识前贤嗟叹不已。

现代学者朱维铮先生说：真正的荀卿之学，出于孔氏，而尤有功于诸经。我以为此说近于事实。真正的秦汉儒生所学习的五经及其解说，大多本自荀子，是为经学史家们共同承认。战国时期的儒家学说，发展到荀子而作了一次大的综合。后人尤其是宋明理学把他摒于道统之外，遂使荀子在儒学的地位不及孟子显赫，并因此引起后人对荀子学说的种种误解。可是，他实为孔子以后儒家的传经大师，实为战国末期的儒家学说的集大成者，实为秦汉时期为中央集权的一统政权准备了理论基础的儒家先驱人物，则是无法否定的。

汉初废挟书律，百家重新活跃，汉代经学融合了齐、鲁学术文化的精神而兴起。在汉代中叶汉武帝时，刘向、董仲舒等汉代经师提倡独尊儒学，并由各家学术与之互补的文化政策，促成了兴盛的汉代文明。

其实，整个中国文化一开始就是由齐鲁、荆楚、吴越、秦晋、燕赵等地域文化交汇而成的综合体，是诸子百家的总汇。思想的碰撞、交流和融合，是文化生生不息、与时偕进的命脉所在。

博极六经的荀子学说，通过董仲舒等人的创造性阐释及"天人三策"的政策性转化，成为两千年来的中国古代社会统治的思想基础。因此，对于什么是真正的儒家，我们应以批判的精神审视。孟子属于霸道，荀子属于王道，中国两千年来都是荀学，荀子之学是王者之师。中国文化里面的儒家六经都是荀子传承下来的，因而才有汉代所谓的今文经学和古文经学。

第二个内外交融时代：经学　玄学　佛学

中华文化第二次大融合是内外初步交融时期，大致时间为公元 25 年（东汉）至公元 589 年（南北朝），大约 564 年。

汉代的经学的繁琐导致了魏晋南北朝的玄学产生，并与西来的印度佛学相碰撞。魏晋南北朝时期，儒道佛三家鼎立而纷争不已，并由此得到了新的融合和发展，终而汇成隋唐佛学体系，为唐代文明的辉煌准备了坚实的思想基础。

汉代经学随汉代的统治衰微以后，玄学在魏晋时代兴起，以王弼、何晏的正始之音发其端，老庄易"三玄"随之盛行于学术思想界。援道入儒的玄学是对汉代烦琐经解的一种反动，是以道家简明的思想改造儒学而致用。实际上，烦琐经解在儒学内部一开始就受到批判，如东汉中晚期的名理学识鉴人物、辨名析理，以其简单、抽象的名言抓住核心原理及原则，同时也为政治人事提供一种形而上的依据，名理学的兴起也是导致玄学产生的重要原因之一。

此时，另一股学术思潮即外来佛教兴起。据史书记载，佛教于汉哀帝元寿元年（公元前 2 年）传入我国内地。东汉初期，汉明帝曾经派人去印度求法。东汉末年以后，我国西域和印度的佛学大师来内地弘教者络绎不绝，西行求法的国内高僧也层出不穷，翻译出大量佛教经典，小乘佛教和大乘佛教同时被介绍到中国。佛教的传入既是对儒学发展的一次重大考验，也为中国文化的巨流注入了强大的新生力量。

佛教传入中国不久，便与道家思想合流，而与儒学思想发生冲突。儒道纷争所要解决的，是正统儒学与本土异端思想的冲突和融合，而儒佛纷争则是中华本土文化第一次面对域外文化的挑战而作出的回应。在士人的心目中，极易将这种域外文明视为与本土文化的思想异端即道家之学相类似。从佛教的传入到魏晋时期的流行这一阶段，已不是儒学的黄金时代。因而儒佛纷争对儒学的发展至关重大，儒学如不能有效地回应域外佛教文明的挑战，便无法继续存在和发展，更不会有儒学的再生与辉煌。

儒学此时除了陷入玄学化的危机外，其自身也面临着深刻的信仰危机。因此，儒佛之间的冲突并不仅是夷夏之辩问题，而是佛道合流共同推进了儒学的玄学化过程。另一面，玄学与佛学也在论争中相互融合并取得独立发展。

儒佛这两个世界上巨大的学派相遇时，在思想理论方面由于互有异同及交涉点，既产生了相互碰撞、冲突与斗争，同时也造成了两者相互调和、融会与合一。魏晋时期佛教佛学进一步发展，至南北朝时期佛教兴盛。其间因将儒家思想引入佛教义理，促进了佛学的中国化和儒教化，从此佛教在中国扎了根，成为中国社会上层建筑和民族文化的一个组成部分，在思想上、经济上都为隋唐时期佛教的鼎盛、创立具有中国特色的佛教宗派准备了条件，而且儒佛双方各自独特的价值也在融合和冲突中显现出来，共同成为继往开来的有生力量。将佛教的一些思想引入儒学，使传统儒学在佛教思想的影响下也发生一些本质性的变化，为后来的儒佛合一作了理论上的铺垫和准备。

中国的思想文化结构，从两汉儒术独尊，到魏晋南北朝儒释道三教并存，是一次大的转换。上层统治集团及思想家对于这种变动有一个适应和认识的过程，内部发生过多次的辩论，各朝实行过不同的文化政策，进行过调整思想信仰的各种试验。

隋朝结束了南北纷争的局面，统一了全国，但国运短促，不久唐朝便取而代之。唐朝初建，吸取前车之鉴，自觉实行三教并重政策，确立了三教共存的局面。一面用行政手段统一儒家经典的文字和注疏，由孔颖达等撰《五经正义》，至高宗时颁行，成为科举考试的标准课本，天下士子奉为圭臬，加强了儒家经学的主导地位；一面又礼敬道教，扶持佛教，使两教在此期间得到迅速发展。

到了盛唐，佛教进入鼎盛时期。与佛教相比，儒家经学遇到了不景气的难题。自汉末经学衰落以后，儒家文化就缺少有力的哲学层面，内部结构呈现倾斜和不完整状态，它只能在政治上、礼俗上占有传统的优势，却拿不出新的高水平的哲学理论来同佛学对话。

第三个内外交融时代：佛学　儒道　禅文化

中华文化第三次大融合是内外完全交融时期，大致时间为公元581年（隋）至公元1127年（北宋），大约546年。

隋唐时期，佛教达到鼎盛，出现天台宗、法相宗、华严宗、禅宗、净土宗、律宗等若干大的宗派，高僧大德辈出，人才济济，理论学说异彩纷呈，一片繁荣景象；佛学博大精深的思想体系和权设方便的普及性说教，从士人到百姓皆蒙熏习，信徒不断增多，迅速遍及中国社会；尤其从唐代到五代，印度佛教与中国古典智慧相结合完成了中国本土化，形成了中国式佛教，而慧能大师又把这种中国式佛教进一步转化为禅宗。从此，中国大地上诞生了中国思想文化史中最璀璨的奇葩——禅。禅超越了原有的佛教，融合了以儒释道三家为主的文化精神，进而形成了气势恢宏、包罗万象的中国特有的禅文化体系；中国文化的特质在禅，禅是地地道道的中国先贤心髓的结晶。

由于当时佛教的世俗化和大量知识者的参与，佛教走向了鼎盛，但因此也使佛学学风上重视烦琐的义疏和注解，使佛教各宗派和论疏日益浩繁，逐渐失去了人心和创新能力，加之僧侣因被推崇和生活优裕而走向了奢侈和腐化，佛教的革命就势所难免了。

六祖慧能大师顺应了儒佛道合流的总趋势，倡导众生皆有佛性、皆可顿悟成佛，对传统佛教的教理、仪式和修行方式等进行了彻底的变革，使佛教发生了根本性的变化，进而也在思想文化领域引发了一系列意义重大的变革和突破，真正完成了中印文化的交融，使佛教彻底简易化、完全中国化了。严格地说，六祖慧能是把中国化的佛教又变成了禅宗，而不是把印度佛教变成中国的佛教。禅宗成了中国佛教与中国文化乃至世界文化宝库中最灿烂、最迷人、最富有意义的思想，也成了后世思想家、文艺家、改革家等有志之士取之不尽、用之不竭的精神源泉，形成了具有无穷活力的禅文化系统，这是中国文化史上又一次最大的思想解放。

中国学问的高峰和精髓都体现在佛学中，而禅更是佛学精髓中的神髓。李翱深深意识到，儒学要再度兴起，必须寻找新的历史契机。他问道于禅师，自觉地以禅理证心，即用佛家的方法来修养儒家的心性。其《复性书》三篇，本于孟子性善说和《中庸》性命说，融于禅宗"见性成佛"思想和"无念为宗"修习方法，创造性地从思想理论上援佛入儒、以儒融佛，形成了与佛相通的"去情复性"之说。认为《中庸》是"性命之书"，其"天命之谓性"揭明性命之源。"百姓溺之而不能知其本者也。"人皆有其圣之性而不能成圣，乃在于为七情所掩蔽，要想成圣不必他求，只需去情复性就是了。《复性书》虽只是融佛入儒的初步，但宋明理学几乎呼之欲出。

从韩愈排佛、柳宗元融佛到李翱援禅入儒，即可窥见唐时儒释道三家争论与融合的大致情形。他们各自都为儒学的复兴付出了很大的努力，也为宋代理学的兴起，作了一定的思想准备。思想的开放与创新意味着中庸精神的苏醒和贯彻，意味着对立面的涉入和融通，意味着新生和出路。中华民族的包容性、开放性、创造性一旦获得解放，新的生命、新的激情、新的智慧、新的思想就会如天河倾泻，奔涌而流，滔滔不绝，一泻千里。

从文化整体上来说，禅文化是中印思想精华的结晶，两大民族的精蕴共同演变成了中国的禅文化。历史上禅文化有这种作用，到了现在还应由禅文化担当主角，因为这是足以代表我们民族的文化精神的，是世界上独一无二的智慧体系。禅是我们中华文明的产儿，是我们的无价宝藏，是我们的文化之魂，是我们永久的生命和自豪，是我们民族无坚不摧的智慧之剑，是我们鼎立于世界文明之巅的擎天之柱。从隋唐以后佛教都以禅宗为主，一谈到佛教那就是禅，一谈到宋明理学那就是禅，一谈到中国文化那就是禅。

禅文化更影响了我们周边的国家，现在随着世界经济的互融互利，即将再次影响和带动周边国家并进而影响到整个世界。请看，日本那不是禅是什么？铃木大拙作为一个日本的国宝，就是因为这个禅。唐朝鉴真和尚将佛教输入日本，可是没有太大影响，只有等到禅宗传入了日本，道元禅师、荣西禅师将禅宗日本化，从此禅宗精神融到了日本人的内心深处。特别是蒙古人推翻了宋朝，很多人不愿意伺候蒙古人，都去了日本，宋朝的精英包括朱舜水把儒家的东西、王阳明的东西，全部带到日本。朱舜水、朱熹的东西通通都是禅的加工品。这样日本人拥有了中国文化的精旨，最后到了德川家康架空了天皇，德川幕府统一日本。明末清初东渡的隐元禅师更具影响力，使得经过战国以来遭到破坏的日本文化得以复兴，整个把禅作为它们文化的生命力流传了下来，影响了日本江户文明，进而形成了日本民族的实质精神——武士道大和魂，终而开启了明治维新时代，日本自兹冲出亚洲，迈入世界。

我们有必要在此简述一下禅的实践。我们谈禅，脱离不开它的方法。不能像一般学者那样，只讨论其现成的禅学思想，而忽视这种思想的来源，并有意贬低它的方法。禅宗讲过："见与师齐，减师半德。"学生和老师一样的见地，学生就输给老师了。"见过于师，方堪传授。"学生必须要超过老师，智慧心法才能传到学生手上，否则，将是一代不如一代了。还有"为天地立心，为生民立命，为万世开太平，为往圣继绝学"，这不是一个空洞的口号，而是要有方法去实践的。实验室只能证明出一个方法论，公式就是方法论。那么，有什么办法把理论用来实践，这就要靠方法。如果没有方法，只有方法论，那就是学者的理论，一个"论"字就是理论。一切本自具足，西方式的客观、主观，那是一种分裂的理论。什么叫客观？还有一个客、还有一个主吗？西方文明靠着船坚炮利征服世界、侵略世界的时候，真正的思想文明就断灭掉了。所以要解决这个问题只有禅文化，而禅的主要精神就是真修实证，也就是强调理论与实践相结合，不只是空谈公案理论，更重要是参悟实证，禅门有句话："不经一番寒彻骨，焉得梅花扑鼻香。"说的就是禅文化的实证精神。目前几乎所有谈禅的学者都对禅蕴无知却大谈特谈，反而因此遗失了禅文化真正的旨意。

什么是为天地立心？那就是说要解决人类生存问题，解决人类的生存环境。日本人都可以在美国开办研究怀特海的国际会议，促使天主教、基督教借用佛教的东西，来呼吁深层的环保，就是我们生存的环境，这个也就是为自己立命！我们的生存环境就是人心，最大的污染源就是来自心灵污染。上帝能解决人心的问题吗？西洋文明、科技文明、现代物理学、化学能够解决人心的问题吗？那么解决人心的问题只有禅，禅本身就是科学，是广义的科学——再现的可能。解决污染的关键问题就是人心的问题，真正的人心，就是天地之心。

第四个内部交融时代：禅文化　儒道　理学　心学

中华文化第四次大融合是内部交融时期，大致时间为公元 1127 年（北宋）至公元 1644 年（明代），大约 520 年。

理学虽早在唐代韩愈和李翱之时已透露消息，一直到北宋五子时才开始真正形成，"为天地立心，为生民立命，为万世开太平，为往圣继绝学"豪迈之语即诞生此时；理学以继承先秦儒家为招牌，同时吸收了禅道的概念（此时的佛学体系已全归入到了禅文化的体系中，甚至连道家也都包含了禅文化的内义），建立了自己的体系。不过，先秦儒家早已失去了它的本来面目，实质上，理学是以荀子延续的儒家为主的。而早于理学的宋学如王安石等人，更受到禅文化的影响，其本人晚年追随真净禅师学禅悉为人知。

《大学》《中庸》在宋朝以前还没多少人去读，虽然"大中"首倡之功应在唐时的韩愈李翱，如清人全祖望说："退之之作《原道》，实阐正心诚意之旨，以推本之于《大学》；而习之论复性，则专以羽翼《中庸》。"（《李习之论》）但在当朝，《中庸》则是宋朝智圆禅师提倡出来的。正是受到韩愈、李翱的启示，以及宋代禅师的实际倡导，因为禅宗的影响，宋明理学才把《大学》《中庸》列入四书之中，用以阐发心性之学，《四书》从此取得了与五经等同的地位，成为儒家经典著作而风行天下。朱熹毕生之著《四书集注》，影响极深极广。元代延佑年间复行科举，以《四书集注》试士子，明、清两代沿袭不变。

宋明理学把论孟学庸作为经典之书提倡，在思想目标上是承接韩愈复兴儒学的事业，而在具体思维中则是沿着柳宗元李翱的儒佛互渗这条路而通往新儒学的。宋明理学的核心内容都是禅宗的东西，这都是有据可查的。我们知道，后世朱熹被捧成了圣人，那么朱熹是如何成就的？

一方面，《朱熹年谱长编》揭开了其中的秘密，书里记载了朱熹十七岁时，便向大慧杲禅师的弟子道谦开善等高僧问道学禅。在南宋的时候，宋明理学是儒释道三教合一、援佛入儒的产物，整个根柢以禅为主。朱熹在祭道谦开善禅师文中说：我开始学的是《易经》《论语》《孟子》，究观古人之所以为圣，学习圣人之道，并感慨说：孔子那么了不起，我怎么学呀？于是开始从道谦开善禅师学道，天天跟他学禅。老师告诉他说真理不是言谈的，始知平生浪自苦心，去道日远，然后那个时候开始参禅，就是参话头。朱熹确实是了不起，一个十七岁的小鬼头就敢参个话头。禅宗的参话头是中外思想家自觉不自觉普用的方法，参究明白事情的真相之后，各种理论和学说就诞生了，而人们对这个方法却往往缺乏反思和自觉。

另一方面，朱熹幼承家学，其父朱松是杨时弟子罗从彦的门人，少时又遵其父遗命，师从属于"洛学"一派的胡宪、刘勉之、刘子翚。他早年为学博杂，泛滥词章，出入佛老，从二十四岁起，他受学于罗从彦门人延平李侗，才开始真正走上理学的发展道路。在经过了长期的刻苦研究之后，朱熹终于成为中国封建社会后期影响最大的哲学家、经学家。朱熹的学问渊博，兴趣极为广泛，于学几乎无所不窥，在许多方面都有相当深入的研究和突出的成就。更重要的是，朱熹以继承二程"洛学"为己任，广泛吸收了周敦颐、张载、邵雍等北宋理学家的思想养分，成为理学的集大成者，他的学说构建起一个规模庞杂而又不失缜密精致的思想体系。

以上两个方面正是禅宗"实际理地不染一尘，万行门中不舍一法"精神的体现。同时，理学家虽然主要采用了诸如"性""理""气"等思想概念，但他们的思想体系的根本内容还是吸收了早经禅所涵化的道、释两家的内蕴，这也是确凿无疑的史实。诸如二程夫子更出入佛老数十年，见人静坐，便道好学。

理学而后继起的是深受禅文化影响的陆王心学。明代，阳明心学被时人冠以"阳儒阴禅"之讥。

朱熹的"道问学"，即是所谓唐代禅门"渐学"的缩影。陆王的"尊德性"，即是所谓唐代禅门"顿学"的体现。朱陆之争，在根本意义上，其实都是围绕在禅门的入手处（方法论）对本体（实相）的"认识论"之间的论争。

宋明理学家大都贬斥佛老，这或许是为了维护儒学的正宗和门户，不能不制造这样的舆论，而事实上他们相当熟悉佛学、老庄和道教，能够将经过禅化的佛老的思维方式与修养方法运用于儒家之学，既保持了儒学原有的优点，又兼有了禅化的佛老在理论上的长处，所以能够创建儒家的理学及心学体系。

第五个内外交融时代：禅文化　西学　毛泽东思想与中国文化的复兴

中华文化第五次大融合是内外交融时期，大致时间为公元 1644 年至公元 2144 年，大约 500 年。

在人类文明的天空中，中华文化的复兴如东方的太阳，冉冉升起，光芒四射，无可抵挡，百家之学包括儒家之学也都乘时而兴，重启新机、超越辉煌。

从而中国禅文化、马克思主义、毛泽东思想、西方的科学文明及商业文化在中国大地上交相辉映、交互融合，汇成了中国文化全面兴盛的大合唱。

西学东渐自明代晚期，西方的传教士来华伊始。从清代立国以来，到民国年间（尤其是清代末期），中国文化思想界，就一直是西方各种文化思想的实验区。

五四运动时期，先进的知识者表现出宽阔的眼界和宏伟的气魄，他们所解决的问题不仅在文化层面，而且还要救国，要"再造中华"。新文化运动是由尊孔复古、帝制复辟的社会现实引发的爱国救亡运动，也是一次思想解放运动，主要反对将孔教列入宪法、批判封建纲常名教，其倡导者并没有完全否定孔子及其学说。如陈独秀肯定孔子的历史地位和孔学的历史价值，表示"反对孔教，并不是反对孔子个人，也不是说他在古代社会无价值"。李大钊更说："余之掊击孔子，非掊击孔子之本身，乃掊击孔子为历代君主所雕塑之偶像的权威也；非掊击孔子，乃掊击专制政治之灵魂也。"五四时期打倒孔家店，孔子的微言大义随着被打倒的僵化的教条而消失，其负面影响是使明代以前的中国文化腰斩，自此丧失了民族精神和自信自尊。直到毛泽东领导的中国共产党建立了新中国之后，中国的民族精神与民族自信和自尊才得以复苏。

在五四运动后，由于马克思主义的传播并逐渐成为新文化运动的主流，而得到了继承和发展。1940 年，毛泽东在《新民主主义论》中提出新民主主义文化的思想，继承和发展了五四提倡的科学和民主精神，毛泽东指出："民族的科学的大众的文化，就是人民大众反帝反封建的文化，就是新民主主义的文化，就是中华民族的新文化。"在这里，毛泽东对从五四运动后开始的新民主主义文化的特点作了概括，这就是"民族的科学的大众的文化"。

红军过雪山就是一个悲壮的奇迹，这是中国现代历史的一个转折点。严格来说，蒋介石仅懂传统文化的一半，他只了解王阳明，是宋明理学的信徒，蒋介石虽有王阳明的心学，可是面对智慧和激情的大禅师，他也没有办法超越，当代中国尤需培养智慧和激情结合的人。

从修身、齐家、治国、平天下的心志，到太平世界，环球同此凉热，数风流人物还看今朝的胸襟，处处体现了毛泽东一生的心愿和追求。从他的一生和所完成的主要事业来看，我们不难找出毛泽东思想中最根本、最精华的精神即《老三篇》的精神。当我们掌握了毛泽东思想中最根本的精神所在，对于他一生奋斗的目标和经历，乃至对于他的人和思想，也就不容易产生过分的歪曲和误解。毛泽东思想是中国优秀传统文化和马克思主义精华相结合的产物，集内圣外王之学的大成；由马克思主义本土化而产生的毛泽东思想，犹如唐代禅的革命，由此形成了中国文化思想再一次质的飞跃。

纵观毛泽东的一生，智慧地总结了许多古人未曾总结的思想、完成了许多古人未曾完成的事业。这种智慧决非来自天才，而是通过毛泽东一生之中的实践和实证所完成的。所谓天才只不过是九十九分的努力加上一分的灵光。毛泽东的一生成就是激情与智慧的结合。毛泽东的秘书说：毛主席自比六祖慧能，也就是他把马列中国化，这个把马列中国化就是禅的精神。

林克回忆说："我感觉毛泽东对禅宗更为关注，对六世慧能尤其欣赏，《六祖坛经》一书，他经常带在身边。我对慧能及禅宗的微薄知识，都是得自毛泽东的'灌输'。他说慧能主张人人皆有佛性，创顿悟成佛说，一方面使繁琐的佛教简易化，一方面使印度传入的佛教中国化。在他的影响下，印度佛教在中国至高无上的地位动摇了，甚至可以呵佛骂祖。

"慧能不屈尊于至高无上的偶像，敢于否定传统的规范教条，勇于创新的精神，以及把外来的宗教中国化，使之符合中国国情，为大众所接受的特征，在这方面与毛泽东一生追求变革，把马克思主义原理同中国革命实践相结合的性格、思想、行为，颇多相通之处，所以为毛泽东称道。毛泽东谈吐幽默诙谐，有些话含蕴颇深，很值得回味，不能说与禅宗无涉。"

毛泽东把人民军队称为"人民解放军"，把人民战争，称之为"解放战争"，最能说明他的激情和智慧。把来自佛学中含有"解脱自在"之义的"解放"二字，用于人民战争和国家军队的命名，简直是创世杰作，更是绝妙的构思；没有伟大深远的激情和智慧，绝不可能创造出这么伟大深远的名称。

当前，进入 WTO 之后，又是中国新经济文化千载难逢的时机；它使得当代中国无论是在体制上、观念上还是社会行为上都得到彻底的解放和开放。这种解放和开放正是第五次内外交融的真正之契机。现在是国泰民安的时候，我们中华民族欣欣向荣，而且国内已很开放了，可以公开谈禅了，中国人应该有所作为了。今后百年之内，正是以"知本"和"资本"结合为一体的"企业家"为主，全面承当复兴和整合（吸取西方当代科技和商业文明）中国新经济文化使命和任务。并由此促成了中国文化的真正复兴。

中国文化的新生，将为人类和世界继续做出更多更大的贡献，进而引领二十一世纪的人类文化走向智慧、和谐与幸福之路。（全文有删节）

（王绍璠，写于 2009 年）